有效衔接
与
产业振兴

漠川·大碧头乡村振兴研讨会
论文选编（2022—2023）

YOUXIAO XIANJIE YU
CHANYE ZHENXING

阳国亮　主编

GUANGXI NORMAL UNIVERSITY PRESS
广西师范大学出版社
·桂林·

图书在版编目（CIP）数据

有效衔接与产业振兴 ：漠川·大碧头乡村振兴研讨会论文
选编 ：2022—2023 / 阳国亮主编. -- 桂林 ：广西师范大学
出版社，2025.7. -- ISBN 978-7-5598-8053-6

Ⅰ. F327.67-53

中国国家版本馆 CIP 数据核字第 20258T3D20 号

广西师范大学出版社出版发行

（广西桂林市五里店路 9 号　邮政编码：541004　）

　　网址：http://www.bbtpress.com

出版人：黄轩庄

全国新华书店经销

广西广大印务有限责任公司印刷

（桂林市临桂区秧塘工业园西城大道北侧广西师范大学出版社

　集团有限公司创意产业园内　邮政编码：541199）

开本：720 mm × 1 010 mm　1/16

印张：27.25　　字数：420 千

2025 年 7 月第 1 版　　2025 年 7 月第 1 次印刷

定价：70.00 元

如发现印装质量问题，影响阅读，请与出版社发行部门联系调换。

编委会名单

（按姓氏拼音排序）

前　言

　　呈现在读者面前的这本书是漠川乡村振兴研讨会和大碧头乡村振兴圆桌会议的论文选辑。论文围绕乡村振兴中脱贫攻坚与乡村振兴有效衔接以及乡村振兴中的产业振兴两个主题展开了讨论，提出了许多有益的意见和建议。全书分为五篇：除了有效衔接和产业振兴两个主题篇外，还增加了文旅赋能、三产融合、党建引领与多元共治三篇。这五篇的内容开辟了乡村振兴的不同研究视角，研究方位更为多样。各位作者围绕以上五个主题进行研讨，所产生的思想成果是丰富的，对于做好乡村振兴工作、推进乡村振兴战略实施具有很好的参考价值。

　　任何研究都是在一定的历史背景下进行的，研究结论既有其时代的适应性，也有其局限性，本书亦然。鉴于此，本书出版之际，如下几个问题需要讨论：

　　一是巩固拓展脱贫攻坚成果同乡村振兴有效衔接5年过渡期已过了4年，现在出版这类论文还有意义吗？回答是肯定的。其实，巩固脱贫攻坚成果，守牢不发生规模性返贫致贫底线，统筹建立农村防止返贫致贫机制，在相当长一段时间内依然是乡村振兴的一项重要任务。尤其是在区域发展不平衡的情况下，一些后发展的地方，坚持巩固脱贫攻坚成果的问题还需要充分重视。与此同时，全面乡村振兴也需要在巩固和拓展脱贫攻坚成果的基础上推进。因此，巩固和拓展脱贫攻坚成果的经验总结、实践探索、理论思考在乡村振兴全面启动之后，依然具有借鉴、启发、指导的作用。

　　二是产业振兴最需要解决的是小农经营与现代大农业之间的矛盾。本书论文中所作的农村产业现状分析及对策对解决这一矛盾有帮助作用吗？回答亦是肯定的。党的十九大以来，习近平总书记始终强调农业农村现代化是乡村振兴战略的总目标。实现农业农村现代化总目标的全部过程实际上是将小农经济转变为现代大农业的演进过程。这个演进过程是一场生产方式的革命，但不能采取疾风暴雨的方式推进。恩格斯说农业合作化必须建立在农民"自愿"的基础上，也就是说，农业现代化的过程只能循序渐进。这中间就会有许多过渡的产业形态。这些产业形态既是建立在农民自愿的基础上的新形态，又是由小农经济向现代大农业推进过程中的产业形态。本书的作者，研究的正是乡村振兴战略启动阶段产业：已有农业现代化产业的要素，但又有许多不成熟之处，与现代农业还有距离，有的距离还很大。本书的研究既分析了产业振兴中的现实矛盾运动，又预示了产业振兴的发展方向，对于当前把好产业振兴的发展方向还是有作用的。

三是如何把握三产融合在乡村产业振兴中的地位。三产融合在乡村产业振兴中具有极重要的地位。因为，三产融合是乡村产业振兴的基本路径，本书将其放在乡村振兴的最基本的战略地位上。习近平总书记强调，"要坚持农业农村优先发展，加快农业农村现代化建设步伐，牢牢守住粮食安全底线，推进农业产业化，推动农村一二三产业融合发展，全面推进乡村振兴"。在这里，推进农业产业化就是要重新配置城乡生产要素，形成城乡一体化的新质生产力。三产融合则是以农业为基本依托，通过产业联动、产业集聚、技术渗透、体制创新等方式，将资本、技术以及资源要素进行跨界集约化配置，使农业生产、农产品加工和销售、餐饮、休闲以及其他服务业有机地整合在一起，使得农村一二三产业之间紧密相连、协同发展，最终实现农业产业链延伸、产业范围扩展和农民收入增加。这一过程既涵盖要素的交叉互渗与优势资源互补，又包括三产要素的整合优化重组，演变出新质生产形态。这一过程，还包括各阶段各种政策的精准对接，逐步打破乡村产业传统开发经营的局限，促进农业产业的转型升级等政策演进的内容。这就需要在充分理解和把握三产融合的内涵和方法的基础上，结合各地的实际不断摸索三产融合的经验和做法，以引导三产融合的方向，取得良好的效果。本书作者在这方面做了有益的研究和探索。

四是文旅产业在乡村产业振兴中起着怎样的作用。两届乡村振兴研讨会中，乡村文旅产业研究的文章占相当的比重。以至于有人警告说，不是每个乡村都适合办文旅产业的；还有人认为乡村文旅产业已经过剩，呼吁要加以控制。这两种认识都失之偏颇。文旅产业是一种主导性很强的产业，任何乡村资源都可以为文旅产业所应用，因此，乡村新产业产生和发展的切入点，往往选择从文旅产业开始。当然，文旅业要办起来确实是需要一些基本条件的，而这些条件又是与其他产业的创办条件相通的，很自然，从文旅产业入手开辟乡村产业发展之路，就成为乡村产业振兴可选择的启动模式了。乡村文旅产业初创之后，一般可以有三种走向：一是越做越大，发展成为一个规模化的旅游景区；二是由文旅引出更有特色的其他产业，成为一个综合经济体，旅游仅成为其中一种产业；三是为其他新产业创造发展条件后，新产业群成为主导产业，文旅成为新产业群的附属部分。其实，农村文旅产业本身就是现代产业的组成部分，农村田园休闲生活方式在现代生活方式中的地位日愈高企，越来越为现代人所青睐。因此，农村文旅产业的问题不是过剩，而是如何逐渐提高其产业发展质量，以适应人们对美好生活需要。鉴于此，文旅业对乡村产业振兴来说极其重要，需要不断地摸索其发展规律，探索适应新形势不断完善其产业形态，提高发展质量的路径和方法。本书文旅篇的论文都是乡村文旅产业发展规律和成功案例的研究成果。

五是正确处理党建引领与多元共治的关系。乡村振兴必须坚持党建引领毋庸置疑。习近平总书记不断强调要加强党对乡村振兴的全面领导，要求各级党委扛起政治责任，落实农业农村优先发展的方针，以更大力度推动乡村振兴。在乡村振兴战略推进初始阶段尤其如此。这是因为乡村振兴战略推进初始阶段只有加强党的领导，才能确保乡村全面振兴保持正确方向。一方面，坚持党对乡村振兴的领导是乡村振兴迈出坚实步伐，不断增强农村发展动力活力的政治保障。另一方面，党的领导是应对国内复杂形势的中流砥柱。在当前国内外形势下，稳住农业基本盘、发展农村产业现代化和乡村治理现代化，稳步推进乡村全面振兴、稳定提高农民收入水平，还面临不少新的挑战。只有加强党对乡村振兴的全面领导，发挥党的政治优势，始终把握住农业农村现代化的基本方向，提升群众凝聚力和社会号召力，打造新时代乡村全面振兴的动力引擎，才能推动各项任务落实落地，最终实现乡村振兴的战略目标。

党建引领加强党对乡村振兴的全面领导必须落实到实处，这就要求将党建工作融入到经济建设、社会治理、生态建设等各方面，需要各种社会资源的深度融合。推进乡村治理发展主体多元化，形成"多元共治"的格局。

"多元共治"的格局是社会发展和治理的现代化模式。乡村振兴离不开农村各大社会主体的参与。多元主体在党的领导下共同参与乡村社会经济发展和治理，为乡村振兴提供深厚的基础和支撑。党建引领要落实到"多元治理"中更好地服务群众、凝聚人心，把握方向，推动改革和发展，党的政治领导、党组织的战斗力才能得到真正落实和体现，党建才真正发挥了引领的作用。因此，研讨会在对有效衔接和产业振兴进行理论思考和实践探索的同时，讨论了加强党对乡村全面振兴的领导的问题，讨论了多元共治中的一些问题，在总结乡村振兴中党的建设的实践经验的基础上，就党建引领和多元共治的关系，进行了一些理论思考，这是很有必要的。

以上问题的讨论并不意味着这些思考和研究的结束，恰恰相反是这些问题研讨的开始。按计划，漠川·大碧头乡村振兴的研讨会和圆桌会议还要继续分别以乡村振兴中的"五大振兴"为主题召开研讨会，因此，以上问题的讨论还会贯穿在后面的研讨当中。我们相信，随着漠川研讨会、大碧头圆桌会议的不断思考研究，对上述问题的认识会愈益深入，定会结出丰硕的有益于乡村振兴不断发展的新的理论成果来。

编　者

2025年4月3日

目 录

第三篇　文旅赋能

后 记

第一篇　有效衔接

中共中央国务院《关于全面推进乡村振兴加快农业农村现代化的意见》指出：设立衔接过渡期。脱贫攻坚目标任务完成后，对摆脱贫困的县，从脱贫之日起设立五年过渡期，做到扶上马送一程。过渡期内保持现有主要帮扶政策总体稳定，并逐项分类优化调整，合理把握节奏、力度和时限，逐步实现由集中资源支持脱贫攻坚向全面推进乡村振兴平稳过渡，推动"三农"工作重心历史性转移。抓紧出台各项政策完善优化的具体实施办法，确保工作不留空档、政策不留空白。本篇围绕以上精神展开了思考和研究，并形成研究成果。

在巩固中有效衔接　在拓展中全面推进

——关于五年衔接期的思考[1]

阳国亮[2]

习近平总书记在党的二十大会议上再次对"全面推进乡村振兴"进行了战略部署。当前正处在巩固拓展脱贫攻坚成果同乡村振兴有效衔接过渡期。五年衔接过渡期已过了将近两年。后三年，怎样实现衔接有效，为全面推进乡村振兴提供良好基础，需要在总结前两年经验的基础上从战略上思考谋划。

一、巩固拓展脱贫攻坚成果同乡村振兴衔接前两年之成效

巩固拓展脱贫攻坚成果同乡村振兴五年有效衔接过渡，是党中央的重要战略部署。从2021年中央一号文件发布至今，已将近两年。两年巩固衔接情况如何，取得哪些成效？

（一）关于两年全国巩固拓展脱贫攻坚成果与乡村振兴有效衔接的评价

2022年6月21日，第十三届全国人大常委会第三十五次会议听取了国家乡村振兴局关于巩固拓展脱贫攻坚成果同乡村振兴有效衔接情况的报告。报告指出，巩固拓展脱贫攻坚成果同乡村振兴有效衔接考核评估第三方数据显示，脱

1　收稿时间：2022年11月

2　作者简介：阳国亮，广西大学党委原书记。研究员，二级教授，博士生导师。广西党建研究会副会长，广西知青文化研究会总顾问。

贫地区群众对巩固拓展脱贫攻坚成果的认可度达94.9%，巩固效果明显。目前工作重心平稳转换，工作力量保持稳定，工作机制不断健全，传好脱贫攻坚乡村振兴"接力棒"，工作取得阶段性成效，特别是乡村建设和乡村治理有效推进，促进脱贫人口增收和脱贫地区发展，让脱贫基础更巩固，成效更持续。推动乡村振兴迈出了新步伐。

与乡村振兴衔接工作取得四个方面的成绩：一是全面落实政策衔接，对脱贫攻坚期间的帮扶政策采取延续、优化、调整等方式分类处理，整体实现由集中资源支持脱贫攻坚向全面推进乡村振兴过渡，财政、金融、土地等政策支撑不断强化。二是深入推进帮扶衔接，调整完善东西部协作结对关系，中央单位定点帮扶保持稳定，驻村帮扶机制进一步深化，启动实施"万企兴万村"行动。三是统筹做好考核衔接，指导地方将巩固拓展脱贫攻坚成果纳入市县党政领导班子和领导干部推进乡村振兴战略实绩考核，考核"指挥棒"作用继续有力发挥等。四是基本完成队伍衔接，形成了中央农办牵头实施、农业农村部统筹实施、国家乡村振兴局具体实施的"三位一体"共同抓乡村振兴的工作格局。

（二）广西巩固拓展脱贫攻坚成果同乡村振兴衔接也取得好成绩

广西在巩固拓展脱贫攻坚成果与乡村振兴有效衔接上做了颇有成效的工作，成绩显著。其成绩主要体现在如下六方面：

1. 脱贫攻坚工作体系有效衔接过渡，落实"四个不摘"要求，做好政策衔接，机制机构衔接，队伍衔接，考核评估衔接，保持帮扶政策总体稳定。

2. 防贫监测帮扶工作走在全国前列。广西的经验在全国健全防贫动态监测和帮扶机制部署会议上作了交流发言，并以《简报》形式在全国推广。

3. 脱贫群众生产生活水平不断提高。首先体现在脱贫地区特色产业不断壮大。全区新增国家级现代农业产业园2个、优势产业集群2个、产业强镇10个，产业发展促收效果显著。其次是脱贫人口就业水平持续提升。截至2022年5月底，全区脱贫人口外出务工人数约275.65万人，超额完成国家下达的目标任务。再次是搬迁群众生活更加幸福，2021年实现16.04万户有劳动能力且有就业意愿的搬迁户每户1人以上就业，有3.38万户搬迁户发展特色农林业，搬迁群众生活越来越红火。

4. 乡村振兴重点县帮扶成效显著。全区确定44个乡村振兴重点帮扶县（含4个参照自治区乡村振兴重点帮扶县给予政策支持县），其中国家乡村振兴重点帮扶县数量占全国总量的12.5%，排全国第4位。

5. 新阶段粤桂东西部协作取得新突破。广东5市继续结对帮扶我区33个县，将南宁、桂林及所辖5县调整与深圳市结对帮扶，新增引导广东落地投产企业287家（到位投资额162.19亿元）、共建产业园区103个、援建劳动力车间312个，累计完成80个广西优质产品"圳品"认证和37个供深农产品示范基地认证，广东采购和销售广西农产品220.57亿元，县域发展能力明显增强。在粤桂"万企兴万村"行动对接活动上推动达成项目签约75.43亿元。

6. 乡村建设行动工作加快推进。截至2022年底，已有2000个行政村完成规划编制，工作进度居全国前列，有3个村庄规划成果被遴选为全国优秀村庄规划案例。截至2021年，全区农村卫生厕所普及率达93.31%，高于全国平均水平25.31个百分点；农村生活垃圾收运处置体系覆盖行政村比例达95%以上；全区成功创建13个国家生态文明建设示范市县（区），4个县（市、区）获批"绿水青山就是金山银山"实践创新基地。基础设施条件不断改善。谋划推进农村公路"三项工程"，全区新增创建"四好农村路"全国示范县4个，新增10个乡镇通二级或三级公路，新增5G基站11780个，20户以上自然村光纤网络通达率达96.6%。

总之，巩固拓展脱贫攻坚成果同乡村振兴衔接两年成效明显。从全国和广西所取得的成效看，巩固脱贫攻坚成果是主体，在巩固中有发展、有提高，为乡村振兴打下了初步基础。

二、巩固拓展脱贫攻坚成果同乡村振兴衔接中的问题、矛盾、难点

总结两年的实践，巩固拓展脱贫攻坚成果同乡村振兴有效衔接过渡还存在什么问题？隐含着何种矛盾？会出现哪些困难？思考和回答这些问题，对于谋划好过渡期后三年及持续推进乡村振兴目标任务的实现具有重要的战略意义。

（一）巩固拓展脱贫攻坚成果同乡村振兴衔接中存在的问题

在充分肯定巩固拓展脱贫攻坚成果同乡村振兴衔接所取得的成绩的同时更要看到存在的问题。衔接期前两年存在的主要问题有如下几个方面：

1. 农村产业基础还比较薄弱。现阶段农村资源分散，市场有效需求不足，产业链和价值链较短等问题依然突出。部分地区传统农业生产效率相对较低，农业科技进步贡献率不高，农业生产要素投入成本不断上涨，加之多数农产品因同质化竞争导致价格呈持续下跌走势，同时城乡之间农产品的产销协同性较差，增值效益在加工和流通环节中无法得到全方位体现，导致农业生产效益不高。

2. 现代农业经营主体缺位。目前我国正处于农业转型关键时期，巩固拓展脱贫攻坚成果同乡村振兴有效衔接，要求农业经营内容突破传统的"旧农业"模式，向参与主体更多、要素更先进、产品附加值更高的"新农业"转化。这就要求各种形式的规模化新型经营主体逐步形成，才能不断提高农业生产经营的效率和收益。在农业转型推进、规模经营扩张的背景下，我国现有农户尤其是小农户的数量依然庞大。第三次农业普查数据显示，全国农业经营户数量约为2.07亿户，其中规模化经营农户仅有398万户，这意味着小农户是我国农业生产经营的主体的局面还没有多大改变。

3. 资金保障整合机制还不完善。金融资源是农村产业发展的基础性资源，从两年衔接期开局的情况看，资金保障主要存在三方面的问题：一是乡村振兴的资金依然不足。在脱贫攻坚工作中，金融财政资金发挥着重要作用，带来显著成效，但在两个战略衔接过程中，资金需求显然加大。尽管在过渡期不会更

改相关扶贫政策，政府每年都对投入资金提供支持保障，针对乡村振兴还略有加强，但仍然无法满足衔接工作的需要，资金供给仍显不足。二是资金分散、难以整合。乡村振兴战略的实施，全部的相关基础建设以及相关管理工作，都需要用对应的资金来实现。在一些经济相对落后的地区，经济总量非常低，资金来源方式也相对传统，因此，很难实现资金的有效整合，也容易受到部门目标、资金使用等政策的影响。三是金融对产业的引导作用发挥不够。金融对产业发展具有积极的引导作用，在乡村振兴产业发展中，银行应发挥精准识别、定向发力的作用，进而产生整体效应。但在两年衔接中，众多单位开展巩固拓展工作时，不断争取投资以及项目，使得脱贫资金分散度增加，且投资方向也不一定准确，银行在其中发挥的引导作用不大。

4. 衔接政策的制定和贯彻机制还不成熟。巩固拓展脱贫攻坚成果与乡村振兴有效衔接已进入政策叠加期。这一时期要实现从集中资源支持脱贫攻坚转向巩固拓展脱贫攻坚成果和全面推进乡村振兴的转变，政策上的表现为由集中资源支持脱贫攻坚向全面推进乡村振兴过渡，两种政策相互衔接、并行交错。各级领导、一线工作同志和农民对政策的把握目前都还有些不到位，甚至还有误区。衔接新政策的制定机制和贯彻机制还没有构建起来。

5. 人才队伍与衔接的要求还有差距。目前农村的人才队伍无法适应脱贫攻坚和乡村振兴衔接的需要。在城镇化浪潮与现代化转型冲击下，我国农村人才基本进入城市发展，农村空心化问题日益严重，农村发展缺乏精英人才与青年劳动力支撑，这对巩固拓展脱贫攻坚成果与乡村振兴有效衔接的推进产生直接影响。外派输入的帮扶干部由于专业特长不一，短期内很难适应衔接期不断转型的需要，部分帮扶干部和群众出现倦怠感，人才队伍的这些情况与衔接期的要求不相适应。

（二）巩固拓展脱贫攻坚成果同乡村振兴衔接中的矛盾

巩固拓展脱贫攻坚成果同乡村振兴有效衔接是一个历史转换时期，转换的实现是一项复杂的系统工程，在推进过程中仍然存在一些矛盾。把握和解决这些矛盾对于成功有效地实现两个阶段的衔接极其重要。这些矛盾主要有五个方面：

1. 思想认识与乡村振兴战略目标之间的矛盾。乡村振兴的战略目标是实现农业农村现代化，具有长期性和整体性。实现这一目标分为两步走：2035年基本实现农业农村现代化，2050年实现乡村全面振兴，建成社会主义现代化强国。因此，衔接阶段的目标任务是递进的，既要防范脱贫人口规模性返贫风险，又要推进相对贫困的治理以及农业农村现代化。因此，需要进行长远谋划，既要构建稳定长效机制，又要统筹治理相对贫困，促进乡村现代化发展。无论干部还是群众，都需要牢固树立衔接递进的理念。当前部分干部群众在思想意识上与这一战略目标不一致，群众现代农业意识不强，乡村产业发展"等、靠、要"的思想意识较为强烈，一些农村群众致富能力弱，导致贫困问题代际传递现象仍然存在。受因循守旧的传统思想左右，一些村民依然习惯于故步自封的状态，集体经济发展滞后，即使发展了村集体产业，也主要依靠政策支持，一旦后续扶持政策中断，产业持续就变得困难，分红或兜底成为唯一出路。因此，只有解决好思想意识滞后的问题，才能不断实现群众对美好生活的向往，为全面建设社会主义现代化开好局、起好步奠定坚实基础。

2. 巩固成果与拓展衔接的矛盾。巩固拓展脱贫攻坚成果是实现乡村振兴的第一步。巩固拓展脱贫攻坚成果是将贫困的基因和条件逐步消除，使临近贫困水平的人口能够走上良性发展的道路，彻底摆脱贫困，这是乡村振兴的前提和基础。但这只是乡村振兴的一部分，其延续性工作模式也是全面推进乡村振兴工作的一部分，甚至只是前期工作的一部分。如果只停留在巩固延续上，就会与拓展并与乡村振兴有效衔接产生矛盾。这是因为，在工作目标上，巩固是巩固"两不愁三保障"、脱离现行标准下的贫困水平以避免已经达到的水平后退。而乡村振兴要求的农村全面现代化是需要30年左右才能达到的高水平，绝不仅仅是吃、穿、住、教育、医疗等有形目标的高水准延续，生态振兴、组织振兴、文化振兴等无形目标的高水准也要囊括在内。在工作覆盖面上，巩固脱贫攻坚成果针对的是刚刚摆脱现行贫困标准的人口。而乡村振兴在巩固刚刚脱贫人口的基础上还包括已富起来的乡村，也就是农业、农村、农民全部都要纳进乡村振兴的范畴内。乡村振兴要达到的是产业振兴、人才振兴、文化振兴、生态振兴、组织振兴五个要求，全面实现农业强、农村美、农民富的目标，实现农业农村现代化的宏伟蓝图，都必须不断拓展和创新农村工作方式。鉴于两方面的区别，可以看出，一味延续原有的工作思路和方式显然无法实现乡村振兴的战略目标。

3. 小农经营与现代农业经营主体的矛盾。如前所述，我国现有农户尤其是小农户的数量依然庞大，小规模农户经营与现代农业规模化经营的发展存在矛盾。尽管脱贫攻坚针对小农户这一特殊群体，已形成了产业扶贫尤其是多样化小农扶贫的模式，但小农户生产资源的多样性和分散性仍然与现代经营相矛盾。

与此同时，小农户难以有效参与到农业农村产业发展潮流中去。一是城镇化使大量农村青壮年劳动力外流，异地化的生活和工作不断降低外出务工农民与乡村故土的关联度，回流人口少。二是留守乡村的人口受教育程度相对较低、年龄相对较大，自主参与村庄建设的能力较弱。三是分散化经营的特征决定小农户难以与市场、政府有效对接，一方面，小农户无法有效对接市场，导致绿色生态农产品优质高价的市场机制失灵，难以激励小农户从事绿色农产品生产；另一方面，小农户难以有效对接政府，导致国家绿色生态农业技术和科学种植理念在小农生产中的推广举步维艰。

另外，资本密集型、技术密集型的规模化现代农业的发展与小农经营的相融性逐渐降低。正在发展的规模化、资本密集型、技术密集型的经营方式在提高经营者规模效率的同时，也挤压了小农的生存空间，迫使部分小农退出农业生产，变成所谓的"农业剩余劳动力"，小农出路成为难以解决的问题。现代农业迫切需要现代农业经营主体。只有通过各种途径培育现代农业经营主体，解决好小农经营与现代农业规模化经营发展存在的矛盾才能实现农业农村现代化。

4. 乡村人口布局与现代农业农村体系之间的矛盾。我国乡村人口分布的一个重要特征是村落数量多且分布离散，呈现出分散化的布局。据统计，尽管随着城镇化的推进，目前，全国行政村已由原来的70多万个减少至50万个左右；如果包括自然村落，全国大约还有250万个乡村人口居住的村落。目前我国常住人口城镇化水平超60%，以此测算，平均每个村落的人口是224人，而仅从自然村落看，每个村落的人口仅在100人左右。在此布局基础上，加上农村"留守化"和"空心化"的状况，我国农村分散化的人口空间布局更为明显。

现代农业农村体系的建成需要人口分布相对集中，我国乡村人口分布的离散即分散化的布局，既不利于乡村产业的相对集聚和发展，也不利于教育医疗等公共服务的有效覆盖和效率提高，有碍于巩固拓展脱贫攻坚成果同乡村振兴的有效衔接。乡村人口布局现状与现代农业农村分布体系之间的矛盾显而易见。

5. 城乡二元体制与城乡融合的矛盾。城乡融合是脱贫攻坚的重要战略措施，城市以双向流入、流出方式带动乡村发展：一方面，城市吸纳农村流出的劳动力进城就业，带动农村劳动力增收。另一方面，城市要素流入乡村，带动乡村发展。尤其是城市资本、技术、人才等流入农村，对乡村建设助力更大。另外，城市居民进入乡村，通过休闲消费等方式带动乡村的繁荣。但是，在脱贫攻坚进程中，我国城乡二元体制仍然未完全得到破解，城乡二元体制与城乡融合的矛盾仍然存在，对城乡融合向深度发展带来较大影响。当前我国城乡二元特征主要表现在两个方面。从基本公共保障来说，城乡居民在医疗、教育、养老等基本公共保障方面享受的待遇尽管已在缩小，但还有不同程度的差距；从生产要素和居民财产方面来说，由于乡村要素和农民财产的市场化明显滞后于城市，农民生产要素和财产，如土地和住房的价格明显被低估，这会导致城乡要素配置的失衡和进城农民市民化程度的滞后。因此，巩固拓展脱贫攻坚成果与乡村振兴的有效衔接需要尽快破解城乡二元体制，建立更为畅通的"以城带乡"模式，通过"城乡互促、融合发展"实现乡村振兴。

（三）巩固拓展脱贫攻坚成果同乡村振兴衔接中的难点

实现巩固拓展脱贫攻坚成果同乡村振兴有效衔接肩负多重使命。作为新时代中国"三农"工作的重要战略部署，巩固拓展脱贫攻坚成果同乡村振兴有效衔接的意义，首先是破解我国新时代主要矛盾、实现共同富裕的重要手段，其次是构建以国内大循环为主体、国内国际双循环相互促进的新发展格局的重要举措，最终还关乎农业农村现代化发展大局和社会主义现代化远景目标。因此，这是一个政策叠加期和历史交汇期。在这过程中，必然存在诸多的困难，其中主要有三个困难要充分加以关注并逐步解决。

1. 克服落后思想观念，激发乡村振兴内生动力是需要不断克服的困难。巩固拓展脱贫攻坚成果同乡村振兴有效衔接关键在激发内生动力。经过多年的脱贫攻坚，一些农民不仅满足于已有水平，而且养成了"等、靠、要"的思想惰性；农民深层次的小农经济观念更是推进农业现代化的思想障碍。部分干部也心存厌倦；还有些干部对农业发展的下一步目标不甚了了，更不用说战略理念了。激发乡村振兴的动力，形成自发性的发展机制，最重要的是改变落后观念，而观念的改变又是最困难的。克服改变观念的困难还不能"毕其功于一役"，需要"久久为功"，不断开展耐心细致的工作。

2. 构建具有中国特色的现代农业体系也需要克服诸多困难。乡村振兴的目标是实现农业现代化，而现代化农业是由现代农业产业体系、现代农业生产体系、现代农业经营体系构成的。完成这三大体系的构建实际上是一场革命，是一场大变革。农业的大变革需要利益格局的大调整，因此可以说巩固拓展脱贫攻坚成果同乡村振兴有效衔接是一项系统工程，是利益格局大调整的系统工程。只要涉及利益的问题都会有诸多困难，需要在农业现代化进程各阶段加以化解。

3. 建立适应巩固拓展脱贫攻坚成果与乡村振兴有效对接的人才团队也是一个重要难点。"治国经邦，人才为急。"巩固拓展脱贫攻坚成果同乡村振兴有效衔接，人才支撑和智力保障是关键。所谓"十年树木、百年树人"讲的是人才的培养和塑造非朝夕之功，说明"人才难得""塑人之难"。当前农村地区劳动力流失，基层年轻干部不足，中老年群体居多。农村专业技术人才和技能型人才短缺，特别是农村种田能手、农业技术人才、农村专业教师、农村医务人才等。近年来，为解决人才问题，政府部门采取了许多措施，取得一些成效，但有些效果不佳。如政府部门对农民进行相关技能培训，相当大的部分流于形式，农民学习效果不佳；有些农民理解能力较弱，学习效果并不好；有的专业人员缺少详细解答，还有的缺乏实践操作，农民接受程度较低。总之，人才培养还是有较大的困难。

总之，巩固拓展脱贫攻坚成果同乡村振兴衔接中的问题、矛盾、难点，说明衔接过渡期任务还很繁重，需要全面谋划、扎实推进。

三、巩固拓展脱贫攻坚成果同乡村振兴衔接后三年建议

党的二十大以后，巩固拓展脱贫攻坚成果同乡村振兴有效衔接五年过渡期还有三年。三年要实现"有效衔接"，既要在党的二十大精神的基础上把握方向、总体谋划，又要适应各地实际情况创新措施、扎实行动。《中共中央国务院关于实现巩固拓展脱贫攻坚成果同乡村振兴有效衔接的意见》（以下简称《意见》）与2021年、2022年中央一号文件已经做了很好的顶层设计。这些顶层设计归纳起来就是要在"巩固中有效衔接，在拓展中全面推进"。尤其是《意见》部署了衔接期间要重点抓好的"支持脱贫地区乡村特色产业发展壮大""促进脱贫人口稳定就业""持续改善脱贫地区基础设施条件""进一步提升脱贫地区公共服务水平"等工作。在保持主要政策总体稳定的基础上，对一些重要政策衔接提出了方向性、原则性要求。重点强调要做好财政投入政策衔接、金融服务政策衔接、土地支持政策衔接、人才智力支持政策衔接。对许多具体工作也做了富有远见的指导、部署和安排。今后三年的衔接工作重点就是落实以上顶层设计和重点部署。在此基础上提出如下建议：

（一）开展习近平总书记乡村振兴重要论述大学习、大宣传活动

恩格斯指出，"一个民族想要站在科学的最高峰，就一刻也不能没有理论思维"。同样，一个民族要走在时代前列，就一刻也不能没有正确思想指引。乡村振兴是中国农业农村经济社会发展的历史大转折，巩固拓展脱贫攻坚成果同乡村振兴有效衔接正是这个大转折的重要节点，在这一重要节点上，思想认识跟上最为重要。因为，思想决定行动，认识决定成败。习近平总书记关于乡村振兴的重要论述进行了系统深刻阐述，形成了思想深邃、内涵丰富的思想体系，是提升干部群众理论素养的思想武器，是指导我们跟上时代步伐的科学指南。学习活动分三个层次进行：

一是对干部尤其是领导干部进行农业农村现代化教育，重点学习习近平总书记关于新时代农业农村现代化的核心要义和科学内涵，明确巩固拓展脱贫攻坚成果全面推进乡村振兴的目标方向、时代要求、发展方向，提高各级领导干部的战略理解能力、战略决策能力和战略执行能力；

二是对科技人员尤其是农业科学技术人员进行技术创新教育，重点学习习近平总书记关于乡村振兴中强化农业科技支撑、创新农业科学技术、创新农业经营方式等论述，明确科技人员在乡村振兴中的光荣历史使命；

三是对农民进行乡村振兴新任务新方向新前景教育，重点学习习近平总书记关于乡村振兴的战略意义和历史意义，学习党在乡村振兴中的战略部署、方针政策、落实措施，明确乡村振兴给农民带来的光辉前景，进一步激发农民群众建设社会主义现代农业、建设社会主义现代农村的积极性，构筑乡村振兴的新动力，从思想意识上塑造乡村振兴的主体。

（二）深入发动全社会助推乡村产业振兴，为农业现代化打下坚实产业基础

习近平总书记在党的二十大报告中指出："坚持农业农村优先发展，坚持城乡融合发展，畅通城乡要素流动。"实现乡村振兴最需要补上的薄弱环节就是产业基础。农业是弱质产业，产业基础薄弱，加快提升农业产业基础，仅仅靠农民农村的力量是不够的，需要全社会的帮助。脱贫攻坚的重要经验之一就是动员全社会扶贫助农。因此，在巩固拓展脱贫攻坚成果同乡村振兴有效衔接的过渡期间，发动全社会助推乡村产业振兴，可以采取三项措施：一是广泛深入宣传学习习近平总书记"坚持农业农村优先发展"的思想，进一步形成全社会关心农业、农村、农民的氛围，做好各行各业支援农业农村的规划并及时落实。二是推动非农部门与农业部门合作，对农业产业做出切实的帮助，包括推动农业领域的产学研联动，引导社会资本投入农村的产业融合，鼓励金融保险行业创新涉农产品，保障涉农资金，提高农业风险抵御能力等。三是改善农村营商环境。农村营商环境是乡村振兴的基本条件，其中包含提升农村政务服务水平，改善农村基础设施尤其是完善农村物流体系，健全农村要素市场等。在对地方进行巩固拓展脱贫攻坚成果同乡村振兴有效衔接的政绩考核时，可将绩效考核重点向营商环境的改善情况倾斜，在提升行政管理水平和推进城乡公共服务均等化等方面做到不缺位，在资源配置方面做到不越位。

（三）以高水平的社会主义市场经济规律提高乡村振兴各层次、各类别人才的能力水平，实现农业农村的可持续发展

人才振兴已经引起各方重视，通过政府主导、高校输送、企业与科研院所带动、乡村自给等各种方式，乡村人才振兴的基本路径已经形成共识。沿着这些路径在巩固拓展脱贫攻坚成果同乡村振兴有效衔接后三年逐步推进，必然取得显著效果。但还有一个重要问题需要引起重视，就是各层次、各类别人才必须不断提高掌握社会主义市场经济规律、驾驭市场经济的能力。党的二十大提出了建设高水平的社会主义市场经济的目标，社会主义市场经济规律在新时代发展中的作用日益重要。此后，乡村振兴中农民成为最为活跃的主体，市场成为最活跃的舞台，更为强调效率性，政府的方法则要随之变化。脱贫攻坚阶段主要依靠"看得见的手"，发挥政府体制作用；乡村振兴更依赖"看得见的手"和"看不见的手"有机配合，发挥市场体制作用，通过政府推动引导、社会市场协同发力、社会力量共同参与，形成乡村振兴推进合力。因此，乡村振兴各层次、各类别人才必须掌握高水平的社会主义市场经济规律，提高驾驭社会主义市场经济的能力和水平。为达此目标可以采取以下措施：一是加强高水平社会主义市场经济理论教育，认识和把握高水平社会主义市场经济规律；二是进一步转变政府职能，在巩固拓展脱贫攻坚成果中逐步降低政府直接干预市场的程度，将政府职能由直接参与转换到调控市场和指导乡村振兴上来；三是发挥市场经济体制各部门的积极指导作用，在引导、指导、支持乡村振兴中培养新型农业经营主体驾驭市场经济的能力。在实施以上措施中实现巩固拓展脱贫攻坚成果同乡村振兴的有效衔接和转换。

（四）加快涉农科技发展的步伐，尽早为乡村振兴提供科技支撑

乡村振兴中的文化振兴，中央早有部署，已经引起社会各界尤其是文化旅游界的重视。文化振兴还应当包括科技振兴，农业现代化必须有科技的支撑。在巩固拓展脱贫攻坚成果同乡村振兴有效衔接开始，就应通过科技攻关为规模化、专业化的农业提供技术装备及高科技产品、特色产品、农业新品种的相关技术。这方面中央和各地已有一些顶层设计，在此基础上，还可以采取以下三项措施：一是针对农业农村现代化的要求做好全国及各地所需要解决的重点项目、特色项目，做好规划，支撑科研、教育单位开展研究，有些重点项目可以纳进举国科研体制去解决；二是加强基层科研组织和机构建设，及时解决当前巩固与乡村振兴衔接期间急需解决的问题；三是支持农村培训培养农民科技队伍，提高农民的科技素质，为提高农业农村的现代科技水平提供基础。

（五）开启农村发展过程中生态负面清单工程，为生态振兴提供底线保证

农村生态建设要继续巩固拓展脱贫攻坚成果衔接乡村振兴中的生态振兴，包括实施重大生态工程建设、加大生态补偿力度、努力发展生态产业、创新生态扶贫方式、统筹推进农业农村绿色发展等顶层设计。衔接过程中生态保护修复、加快生态产业提质增效等工作要尽早提上日程。其中，保护修复是一个长期的系统工程，当前又是农村大建设大发展时期，建设与保护之间的矛盾常常会发生，因此必须坚持规划先行，科学制定乡村生态振兴具体目标、工作重点及工作标准。在此基础上逐步形成乡村生态的负面清单。当前采取的措施：一是坚持规划先行，科学制定乡村生态振兴具体目标、工作重点及工作标准。规划必须坚持生态优先、绿色发展的理念，稳步推进乡村生态振兴"四三行动计划"（农村生活垃圾收集处理三年行动计划、农村"厕所革命"三年行动计划、农村生活污水治理三年行动计划、农村人居环境综合整治三年行动计划）。二是在村规民约的基础上提出村级生态保护负面清单，按照"慎砍树、禁挖山、不填湖、少拆房，保护乡情美景，弘扬传统文化，突出农村特色和田园风貌"的原则具体落到实处。三是继续推进农村人居环境综合整治。继续建设"四好农村路"（建好、管好、护好、运营好农村公路），对农村公路进行提档升级。推进精准灭荒，将山体修复与造林绿化相结合，实现宜林荒山应绿尽绿；充分利用闲置土地组织开展植树造林、湿地恢复，建设绿色生态村庄。综合治理"山水田林路"，加强乡村建设规划许可管理，建立健全违法用地和违法建设查处机制。

（六）进一步加强基层党组织建设，在基层党组织领导下将农民组织起来，以组织振兴引领和保障乡村振兴

习近平总书记在党的二十大报告中指出，"坚持大抓基层的鲜明导向，抓党建促乡村振兴""把基层党组织建设成为有效实现党的领导的坚强战斗堡垒"。乡村振兴中的组织振兴首先是要加强党的基层组织建设，将农村基层党组织建设成为有效实现党对乡村振兴领导的坚强战斗堡垒。具体措施如下：一是继续提升村级党支部的质量水平。坚持"德才兼备，以德为先"的标准选人。一个干部只有在大德下展示出才干才能，才能作为全村的"领头雁"，才能带领出一支思想统一、才位相配、凝聚力强、群众信服的村级班子队伍，让老百姓心甘情愿团结在村级班子周围，才能更加具有组织力和战斗力，充分发挥战斗堡垒作用。二是建强村级党员队伍，充分发挥先锋模范作用。强化党员的学习教育，更新知识，提振精神，启迪智慧，培养党员干部奋斗向上的精神。实现组织振兴的重要环节是农村党员将先锋模范作用在思想上和行动上"双落实"。要以市场需求为导向，加大技能培训，为农村党员发挥先锋模范作用提供创业干事的能力。通过各种途径，将全体党员团结起来，凝聚起来，充分发挥团队协作的作用。三是加强制度和物质条件保障，提高基层党组织管理能力。制定和完善村级党员管理制度。只有科学完善好制度、执行好制度，通过制度的激励和约束，规范村级党员的言行，才能调动党员干部的积极性，让他们在制度的笼子里大显身手，大展宏图。还要严格落实农村基层党组织物质保障，切实加强基层党建工作的人力、物力、财力支撑，落实和提高党员干部的待遇，强化基层党建工作基础，使村基层党组织有积极性做事，有能力办事，有能力解决问题，使党建工作各项目标任务真正落实落地。

乡村振兴中的组织振兴还有第二层含义，就是产业、文化、社会组织振兴。这里侧重讲产业组织振兴。习近平总书记在党的二十大报告中指出，要"巩固和完善农村基本经营制度，发展新型农村集体经济，发展新型农业经营主体和社会化服务，发展农业适度规模经营"。要实现上述目标特别需要发展村级集体经济，发展农业专业合作社和家庭农场。要在基层党组织的领导下，发挥共产党员的作用，要从下面几条做起：一是引导党员的产业由体力型向技术型转变。基层党组织可以通过乡镇党校、远程教育终端站点、科技示范基地等各种形式，结合传统产业优势，对种植、养殖、建筑等类别进行技术培训，使大部分党员拥有一技之长。二是引导党员的产业由家庭型向市场型转变。将零敲碎打的家庭小作坊如油茶加工、豆腐生产、柿饼加工等加以整合，形成规模优势，带头成立专业合作社，打造出一些质量好、品牌响的特色产业。在规模农业各环节中形成专业技术，以专业技术参与规模农业的分工。三是引导党员的产业由自富型向带富型转变。在把农村党员培养成致富能手的同时进而培养成带富高手，使农村党员不仅能够自己致富而且能够带领群众致富。引导共产党员以专业技术为基础，成立专业合作社和家庭农场，以吸引更多的农民群众共同发展新型农业，共同走上富裕道路。

综上所述，脱贫攻坚是阶段性任务，乡村振兴是长期性目标，共同富裕是永久性的制度安排。巩固拓展脱贫攻坚成果同乡村振兴有效衔接五年过渡期是否能实现"有效"，事关乡村振兴长远目标的实现。未来三年要在前两年已取得的成绩基础上进一步明确目标与责任，对未来工作的形势提前研判、精心谋划、及早准备，才可以抓住发展机遇，积极尝试一切能够促进乡村振兴的措施，推动乡村振兴与脱贫致富动态衔接发展，实现农村农业现代化，到达乡村振兴的彼岸。

从"延川模式"看革命老区乡村振兴思路创新[1]

一、问题缘起

"革命老区和老区人民为中国革命胜利作出了重要贡献,党和人民永远不会忘记。""让老区人民都过上幸福美满的日子,确保老区人民同全国人民一道进入全面小康社会。"这些讲话充分反映了习近平总书记对革命老区的关心。党的二十大报告鲜明指出乡村振兴的重要意义,也为老区的工作指明了方向。没有革命老区的脱贫,全面建成小康社会就不完整;没有革命老区的乡村振兴,新时期的乡村振兴就不全面。延川作为革命老区之一,在发展上摸索出了一条具有闪光点的路子,形成了著名的"延川模式",这对时下革命老区乡村振兴工作具有现实的借鉴意义。

从现有革命老区乡村振兴的研究来看,主要集中在老区乡村振兴问题、资源主体、推进思路几个方面。关于问题研究,2020年刘晓伟、冯少雅以江西为例,指出乡村振兴的全方位立体手段不够,红色基因价值功能发挥不足;关于资源主体研究,2019年文茂群指出应充分激活本土红色资源及重构传统乡土文

1　收稿时间:2022年11月
2　作者简介:谢国富,广西来宾市委组织部三级主任科员;谢杰利,广西民族大学马克思主义学院研究生。

化，实现川东北革命老区乡村文化振兴"形"与"魂"协调发展；关于推进思路研究，2020年傅忠贤、易江莹提出强化思想引领、落实优先发展、着力分类指导、创新体制机制、重视绩效评估五条思路；关于模式的探讨，2020年樊士德重点总结了中国扶贫经验及总体发展模式；2022年龚斌磊、张启正等在《革命老区振兴发展的政策创新与效果评估》中则系统总结了党的十八大以来革命老区发展政策的创新及效能情况，可见学界对老区乡村振兴的研究趋增。但总体上讲，对老区乡村振兴模式的相关梳理依旧较少。本文以"延川模式"为切入点，旨在"以小见大"为新时期革命老区乡村振兴工作提供一些思路。

二、革命老区乡村振兴的意义

革命老区乡村振兴是国家全面提升人民福祉的重要工作内容，重视革命老区乡村的振兴与发展工作意义非凡。老区特质集中于地方社会深层结构中，具体义理上又主要呈现在人们生产生活显现的文化层，基于此，老区乡村振兴兼具了如下意义。

1. **回馈和报答老区人民的现实需要。**习近平总书记在多个老区考察时指出，我们党和政府有责任加快老区的发展，做好老区的扶贫开发工作，让老区人民同全国各族人民一道致富发展。革命老区关联着我党的执政根基，关注革命老区人民生活情况，对巩固和扩大我党的执政根基具有极大的现实作用。

2. **延续以革命传统精神为内核的民族精神的时代需要。**革命老区是新中国诞生的摇篮，老区人民为新中国不断从胜利走向胜利，作出了巨大的牺牲与贡献。实践证明，革命传统精神在一代又一代人的继替绵续中传承、发展，老区的奋进精神是民族精神的重要组成部分，只有重视老区发展，才能真正延续以革命传统精神为内核的民族精神。

3. **优化升级小康社会的时代需要。**革命老区作为历史文化意蕴与时代精神使命的主要载体，以其极具生命力的精神力量，使老区生发出与时代共进退的社会效能。在历史新征程中，只有进一步整合资源帮扶老区、促进老区发展，才能真正全面推进乡村振兴战略，进而实现小康社会的优化升级。

三、革命老区整体发展状况

1. **老区体量庞大，差异性明显**。革命老区分布涉及全国28个省（自治区、直辖市），1599个县（旗、市、区）。拿北京等部分地区进行分析，可切实体会到全国老区总体情况：北京市135个老区乡镇人口近200万人，占全市总人口的19%；天津老区177.72万人口占全市总人口的20%；河北省老区乡镇1385个，占老区县（市）所辖乡镇总数的47.6%；山西省老区乡镇1510个，占老区县所辖乡镇总数的80.2%；辽宁省老区乡镇170个，占老区县所辖乡镇总数的79.8%；吉林省老区面积11.58万平方公里，占全省面积的61.8%；上海市抗日游击根据地的乡镇总共34个，占老区县、区乡镇总数的18%；江苏省老区涉及65个县（市）1561个乡镇（原公社），人口3812万人；浙江省涉及老区的县（市、区）共63个，占全省县（市、区）总数的70%；安徽省老区分布在62个县，约占全省县市区的60%；福建省老区分布在919个乡镇，占全省乡镇总数的62%；江西省老区乡镇为1374个，占有老区乡镇的县（市）所辖乡镇总数的75%；山东省老区乡镇为1373个，占有老区的县（市、区）所辖乡镇总数的65.2%；河南省老区乡镇有1232个，约占全省乡镇总数的67%；湖北省老区乡镇1379个，占老县（市、区）所辖乡镇总数的71.6%；湖南省老区乡镇1333个，约占全省乡镇总数的69%；广东省有老区乡镇776个，约占全省乡镇总数的70%；广西涉及老区的乡镇共有733个，约占全区乡镇总数的66%；四川省老区乡镇1653个，占老区县所辖乡镇总数的78.4%；陕西省有老区县66个，约占全省107个县级区的62%。综上可见，全国老区覆盖面极大，加上地域、环境、历史、民俗、经济结构等因素影响，导致老区发展呈现出不同特色以及困境。

2. **扶贫成效及老区发展模式**。从路径上看，全国老区有七大扶贫模式，分别为产业扶贫、劳务输出扶贫、健康扶贫、教育扶贫、资产收益扶贫、生态保护扶贫、社会保障兜底扶贫。这些大多结合了当地特质。

3. **体系化困境**。第一，偏远山区老区精准识别、建档立卡需要加强；第二，项目落地不够合理，体现在产业项目的引进与投放上的"跟风"，导致资源浪费；第三，资金使用不充分；第四，驻村工作效能需进一步显现。这些现实的、体系化的困境给老区乡村振兴带来了一定挑战。

老区乡村振兴需依据当地脱贫攻坚经验模式及现存问题来部署。作为红色文化璀璨、红色精神永存的老区，延川县发展已展现亮点。

四、革命老区脱贫发展范例："延川模式"

模式是结构主义用语，也指事物的标准样式。延川县经过多年奋战，走出了一条干群共进、特色凸显的发展路子——"延川模式"。

推进老区乡村振兴需分析落后原因。延川欠发展原因如下：一是生态环境。延川位于高原丘陵沟壑区，植被覆盖率低，生态环境较差。二是自然灾害。延川县易受洪涝、山体滑坡、旱灾影响。三是教育相对落后。延川农村高学历劳动力较少。四是群众因病因残致贫。部分家庭成员因病无法工作，劳动力缺位。

调研发现，延川县是基于厘清问题、因地制宜而取得了发展。其中2019年扶贫报告显示，延川2018年生产总值就已经达到了114.36亿元，增长9.2%；地方财政收入6.11亿元，同比增长22.64%；全县6390户有劳动能力的贫困群众实现长短结合、稳定脱贫的产业；全年接待游客462.65万人次，旅游综合收入24.81亿元，增长22.3%；第三产业增加值27.17亿元，同比增长9.8%；2022年实现生产总值129.89亿元，同比增长5.2%。延川能取得如此亮眼成绩，主要得益于高效的发展模式，具体如下：

1. **理念引导：可持续性与实效性**。延川县坚持"生态产业化、产业生态化"思路，通过设立生态公益性岗位、落实生态效益补偿、林业产业开发和退耕还林政策兑现等帮扶措施促进脱贫。如吸纳163名建档立卡贫困群众负责生态林保护，每人每年护林补助1万元。为提高生态护林效能，延川县组织213名生态护林员、镇街管理人员集中培训，同时及时设立、配备集体林管护员岗位，有效解决"护林员管护区域过大"问题。在可持续发展与实效性理念引导下，有效推动脱贫攻坚与生态建设的联动发展。

2. **政策创制：顶层设计与政策优化**。延川县加强基层党组织在扶贫工作中的职能，出台了移民、产业扶持、技能培训、教育扶持、医疗扶持、文化旅游扶持等12项扶贫措施，并规定主管要负责、干部要匹配、标准要严格等"十条禁令"。另外，在具体操作中，明确扶贫对象核实及数据清洗"七步骤"、第一书记的"两个一"工作机制。这些有力推进了工作。

3. **外力内嵌：产业扶贫**。延川从工业、农业、服务业上进行了"外力内嵌"的高效整合，单就梁家河来讲，其通过外力打造了知青文化体验园、"梁家小院"农家乐等一系列项目，签约34个外商项目，进一步深化对外合作机制。此外，促进旅游项目收入翻倍增长。

4. **动力内生：紧扣民生**。延川县改造新建厕所6125座，宽带网络覆盖280个自然村，建成19个美丽宜居示范村，实施城乡就近入学制，强化扫黑除恶态势，营造良好社会风气。同时积极践行"绿水青山就是金山银山"理念，持续推行义务植树、污水防治，并在减排工程上设立"垃圾兑换银行"，促进县城空气优质化。通过系列民生工程，群众幸福指数得到了很大提高。

五、"延川模式"启迪：革命老区乡村振兴思路创新

当前各地老区乡村振兴呈现出多元模式，要注意避免"以偏概全"和"同质化"。结合"延川模式"，可从以下几个方面创新革命老区乡村振兴思路。

1. 源头发力：把关政策创建工作

"延川模式"启示我们：革命老区要实现全面推进乡村振兴，就得牢牢抓住"源头发力"。一是明晰主责主业。在实际工作中给领导班子、乡村振兴一线骨干增压，提高政治站位，引导骨干有效转换角色。二是加强对工作人员的培训，提高业务能力。三是完善监督机制，让工作在阳光下进行，做到公开透明。

2. 重视过程：紧抓重要领域和关键环节

老区乡村振兴工作有自己的特殊性，要抓住主要矛盾，将政策效能充分释放出来。一是全面推进农业发展，坚持"五大发展理念"及"两山理论"，不断优化农业产业结构；二是全力完善基础设施，优化灌溉用水网络，确保生产生活用水安全、交通出行顺畅；三是抓住信息化机遇，加快老区农村网络改造升级。

3. 人本理念：内生主人翁意识

革命老区乡村振兴，要打好"组合拳"。一是坚持多元主体。强化基层党组织功能，以党组织引领乡村振兴工作，从制度、人员、政策上提高基层党组织的堡垒作用与战斗能力。二是发挥市场在资源配置中的决定性作用，鼓励和引导社会组织和个人积极参与革命老区乡村振兴工作。三是内生主人翁意识。"自力更生，艰苦奋斗"是梁家河标语，更是干事创业精神，要凝聚共识、树立信心，消除落后思想观念，内生主人翁意识。

4. 嵌入资本：推进金融助力乡村振兴工作

没有资本与金融的参与，老区乡村振兴工作就无法发挥效能。但资本与金融本身具有一定局限性，因此要强化管控，建立健全科学合理的机制，发挥好资本优势。二是有序推进金融助力乡村振兴。相对于北上广，金融在革命老区发挥效能的空间很大，政府应进一步加强金融进村的体系搭建，提升金融活力。同时，要加强宣传活动，让农民群众敢贷款、能贷款、会贷款。

5. 调适能动性：加强乡村振兴干部队伍建设

乡村振兴，关键在人。新时期乡村振兴干部队伍建设，应从以下方面进行：一是加强培训学习，用习近平新时代中国特色社会主义思想武装头脑，解决实际问题。二是加强思想作风建设，提高干部服务意识。三是完善奖惩机制，调动各级干部队伍的能动性，筑牢责任意识。

结束语

我国革命老区范围广阔、差异性凸显，"延川模式"是一个有效的实践探索，对各地老区乡村振兴工作有着积极意义。当然，世上没有放之四海而皆准的发展道路，在推进老区乡村振兴工作进程中，要把握"模式"的两面性，规避"模式"中裹挟的"路径依赖"风险，坚持实事求是，相信在党中央的坚强领导下，革命老区人民必定会同全国各族人民一起共享乡村振兴红利。

浅谈如何做好巩固拓展脱贫攻坚成果同乡村振兴有效衔接工作[1]

易建民[2]

我国脱贫攻坚战已取得了全面胜利，为实现第二个百年奋斗目标奠定了坚实基础，在当前和未来一段时间，如何"实现巩固拓展脱贫攻坚成果同乡村振兴有效衔接"成为一个重要的阶段性议题。党中央、国务院从战略高度设置了巩固拓展脱贫攻坚成果同乡村振兴有效衔接五年过渡期。巩固拓展脱贫攻坚成果同乡村振兴有效衔接近两年的实践证明，党中央、国务院设置从脱贫攻坚全面转为乡村振兴的五年过渡期是完全正确的，也是富有成效的。下面，我就以桂林市为例，浅谈一下如何做好衔接期间的工作。

一、近两年的工作成效

（一）**脱贫地区和脱贫群众的收入持续大幅度增长。**2021—2022年，桂林市脱贫群众的收入明显高于一般农户。其中，2021年全市脱贫人口收入增幅约为16.4%，比全市农民人均收入增幅高出 6 .4个百分点；2022年，初步统计全市脱贫人口收入增幅约为26%，预估要高于全市农民人均收入增幅15个百分点以上。

1　收稿时间：2022年11月
2　作者简介：易建民，原桂林市扶贫办主任，桂林市乡村振兴促进会顾问。

龙胜、资源、灌阳三个脱贫县农村人均收入均高于全市农民人均收入增幅1个百分点左右。全市脱贫人口的收入与全市农民人均收入的差距进一步缩小，从2020年占全市农民人均收入的70%上升到今年的90%以上。

（二）财政衔接资金投入持续增加。2021—2022年，桂林市共预算投入脱贫地区和脱贫人口的财政衔接资金共计35亿多元，比脱贫攻坚期间年均投入脱贫地区的财政扶贫资金高出6个百分点，为脱贫地区、脱贫人口巩固拓展脱贫攻坚成果提供了充足的资金保障。

（三）脱贫地区、脱贫群众的生产生活条件持续改善。全市510个脱贫村进村到屯道路基本全部硬化，水利、电力、电信等基础设施基本满足了群众的生产生活需要，村级公共服务中心、村委办公楼、村级卫生室等公共服务设施全部达标，以往的行路难、就医难、上学难等困扰贫困地区的难点问题基本全部解决，甚至很多脱贫村的生产生活条件已领先了面上村。

（四）乡村建设和乡村治理初见成效。全市对农村卫生厕所革命、农村垃圾处理、生活污水处理、村庄清洁行动、乡村规划等工作投入的力度逐年加大，卫生厕所的普及率已达到了98%以上，乡村振兴重点村的村庄规划全部完成，生活垃圾都能做到及时转运处理，农村环境得到明显改善。农村移风易俗专项治理、精神文明建设、基层组织建设、法治建设、村集体经济等都有了明显加强。所有的村都建立了村规民约，培育了3—5个法律"明白人"，所有的村集体经济收入达到5万元以上。

二、存在的主要问题

（一）返贫致贫风险依然存在。截至2022年10月底，全市尚有4402户14241人是监测对象。这些低收入人群，抵抗风险的能力普遍较弱，一旦发生大病、自然灾害、意外事故等重大变故，还存在返贫的风险。

（二）脱贫群众的收入结构还不尽合理。目前，全市脱贫人口收入结构是生产性收入占比11.93%、工资性收入占比70.79%、转移性收入占比16.11%、财产性收入占比0.42%。从上述数据可以看出，脱贫群众人均生产性收入比转移性收入还低4个多百分点，财产性收入几乎可以忽略不计。同时，全市脱贫人口尚有约3.1%存在收入不升反降的问题。

（三）**基础设施特别是道路交通条件还不同程度制约农村经济发展。**脱贫攻坚期间，农村道路特别是进屯道路、产业道路基本上是路基4.5米、路面3.5米的建设标准。随着农村产业发展、车辆增加等，现有的道路明显偏窄，甚至错车都困难，给农村道路运输带来诸多困扰。

（四）**产业振兴制约因素还比较多。**土地性质的问题，给规模化、标准化发展造成困难；新型经营主体带动能力不强，很多农村专业合作社没有发挥作用，据统计，全市目前有注册专业合作社7600多家，而真正发挥作用的不足十分之一。

（五）**村集体经济收入乏力。**虽然每个脱贫村的村集体收入每年的统计都达到了5万元以上，但实事求是地讲，很多村都是用财政资金入股政府的平台公司来获得分红收益。从我们督查的情况发现，部分政府平台公司自身效益非常差，根本没有真正给村里分红。

三、对巩固拓展脱贫攻坚成果同乡村振兴有效衔接的工作建议

（一）**聚焦持续增加脱贫群众收入。**一是促进脱贫人口和脱贫地区农民持续增收。聚焦产业带动、扩大就业、兜底保障、用活资源、降本增效五点发力，实现生产经营性收入、工资性收入、转移性收入、财产性收入稳步增长。二是提升生产经营性净收入比重。健全联农带农益农联结机制，通过订单生产、托管托养、产品代销、报价收购等带动脱贫户发展生产；培育壮大龙头企业、专业合作社、家庭农场等农业经营主体，让更多的脱贫户参与发展生产、分享收益；用好用足消费帮扶政策，动员机关企事业单位、社会各界帮扶力量等积极采购脱贫地区和脱贫户农产品，让脱贫户的农产品卖得出、卖出好价钱。三是

着力增加财产性收入。要推动资源资产流动变现，特别是要推动土地流转。要落实村集体经济收益分配。

（二）**聚焦防止返贫动态监测帮扶**。防止规模性返贫是巩固拓展脱贫攻坚成果同乡村振兴有效衔接的底线，规模性返贫是坚决不能发生的。因此，要采取定期排查、部门协同、信息互通、及时核查、应纳尽纳等措施，对存在返贫致贫风险的农户第一时间入户核查，及时纳入监测，及时落实帮扶人和帮扶措施。

（三）**聚焦脱贫地区产业发展**。一是统筹整合财政衔接资金、涉农资金、粤桂协作资金、社会帮扶资金支持带动脱贫人口增收的龙头企业、合作社发展，促进产业发展提档升级。二是继续用好小额贷款政策，组织实施好到户产业帮扶项目。三是加强农业科技指导，组建农村科技服务队，定期对农民进行实用技术培训和技术指导。四是要发挥政府引导作用和市场调节作用，实现产业发展有序推进，防止出现类似砂糖橘一哄而上的局面反复发生。

（四）**聚焦脱贫人口稳岗就业**。采取区外务工人员交通补贴、县内务工人员稳岗补贴两项"补贴"政策，鼓励支持脱贫劳动力外出务工，增加脱贫人口工资性收入。继续合理开发村级公益性岗位，让无法外出务工的困难家庭劳动力能在家门口实现就业。继续扶持发展就业帮扶车间，提升帮扶车间吸纳就业能力，让更多的脱贫劳动力实现就近就业。推进"雨露计划+"就业促进行动，支持脱贫家庭学生接受职业学历教育，加大"雨露计划"毕业生和脱贫家庭高校毕业生就业帮扶力度，促进他们实现高质量就业。

（五）**聚焦乡村建设和乡村治理**。要逐步完善农村村庄规划，加大厕所革命建设力度，分批对具备条件的村屯实施污水处理建设工程，健全垃圾收集、转运、处理机制，逐步改扩建农村公路，进一步提升农村生产生活条件。要推行网格化管理、数字化赋能、精细化服务，推广村级组织依法自治事项、依法协助政府工作事项等，推广清单制、积分制等治理方式。推进移风易俗专项治理，重点整治高价彩礼、人情攀比、厚葬薄养、铺张浪费等问题。要创新农村精神文明建设有效平台载体，在乡村开展"听党话、感党恩、跟党走"宣传教育活动，支持农民自发开展村歌、村晚、广场舞、趣味运动会等体现农耕农趣的文化体育活动。有效发挥村规民约、家庭家教家风作用。大力开展文明村镇、文明家庭、星级文明户、五好家庭等创建活动。要加大农村基层组织建设力度，持续整顿软弱涣散党组织，全面落实"四议两公开"制度，把村级党组织建设成坚强的战斗集体。

巩固拓展脱贫攻坚成果同乡村振兴有效衔接的实践和探索

——以广西来宾合山市里兰村为例[1]

孔 威[2]

　　2017年习近平总书记在党的十九大报告中提出了实施乡村振兴战略，2020年党的十九届五中全会明确提出要实现巩固拓展脱贫攻坚成果同乡村振兴有效衔接。2021年、2022年、2023年中央一号文件连续强调要巩固拓展脱贫攻坚成果同乡村振兴有效衔接，全面推进乡村振兴。可以看出，实现巩固拓展脱贫攻坚成果同乡村振兴有效衔接，是当前和今后一个时期"三农"工作最重要的任务之一，需要重点研究。

　　关于巩固拓展脱贫攻坚成果同乡村振兴有效衔接，黄承伟研究了其战略演进逻辑；左停、原贺贺、李世雄研究了其政策维度与框架；李宁慧、龙花楼探讨其内在逻辑与实现机理，对地域类型分异与村庄分类视角下的发展模式与路径进行了系统研究；高强、曾恒源也发现各地在实践中面临的问题和难点；黄祖辉、钱泽森指出需特别注意脱贫成果、地区战略、政策对象三个持续，长效产业、小农主体两个缺位和乡村人口布局、城乡二元体制两个局限的问题。

　　鉴于此，本文以广西来宾合山市里兰村为例，总结分析该村推进巩固拓展

1　收稿时间：2023年11月
2　作者简介：孔威，广西来宾合山市里兰村原驻村第一书记。

脱贫攻坚成果同乡村振兴有效衔接的实践探索及面临的问题、难点，并提出针对性建议，以期为下一步高质量实现有效衔接提供政策参考。

一、推动有效衔接的主要实践

里兰村地处广西来宾市合山市西南部，位于西江主要干流之一红水河畔，辖9个自然屯，28个村民小组，全村约5600人，壮族、汉族、瑶族等多民族和谐共居，耕地面积8500余亩。2016年被评为"自治区文明村"。2020年获得"来宾市产业发展、脱贫攻坚先进集体"、合山市脱贫攻坚先进集体称号。里兰村曾经是自治区贫困村之一，作为合山市最大的贫困村，2020年，里兰村484户贫困户全部脱贫，绝对贫困问题历史性地得到解决，同全国一道走向全面小康社会。2022年，里兰村被认定为乡村振兴重点村。几年来，该村持续巩固拓展脱贫攻坚成果，全面推进乡村"五大振兴"。

持续巩固"两不愁三保障"和饮水安全，注重压紧压实"双线四包"和联控联保责任，无一名学生因贫失学辍学，强化医疗政策宣传，确保脱贫人口、监测对象、农村低收入人口参保率动态实现100%，"以奖代补"鼓励脱贫户发展糖料蔗、猪、鸡等种养项目，脱贫群众生活更上一层楼；持续开展防止返贫动态监测和帮扶工作集中排查，重点就脱贫不稳定户、边缘易致贫户、突发严重困难户进行走访，风险户应排尽排、应核尽核、应纳尽纳，确保监测户"户有人管、事能落实"；持续推进产业振兴，建立健全村级集体经济发展长效机制；持续推进文化振兴，进一步做好民族团结进步、全国文明村创建工作；持续推进组织振兴，加强网格化管理；持续推进生态振兴，利用后盾单位自筹扶贫资金在部分自然屯进行"小微菜园"等三微建设；持续推进人才振兴，做好党员发展工作，打造好村干部、创业青年、科技人才、新型职业农民等几支队伍，发挥群众积极性。

二、存在的问题

一是巩固拓展脱贫攻坚成果存在薄弱环节，防返贫动态监测工作没有完全的客观规则，镇、村干部在工作中对个别特殊人群是否纳入监测对象管理把握不准。二是特色产业基础薄弱、规模小，科技普及率较低，农产品多而不精细，农业经营抗风险能力弱，一二三产联动性不明显。三是乡村建设投入不足，农村污水治理、生活垃圾处理、"三清一改"等需投入大量人力财力物力，地方财力有限，目前资金项目主要集中在产业上。四是部分扶贫资产管护不到位，存在资产闲置、合作社逾期不返还物资等风险。

三、巩固拓展脱贫攻坚成果同乡村振兴有效衔接的探索

里兰村作为人口大村，地处城乡交会地带，是城乡融合发展重点建设区，推进巩固拓展脱贫攻坚成果同乡村振兴有效衔接责任重大，乡村建设任务艰巨繁重。必须始终贯彻落实习近平总书记关于"三农"工作的重要论述，聚焦重点任务，衔接过渡期，有序做好乡村发展、乡村建设、乡村治理重点工作，推动里兰村在农业农村现代化路上迈出新步伐、展现新气象。

一是凝聚党员先锋模范力量，"党旗引领"保驾护航。突出党建引领，点燃乡贤人才服务激情，深入挖掘本地"土专家""田秀才"等人才具备的优势，推动党建与产业的同频共振、人才与事业的互促共荣，将强大的组织力有效转化为强劲的生产力，把合作社建成坚强的"红色堡垒"。

二是落实防止返贫监测帮扶机制，确保不发生规模性返贫。对脱贫户、监测户家庭收入进行分析研判，因户施策，着重完善产业发展项目联农益农机制，加强产业到户帮扶力度和覆盖面，激励脱贫群众自主发展增收。帮助有劳动能力且有发展产业意愿的脱贫群众获得小额信贷、务工就业、以奖代补、土地流转、入股分红等产业帮扶政策支持。促进脱贫人口稳岗就业，充分发挥乡村公益性岗位、低保兜底保障作用，让脱贫群众稳定持续增收。围绕"两不愁三保

障"，重点监测涉及医疗费用支出较大、交通意外事故、产业失败等指标，采用"线下+线上"双线结合等方式快速反应，实时筛查风险户。

三是着力制度创新，提升乡村产业发展水平。着力破解村集体经济薄弱、市场能力较弱等现实困境，充分尊重自然规律和市场规律，聘请经济能人组成职业经理人团队对公司进行规范化管理，让专业人做专业事。大力培育新型职业农民、"土专家"，建立本土人才培育机制，积极选派技术优良的科技特派员为返乡人才提供信息、政策、技术、协调等方面的优质服务。

四是聚焦实施乡村建设行动，全力打造宜居宜业美丽乡村。坚持规划引领，有序推进"多规合一"实用性村庄规划编制。进一步推进农村生活污水治理，用于自然屯生活污水和黑臭水体治理项目建设，城乡接合部周边的村屯污水纳入城镇污水收集管网统一处理。建立健全长效管护机制，引导群众参与村庄清洁、产业发展、绿化美化和公共基础设施管护。

民宿是乡村振兴的重要路径
——以阳朔为例[1]

陆 军[2]

民宿早期大多是以"农家乐"或者"家庭旅馆"的形式存在，由于其能够帮助主客双方更好地沟通互动且极具当地特色而受到越来越多游客的关注，尤其是乡村民宿，在提供给游客原汁原味的住宿环境和多样互动服务的基础上，还能够帮助居民利用闲置房屋，增加额外收入，使乡村旅游的形式更多样化，助推了乡村振兴战略的实施。

我国民宿肇始于20世纪80年代的桂林阳朔，当时大量的国外背包游客进入阳朔，产生了一批像"月亮妈妈"一样的农民导游，她们为背包客作向导，利用自家闲置空房为背包客提供住宿，并提供餐饮、乡村民俗表演、看大戏、农耕体验等额外的付费项目，具备了民宿的最基本特征：主客共享，主人参与。因而被公认为我国最早的民宿。阳朔民宿主要分布在乡间，几乎遍及了阳朔所有乡镇，阳朔民宿发展直接带来了住宿、农民导游、餐饮等乡村经济发展，而且由于民宿对服务技术要求不高，普遍适合农民经营，直接促进了乡村产业发展；由于客源相对稳定，投资不大，有效地促进了乡村产业发展。而民宿间接带动的乡村产业发展也是相当明显的：推动了乡村旅游、休闲农业、文化产业

1　收稿时间：2022年11月
2　作者简介：陆军，广西师范大学历史文化与旅游学院教授。

等产业发展，吸引了在乡、返乡、入乡人才服务乡村，建立了适应现代乡村经济社会发展的乡村基层组织和乡村经济发展组织，促进了乡村生态价值产品实现，提升了乡村生态质量，激活了乡村沉睡的传统优秀文化，全面助推了乡村振兴。

一、阳朔民宿发展调查分析

（一）民宿茁壮成长加速了阳朔乡村旅游产业发展

2004—2015年是阳朔民宿业茁壮成长阶段，该阶段无论是规模、特色还是品牌影响力方面，均得到了极大的提高，有力地推动了阳朔乡村旅游产业发展。阳朔民宿茁壮成长阶段得益于2004年印象·刘三姐实景演出，2005年印象·刘三姐正式面向全球开演并成为引领全球夜间经济的创新性旅游产品，不仅彻底改变了阳朔旅游中转站的命运，更是将阳朔彻底打造成为世界级旅游目的地，2005年后阳朔过夜游客年均超过100万，巨大的商机带动了阳朔住宿业的大投资、大发展。在这之后，外来资本纷纷看好阳朔的旅游前景，民营企业和个人也纷纷携资涌入。阳朔以建设和改造新农村等名义大力开发乡村旅游资源，使其名声在外。在此声势下，各式资本或独资开办了各种档次的旅游宾馆、客栈，或与当地村民合资在风景旅游区以修缮破旧空置民房为名开办了家庭旅馆、民宿。阳朔县以杨堤、兴坪、遇龙河、十里画廊景区等地为代表的真正民宿开始如雨后春笋般遍地开花并迅速发展起来，使该县民宿进入了黄金成长阶段，通过携程网App、Airbnb民宿预订App等多个酒店预订App检索分析，开业时间在2015年前的阳朔民宿为437家（不完全统计，外国人投资民宿6家）。

（二）民宿的发展壮大推动了新农村建设

2016年至今是阳朔民宿发展壮大阶段。以2015年阳朔获得广西特色旅游名县为标志，阳朔县相继建成了广西特色旅游名县、国家级旅游度假区、国家级全域旅游示范区，各类旅游要素比较完善，业态更加丰富，吸引了国内外大量的游客过夜，年均过夜游客突破2000万人，住宿业商机无限。2018—2022年，阳朔民宿出现了成倍增长态势，疫情也阻挡不了资本投资阳朔的热情，仅2021年和2022年新开业的阳朔高端民宿就多达17家。2016年以来，阳朔县在旅游资源开发上共引进34个重大项目，总投资金额达到218亿元。新加坡悦榕集团、深圳海航、阿丽拉、阿玛瑞等有实力的知名企业也纷纷注资阳朔建设特色休闲度假主题酒店，并成功地如悦榕度假山庄、山畔度假酒店等高端五星级酒店以及陈家花园·漓画、后院旅舍、雾云上院、芒果·美墅、在水一方、竹窗溪语等主题民宿，标志着阳朔民宿发展呈现出高、中、低的立体化多层次共同发展格局，民宿几乎遍布了阳朔县9个乡镇。随着大量资金的投入，阳朔旅游资源得到了有效的开发，使得旅游业与其他产业从单一发展向集群化发展转变。民宿业作为旅游业的重要组成部分也得到了较好的发展，形成了喜岳·云庐、阿丽拉糖舍、101百族部落、悦榕庄、香樟华萍等高端品牌民宿集群，以及培育了荷兰饭店、画山云舍、竹窗溪语、栖迟山居、秘密花园等一批极具地方特色的精品民宿集群。在政府各种民宿发展政策与资金扶持的推动下，阳朔民宿发展也开始步入品牌化发展时期。通过携程网App、Airbnb民宿预订App等多个酒店预订App检索分析，截至2022年8月的阳朔民宿为1022家（不完全统计，外国人投资民宿7家）。

二、阳朔民宿发展推动乡村振兴的路径研究

（一）民宿发展是乡村产业兴旺的重要突破点

民宿的功能不仅仅是居住，民宿更是一个生产、生活、生态和生意空间，民宿涉及吃住行、游购娱、商学养、闲情奇等旅游产业要素，是乡村产业兴旺的重要突破点。民宿发展引导和推动了更多的资本、技术、人才等要素向农业、乡村流转，推动农村经济结构实现转型发展，培育农村经济新业态，活跃农村经济，促进美丽乡村建设，提升乡村社会文明程度。

阳朔遇龙河流域和十里画廊一带历村、朗梓村、龙潭村、旧县村、鸡窝渡等因积极发展民宿业，带动了乡村养殖业、瓜果蔬菜等农业发展，同时，原外

出务工的村民也回来参与创业就业发展民宿业，把大量闲置的空房、老房、旧宅和荒芜的土地资源打造成为民宿、餐饮场所、农业园、文创体验场等，以此为依托，大力发展了农家乐、乡村观光、农耕体验、乡村游乐等业态。同时，由于有大量的游客过夜民宿，村里的传统民俗如各类节庆、渔鼓戏、牌灯甚至是人生礼仪等资源都得到了盘活，重新激发了其内在的价值，开发成为文创产品和夜间文艺表演项目、民俗体验等产业项目。民宿发展延伸了阳朔乡村旅游产业链，促进了乡村产业多元化发展，催生了乡村新经济和新业态，改变了传统的小农经济结构模式，有力地推动了乡村产业振兴。

（二）民宿发展是乡村生态宜居的重要推手

民宿发展是推动乡村生态宜居的重要路径，乡村振兴中生态宜居是对人居环境提出的具体要求，民宿的发展置于乡村人居环境中，只有良好的人居环境才能适合民宿发展。民宿发展在保持原汁原味的农村生态的同时，要具有良好的乡村环境和便捷的生活方式，让游客舒适地领略优美的田园风光和山水自然，体验不一样的"慢"生活。在民宿发展过程中，阳朔县将民宿旅游与乡村振兴、城镇化建设相融合，加大了乡村人居环境建设力度，在民宿的前期建设过程中，优先将有限的资金投向开发民宿的乡村，改善人居环境，配套建设旅游生活设施，加大公共服务设施和旅游产业基础设施的投入，改善周边环境，规划整合各类自然景观、人文遗迹等，实施村屯绿化美化，积极引导发展绿色农业，从而使阳朔县偏远的乡村较好地融入了民宿旅游的大市场。同时民宿也促进了农业进步和农村生态宜居发展，使其与民宿的发展相配套，使得乡村环境得到极大的改善，更具有吸引力。

（三）民宿发展是乡风文明的重要抓手

阳朔是传统的农业大县，随着城镇化推进，许多农民进城务工，导致大量青壮劳力缺失，加上乡村生活配套、医疗配套、教育配套等跟不上社会发展需要，农业生产成本高，因此，留在村里的大多数是老人或弱病残者，导致"空心村"较多。发展民宿有利于带动乡村剩余劳动力实现再创业、再就业和村民整体素质的提升。民宿所面对的游客来自各行各业和五湖四海，游客带来更多的知识和经验影响村民的思想和生活方式，外来投资民宿的经营者也在很大程度上影响着当地村民。并且民宿发展使乡村传统的礼仪、礼俗得到挖掘、提升，拓宽了村民的视野和见识。正是民宿的发展，让村民认识到了自身文化的价值，让村民有了更多在家就业创业的机会。在政府的引导和村民自治的基础上，民宿带动了乡村文明发展，形成了和睦共处、相互尊重、诚实守信、敬业乐群的良好新乡风、新文明。

（四）民宿发展是乡村有效治理的重要模式

民宿发展打破了乡村传统的治理结构，民宿经营者、民宿消费者、民宿拥有者、民宿投资者构成了民宿所在乡村的新的社会结构。如历村、旧县、龙潭村、兴坪古镇、水厄底等村镇，由于位于阳朔旅游核心区和著名景区内，民宿数量众多，分布密集，村内外来人口占有相当的比例，各种关系错综复杂。为了保证各方的权利和利益，让每一位老村民和新村民都拥有发言权和决策权，在政府的组织和指导下，成立了民宿协会，组建了村民自治委员会和建立了适应新时代乡村治理的村规民约，建立旅游投诉机制、旅游调解委员会和旅游仲裁机制，通过制定一系列约束条款来保证各方民主，保证村民自治委员会的表决，提升了乡村治理效率，解决合约之外的社会治理问题，完善乡村治理体系。

（五）民宿发展是乡村生活富裕的重要路径

生活富裕是乡村振兴的根本，生活富裕体现在经济的发展、农民的增收和丰富的精神生活上。民宿的发展不仅增强了农村经济的活力，为农民增收创造了条件与机会，更重要的是民宿发展所带来的信息、文化、生活方式等丰富了农民的精神世界。阳朔民宿发展在不影响农民正常的社会结构和资源产权的前提下，整合农村"空心化"的闲置资源，发展农村新经济，带来新的发展动力，为村民创造了创业就业岗位，增加了村民的工资收入；村民出租自有土地和房屋，获得了财产性收入；通过政府、企业和村民共同打造的平台，出售农产品、水产品和手工产品，增加了家庭经营收入。发展民宿也提升了村民的整体素质，推动乡村多元化发展，改善了乡村环境，提高了乡村治理能力，促进农村市场被重新开发，吸引更多的有志青年回流创业，也吸引更多的游客参观和消费。

进一步拓展了农业、农村的功能，保护乡村生态环境，充分激活了乡村沉睡的文化资源，丰富了乡村的文化生活，在乡村振兴中较好地发挥了民宿的"杠杆"作用，形成了民宿产业兴旺、村民增收的良好势头，从而丰富了乡村生活，使得农民实现了生活富裕。

三、结论

民宿业不仅体现住宿功能，更重要的是民宿发展能够与旅游、农业、文化、生态、林业、水利等多个产业融合发展，优化配置闲置的乡村资源，激活沉睡的乡村文化资源，促使资本、技术、人才等生产要素向农业和农村流动，转换农民的职业身份并使农村城镇化，成为乡村经济供给侧结构性改革的重要载体和发展路径。

阳朔民宿发展成效表明：民宿是新型的乡村产业业态，民宿发展吸引更多资本、技术、人才要素向农业、农村流动，推动农村经济结构实现转型发展，培育农村经济新业态，活跃农村经济，促进美丽乡村建设，提升乡村社会文明程度，推动了乡村产业振兴。

民宿是吸引人才和解决乡村劳动力过剩的重要路径，也是为乡村劳动力提供再就业再创业的重要平台。民宿发展也吸引了外来人才到乡村发展，并把外出务工的劳动力也吸引回乡发展，还吸纳了更多城市人才、技术管理人才和其他人才到乡村创业就业，乡村在乡人才也有了发展的机会，从而让村民在家就业创业，稳固了农村家庭社会结构和吸引在乡、入乡、返乡人才扎根乡村，助推了乡村人才振兴。

民宿自身就是一个文化综合体，是一个文化消费空间，民宿发展更多的是以乡村传统文化和地域知识文化为吸引物。在民宿发展过程中，文化是民宿的灵魂和核心竞争力，以民宿为载体，激活了沉睡的乡村文化和地域知识文化，盘活了乡村文化资源，振兴了乡村历史文化、消失或即将消失的传统文化、民俗文化，乡村文化获得了新生和传承弘扬，留住了乡愁，实现了乡村文化振兴。

同时，民宿发展需要良好的优美的生态环境和宜人、宜居、宜游环境，民宿发展促使乡村振兴中更加重视生态环境和人文生态的建设，更好地保护自然生态和人文生态，促进了宜居乡村、生态乡村、绿色乡村和洁净乡村建设，有效地实现了乡村生态价值产品转换，寻找到了乡村经济发展与生态发展的平衡点，促进了乡村生态振兴。

　　当然，民宿发展是一种具有持续增长性、综合带动性、城乡协同性和广泛包容性的产业发展模式，其产业组织方式、人才组织方式、管理组织方式等打破了传统乡村"小农"组织方式，因此，民宿发展引入了现代管理理念、现代乡村组织方式和现代产业组织方式，拓宽了社区居民的视野，提高了现代乡村治理水平和自我发展能力，促进了乡村组织振兴。

第二篇　产业振兴

产业振兴是乡村五大振兴之首，乡村振兴全过程始终贯穿着产业发展、推进和提升。产业是发展的根基，产业兴旺了，农民收入才能稳定增长。习近平总书记指出："要推动乡村产业振兴，紧紧围绕发展现代农业，围绕农村一二三产业融合发展，构建乡村产业体系，实现产业兴旺，把产业发展落到促进农民增收上来，全力以赴消除农村贫困，推动乡村生活富裕。"本篇正是遵循着习近平总书记的指示开展研究的。

产业振兴是全面实现乡村振兴的重中之重[1]

阳国亮

产业振兴是全面实现乡村振兴的重中之重，这是习近平总书记反复强调的重要思想，对此应深刻理解。在全面推进乡村振兴中要始终坚持产业振兴这个重心，以高质量发展为导向，突出发挥好自身优势，全面推进农业现代化，实现乡村振兴。

一、全面推进乡村振兴，产业振兴是基础和关键

全面推进乡村振兴过程中，在指导思想和战略理念上始终坚持产业振兴是重中之重不动摇，是关系到乡村振兴持续健康发展并达到乡村全面振兴目标实现的关键问题。理论展示道路，行动创造硕果。对此，必须从理论上加以深刻理解，才能提高行动的自觉性。

（一）产业振兴是实现乡村振兴目标的核心任务

从党的十九大提出"实施乡村振兴战略"开始，中央就提出了"加快推进农业农村现代化"的目标，而实现这个目标要从"产业兴旺"入手。党的二十大将"农业农村现代化"的目标具体化为"加快建设农业强国"，以"产业振兴"带动"人才、文化、生态、组织"振兴，全面实现乡村振兴。党的十九大

1　收稿时间：2023 年 11 月

以后，每年发布的中央一号文件都将农业现代化作为乡村振兴的目标方向，将产业发展作为核心任务。2021年的中央一号文件以"关于全面推进乡村振兴加快农业农村现代化的意见"为标题，对"加快推进农业现代化"作了全面部署，产业现代化是其中最核心的内容。2022年中央一号文件要求做好"三农"工作"，"推动乡村振兴取得新进展、农业农村现代化迈出新步伐"，提出"聚焦产业促进乡村发展"的具体要求。2023年中央一号文件继续强调"加快农业农村现代化"，在建设农业强国的具体内容上提出"供给保障强、科技装备强、经营体系强、产业韧性强、竞争能力强"的产业振兴发展要求，作出了"推动乡村产业高质量发展"的详细部署。以上说明，产业振兴在乡村振兴全面推进中是始终必须抓紧抓好的核心战略。

（二）产业振兴是实现"五大振兴"的基础

乡村振兴，产业发展是根基，其根本要求在于通过实施因地制宜的产业政策来实现产业兴旺的基本目标。只有产业兴旺了，农民收入才能稳定增长。习近平总书记指出："要推动乡村产业振兴，紧紧围绕发展现代农业，围绕农村一二三产业融合发展，构建乡村产业体系，实现产业兴旺，把产业发展落到促进农民增收上来，全力以赴巩固农村脱贫成果，推动乡村生活富裕。"乡村产业体系越健全，农民增收渠道就越通畅，乡村人才、文化、生态和组织振兴才有了基础和条件。

（三）产业振兴贯穿乡村振兴始终

乡村振兴的总目标是要实现农业农村现代化。产业振兴则是实现农业现代化的根本途径。经过改革开放，我国农村已有长足的发展，但是距离农业现代化还有较大的差距，而主要的差距在于农业产业发展水平低，从较低的产业发展水平发展到高级的现代化水平还不能一蹴而就，需要经过若干阶段才能达到。根据目前的思考研究，我国农业现代化目标的实现至少要经过三个阶段：一是初始阶段。这一阶段可以说是乡村振兴的原始积累阶段。就是要通过产品、技术、制度、组织和管理创新，推动农业、林业、牧业、渔业和农产品加工业转型升级。也就是从单家独户个体经营转型到合作化适度规模经营上来，为农业现代化准备初步条件。二是提升阶段。这一阶段的任务就是使农业整体上进入现代化的轨道。主要标志是发展新型农村集体经济、农民合作社规范发展，在发展新型农业经营主体和社会化服务、发展农业适度规模经营等方面取得成效。完善利益联结机制，集聚乡村产业发展动能。三是农业现代化实现阶段。这三个阶段实际上是农业产业不断升级的过程。从党的十九大到现在，我国已经进入初始阶段。由于地情差异，各地发展极不平衡。

总之，产业振兴在乡村振兴全面推进过程中，始终是重中之重的战略任务，意义重大，关系全局。

二、产业振兴实现农业现代化的路径要求

产业振兴既然是实现农业现代化的根本途径，那么就必须搞清楚产业振兴需要通过什么路径实现农业现代化。习近平总书记2015年参加十二届全国人大三次会议吉林代表团审议时首次提出"建设现代农业产业体系、生产体系、经营体系"这一重要思想，并指出推进农业现代化，要"突出抓好加快建设现代农业产业体系、现代农业生产体系、现代农业经营体系三个重点"。之后又多次提出"构建现代农业产业体系、生产体系、经营体系"的要求。在这里，习近平总书记已经明确地指出了实现农业现代化的基本路径：乡村振兴实现农业现代化，必须通过产业振兴建立三个体系，即现代农业生产体系、现代农业产业体系和现代农业经营体系。

（一）现代农业生产体系的内涵

现代农业生产体系是指以生产要素现代化为基础，以提高农业综合生产能力为目标，通过不断提高农业劳动生产率、生产能力和改善农产品质量，实现农业生产可持续发展的有机整体。

所谓生产要素现代化就是用现代科学的技术和手段来装备农业，提高农业技术劳动生产者的能力，在保证环境质量的前提下具备高度生产力水平的农业生产基础。

在生产要素现代化基础上，通过农业现代化生产的新手段和技术塑造新的生产价值链和农业生态链，精准跟进世界农业现代化新科技的革命趋势，最大限度追加数字智能、物联网自动化的生产制造方式，对有机体的内部生长和繁殖进行干预，实现科技促高产，保证生产供应链的稳定。

现代农业生产体系一方面通过推进农业机械化、生产标准化和补齐农业农村基础设施短板等方式提高农业综合生产能力；另一方面通过优化耕地资源、劳动力资源和农业机械资源的配置来提高农业综合生产能力，最终实现低成本、高质量的农业生产。

简言之，现代农业生产体系是以提高农业综合生产能力为目标的农业生产模式，农业经营者以推进农业生产装备机械化、生产过程专业化、农业生产管理系统化、生产产品标准化和设施装备智能化为路径建立的现代农业生产体系。

（二）现代农业产业体系的内涵

现代农业产业体系是现代农业理论的新概念。现代农业产业体系是一种立体化的综合产业体系。这种产业体系由横向、纵向和垂向三个维度构成，由不同产业分工如食物保障、原料供给、功能服务构成一体的立体化综合体系。

所谓横向农业产业体系，即以农业提供的产品划分不同类别的农业产品所形成的产业，在横向分工上形成了农产品产业体系，如粮食、棉花、油料、蔬菜等种植业，水产、畜牧等养殖业及林果产业等。

所谓纵向农业产业体系，即同一类别的农产品产业在纵向分工上形成了农业产业链，由这种产业链形成的体系就叫纵向农业产业体系，如粮食产业链从上游到下游形成了种业、种植业、加工业、流通业、零售业等产业链条。

所谓垂向分工体系，即各类农业产品产业在经济、社会和生态上根据服务功能形成的产业功能服务体系。如种植业既从经济功能上发挥着促进农民增收的作用，又从社会功能上发挥带动劳动就业的作用，还从其他方面发挥着保护生态环境、促进旅游发展、传承农耕文明等方面的作用。这些由多重服务功能形成的产业服务体系就叫垂向分工体系。

以上农产品产业体系、农业产业链体系、农业功能服务体系从横向、纵向和垂直的不同维度上形成的分工，综合为一体，共同构成了立体化的现代农业产业体系，是一种多层次、复合型的产业体系。乡村振兴，必须重塑新型城乡关系，构建乡村现代农业产业体系。

（三）现代农业经营体系的内涵

现代农业经营体系是指在农业生产过程中，通过科学组织管理和技术创新，促进农业生产效率的提高，实现经济效益和社会效益共同提升的一种新型农业经营模式。其核心在于将生产要素进行优化配置，充分发挥市场的作用，形成规模化、专业化的农业生产方式。

构建现代农业经营体系首先就是要形成科学管理组织体系，以适应现代农业的生产体系和产业体系运行发展的需要。形成科学管理组织体系必须大力发展多种经营形式、适度规模经营的组织，使其成为现代农业经营主体。这种新型的现代农业经营主体，应是由具有较高素质的专业人才组成的，具备独立自主决策权、承担风险的能力以及高效运作能力的组织，可以是集体也可以是个人的现代农业组织。

现代农业经营体系还是一种涉及农业产、供、销等多方面的生产管理活动，在这些管理活动中实现生产要素的合理配置，推进创新和发展的新型农业经营体系。现代农业经营体系的发展能促进农业资源的合理利用和有效转化，使一定土地上生产的农产品获得合理的经济效益，为农民提供更好的就业机会和发展空间，提高其生活水平。现代农业经营管理体系还能通过创新管理提高农业生产效率，实现经济效益和社会效益共同提升，具有推动农村经济发展和社会进步的作用。

构建完善现代农业经营体系的最终落脚点是构建农业经营主体联合发展的利益联结机制。理想状态下，现代农业经营体系中各利益相关方应该呈如下关系：在农业生产的产前、产中、产后及其他关联环节发挥各自的比较优势，在相互的索取与付出中建立紧密的共生关系，最终实现各自的帕累托最优。即以"相互需要的共同利益"为基础，谋求利益主体的纳什均衡。构建以利益共享为核心的引领有效、支撑得力、高效服务的新型农业社会化服务体系。

以上现代农业生产体系、现代农业产业体系、现代农业经营体系被称为现代农业体系的三大支柱。现代农业生产体系主要解决将先进的科学技术与农业生产结合起来提高农业生产水平的问题，是农业生产力的微观部分。现代农业产业体系主要解决优化调整农业产业结构、打造全新的产业链、提高竞争力的问题，属于农业生产力的宏观部分。现代农业经营体系主要解决农业发展适度规模经营，重点培育新型职业农民以及经营主体的问题，属于农业生产关系的问题。生产关系要适应生产力的发展要求，现代农业经营体系很重要。三大支柱协调发展形成完善的现代农业体系，乡村振兴的农业现代化的目标就实现了。

三、产业振兴的起点和当前任务

理解了产业振兴的实现路径，就理解了产业振兴发展方向，具体目标就明晰了。通过产业振兴构建起现代农业三大体系，最终实现农业现代化，还有很长的路要走。当前应当怎样走？新起点在哪里？起点的任务是什么？这些问题必须从理论和实践的结合上加以解决。

（一）在主题教育中组织各级干部尤其是农村工作干部学习好习近平总书记关于农业现代化的论述

习近平总书记关于我国农业现代化的论述十分丰富。习近平总书记指出，没有农业现代化，国家现代化是不完整、不全面、不牢固的。同步推进新型工业化、信息化、城镇化、农业现代化，薄弱环节是农业现代化，农业现代化是我国现代化道路上必须补上的一条短腿。在贯彻新发展理念，构建新发展格局的背景下，构建现代农业产业体系、生产体系、经营体系是推进农业农村现代化的重要抓手。习近平总书记的重要论述是实现农业现代化的根本指南和基本遵循，更是实现产业振兴目标的科学理念。建议在今年第二期主题教育中加强这一专题的学习，尤其是在县以下党员干部中加强学习，以提高坚持产业振兴方向的坚定性和自觉性。

（二）准确把握"巩固"与"拓展"的关系，以"产业振兴"实现"有效衔接"

2021年中央一号文件设立五年衔接过渡期。要求逐步实现由集中资源支持脱贫攻坚向全面推进乡村振兴平稳过渡，推动"三农"工作重心历史性转移。持续巩固拓展脱贫攻坚成果，持续加大就业和产业扶持力度。接着就提出"强化现代农业科技和物质装备支撑""构建现代乡村产业体系""推进现代农业经营体系建设"。这就要求"巩固脱贫攻坚成果"与拓展"产业振兴"并行。而且，五年衔接过渡期过去将近三年，在继续巩固脱贫攻坚成果的基础上，"产业振兴"应有所加强。此外，还应在"巩固"和"拓展"的统一性上做文章，"巩固"和"拓展"统一于"产业振兴"，因为，只有产业发展了，农民的收入才能持续增长，脱贫攻坚成果才能真正得到巩固。

（三）以农业科技创新增效，着力构建现代农业生产体系

习近平总书记强调，农业的出路在现代化，农业现代化关键在科技进步和创新，要给农业插上科技的翅膀。构建现代农业生产体系就是要立足科学技术，加强现代农业的推广和应用。使农业从拼资源、拼消耗转到依靠科技创新，呈现出机械化、自动化、智能化生产方式发展的基本态势，从而提升现代农业生产力水平。其中，要认真抓好如下工作：

1. 逐渐实现农业适度规模生产。农业规模化是农业现代化发展的关键路径。按照"一村一品""一村一业"的思路，集中开发优质特色资源，建立特色生产基地，逐渐形成适度规模经济生产。

2. 加快推进农业机械化水平。农业机械化水平决定农业生产能力。加快推进机械化水平就是要提高农业生产能力。加快推进农业机械化，加强高端农机的研发和供给，尤其是适应复杂地形的需要深入实施主要农作物生产全程机械化的推进行动，着力破解玉米、油菜、棉花、甘蔗机播机收瓶颈制约。发展高端农机装备制造，加大推进山地农机化工程。

3. 持续推进农产品标准化。不断通过高标准的农田工程建设和高效种养技术的研发推广，通过科技手段控制生产所需的空气、土壤、水、饲料、化肥、

农药等各项指标，有效实现农产品标准化生产，保证和提升产品质量。进行精准配套的设施农业生产，促进以某一特色生产为根本，集生产、深加工、精包装为一体的基础流程再造。

4. 发展绿色农业。发展绿色农业就是将农业生产与生态保护相结合，既要减少化学品的投入，持续推进农药、化肥的少量高效使用，做到化学品零增长，又要从生态保护中产生新的生态产品，增加新效益。

5. 发展智慧农业。智慧农业就是与科技装备深度融合的现代农业。着力推动互联网、人工智能、卫星遥感等新技术与农业的深度融合，通过物联网对农业生产各个环节进行搭建和改造，建立农村土地及农产品的监控体系。

6. 发展高效农业。要注重农业资源的高效循环利用，降低生产成本和资源消耗，要加大耕地治理力度，探索从"单产数量型"向"质量效益型"转变。对于农业生产过程中和农产品加工过程中产生的各类残余废弃物，要拓展和深化废弃物再利用方式，建成生产过程中物质和能量的多级循环利用体系。

总之，要用现代物质装备武装农业，用现代生产方式改造农业，用科技创新改变农业，提升现代农业的质量效益和竞争力。

（四）以优化结构布局提质，完善构建现代农业产业体系

构建现代农业产业体系的核心是不断优化产品结构、产业结构和产业区域布局，延长产业链、贯通供应链、提升价值链、促进一二三产业融合发展。不断拓展农业价值和功能，培育新产业、新业态，提高农业农村发展的经济效益、生态效益、社会效益，从整体上提高农业发展的质量。其中，要实施的主要措施有：

1. 以大食品观进一步夯实粮食产业。粮食安全与质量关乎国家稳定与社会发展。世界粮食市场一再动荡不安，粮价一路高涨。联合国粮农组织数据表明，粮食安全问题凸显。中国作为人口总量、经济总量以及农业贸易进口都位居世界前列的国家，必须建立稳定的粮食生产体制，以大粮食观对品种进行改良和优化，把重点放在高质量的原粮上；确保优质原粮和优质加工产品尽快进入市场，更好地适应需求端多样化、高质量的消费需求。

现代粮食产业的发展既需要从基础环节建设，如从农业基础建设和高水平农田建设开始，融入现代农业的建设中，还要在满足承包经营条件的基础之上尽可能地达成普通农民的利益要求和生产愿望。在这里需要了解，适度规模化经营并不意味着一定要实行土地流转，而是要在维持承包经营现状的基础上加快规模经营的形成速度。可以其他方式将分散的土地整合为大面积的农用田地，并充分运用科技种植、养护以及收割等现代化服务手段，以龙头企业的榜样力量来带动普通农户的参与积极性，实现农业产业的区域规模经营。

2. 以"一县一业"或"一镇一业"的思路布局产品型现代农业产业模式。产品型现代农业产业模式，就是利用现代先进的科学技术，生产出能满足人们对安全优质农产品消费需求的农业产业形态。当前各地的农产品生产布局结构不合理。习近平总书记和中央一号文件反复强调，农产品生产应根据我国各地自然资源和社会经济等条件，因地制宜选择重点发展特色产业。要通过合理布局生产保障型产业，生产和加工粮食、蔬菜和肉禽蛋奶等常规农副产品，开发"名、特、优、新"农副产品，调整并优化种植业结构和养殖业结构，按这样的思路逐步形成一地集中或主要发展一业或两三业的格局，专业化的产业体系就有了产品基础。集中力量发展1—2个产业就要在产品内部分工上做文章，形成一个产业的产业链，并以此产业为主干衍生出关联产业并形成产业树，纵向的现代农业产业体系就构成了。

3. 以拓宽产业链的理念促进乡村一二三产业融合发展。三产融合是实现农业现代化的客观要求，是农业供给侧结构性改革的重要切入点之一。三产融合重点在于通过"产业多元化"、拉长产业链实现"产业融合化"，激发农村发展的新活力，提高产业发展的质量和效益，促进农民增收。习近平总书记指出，要适应城乡居民消费需求，顺应产业发展规律，立足当地特色资源，拓展乡村多种功能，向广度深度进军，推动乡村产业发展壮大。近年来，各地三产融合主体大量涌现、融合业态多元呈现、融合载体丰富多样、融合活力越来越足。积极探索多元化农业产业融合模式。要结合当地资源禀赋、风土人情等实际情况进行研判分析，创新发展模式，推动农业产业多元化、融合化、链条化发展。

农业与旅游、教育、文化等产业的融合发展，可实现农业从生产向生态、生活功能拓展。目前农业内部融合型发展模式比较普遍，就是在农业产业内部如种植业、养殖业、水产业等各子产业之间的融合，建立起上下游之间的有机联系，有效地整合各类资源，达到保护环境、节约资源、促进农民增收的目的。

4. 突出产业集聚，持续推进农业园区化。现代农业产业园是农业产业集聚的极好形式，是县域经济发展的核心增长极。现代农业产业园是以平台构建、功能完善、政策落实为抓手，形成多主体参与、多要素发力、多业态打造、多模式推进、多利益链接的融合发展新格局。要坚持因地制宜、突出产业特色，突出龙头企业带动、现代生产要素集聚，探索农民分享二三产业增值收益的体制机制。围绕规模大、链条长的优势产业布局工业园区，深化延链强链补链，加强辐射带动，形成集聚效应，打造农业增效、农民增收的新引擎。要依托园区特色主导产业，主动加强与农业科研单位、大专院校合作交流，引进推广农业新品种、新技术、新设施、新机具，积极开展自主创新，示范带动农业科技支撑水平提升。要完善园区产业扶持政策，构建产业园政策协同支持体系，为现代农业产业园建设提供强有力的政策依据和支持。

5. 树立现代营销理念，构筑农业电商体系。农业电商是指运用电子商务手段，收集和处理农产品生产和加工等信息资源，实现农产品冷链物流与交易系统的协同发展，从而建立起高效农产品互联网营销体系的一种服务型现代农业产业模式。这是现代农业规模发展的支撑条件。一是加强农业电商基础设施建设。政府和相关企业需联手共同进行交通、物流、网络及冷链仓储体系建设，包括分级包装、冷链物流和网络基站等基础设施建设。二是建立和健全农产品全程追溯制度，引导农产品实现全程化、标准化的质量管理，在农产品生产和加工过程中，不仅要关注农产品的质量问题，同时还要关注农产品的生产方式、销售方式以及消费者的需求。因此，农业电商在我国优质农产品销售中占据重要的地位，发展具有地域特色的农业电商，有利于实现各地特色农产品的优质优价。三是制定农业电商的质量标准。农业电商的质量标准主要围绕农产品生产、采后处理、分拣分级、包装加工、物流运输等全产业链关键环节制定。当地政府应给予当地农业电商一定的政策保障。

6. 加速货畅其流，大力推进农业物流的发展。在看到我国物流业快速发展的同时，也应当看到农业物流严重滞后。农业物流是指以农业生产为核心而发生的农产品等物品从供应地向接受地的实体流动和与之有关的技术、组织和管理活动，并使农产品等物品运输、储藏、加工、装卸、包装、流通和信息处理等基本功能实现有机结合。作为服务农业企业、服务农民的新兴产业，农业物流将成为现代农业产业体系的重要组成部分和农业经济的新增长点。这里的关键是县域的农业物流。各地要充分发挥交通和区位优势，以批发仓储型和冷链物流型作为农业物流的主要发展模式。构建与现代农业建设相适应的农业物流体系，提高商流、物流、资金流和信息流的流量、流速和流效。今后，农业物流将重点规划建设大型综合性农产品物流中心和区域性农产品市场，形成以批发市场为核心、以物流配送中心为支撑、以零售网络为保障的现代农产品流通体系，促进农产品产销对接，支持农业企业、农民合作社与农产品批发市场、农贸市场、超市、企事业单位直接对接，逐步建成产销一体化经营体系。同时，发展集约化、规模化运作的农产品冷链物流枢纽系统，连接田间地头和百姓餐桌。加强产地预冷、冷藏和配套分拣加工等冷链物流设施建设，支持电商、物流、商贸、金融等企业参与农产品冷链物流平台建设。开展冷链物流进农村综合示范，全面实施农产品"互联网+物流"行动计划，健全"从农田到餐桌"的生鲜农产品物流系统。

四、实行科学管理服务，构建现代农业经营体系

实现农业高质量发展不仅要有现代农业生产体系和产业体系，还要加快建强现代农业经营体系，以壮大农业生产经营主体和服务主体。新型农业经营主体和服务主体作为农业生产经营的主力军，是推动农业高质量发展的重要载体。更是全面推进乡村振兴、加快建设农业强国的重要任务。构建现代农业经营体系要从主体支撑、组织形式、服务保障、机制活力四方面发力。

（一）培育新型农业经营主体

新型农业经营主体是指在家庭承包经营制度下，经营规模大、集约化程度高、市场竞争力强的农业经营组织和有文化、懂技术、会经营的职业农民。其主要特点是具有自主决策权、独立承担风险、具备市场化运作能力以及能够实现可持续发展。做好新型农民经营主体的培育，就是要破解未来"谁来种地、如何种好地"的问题。一是要政策引导，政府应该出台一系列的扶持政策和优惠措施，鼓励和支持新型农业经营主体的发展。还可以通过税收减免政策，吸引更多的资本进入农业，通过法律规范引导新型农业经营主体的经营行为和运行方式。二是提供财政补贴，一定程度上减轻新型农业经营主体的经济负担，提高其发展的可持续性。三是金融机构可以通过提供低成本融资服务来帮助新型农业经营主体的发展。这些服务包括银行贷款、担保基金、保险资金等。四是加强新型农业经营主体人才培养。加大对现有农民的专业化培训力度，为新型农业经营主体的知识储备和能力提升，提供更加全面便利的学习机会，包括线上课程和线下培训班。建立职业资格认证制度，提高其综合素质和竞争力等。五是注重引进新型农业经营主体人才。政府可以出台相关的政策和规定，吸引更多的人才进入农业领域中来，到发达地区去，不仅要招商，引资，还要引人才。

（二）发展多种农业经营形式

按照中央部署，农业经营形式就是要毫不动摇地坚持农村土地集体所有，坚持家庭经营基础性地位，坚持稳定土地承包关系。完善承包地"三权分置"制度和管理体系，丰富集体所有权、农户承包权、土地经营权的有效实现形式，确保第二轮土地承包到期后再延长30年工作平稳有序。

当前我国农业生产方式已经发生了很大的变化，传统的单一种植模式逐渐被新的多元化生产方式取代。因此，培育和发展新型农业经营主体和农村经营形式要立足各类主体的不同功能定位，推动差异化发展，实现扬长补短、各尽其能，成为立体式复合型现代农业经营形式结构。这就要加快培育家庭农场，提升农民合作社质量，培育新型农村集体经济组织，做强龙头企业或联合企业，壮大具有自我发展能力的大量的小农户等。以上五种农业经营形式融合发展逐渐成为具有强大活力的现代农业经营体系。

习近平总书记强调，要突出抓好农民合作社和家庭农场两类农业经营主体发展，赋予双层经营体制新的内涵，不断提高农业经营效率。因此，要提升农民合作社质量，促进内强素质、外强能力，使之成为带领广大农户参与市场竞争的有效载体。要加快培育家庭农场，使之成为发展现代种养业的基础力量。做大做强龙头企业，完善与农户的利益联结机制，使之成为延伸产业链条、发展现代农业的引领骨干。培育新型农村集体经济组织，发展特色产业、物业经营、服务经济等，使之成为管理资产、开发资源、发展经济、服务成员的核心力量。

"大国小农"，这是习近平总书记一再强调要大家认识的我国的基本国情。小农户基数大，占农业经营户总数的98%以上，经营耕地10亩以下的约2.1亿户，土地细碎化问题突出，劳动生产率和资源利用率不高，其科技文化素质整体水平偏低，应用现代生产要素能力有限，自身发展能力不足。促进小农户与现代农业发展有机衔接是一个艰巨的历史过程。当前仍面临一些突出困难和问题。对于下一步工作安排，报告提出，加快发展农业社会化服务，突出抓好家庭农场和农民合作社，强化政策支持保障，强化基础条件保障，强化体制机制保障。更要抓好现代农业经营服务体系。

（三）大力发展社会化服务组织

通过大力发展现代农业社会化服务组织，强化能力建设，使之成为引领小农户和现代农业发展的有力支撑，是完善现代农业经营体系的迫切任务。培育新型农村集体经济组织，发展特色产业、物业经营、服务经济等，使之成为管理资产、开发资源、发展经济、服务成员的核心力量。要推动各类主体联合，促进小农户成长为家庭农场，以家庭农场为成员组建合作社，推动合作社办企业，这是通过服务把小农户带动好，走出小农户步入现代化之路。这条道路既符合我国国情农情，又适合多种形式的农业生产，具有广泛的适应性和旺盛的生命力。

（四）构建持久的机制活力

建强经营体系还需要持久的机制活力。不断丰富和发展的家庭经营、集体经营、合作经营、企业经营等经营方式，各有特色、各具优势，在不同地区、不同产业、不同环节都有各自的适应性和发展空间，能发挥各自的作用。在推进多种经营方式共同发展中，要引导各类主体与小农户建立完善契约型、分红型、股权型等多种利益联结机制，实现利益共享、风险共担、互利共赢。要形成发展合力，着力打造主体多元、方式多样、功能互补、协同高效的现代农业经营体系。要强化政策支持，推动财政支持政策更多向补主体、补服务转变；优先保障新型农业经营主体合理用地需求。要创新金融模式，全面推广"保险兜底、主体获信、银行放贷、多方受益"的农业生产托管信贷保险综合解决方案，破解金融保险的问题。

综上所述，产业振兴要实现农业全面转型升级，提高农业发展质量，达到农业现代化的目标，必须构建好现代农业生产体系、现代农业产业体系、现代农业经营体系，保障农产品有效供给，满足城乡居民不断增长的多元化农产品需求。在工业化、城镇化发展，农村劳动力不断转移的背景下，逐步实现小农户与现代农业的有机衔接，让亿万农民群众在产业振兴中走向农业现代化的道路。

从"农业大镇"迈向"农业强镇"的路径思考

——高尚镇创建兴安县"十四五"农业产业振兴示范区工作思路[1]

石峰志[2]

一、高尚镇基本情况及发展思路

高尚镇位于桂林市兴安县正南部,全镇总面积296平方公里,辖16个村委会、1个社区居委会、213个自然村,总人口5.1万人。镇政府所在地距县城27公里,距桂林市56公里,与兴安县兴安镇、崔家乡、白石乡、漠川乡、溶江镇及灵川县海洋乡、灵田镇交界,兴阳旅游通道(S202省道)贯穿全境。高尚镇古名怀仁乡或称灵川里,清代统称为南乡,自古以来就是"湘桂古道"的重要枢纽。高尚镇历史文化底蕴深厚,自古人才辈出,唐有吏部侍郎蒋钦绪,宋有谏官唐介、忠臣蒋允济,以及近代抗日英雄蒋盛祜,当代著名词作家蒋开儒等。镇内传承的土话是国内语言研究关注的重要课题,被列为非物质文化遗产。全镇农业基础条件好,盛产水稻、甜玉米、白果、蔬菜、食用菌、柑橘、优质桃等农产品。

未来五年,高尚镇将以做一名高尚的人为引领,紧紧围绕乡村振兴和"一

---

1 收稿时间:2023年11月
2 作者简介:石峰志,中共兴安县高尚镇党委书记。

乡三镇"（全国银杏之乡；桂北三旅[1]特色镇，生态宜居示范镇，区域发展中心城镇）建设目标，充分利用交通便捷优势，发挥传统生态农业、商贸流通、"桂北老家"历史文化等资源禀赋，主动承接漓江东线大旅游圈重要节点，依托"金满田园"农业核心示范区，以"做强产业、做优商贸、做活文旅、做靓乡村"为主线，打造产城融合、生态宜居、乡风文明、幸福和谐的湘江源首善之镇。

二、高尚镇农业产业发展现状

（一）**稻米菜花肥循环农业模式稳定，种植规模大，是名副其实的农业大镇、产粮重镇**。在加强产业发展的同时，积极引导农民群众调整粮经作物比例，优化产业结构，拓宽农民群众的经济收入渠道，按照"优化米粮仓，丰富钱袋子"的思路，形成了稻米菜花肥循环农业稳定模式。成功创建了"金满田园"粮食产业核心示范区，荣获第七批广西现代特色农业核心示范区（四星级）称号。全区基层推广体系建设甜玉米产业现场会、全区"稻米菜花肥"高效种植模式培训现场会在高尚镇召开。通过推行"稻米＋玉米＋菜花＋绿肥"循环农业与"甜玉米＋秸秆＋饲料＋养殖业"产业链模式相结合，有效探索出资源节约集约利用型农业，每亩农田可为农民创收10000元至12000元。全镇水稻种植面积2.3万亩，鲜食玉米种植（复种）面积达10多万亩。

（二）**特色种植多元化，互补产业亮点突出**。注重市场需求导向，突出"因地制宜、主题示范、多元发展"，科学调整种植结构，积极引导企业、合作社、农户等经营主体科学规划产业布局，形成优势突出、搭配合理的多元化产业发展格局。目前，全镇除水稻和玉米种植外，发展柑橘、柚、优质桃类2.1万亩；食用菌（灵芝、金针菇、凤尾菇等）80万平方米；果蔬（辣椒、豆角、香芋、南瓜等）5000多亩。对推进我镇特色产业种植规模化、品种多元化，促进特色产业优化升级起到了积极作用。

1　即农旅、商旅、文旅。

（三）**畜牧养殖产业规模大，成为全县生猪产出重要基地。**充分发挥资源优势，抓好重大动物疫病防治和畜牧科技推广，加大结构调整力度，稳定生猪产业。全镇建有千头猪场15个，万头猪场1个，万羽鸡场6个。实现畜牧业数量、质量、效益同步增长。目前存栏生猪2.5万头，年出栏生猪4.4万头。有养殖大户160多户，年存栏100头以上达120多户。

（四）**农民种养专业合作社发展及品牌培育情况良好。**通过鼓励开展多种形式的适度规模经营，提高农业集约化程度，发展"公司+基地+农户"模式，加快农村经济合作组织建设。引导种植户成立甜玉米农民专业合作社4家，家庭农场55家。兴安县辉宏果蔬种植专业合作社完成鲜食玉米绿色认证，甜玉米成功申报兴安县地理标志农产品，逐步建立起具有标识度的鲜食玉米商标、品牌，实现以品牌化提高鲜食玉米产品质量。

三、创建农业产业振兴示范区工作思路

未来三到五年，我镇计划通过三大农业产业提升工程建设，围绕夯实基础、补齐链条、树立品牌等举措，推动农业产业基础全面夯实、农业产业科技化全面覆盖、农业产业效益全面提升。实现从农业产业大镇迈向农业产业强镇的目标，建成全县"十四五"农业产业振兴的示范区。

（一）**实施农业基础保障提升工程（强心脏、畅血脉、疏经络），提升农业水利保障体系建设**

一是实施完成总投资83593.73万元的上桂峡水库扩容工程，从源头上解决农业灌溉问题。库坝由原来的41.3米加高至82.6米；库容由原来2080万立方米扩容至7043万立方米；新建隧洞255.6米，洞径3.6米；新建灌溉及补水厂房1389.99平方米。实现农业灌溉面积从2.9万亩增至4.3万亩，每年10月至第二年3月的枯水期灌溉用水可得到充分保障。二是实施完成总投资4986.02万元的上桂峡灌区续建配套与节水改造工程（上桂峡东西干渠水渠维修建设工程），完成渠道防渗加固总长49.658公里。建成后上桂峡灌区面积将从现在的实灌面积1

万亩左右增加到3.97万亩，改善灌溉面积1万亩，恢复、新增灌溉面积达到2.97万亩。三是对28条支渠进行全面的防渗维修加固。

提升农业产品流通体系建设。一是实施东西方向农产品流通动脉建设，完成S501省道改扩建工程。建成后高尚镇区通往桂林城北的路程将缩短到38.7公里，其中兴安县境内约7公里，灵川县境内约31.7公里。高尚到桂林时间仅需要半个小时左右，更方便农副产品快速进入桂林市场。同时要进一步提升兴阳旅游通道（S202省道），在打造最美农产品通道上下功夫。二是整合千亿斤粮食、一事一议和乡村振兴各类项目建设，切实打通田间地头每一处农产品运输通道。三是借助便利的交通优势和繁荣的商贸特点，建立一个集生猪、蔬菜、水果为一体的桂北农副产品交易市场，打造冷链物流、电子商贸、批发流通的区域中心城镇。

（二）实施农业特色精品提升工程（美肌肉、健骨骼、丰智慧）

1. 提档升级"金满田园"粮食产业核心示范区。我们将积极筹备申报广西五星级现代特色农业核心示范区，以农业转型升级和农民增收致富为目标，以"市场主导、政府引导、多元投入、特色兴区"为原则，以"品种优、品质好、市场广、效益好、群众乐"为标准，进一步加大示范区要素的提升完善，建成良种化、规模化、机械化、标准化、产业化程度较高的农业现代化示范园，为全县农业现代化树立样板，争取明年内完成。

2. 创建自治区级（争创国家级）"兴安县金玉粮园（田园综合体）"项目。目前已完成田园综合体建设总体规划的专家初步评审工作。该项目的建设以"一核、两区、三园"布局（"一核"即粮食产业种植核心示范区；"两区"即特色果蔬种植＋农事体验、传统村落文化旅游；"三园"即金满田园主题文化公园、农产品现代仓储物流加工园、江村特色生态农业观光园），将重点从全面构建规模适度的特色产业体系、绿色健康的生态环保体系、独具特色的乡村风貌体系、宜居宜业的人居环境体系、人文传承的道德价值体系、管理科学的乡村治理体系、责权清晰的利益联结体系、持续发展的机制创新体系等八个方面发力，完成预计投资总额21327.53万元。

3. 聚焦科技赋能，健全产业服务机制。根据我镇农产品种植面积广，但产品规模不平衡、缺乏合理布局和先进种植技术的现状，组建一支集科研、教学、研发、品种更新和技术攻关为一体的农产品育苗科研队伍并建立基地，专门负责种植区域农产品的成品育苗、技术跟踪服务和品种的更新换代，引导形成"一区域一品种一示范"格局。采取测土配方、专题突破技术瓶颈为农民解决生产环节中存在的各类问题，走科技引路、基地示范、产业合理、民富业兴的良性循环道路。

（三）实施农文商旅融合和品牌宣传提升工程（赏富美乡村、品古道风韵、享浓浓乡愁）

1. 注重生产生活生态融入农业产业振兴一体打造。打造"米香小镇"品牌，实施一批乡愁传承品牌小乡村建设，以小切口、大成效、强声音为突破口，以点连线，以线成面。全面推进镇域乡村环境全域整治，重点推进如"梦想山湾"童年文化主题村、路西广西银杏第一屯、乡愁下桥、江东进士文化村（进士村的一堂国学课）、记忆狮子山、江村花映稻香小乡村等乡村品牌符号建设。全面推进村内基础设施建设、文化建设、生产生活生态展示建设（如骑行步道、车辆观光道建设等）。

2. 注重节庆品牌打造。酒香也怕巷子深，要强化节庆品牌的持续宣传，策划1—2个农业产业振兴特别影响力的节庆活动，如农旅艺术节、金玉粮园丰收节等。打造几条重点的环形农文商旅示范线路，设计如"稻田生态密码"、"金筒玉米（金童玉女）"奇遇记、"小小玉筒（小小玉童）"成长记等研学活动，玉园迷宫等精品乡村旅游示范点。

3. 做活农产品系列品牌。按照"扶优、扶强、扶大"的原则，扶持发展壮大一批农产品深加工企业，引导其以品牌抢占市场。重点扶持甜玉米农民专业合作社、秸秆加工厂、宏鑫食品厂、辉瑜食品等企业做强。做响银杏村、"古山湾辣椒酱"等品牌，推动银杏、稻谷、甜玉米、辣椒等深加工项目引进新设备新技术，提升精深加工能力，提高农产品附加值。

江浙两省乡村产业兴旺的现状与经验[1]

梁腾坚[2]

一、产业兴旺的内涵

研究乡村产业兴旺，首先要明确其基本内涵。2018年2月4日，中共中央、国务院发布的中央一号文件《中共中央国务院关于实施乡村振兴战略的意见》（以下简称《实施意见》）对实施乡村振兴战略进行了全面部署。《实施意见》没有直接界定产业兴旺的基本内涵。2018年9月，中共中央、国务院印发的《乡村振兴战略规划（2018—2022年）》设定了乡村振兴战略规划的主要指标。其中，产业兴旺的指标主要涵盖粮食综合生产能力、农业科技进步贡献率、农业劳动生产率、农产品加工产值与农业总产值比、休闲农业和乡村旅游接待人次共5项指标。除粮食综合生产能力是约束性指标，其他4项均为预期性指标（见表1）。

因此，在政策上，产业兴旺的主要内涵应该包括两个方面：一方面是提高一产的生产率和增加值率；另一方面则是让农村居民参与到更多的增值环节上来获取增值收益，也就是促进农村二产和三产的发展。

---

1 收稿时间：2022年11月
2 作者简介：梁腾坚，中国国际经济交流中心助理研究员。

表1 《乡村振兴战略规划（2018—2022年）》有关产业兴旺的指标

主要指标	单位	2016年基期值	2020年目标值	2022年目标值	2022年比2016年增加（累计提高%）	属性
粮食综合生产能力	亿吨	>6	>6	>6	—	约束性
农业科技进步贡献率	%	56.7	60	61.5	4.8	预期性
农业劳动生产率	万元/人	3.1	4.7	5.5	2.4	预期性
农产品加工产值与农业生产总值比	—	2.2	2.5	2.5	0.3	预期性
休闲农业和乡村旅游接待人次	亿人次	21	28	32	11	预期性

二、江浙两省产业兴旺的现状

近年来，江苏和浙江两省深入推进农业供给侧结构性改革和农村一二三产业融合发展，现代农业产业发展活力不断增强，在全国乡村产业兴旺中名列前茅。

一是农业产业结构持续优化。2021年浙江农林牧渔业总产值约3579亿元，比2016年增长17.8%，年均增长3.7%。其中，农、林、牧、渔、农林牧渔专业及辅助性活动总产值比例由2016年的47.9：5.2：15.0：29.6：2.3演变为2021年的47.4：4.7：11.3：33.2：3.4。2021年江苏农林牧渔业总产值8279.2亿元，比

2016年增长18.4%，年均增长4.3%。其中，农、林、牧、渔、农林牧渔专业及辅助性活动总产值比例由2016年的51.0 : 2.7 : 18.5 : 22.6 : 5.2演变为2021年的53.5 : 2.2 : 14.7 : 22.1 : 7.6。

总体上，江浙两省农林牧渔专业及辅助性活动的比重都在上升，说明农林牧渔业的上下游产业链，比如种子种苗培育、农业机械、灌溉、农产品初加工、病虫害防治、森林防火、林产品初加工、畜牧良种繁育、畜禽粪污处理、鱼苗及鱼种场活动等，都取得了长足发展。

二是粮食综合生产能力增强。2021年浙江省粮食播种面积1510.1万亩，总产量621万吨（124.2亿斤），超额完成国家下达的粮食播种面积1490.1万亩、总产量121.2亿斤的目标任务，均创近年新高，比上年分别增长1.3%和2.5%，产量比2016年增加9.9%，但是播种面积比2016年减少17.4%。2021年，江苏省粮食播种面积8141.3万亩，总产量3746.1万吨（749.22亿斤），比上年分别增长0.4%和0.5%，产量比2016年增加约8.08%，但是播种面积比2016年减少约0.1%。

总体上，江浙两省的粮食综合生产能力都有所增强，粮食产量稳定提升。与2016年相比，2021年江浙两省的粮食播种面积虽然都在减少，但是粮食产量却仍在显著增加，说明江浙两省，特别是浙江的粮食单产增长显著。江浙两省主要依靠土地生产率的提高来增加粮食综合生产能力，而不是简单地扩大粮食播种面积。

三是优势特色产业蓬勃发展。浙江省积极发展蔬菜、水果、食用菌、花卉苗木、茶叶、中药材、蚕桑、竹木、畜牧、水产养殖等农业主导产业。在非粮化整治、保耕稳粮背景下，茶叶、生猪、油料、中药材和淡水产品产量稳定增长，食用菌、蔬菜和水果等小幅下降。其中，2021年茶叶产量18万吨，比2016年增长约4.5%。2021年大型生猪养殖场（户）共有756家，比2017年末增加334家，大型养殖企业生产总体平稳，存栏占比总体维持在70%—75%，生猪存栏640万头，比2016年增长约11.5%。2021年油料产量32万吨，比2016年增长约23.2%。2021年中药材播种面积71万亩，比2016年增长8.1%。2021年水产品产量626万吨，比2016年减少0.8%，但是淡水产品142万吨，比2016年增长24.3%。食用菌、蔬菜和水果等保持基本稳定。2021年，全省蔬菜及食用菌产量1934万吨，比2016年减少0.2%。2021年水果产量723万吨，比2016年下降0.2%。

江苏省则立足资源禀赋和产业基础，着力培育绿色蔬菜、特色水产、规模畜禽、现代种业、林业经济、休闲农业和农业电商8个千亿元级优势特色产业，品质效益显著提升。壮大集中连片、优势明显、抗风险强特色产业集群，全省10亿元以上县域产业超过180个，全国"一村一品"示范村镇166个，43个全国产业强镇建设进展良好、效果显现。传承弘扬传统乡村产业，截至2022年，42个乡村特色产品和7位能工巧匠入选全国目录。

四是农产品加工业稳步提升。浙江省农产品加工业从数量增长迈向质量提升。2021年，规模以上农产品加工企业5787家，营业收入达8450.58亿元，比上年增长14.3%，企业用工人数为67.27万人，比上年下降0.4%。江苏省规模以上农产品加工企业5868家，2020年营业收入10446亿元。省级农产品加工集中区59家，超百亿2家，50亿—100亿15家，入驻企业1638家，2020年销售收入2594亿元，带动476万户农户增收177亿元。全省规模以上主食加工企业220多家，17家企业入选全国主食加工示范企业，9个主食加工企业入选全国中央厨房模式案例，涉及餐店自供、团餐服务、旅行专供、在线平台、特色产品、配料加工等多种类型。

五是乡村产业经营主体不断壮大。截至2020年末，浙江省共有505家省级骨干农业龙头企业，其中国家级农业龙头企业65家。127600家各类农业经营主体，包括约69000家农民合作社。江苏省则着力培育行业领军企业，全省经认定的县级以上农业龙头企业近6000家，其中国家级龙头企业77家、省级龙头企业820家，分别比"十二五"末增加16家、183家，上市农业企业38家。省级以上龙头企业2020年销售（交易）额接近8000亿元，超百亿企业15家。龙头企业牵头成立农业产业化联合体超过500个，其中省级示范联合体251个，带动家庭农场、农民合作社抱团发展，形成多元主体合作生产机制和多类资源要素优配机制，实现利益共享、资源共用、品牌共建。省股权交易中心农业板挂牌企业667家。

六是乡村产业融合日益深入。浙江省农村三产融合发展成效显著，涌现出一大批像安吉鲁家村一样的"明星村"，也带动了农民收入、就业和农产品销售水平的全方位提升，新兴产业异彩纷呈，休闲农业、乡村旅游等新兴业态加速发展。一是"新产业、新业态、新商业模式"（三新）农业稳定增长。2020年浙江"三新"农业产值1119.2亿元，占农业总产值的32%，占比较上年提高6.6个百分点。二是乡村休闲旅游提档升级，休闲观光农业和乡村旅游呈快速发展态势。2020年，新确定50个省级休闲乡村、60个省级农家乐集聚村创建主体。全省累计创建中国美丽休闲乡村60个，数量居全国第一。2020年全省开展乡村旅游的村达4976个，占全部村的23.6%，比上年的21.2%上升了2.4个百分点。而江苏省具有一定规模的休闲旅游农业园区景点超过1.2万个，全国休闲农业示范县20个、中国美丽休闲乡村50个，数量全国第一。2020年乡村休闲旅游农业游客接待量达到2.6亿人次，年综合经营收入超过800亿元，比"十二五"末增长160%。江苏全省建有国家级农村产业融合发展示范园10家，省级农村产业融合发展先导区40家。依托现代农业产业园、示范园和科技园、农高区等，打造新产业、新业态、新模式集聚创新和融合发展的有效载体。培育了一批主导产业突出、优势特色明显、规模集中连片、模式绿色生态的产业融合发展样板。实施中央农村一二三产业融合发展试点项目26个，探索形成产业链延伸型、农业多功能拓展型等产业融合模式，农村一二三产业融合程度不断提高。

七是科技强农成效突出。浙江省着力强化农业科技创新驱动，2020年，全省农业科技进步贡献率达到65.2%。持续推进农业"机器换人"，2021年水稻耕种收综合机械化率达到74.9%。2021年，农业劳动生产率4.6万元/人，比2017年提高1.2万元，增长35.3%；机耕面积1426.54万亩，比2017年增长1.9%；大中型拖拉机从2017年的1.44万台增至2021年的1.54万台。种质资源基础不断拓宽，育种"硬核"实力不断增强，2021年，全省良种覆盖率达98%以上，优质稻品种面积占比达75.5%。从物联网应用于农业生产，到电子商务带动农产品热销，再到直播带货，农业数字经济"一号工程"全面推进，移动支付、数字工厂等一批数字产业、数字技术加速布局。2020年，浙江省县域农产品网络零售额达940.6亿元，位居全国第二，淘宝村和淘宝镇数量分别为2203个、318个，位居全国第一，农产品网络零售占比37.5%，高于全国平均水平23.7个百分点，位居全国第一。2020年，有电子商务配送站点（不包括不提供配送服务的快递代收点）村数占比55.5%，比上年提高8.2个百分点。2020年浙江农业农村信息化发展总体水平达66.7%，远超全国37.9%和东部地区41%的发展水平，居全国各省区市首位；农业生产信息化水平达41.6%，高于全国平均水平19.1个百分点，位居全国第二。

江苏省近年来深化实施科技兴农战略，加快科技成果转化应用，全省农业科技进步贡献率达到70%，居各省区市第一，比全国平均高9个百分点。"十三五"期间，农业劳动生产率提升20%左右。劳动生产率的提高，离不开装备水平的提升。2016年江苏开始大力发展粮食生产全程机械化，2020年在全国率先实现全省粮食生产全程机械化。2021年全省共有大中型拖拉机16.3万台、插秧机13.6万台、谷物联合收割机16.9万台、烘干机3.2万台、自走式高地隙植保机2.7万台、无人植保飞机1.4万台。水稻、小麦、玉米三大粮食作物耕种收综合机械化水平达95%，产地烘干能力达67.7%，高效植保机械化能力达77%。水稻种植机械化水平全国领先，粮食产地烘干能力全国最高，无人植保飞机推广应用全国前三，秸秆机械化还田水平居全国前列。2015年以来，江苏省还选育推广一大批高产优质多抗和优良食味新品种，其中国标一级16个、超级稻品种19个。选育"镇麦12""扬麦33"等优质多抗小麦新品种，大幅提升省内特别是淮南麦区品种赤霉病抗性。同时积极发展"生鲜电商+冷链宅配""中央厨房+食材冷链配送"等电商新业态，以打造平台经济延伸产业链、提升价值链。如苏州食行生鲜自行开发产地直采、物流配送、社区自提、产品追溯等信息系统，构建"生鲜电商平台+全程冷链配送+社区智能冷柜自提"运营模式，逐步形成辐射长三角区域的生鲜配送供应链体系。实施"互联网+"农产品出村进城工程，20个试点县围绕特色优势产业加强对"产、供、销、管"各环节数据采集汇聚，建成盐都草莓、赣榆紫菜等多个县域单品大数据平台，助力产业优化升级。2021年，全省县域活跃店铺数量达到24万家，带动就业人数近300万，全省农产品网络销售额达1065亿元。

三、江浙两省乡村产业兴旺的经验

一是做大乡村特色产业。乡村特色产业具有地域特征鲜明、乡土气息浓厚、竞争优势明显的特点，发展潜力巨大。江浙两省立足本地资源禀赋，突出乡村特色产业，着力提升产能、提升品质、提升效益，打造乡村产业发展高地，形成了区域增长极和乡村经济战略支点。

二是推动产业集群集聚发展。江浙两省大力发展"一村一品"。强化乡村特色产业发展支点，以村为基本单位，充分发挥资源优势，通过大力推进标准化、品牌化和市场化建设，发展市场潜力大、区域特色明显、附加值高的主导产业，培育一批"小而精、特而美"的"一村一品"示范村，形成一村带数村、多村连成片的发展格局。建设特色产业强镇。聚焦1—2个农业主导产业，重点建设一批产业链条延长、业态类型丰富、创业创新活跃、联农带农紧密的产业强镇。挖掘提升乡土特色产业。提亮乡村特色产业发展成色，传承乡村文化根脉，挖掘梳理一批乡村传统工坊、乡村手工业、乡村文化、乡村能工巧匠、乡村车间等，传承保护一批乡土气息浓郁、市场影响力强的地方乡土特色产业，推介一批全国乡村特色产品和能工巧匠。

三是做强农产品加工业。农产品加工业是提升农产品附加值的关键，是构建农业全产业链的核心。江浙两省优化农产品加工业结构布局，发展壮大经营主体，提升科技含量和加工水平，通过加工转化增强乡村产业质量、效益和竞争力。

四是突出数字赋能。江浙两省通过农业生产数字化赋能，推进物联网技术在设施农业、畜禽水产养殖中的应用。提升农产品保鲜、烘干、清洗、检测、分级、包装与加工技术装备数字化、智能化水平。大力发展农村电子商务，拓宽农产品出村进城渠道，鼓励发展线上服务、线下体验以及现代物流融合的农业新零售。

五是做精乡村休闲旅游农业。乡村休闲旅游农业是农业功能拓展、乡村价值发现、资源要素集聚、产业深度融合的新兴产业。江浙两省大力发展乡村休闲旅游农业，有力促进了产业兴旺和农民致富。

六是发展农村产业融合主体。江浙两省发展壮大以农业龙头企业为引领，农民合作社、家庭农场为支撑，种养大户为基础的新型农业经营主体队伍，培育了农村一二三产业融合的主力军。

五大振兴理念助推乡村科学发展[1]

林昆勇　　冯训婉[2]

习近平总书记在党的二十大报告中强调要全面推进乡村振兴，"产业振兴、人才振兴、文化振兴、生态振兴、组织振兴"的五大振兴发展理念是推进乡村振兴的价值指引与现实导向，也是推进乡村振兴全面发展样态的多重维度，"十四五"期间乡村振兴发展必须坚持五大振兴发展理念，把五大振兴发展理念贯穿乡村振兴发展的全过程和各个领域，推动形成乡村全方位、多角度、宽领域的乡村振兴发展格局，实现乡村振兴在更高层次和更高水平的发展，将"产业""人才""文化""生态""组织"放在同等重要地位，体现贯彻乡村振兴理念的综合性、系统性、全面性的乡村科学发展。

产业振兴是乡村振兴的不竭动力。贯彻产业振兴理念需做好"特色"与"融合"文章。要立足特色资源，发展特色产业，避免同质竞争，同时树立"标准化"思维和"绿色化"意识，政府要搭建平台，推动乡村产业振兴进入"快车道"。还要促进一二三产业融合发展，延伸拓展乡村产业链，形成现代农业产业体系，培育多元融合主体，推动乡村产业振兴，促进农民增收致富。

人才振兴是乡村振兴的坚实基础。贯彻人才振兴理念要注重"培养好"和"留得住"人才。要大力发展职业教育，培育新型职业农民，吸引社会各类人才参与乡村振兴建设。同时，要制定有效政策，保障人才发展资金，创新激励奖

1　收稿时间：2022年11月
2　作者简介：林昆勇，广西大学副教授；冯训婉，广西开放大学党支部书记，讲师。

励举措，留住各类乡村人才，为乡村振兴提供人才支撑和智力保障。

文化振兴是乡村振兴的真实底色。贯彻文化振兴理念要传承提升农耕文明，涵养美丽乡村的人文底蕴，挖掘整合乡村历史文化资源，加强农村思想道德和公共文化建设，保护和传承农村优秀传统文化。还要走乡村文化兴盛道路，推动传统农耕文化创新性发展，坚持"两手抓"，发展先进文化，改造落后文化，为乡村全面振兴提供强大动力。

生态振兴是乡村振兴的应有担当。贯彻生态振兴理念要坚持人与自然和谐共生，保护美丽乡村的生态品牌，实现乡村经济发展与生态文明建设的有机融合。同时要走乡村绿色发展道路，坚定不移走生态优先、绿色发展之路，发展乡村生态产业，提升绿色技术创新能力，为乡村生态农业奠定坚实基础。

组织振兴是乡村振兴的全局保障。贯彻组织振兴理念要创新乡村治理体系，健全乡村治理体制，确保乡村社会充满活力、安定有序。还要走好特色减贫道路，把乡村基层党组织建设成为带领群众脱贫致富的坚强战斗堡垒，提升美丽乡村的生活质量。

五大振兴理念视域下的乡村科学发展是一种整体发展模式，我们应将五大振兴发展理念纳入乡村全面振兴发展中。五大振兴发展理念适用于当今中国乡村全面振兴发展的新形势，将为新时期美丽乡村建设提供更开阔的思考方式和实践路径，推动乡村各领域振兴和优化升级，实现"产业兴旺、生态宜居、乡风文明、治理有效、生活富裕"的总目标。

山区乡村"小而特"农品未来的发展思考

——以桐庐钟山蜜梨为例[1]

宋小春[2]

一颗小小的桐庐钟山蜜梨，是一个山区的乡村大部分村民一年的主要收入来源之一，这是浙江87%的山区乡镇农产业常见的业态现状，那如何为山区乡村的共富产业探索新路？如何建立共富工厂赋能乡村产业共富？

一、一整年辛苦背后的热烈期望

"未来钟山蜜梨共富工厂会把乡立方的梨膏熬制技术无偿传授给梨农，可以让梨农在家里，把今年的残次梨果按照工厂的熬制技术熬成梨膏原料，品牌工厂收购进行二次熬制精加工，形成品牌市场产品进行销售，同时也增加梨农的二次收入。通过这样的共同生产和品牌市场营销，让钟山蜜梨产业得到升级，为梨农的未来铺路，希望未来让整个大市村的家家户户四季都飘着梨膏香！"这是钟山梨农们对于自己一整年的辛苦能获得更多回报收入的热烈期望。

钟山乡是钟山蜜梨的主产区，全乡种植面积不到10000亩，不像很多平原地区，这个种植数字对于浙江山区的果业来说，已经算大的了，蜜梨经济已经

1　收稿时间：2022年11月

2　作者简介：宋小春，浙江乡立方集团创始人，火石品牌创始人，浙江现代农业促进会副会长。

成为钟山农业经济发展的主力军。

在现场和几位梨农沟通交流中得知，虽然今年鲜梨价格达到10元/斤，但是梨农并没有感到喜悦，因为，今年受寒冬影响，减产厉害。一位梨农说：他家19亩梨园，去年套了8万个袋子，而今年只用了2万个套袋，还有一大部分都是残果次果！减产75%。突然明白了，签约共建共富工厂、提出"共富工厂"运营模式的那一刻，梨农们为什么会这么兴奋！

二、一个关于未来优质小农品出路的思考

浙江山区的果业基本上都面临着像钟山蜜梨这样的现状，主要体现在三个方面：因为山区，种植面积受限，产量不大；品质很好，但是价格不高，没有品牌；受山区气候变化影响大，成果减产厉害，残次果基本烂在地里当肥料。

如何解决山区乡村这些"小而特"的优质农品的出路问题，成为这些山区乡村实现产业共富亟待解决的问题。

乡立方·火石品牌策划团队干农产品品牌19年，在实践中发现，在过往的10多年里，农产品没有太大的发展进步，尤其是一些"小而特"的地方农产品，因为互联网电商，大家都在迷恋于做农产品的搬运工，喊得最火的就是"从田间地头直接到你的餐桌！"，减少了中间环节，市场现象一再火爆，人财物各方面形形色色的互联网资源都扑在这上面，总想抓住"风口"，实现一夜暴富。的确，电商是给消费者和一部分农事业主带来了一定的收益，但是，一味地靠流量、低价格、低品质，忽略了产品的延展价值和品牌附加值。在忙忙碌碌的"搬运"中，没有时间去思考发展，甚至都忘记了农产品还有特色深加工这一条重要的延展路径！

云集原副总裁张铁成及其团队，一直在深耕农产品深加工与市场营销的品牌工厂，乡立方团队在与其交流中，深刻意识到，优质农产品的品牌工厂，在未来十年将是乡村农产业黄金发展的"重头戏"，是乡村振兴农产业领域必须突围的"下一站"。也就是说，未来十年，是农产品深加工崛起的黄金十年。

乡立方早在2019年就提出打造农特产品的品牌观光工厂计划，并着手实施了第一个产品的品牌工厂计划——"酱立方"。成立"酱立方"品牌团队，针对中国乡村的酱、酱菜系列产品实施产业"燎原计划"。

2019年底，首个品牌工厂"威酱坊"在浙江威坪镇落地，老百姓家家户户都会制作的一缸辣酱，通过产品口味改良、品牌策划、文化挖掘、标准制定、产品设计、互联网传播等一系列方法和路径，打造出一款网红爆款酱；同时将闲置的乡村空房子改造成集生产、销售、研学、体验、直播等功能于一体的新型品牌工厂；创新与村集体老百姓的共富合作机制，即工厂与老百姓签订单，老百姓除了种植鲜辣椒，还为品牌工厂在家制作原料酱，真正让六个村的老百姓实现在家门口"生产、生活、生态"的"三生"协同发展模式，实现了品牌工厂和老百姓共创共富。

威酱坊的创新模式吸引了全国各地的政府团队来考察，仅2021年，在受疫情影响的情况下，一年还接待了40多批次的全国考察学习团。酱立方目前在全国不同地区复制"酱立方模式"，如：宁夏武酱坊、景德镇农垦幸福酱坊、湖口豆酱坊、福建宁德福酱坊、广东南雄雄酱坊等，让家家户户都会做的小特产变成富民的大产业！

三、一条可持续路径的探寻

回到钟山蜜梨产业，针对山区农特产品的代表——果业种植发展，一般有以下几种传统的方法：

方法之改良品种，一般需要三年时间，很多地方砍了再种，种了又砍；方法之增加种植面积，但是山区的土地有限；方法之改造大棚或建造更好的立体大棚，减少受天气影响，但是对于普通老百姓而言，钱没有赚到，反而还要花几十万元投资大棚，且山地也不一定适合……

这几种方法是常见的农业发展的路径，但是有时候更需要因地制宜，尤其是山区的"小而特"的农产业，更需要结合当地实际情况和老百姓的需求。从这么多年的农产品及乡村走访调研中可以发现，按老百姓的想法，简单直接马上能赚钱、风险可控就是他们希望的最好方法。对于钟山蜜梨来说，传统方法之外，在未来需要重新找一条创新的发展路径，可持续发展、更接地气的产业升级路径。

1. 用科技加工＋文创手段，打造深加工梨膏品牌工厂

打造集生产销售、研学观光、体验直播等新型"小而美"的品牌工厂，技术同步输出给老百姓，老百姓在家生产原料膏，工厂负责深加工以及市场营销，一起共创共享共富。

2. 打造钟山蜜梨和梨膏的区域品牌

打造钟山蜜梨和梨膏的区域品牌，无论是钟山蜜梨鲜果还是钟山蜜梨膏产品，如果没有品牌作为市场的核心抓手，那么未来是没有市场发展空间和提高产品价值的希望的，通过品牌的市场营销，鲜梨可能从现在10元/斤提升到品牌赋能后20元/斤甚至以上，尤其是钟山梨膏产品，更需要通过市场品牌的运营打造，结合互联网平台路径，打造爆款产品。

3. 通过品牌工厂实现"三产"和"三场"融合

通过钟山蜜梨品牌工厂的打造，实现蜜梨三产（一产、二产、三产）的融合，同时与乡村的物理空间形成蜜梨产业三场（文化场、消费场、传播场）的融合。

（1）产村融合：品牌工厂生产和老百姓家门口生产融合；品牌工厂可以观光研学，老百姓家里生产也可以参观体验，打破传统的只有一产种植、三产采摘游的方式，实现二产和三产融合，成为基于蜜梨产业的一二三产融合示范村。

（2）农旅融合：围绕钟山蜜梨，通过钟山蜜梨的品牌和品牌工厂的形象以及乡村的环境文化改造提升、业态体验等，讲好蜜梨的产业、文化、故事等，形成系列蜜梨主题研学、住宿、游玩等体验，成为真正的蜜梨主题的旅游乡村，带动乡村旅游发展。

（3）共富融合：老百姓参与品牌工厂的生产，利益关联，销售得多，大家的收入也就多；品牌工厂除了给村集体每年保底收入外，每销售一瓶梨膏，村

集体就可以收入0.6元，卖得多，收入就多。从收益上，实实在在把品牌工厂、老百姓、村集体的收益融合在一起。

浙江87%是山区，浙江作为全国乡村振兴共同富裕的先行区，思考和探索山区乡村创新的产业发展路子，成了目前乡村振兴和产业共富的核心问题之一。

无论是"酱立方"的辣酱品牌工厂，还是钟山这一颗小小的蜜梨及"小而美"的梨膏品牌工厂，都是在为87%的山区乡村找方法和路子。虽然这个过程很痛苦，因为经常不被理解，甚至那些服务公司去做辣酱、熬梨膏被认为是不务正业的行为……但是有些事总得要有人去做，也总有些人一直都深信着乡村这片土地，乡村未来一定很美好！

桂平市特色产业与电商协同高质量发展的制约因素与对策建议

——基于一二三产业融合发展的视角[1]

莫　磊　朱潇丽[2]

一、问题的引出

2014年，广西柳州预包装螺蛳粉企业只有6家，至2022年柳州预包装螺蛳粉一年销售收入已达181.8亿元。柳州预包装螺蛳粉产业建设的成效值得点赞，更值得广西其他市县反思和学习：如何将更多的地方"小特产"发展为地方特色大产业？回顾柳州预包装螺蛳粉的发展历程，将地方特色产业与新型电商协同起来谋求高质量发展，是其内在重要成功经验之一。

二、一二三产业融合发展的制度分析：特色产业与电商协同高质量发展是重要的有效实现方式

（一）一二三产业深度融合是地方经济高质量发展的重要实现方式

广西壮族自治区政府（以下简称广西区政府）办公厅印发的《广西加快县

1　收稿时间：2023年11月
2　作者简介：莫磊，广西财经学院会计与审计学院教授，博士，硕士研究生导师；朱潇丽，南宁学院会计与审计学院教师。

域经济高质量发展三年攻坚行动方案（2021—2023年）》（桂政办发〔2021〕64号）明确指出："推进一二三产业深度融合，大力发展农产品加工业和农业生产性服务业，鼓励工业基础较好的宾阳县、扶绥县、平南县、桂平市、田东县、荔浦市等县（市）因地制宜发展工业，以新型工业化促进农业农村现代化。"即要从"一二三产业深度融合"的方向来推动县域经济高质量发展。

（二）新型电商高质量发展是联通一二三产业、培育增量消费力的重要抓手

2023年5月15日，广西区政府办公厅公开发布了《关于促进电子商务高质量发展若干政策措施》（桂政办发〔2023〕24号），其主旨明确了电商高质量发展的核心意义："深入贯彻习近平新时代中国特色社会主义经济思想，进一步发挥电子商务联通生产消费、线上线下、城市乡村、国内国际的优势……促进品牌提升，培育新型消费。"

（三）特色产业与电商协同发展是地方经济高质量发展的重要实现路径

2020年12月，中共中央政治局召开经济工作会议，首次提出"需求侧改革"的新思想新理论。这是习近平总书记在充分继承马克思关于生产与需要思想精髓和合理吸收西方经济中供给与需求理论有益成分的基础上，创造性地提出了"供给侧"和"需求侧"这对新范畴（韩保江，2022）。用习近平总书记的新经济思想来解读：特色产业代表的是供给侧，电商则是拉动需求侧、联通一二三产业的重要抓手。那么，特色产业与电商协同起来谋划推进，就可以从更高水平上实现特色产品供给侧和需求侧的动态平衡，从而实现整个产业链各环节的高质量发展。

三、桂平市农特产业及电商发展的调研现状

得益于广西最大平原（浔江平原）和黔江、郁江、浔江三江交汇的优越地理位置、自然条件及超过2000年的历史文化底蕴，桂平素有广西"鱼米之乡"的美誉，并拥有西山茶、社坡腐竹、金田淮山、罗秀米粉、麻垌荔枝等闻名区内外的名特优农产品。在此，以最具代表性的西山茶、社坡腐竹、金田淮山、

罗秀米粉四大农特产业为调研和分析对象。

（一）西山茶产业及电商发展的概况

1. 作为中国二十四种名茶之一的历史文化底蕴

早在清代，桂平西山茶就被评为中国二十四种名茶中的一种，并被选为贡品。1982年、1984年和1990年，桂平西山茶三次被评为全国名茶。2010年5月，国家质检总局批准对"西山茶"实施地理标志产品保护。

2. 西山茶的产业现状与区域公用品牌打造成效

2022年，桂平西山茶叶种植面积约1.75万亩，比2019年面积增加约0.53万亩，有一定扩面增效。目前桂平有茶叶深加工企业20多家，被评为贵港市级龙头企业2家，茶叶专业合作社15家，茶叶门店100多家，年产值近3亿元。

2019年起，桂平市农业农村局实施广西地理标志农产品——桂平西山茶保护工程项目，投入400万元。在生产端，要求全体茶叶生产者遵守地理标志产品——桂平西山茶的质量控制技术规范，严控投入品，科学种植与管理。早在2017年，通过对区域公用品牌4年时间的持续打造推广，西山茶被列为首批35个中欧互认的地理标志农产品之一，品牌评估价值也从2亿多元提高到了8.24亿元。但总体上目前西山茶产量相对有限，销售还是以线下渠道为主，电商方面销售占比还很小。

（二）社坡腐竹产业及电商发展的概况

1. 作为"广西腐竹之乡"的历史文化底蕴

桂平社坡镇的腐竹制作历史可追溯至清末民初。社坡镇因腐竹制作历史悠久、为传统工艺代表、生产规模大，2008年被区政府授予"广西腐竹之乡"的美誉，2009年社坡镇腐竹制作工艺被列入贵港市级非物质文化遗产代表性项目名录，2019年荣获农业农村部"一村一品"荣誉称号。

2. 社坡腐竹产业现状与区域公用品牌的打造进行时

桂平市腐竹加工业主要集中在社坡镇，全市有生产经营许可证的企业15家，另有腐竹生产加工小作坊1400多家，年总产值约6亿元，是广西最大的腐竹生产地之一。有腐竹加工规模以上企业2家——广德利食品公司和天天食品厂，它们同时也是拥有自主出口权的腐竹生产加工龙头企业。社坡腐竹目前主要销往广东、香港等地，出口美国、日本、印度尼西亚、泰国等20多个国家。2023年6月，桂平市豆制品协会申请的"社坡腐竹"区域公用品牌正式获批，迈出了拓展社坡腐竹电商销售新业态的第一步。

（三）金田淮山产业及电商发展的概况

1. 作为"广西淮山之乡"的历史文化底蕴

桂平金田淮山以洁白、味香甜、粉质高、营养好、外观圆长直条而闻名。2010年，桂平市金田镇获"广西淮山之乡"称号。2016年，金田淮山获得国家农产品地理标志证明商标。2018年，获得"广西农产品区域公用品牌"称号，同年，经中国农产品区域公用品牌价值评估，"金田淮山"品牌价值达4.18亿元。

2. 金田的淮山产业及电商发展概况

金田镇2022年入选国家级农业产业强镇创建名单，已成为广西重要的淮山生产加工基地及集散地。2023年，全市金田淮山种植面积为3.74万亩，鲜淮山年产量8万多吨，干品产量达到4.04万吨，年产值5亿元。在品牌打造和电商发展方面取得一定成效。以2023年2月5日的"金田淮山丰收节"为例，20家企业和2家电商企业进行展销和直播带货，当日现场成交额超过600万元，并获得鲜淮山20万斤的订单。

（四）罗秀米粉产业及电商发展的概况

1. 作为"中国一绝"的历史文化底蕴

桂平著名特产罗秀米粉作为广西非物质文化遗产，被誉为"中国一绝"。据史料记载，明初（1396年）罗秀米粉就已被列为贡品进贡朝廷。桂平市罗秀镇2013年获授予"广西米粉之乡"特色区域称号。

2. 罗秀米粉的产业及电商发展概况

目前桂平市以罗秀米粉为主要产品的生产单位有200多家，年产销额超过3亿元，并远销广州、深圳等及港澳地区、东南亚一带。但2019年之后，更靠近原材料而非产成品属性的罗秀米粉品牌推广成效不明显、电商促销效果不理想。

四、桂平农特产业与电商协同高质量发展的制约因素分析

（一）特色产业层面的制约因素分析

1. 特色产业的产能和供应能力目前不能适应新电商环境下的市场需求方式

从实际调研情况看，桂平市特色产业的产能和供应能力目前明显不能适应新电商环境下的市场需求方式。桂平特色产业中小规模产能居多，分布零散，目前在供应和配送能力上难以适应新型电商的脉冲式需求。例如，桂平云立信电商公司在2022年国庆期间3天促销云南淮山达2000万元。该公司原计划将此模式复制到桂平本地金田淮山，但至今尚无有效合作进展，其原因主要在于金田淮山产能较分散，供应的统筹调度难度较大，目前还不具备符合电商脉冲式需求的供应和配送能力。

2. 特色产品缺乏创新和创意，过于依赖传统工艺及其风格

如社坡腐竹在这个方面的问题很突出。仅有的2家规模以上腐竹企业——广德利食品公司和天天食品厂，都没有设置专门的研发组、没有配置专门的研发人员，在研发新品、精品方面进展缓慢、乏善可陈。广德利和天天2家腐竹规上企业2023年1—6月的工业产值大约仅为10年前同期（2013年1—6月）产值的一半，这在很大程度上反映了过于依赖传统工艺和产品缺乏创新容易在行业迭代升级、市场需求变迁中处于被动和落后的市场规律。

3. 特色产业园区的建设进展较慢

桂平市农产品产业园区规划总面积2100亩，旨在打造一个农特产品绿色全产业链的集散地，成为广西区域农特产业加工中心。该产业园定位重点培育和发展社坡腐竹的全产业链价值，同时以金田淮山、西山茶、特色香料等其他农特食品的精深加工为兼容产业，规划建设期为2021—2025年。但因各种原因，至今园区建设进展比较缓慢，距离入园企业可以开工建设的条件还比较远。

（二）电商层面的制约因素分析

1. 桂平特色产业缺乏良好的电商基因

桂平特色产业的发展过程中一直比较缺少互联网的运作思维和互联网的关

注热度。互联网基因的不足和电商整体环境配套的薄弱，是制约桂平电商高质量发展的首要因素。虽然在贵港市商务局的指导下，桂平每年积极组织网上年货节、"三月三"直播电商节等电商促消费活动，但效果和持续性颇为有限，因为这些单次活动改变不了地方电商基因和电商环境。

2. 十分缺乏具备专业水准的电商人才

以视频电商、直播电商为例，要取得好的电商营销成效，好的主播和策划运营团队，缺一不可。桂平本土目前还很缺乏两者兼具的优秀电商团队，从外部引入对企业而言又有较高的甄别成本和试错成本。同时，不同行业之间的电商营销又各有壁垒。例如，能够成功批量营销社坡腐竹的电商团队，未必能够胜任桂平西山茶的电商营销工作。

3. 目前农特产品品牌打造和推广中的制约因素

上述桂平市四大农特产品中的西山茶、金田淮山、罗秀米粉已经获批区域公用品牌超过4年，社坡腐竹的区域公用品牌申请也于2023年6月获批。但过去4年时间里，桂平农特产品区域公用品牌的宣传和打造成效整体上并不理想，表现为品牌影响力的持续性不足、政府的作用和角色模糊、企业之间还难以形成合力。

五、桂平农特产业与电商协同高质量发展对策建议

（一）特色产业层面的对策建议

1. 加快产业园建设，特色产业供给能力动态优化，与电商的需求拉动相协同

产业园是地方供给侧优化的核心增量：要加快在建园区如社坡农产品产业园一期的建设进度，争取尽快提升优质农特产品的总体供给能力。在总体产能增长的同时，特色产业的供给和组织能力也要动态优化，以有效适应新型电商的波动型消费需求。参考柳州螺蛳粉的成功经验，一方面是强化特色产品行业标准的执行力度和质量监督；另一方面是通过设立云仓、快递企业主动进厂、

实行仓配一体化、统仓共配等方式提升效率。

2. 特色产业链的研发创新前沿化，与新型电商的重点目标无缝对接

新型电商是目前创造需求、拉动增量消费力的主力军，因此，需要对新型电商重点目标人群的消费偏好与消费趋势精准把握，并通过极具针对性的产品研发创新来把握商机。一是要尊重、关注和深入研究90后、00后人群的电商消费偏好。二是在保留传统工艺优势的基础上，提升品质与附加值，努力抢领市场的高端份额。三是定位高质量研发，不断加强产品创新，以科技含量提升产品的附加值和使用价值。

3. 特色产业链的延伸精准化，构筑与电商全面协同的差异化竞争力

特色产业的定位要精准，特色产业链紧密围绕客户需求精准延伸，从而构筑与电商全面协同的差异化竞争力。以社坡腐竹为例，社坡腐竹要具备三方面的新特征：第一，产品延伸和创新上要与下游螺蛳粉产业的主流特点、微变化趋势很好地适应和配合。第二，产品档次上与其他同类产品相比要有一定差异化，例如更遵循传统工艺、更营养等。第三，价格上要有性价比，产品要有比价竞争力。只有这样，才能构筑与电商全面协同的差异化竞争力。

（二）电商层面的对策建议

1. 建立电商体系，植入电商基因

建设广西一流的电商产业城，扎实植入电商基因，真正将电商作为拉动特色产业转型升级的新引擎，是助推经济高质量发展的重要方式。事实上，这是一个普遍现象，电商运营出色的城市，一般都配置了专业的电商产业园或电商集聚区。

电商产业城在定位上，应该功能齐全、具备好的规模集聚效应，能够实现网货加工、物流分拨、电商孵化、品牌培育、设计研发、短视频营销推广、电商大数据分析等一体化协同发展，从而促使电商经济规模化、集聚化，形成良好的品牌效应。

2. 多维建设和培育电商人才梯队

一是要充分利用各级政府人才引进政策，拓宽引进渠道，积极引进优秀的

电商人才。二是要建立和动态完善电商人才储备库，为电商人才梯队的建设和作用的发挥夯实基础。三是全面提升培养培训的力度深度，组织谋划多维度、全方位、一站式的高质量培训，让非专业的电商学员较快理解和掌握流量密码，真正起到"一学则通、学以致用"的良好培训成效。

3. 特色产业公用品牌运营主体合理化、定位科学化和技术标准化三位一体

2023年5月6日，广西区政府印发的《关于促进电子商务高质量发展若干政策措施》中进一步提出：大力推动数商兴农，鼓励各市、县培育创建区域公用品牌。这就明确了：要做到电商进乡村、实现电商兴农特产业，其重要抓手之一是创建和持续打造独具特色的区域公用品牌。在此仍以前述碰到区域公用品牌打造瓶颈的桂平西山茶为例。

一是要确定合适的区域公用品牌运营主体。从各地实践情况来看，协会模式比较适合我国国情。通过协会主导的方式，更能精准把握市场的最新动向，也便于更简便迅捷地与企业沟通协调。

二是公用品牌定位要科学合理，与特色产品的特质相得益彰。从西山茶较高的品牌认可度、较低的产量来看，要和产量较大、贴牌居多的昭平、三江走的大众化路线相区别，定位为将西山茶产业打造成广西中高端茶叶种植、加工、流通中心是比较科学可行的。

三是强化区域公用品牌标准的执行，凝聚企业共识。截至2022年底，桂平市已完成《桂平西山茶的质量控制技术规范》《社坡腐竹加工技术规程》《罗秀米粉加工技术规程》等公用品牌对应技术标准的编制审定工作，并获批立项。接下来，就是严格执行团体技术标准，让业内企业形成共建共治共享区域公用品牌的共识和自觉行为。

4. 加强特色产业与本土服务型电商之间的战略合作

在全面推进特色产业与新型电商协同发展的同时，也可以大力推进特色产业与本土服务平台型电商之间的深度合作，进一步有效拓展特色产业与电商的多维协同发展。

以本地服务型电商桂平跑腿快车为例，走"农村包围城市"差异化路线的桂平跑腿快车的业务流水额已经悄然地排到了行业的第三位。大力推进西山茶、社坡腐竹、罗秀米粉等桂平名优农特产业与桂平跑腿快车开展战略合作，充分利用目前跑腿快车已经覆盖的全国20个省区市2000多个站点的影响力和渗透深度，为桂平名优农特产品的快速推广和渗透拓展新渠道。

5. 坚持新型电商和跨境电商并举，共同助力特色产业做大做强

拟新建的电商产业城在着力打造新型电商体系的同时，建设好跨境电商体系，充分利用好RCEP等自贸协定带来的开放与合作机遇，让桂平名优农特产品更好地"走出去"。要从进一步加强品牌培育、提升名优农特产品的档次和附加值、配套和优化出口运输条件、认真谋划和积极开拓RCEP市场、加强RCEP政策服务等方面来打造一个助力本土名优农特产业做大做强的跨境电商聚集区。

数字经济赋能广西乡村产业振兴的机制及路径研究[1]

王祖良[2]

引言

"十四五"规划和2035年远景目标纲要明确指出构建面向乡村产业的综合信息服务体系，加快推进数字化乡村产业建设。以广西乡村产业发展为例，目前整体上数字经济赋能乡村产业发展还处在初级阶段，并且普及和加快数字化应用层面还存在着诸多问题，后续开展数字经济驱动乡村产业高速发展还应加快数字技术、数字经济与乡村振兴产业有效融合，同时加快乡村振兴战略的有效落地。

一、数字经济赋能广西乡村产业振兴的内在机制

（一）数字经济促进乡村产业生态化发展

建立环保、环境友好且低碳的新型工业系统对实现乡村产业发展振兴至关重要。通过推进数字经济发展，可以为广西乡村产业的环境保护提供科技支持。

---

1 收稿时间：2023年11月
2 作者简介：王祖良，桂林旅游学院教授，桂林经济学会会员。

近些年，中国乡村产业已经在实践绿色发展的道路上取得了一系列进展，然而"减少污染"以及"绿色价值转化的挑战"仍然十分严峻。因此，需要借助数字技术的手段来整合乡村产业的前后期各个阶段，创建出一条从"生产—加工—运输—销售—回收"的完整链路。运用数字技术研发农村绿色产品，搭建起乡村绿色购物平台，增强绿色产品的使用激励，增进人们对于绿色观念的认可度。

（二）数字经济优化乡村产业结构化升级

在乡村产业发展中，产业结构化升级是一个关键因素，它可以提升农业发展的效率，并有助于建立更加稳定的现代化的农村经济系统。广西乡村产业的发展一直存在着诸如结构单一、水平较低等问题，因此有必要加速推进结构性的改革以提高其内部驱动力。数字经济可以通过改善乡村产业结构、强化基础建设等方式来助力乡村产业的能量转变。同时，数字经济可以重新塑造供应系统，引导农村现代化的产业发展体系建设。每一次的技术—经济模式的转变都能推动产业结构的提升。随着数字技术对乡村产业链的持续改进，乡村产业中的元素转换效用逐渐增强，各种资源正在逐步摆脱传统产能的束缚，使乡村产业能够跳跃至更好的平衡状态。

（三）数字经济推动乡村产业市场化转型

数字经济可以增强农产品市场竞争力，主要表现为以数字技术为基础的产品网络营销和品牌构建。在数字经济时代，信息传递变得更加方便和快速，同时也给市场营销观念和方式带来了革新，更深层次地改变了用户消费习惯和购买决策。数字经济促进农产品交易渠道发生转变，推动乡村产业的市场化转型。数字经济为农产品流通提供了全新的平台，农户可以通过数字平台直接与买家沟通、交易，去除中间环节，提高流通效率。利用物联网和人工智能等先进技术，数字经济可以对农产品的运输配送进行改善，提升配送效率并减少成本，积极落实乡村产业市场化转型成果。

二、数字经济赋能广西乡村产业振兴的现实挑战

广西壮族自治区统计局发布2023年1—6月广西主要经济指标数据（详见表1），2023年上半年14个设区市GDP数据显示，以防城港、北海、百色为代表的部分城市的GDP处在较大的上升的状态，这为数字经济赋能广西乡村产业振兴提供了相对稳定的经济发展基础。但也存在河池、南宁、玉林等增速较小的城市，甚至还有像柳州、贵港的GDP超低速增长情况。就整体情况而言，这为数字经济赋能广西乡村产业振兴带来了现实挑战。

表1 广西14个设区市2023年GDP数据[1]

城市名称	2023年GDP（亿元）	GDP同比增速
防城港	1035.61	8.6%
崇左	1117.56	6.2%
百色	1849.81	6.1%
钦州	1961.29	6.0%
北海	1750.91	5.8%
来宾	981.41	5.1%
梧州	1490.77	4.8%
南宁	5469.06	4.0%
桂林	2523.47	3.5%
玉林	2194.43	3.3%
贺州	975.14	3.2%

---

1 根据中经数据网（https://ceidata.cei.cn/new/ShowTabsByInterface?key=82%E6%9E%97GDP）中经数据全查站数据整理而成。

城市名称	2023年GDP（亿元）	GDP同比增速
河池	1163.43	2.2%
柳州	3115.86	0.3%
贵港	1573.49	0.1%

（一）乡村数字基础设施设备建设不足

尽管现阶段数字化村镇的基础设施构建已经取得了明显的进步，然而与城市相比仍有很大的距离需要追赶，特别是对于广西一些相对落后的区域来说更是如此。根据最新的中国互联网情况调查数据显示：截至2023年6月，中国的城市网民覆盖比例达到了惊人的74.4%，但是相对而言农村地区的这一数据仅为58.8%，这比城市的低了15.6%，由此可见两者之间的"数字裂痕"问题非常明显。而在广西这一现象更为严重，智能化的耕作设备配置及现代化仓库管理系统等信息化技术应用都相当匮乏，由此导致乡村产业发展一度出现低迷的情况。

（二）乡村产业发展中数字应用不成熟

当前在广西农村地区的数据收集设备与智能化工具投资有限，加上农户们的数字化技能相对较低，导致广西乡村普遍没有建立起针对性的农产品信息定期获取系统，相关的管理软件功能也较为简单，而数据源头的匮乏成为限制乡村数字经济增长的关键因素。涉及农业的数据标准化水平还不够高，导致各类数据存在差异、互操作能力弱、分散情况明显，从而降低了农业数据流通和交易的效果。同时，由于各个机构与农民、公司等各自运行并保持独立，缺乏协同，没有建立起数据公开共享的激励措施，阻碍了农业数据在不同领域、地区和部门之间的连接互动。

（三）缺乏复合型乡村产业数字化人才

农业信息化改革不仅仅涉及科技创新及运用的问题，其关键在于多元性的数字精英团队，但现在的人才短缺已经成为阻碍广西乡村产业现代化进程推进的关键问题之一，伴随着整个行业的深度融合趋势加快，对这类人员的需求量还将继续扩大。过去十年里，全国范围内的城市居民上网人数一直保持稳定上升态势，不过相比之下，农民群体增速相对缓慢一些，尤其是广西大量的年轻劳力离开乡村，在新技术的应用方面具有极大困难。

三、数字经济赋能广西乡村产业振兴的实施路径

（一）强化数字化乡村产业布局及建设

作为信息传递的"大数据通道"，数字设施对于推动数字化发展至关重要，它们为满足智能化农场、线上交易及电子银行业务等多形式的数字化场景提供了条件。为了增强广西乡村产业布局建设，需要采取以下措施：第一，建立专门的项目基金来资助乡村产业项目的开展。第二，依据当地产业发展的实际要求确保农民能获得他们所需要的最新设备，使乡村产业发展进程中能够更有效率地使用能源并且减少浪费现象的发生。第三，积极推广使用先进的技术手段，达到消除或减缓由于地理位置差异而导致的贫富差距，促进涉及农业的大数据平台建设。

（二）加强乡村产业发展的数字化应用

当前，广西对乡村产业数据的收集和数字化运作水平较低，深度处理能力有限，限制了广西乡村产业数据资源共建共享的发展潜力，影响到数字化技术对农村经济增长的助推能力。要突破这一现象，需要创建一套针对广西农村地区数据的收集及监控预警体系，这包括搭建农业资源与环境、农业生产、土地使用、农产品交易、恶劣气候条件和自然灾害等相关领域的信息获取和监控预警平台，确保有效地收集并整理农村数据资料，强化数字化应用，为后续的高效处理、迅速传递和深入利用农村数据资源提供支持。同时，构建涉农数据的开放共建共享机制，消除现有部门间的信息隔阂，构建农业信息的市场价值评估系统。

（三）加快数字乡村产业振兴人才培养

在数字经济环境中，随着新兴产品的出现和服务的发展，对人才的需求也在逐步增加，特别是在数字经济领域与传统行业结合的过程中，更需要能够理解并掌握传统业务和数字技术的综合型人才。应充分利用村委会干部、驻村干部、大学毕业生村干部等关键角色，激励有数字化能力的人员如志愿者、大学生、回流工作者及研究机构的技术专家到农村去，向村民们传授关于数字化的技术并提供支持。针对农民实施移动设备使用、线上办公、在线销售和电子商务物流等相关数字技术、创新工具和观念的教育，以增强其数字化素养。

四、结语

本次研究为实现数字经济驱动广西乡村产业振兴提供了理论依据和实践指导。在乡村产业振兴过程中，数字经济的引入和运用将扮演关键角色，推动广西乡村经济的持久发展，达成乡村振兴的战略目标。希望本研究能够推动数字经济与广西乡村产业的深度融合。

产业联盟助力乡村产业振兴的路径构建
—— 基于珠江—西江经济带蔗糖产业[1]

秀 英　胡孟婷[2]

一、引言

2021年我国向全世界宣布达成全面建成小康社会的目标，取得了阶段性的胜利。同时，经济结构调整和脱贫攻坚过程中的不彻底性，使城乡发展所存在的相对贫困问题凸显出来，要求继续实施乡村振兴战略。党的十九大报告为实施乡村振兴战略提出二十字方针，其中产业兴旺是乡村振兴的首要任务。党的二十大报告专门指出，要全面推进乡村振兴。产业建设要向体系化、效益化方向发展，提高产业体系的韧性和稳定性。甘蔗是我国最重要的糖料作物，产出量占我国食糖的80%以上，种植区域主要集中分布在广西、云南、广东等地。2014年7月，国家批准实施珠江—西江经济带发展规划方案，蔗糖产业作为珠江—西江经济带一个重要的农作物产业，该产业的兴旺发展能够推进经济带的乡村振兴战略。

在当前新形势下，乡村产业的兴旺不只是需要依托农村的优势资源，更多的是需要科技创新，打造一个可持续发展的产业链。产业联盟主要是由企业、

1　收稿时间：2022年11月
2　作者简介：秀英，广西师范大学经济管理学院副教授；胡孟婷，广西师范大学经济管理学院在读硕士研究生。

高校、科研机构等组成的"产、学、研"一体的组织，以提高技术创新能力为目标。蔗糖产业的发展需要各种力量的参与，建立产业联盟，共同推进区域产业经济的繁荣。

综上，农业产业的发展要紧紧围绕创新，联结产业链的其他主体和机构，打造高质量产业，以完成乡村振兴战略的首要任务。本文以产业联盟理论为基础，根据当前珠江—西江经济带的蔗糖产业发展现状找到发展难点，并通过产业联盟构建的可行性分析，寻求一条科学合理的构建路径。

二、珠江—西江经济带蔗糖产业发展现状和难点

（一）珠江—西江经济带蔗糖产业发展现状

珠江—西江经济带含有广西和广东，是我国最大的蔗糖生产基地。这里结合统计数据描述在乡村振兴背景下广西和广东蔗糖产业的发展现状。

1. 甘蔗种植业

在耕作制度上，广西大多数产区是一年种植、两年宿根，而广东是一年种植、一年宿根。根据中糖协报告，我国当前甘蔗品种有桂糖、桂柳、台糖、粤糖、云糖、闽蔗和其他多种系列，桂糖、桂柳和台糖这三个系列品种占甘蔗总种植面积的78.6%，表明我国甘蔗种类多样，育种技术好。

总体来看，近年广东的播种面积较少，增减的弧度不清晰；广西呈现明显下滑的态势，2014—2016年面积减少明显，后面几年播种面积基本持平（见图1）。两省区的甘蔗产出量在2013年达到峰值，受种植面积和个别年份天气的影响，总产量出现轻微波动（见图2）。根据已有数据计算而得，广西的甘蔗单位面积产量呈现上升的态势，不断拉近和广东的差距；广东则是先小幅度的减少，2019年到最低点后回升（见图3）。两省区相比，广东的单位产量多数年份是高于广西，说明广东甘蔗单产水平较高，具备一定的效率优势。

全国农产品成本收益资料汇编中的数据显示，我国甘蔗总成本在2020年高达2426元/亩，其中人工成本在生产过程中占比将近一半。据统计，广西的甘

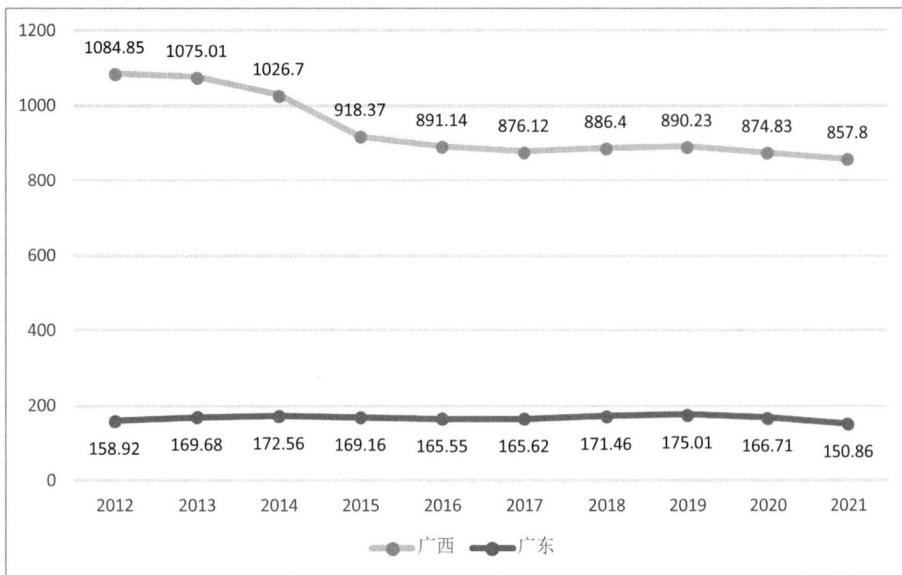

图1　广东、广西甘蔗播种面积（千公顷单产）

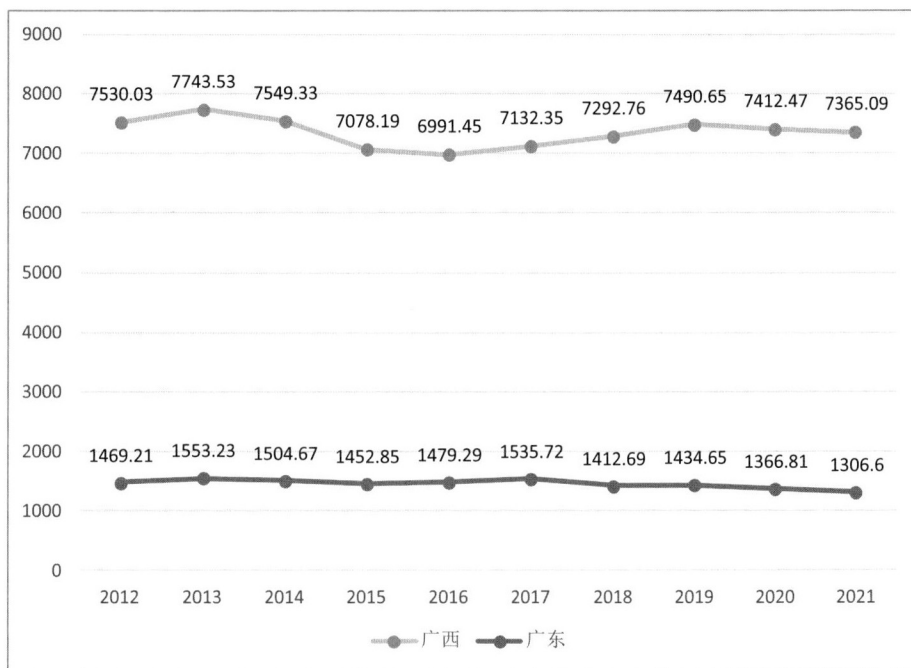

图2　广东、广西甘蔗总产量（万吨）

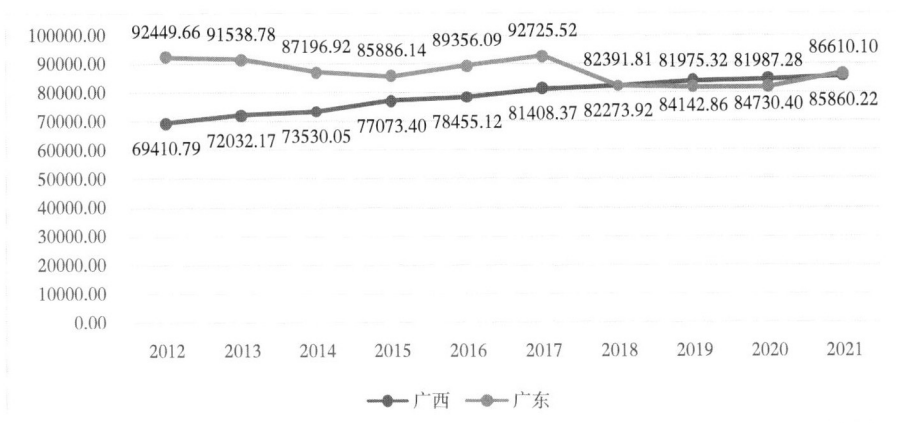

图3 广东、广西甘蔗单位面积产量（公斤/公顷）

蔗种植总成本为456元/吨，广东的成本为388元/吨。其中广西租地农户土地成本约为800—1000元，占总成本35%，较高的土地成本成了甘蔗成本的硬约束。

广西的甘蔗种植机械化水平如表1所示，耕种收综合机械化率不断递增，机耕率在2021年高达99.56%，而机收率只有27.49%；广东省仅仅是提出2025年机收率达到30%。由于地理资源禀赋、基础设施和投入成本等因素，机械化的普及率较低，难以形成规模化生产。

表1 广西甘蔗种植机械化水平

年度	耕种收综合机械化率	机耕率	机种率	机收率
	%	%	%	%
2014年	49.82	97.11	31.81	4.78
2015年	55.00	97.20	42.94	9.94
2016年	57.00	97.08	50.48	10.10
2017年	59.10	97.78	55.33	11.30

年度	耕种收综合机械化率	机耕率	机种率	机收率
	%	%	%	%
2018 年	60.41	96.92	58.57	13.59
2019 年	63.72	98.51	65.22	15.82
2020 年	65.48	98.86	62.95	23.49
2021 年	67.00	99.56	63.11	27.49

2. 甘蔗制造加工业

在 2020/2021 年制糖期中，广西榨季历时 168 天，制糖企业 79 间糖厂开机生产；广东历时 111 天，开榨糖厂 20 家，两省区榨季平均开机时间 4 个半月。甘蔗平均含糖量 14.36%，广西甘蔗含糖量 14.42%，广东的糖分含量 11.86%，广东的糖分含量远远低于平均值。广东入榨甘蔗 571.38 万吨，产糖 54.8 万吨，出糖率为 9.6%；广西实际榨蔗量 4921.32 万吨，产糖 628.9 万吨，混合产糖率为 12.78%。

2020/2021 年榨季，我国甘蔗平均收购价格为 498 元/吨，甘蔗成本利润率不高，使得中国甘蔗种植面积呈现小幅下滑态势，制糖企业原料减少，日榨能力很少满负荷运行，并且年度开机时间有限，产能利用率大约为 63%，呈现规模不经济现象，固定资产分摊成本较高，广西的吨糖耗蔗达 7.83 吨，吨糖耗蔗量指标相比也较高。

3. 下游产业链

糖业下游企业产出数据显示，食糖消费总量中，民用消费占比 46.3%，工业消费占比 53.7%。根据中国糖业协会发布的统计数据，如下图所示，我国食糖的产出量主要供应国内消费，食糖内部的供应远远低于国内的需求，每年大约有 1/3 的食糖缺口。企业为了自身利润最大化，会趋向于进口食糖来进行加工销售。

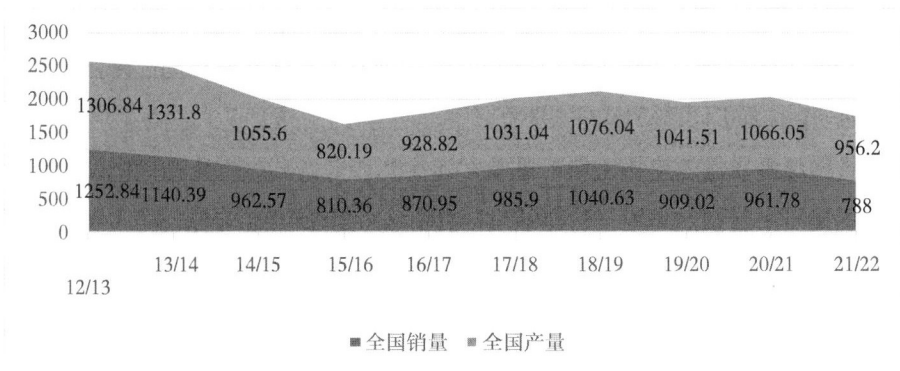

图4　2013—2022年全国食糖产销量（万吨）

（二）蔗糖产业存在的难点

1. 生产成本高，抵御风险能力差

当前珠江—西江经济带的广东和广西两省区，特别是广西，在全国甘蔗种植业中所占比重最大，生产的甘蔗全部用于糖料制糖，是我国的蔗糖基地。种植业中突出成本这一中心问题。经济的发展使得人力资源和土地资源的价格不断拔高，加之农村劳动力向城市输出的速度加快，乡村劳动力极少，单单靠个体户种植甘蔗，甘蔗种植难以实现规模化。蔗糖企业在加工过程中只是对甘蔗提取蔗糖，附加值较低，蔗糖深加工产业发展缓慢，没有形成新的经济增长点，蔗糖产业抵御风险能力差，影响了企业效益和农民增收。

2. 蔗区基础设施落后，机械化水平低

珠江—西江经济带内的蔗区因为特有的地理禀赋，坡多平原少，甘蔗70%以上种植在无灌溉条件的旱坡地，甘蔗的产量由天气决定，由于春秋干旱严重，甘蔗单产较低。蔗区所存在的地理上的劣势会造成建设基础设施的成本高，不管是灌溉时期还是收获期，灌溉设施和道路设施等基础设施落后，大型农机难以抵达蔗区，机械化水平难以迅速提高，制约了整个蔗糖产业的稳定发展。

3．产能利用率低，上下游产业链未联结

甘蔗作为季节性农作物，一年仅仅收获一次，且甘蔗榨糖的时效性强，所以制糖企业每年开机时间极短，产能利用率低。加之制糖方式落后，甘蔗制作成蔗糖的生产效率不高，制糖成本高。在整个产业链中，糖企与上游蔗农的利益联结机制不深，难以控制企业所需原材料的质量和数量，会造成产能未得到完全使用。糖企下游涉及食品加工和民用消费市场，市场需求决定了生产的方向，食品市场中充斥甜味剂，蔗糖的市场竞争力的提高需要糖企和下游企业加强合作。

三、蔗糖产业联盟构建的前提条件

（一）产业联盟发展态势

产业联盟是组织合作交流以此实现创新的窗口，其概念起源于技术联盟，即多个企业为提高创新能力，实现技术突破的联盟。社会网络理论学派认为联盟是在一个社会网络中，为了追求联合的整体利益自发组建的组织。知识基础理论学派认为联盟是整合和传播企业内部知识的组织。随着产业创新的迫切需求，产业联盟作为一种"产学研结合"的模式被提出来，成为沟通企业、高校和科研机构等创新主体交流学习的窗口。

联盟理论不断地完善，理论运用至实际的相关研究也在不断迸发。在新兴产业上，从产业联盟的角度探讨了智能交通产业的产业化发展和技术创新问题，并对联盟建立提出建议。在农业及其他传统产业上，提出花卉产业、养老地产业、学术期刊等创建产业联盟，为传统产业在新时期、新变化下提供一条发展新思路。学者更是将农产品供应链结合联盟，实现多方合作，整合线上、线下资源，优化我国农产品供应链体系。在乡村振兴背景下，已经建立的产业联盟，从第一书记产业联盟和欠发达地区的"镇园产业联盟"的建立都解释了产业联盟模式理论上的运作机制和逻辑。

产业联盟在各个领域内，特别是在农业领域内的构建经验能够为蔗糖产业

联盟的构建提供现实依据。借鉴已建立的农作物产业联盟运作经验并结合相关成熟理论，从理论层面上，产业联盟具备可行性，为蔗糖产业提供了新的路径。

（二）珠江—西江经济带的实践推力

珠江—西江经济带中的广东和广西两省区占比食糖产量的64%，蔗糖产业本身就是优势产业。我国作为食糖进口大国，复杂的国际环境要求国内保持合理的自给水平，保障极端风险下的基本消费供应。国家政策大力支持糖业发展，控制糖价处于稳定状态，建立了1500万亩的糖保护区，其中广西有1150万亩。珠江—西江区域内的蔗糖产业作为国家重点支持的产业，且自身发展历史悠久，具有较大的发展潜力。

自2014年提出《珠江—西江经济带发展规划》(简称《规划》)，沿珠江—西江经济带的区域发展上升为国家战略，以区域共同协作带动华南区域协调发展，成为我国发展战略的新支点。珠江—西江经济带11个地级市包括珠江流域的广东4市和西江流域的广西7市，区域面积近16.5万平方公里。在此基础上，以"一轴，两核，四组团，延伸区"的空间布局，将整个华南地区囊括入规划的延伸区。《规划》要求加快两广一体化发展进程，积极探索跨省区流域经济合作发展新模式，有效协调省际、上下游之间的诸多利益关系，提升发展特色优势产业，经济带内政策的支持和企业之间更为紧密的联系为蔗糖产业联盟的构建提供了现实基础。

四、珠江—西江经济带蔗糖产业联盟构建路径

（一）确认联盟成员，建立利益共同体

蔗糖产业联盟是以提升产业技术创新能力为目的的多方联合参与的技术创新合作组织，联盟主体的选择要尽可能多元化。以高校与科研机构为产业核心技术的研发者，蔗糖企业作为联盟的联结点和技术标准制定者，政府是联盟构建的发起者和联盟运行的维护者，蔗农则是联盟重点关注对象。所以，在珠江—西江经济带中，参与蔗糖产业联盟的高校有广东省的中山大学、华南理工

大学、深圳大学等和广西的广西大学、桂林电子科技大学、广西师范大学等；科研机构包括广西农科院甘蔗研究所、广西农垦甘蔗研究所和广州甘蔗糖业研究所等；蔗糖企业包括东亚糖业、广糖集团、南宁糖业等。

多方联盟成员使得联盟构建的首要任务就是将各方的不同需求总和为一个共同的利益。结合各方利益，在初期制定各项政策吸引各个组织聚拢，提高成员参与产业联盟的积极性。本着平等自愿的合作态度，政府将各个组织的目标集中确定在当前产业最亟待解决的问题上，即提高蔗糖产业的支撑性技术，将我国的"蔗糖基地"做强、做大。

（二）遵循构建原则，紧密联盟关系

产业联盟是一个特殊的联合体，当各个成员有了一个共同的目标后，产业联盟构建的准备阶段还应该坚持契约原则、需求原则、引导原则和信任原则这四项基本原则，规范联盟。第一，制定正式合作的契约文件，采用制度约束成员，减少联盟运行风险。第二，联盟有了共同目标就瞄准产业中的重大技术需求，如蔗糖的育种、加工技术等，以提升产业核心生产力为目标。第三，政府发挥引导作用，把握发展大方向，制定有利于产业联盟构建的政策并提供必要的资金，为蔗糖产业联盟营造一个较为自由的创新环境。第四，遵循信任原则，成员之间建立非正式社会关系，完善契约不完备的部分，减少内部冲突。

（三）明确成员任务，构建作用机制

构建蔗糖产业联盟明确联盟成员任务，图5所示，为珠江—西江经济带蔗糖产业联盟的作用机制。政府作为初期主导者对各个主体提供必要的帮助，给高校与科研机构的科研项目提供资金支持；鼓励农民积极种植甘蔗，给予补贴；对蔗糖产业制定创新支持，提供一个良好的外部环境。高校与科研机构在联盟中主要是从事技术升级创新，向政府申请科研项目，通过对甘蔗种植的实地调研发现问题，将科研成果和经验分享给蔗糖企业。种植甘蔗的农民是重点关注对象，获取政府补贴，向高校等提出种植技术创新需求，通过向蔗糖企业销售甘蔗，提高收入。蔗糖企业则作为运行的中心环节，上下游企业与产业对产业链升级和增加附加值的需求都通过蔗糖企业链接传输，密切联系联盟内各个

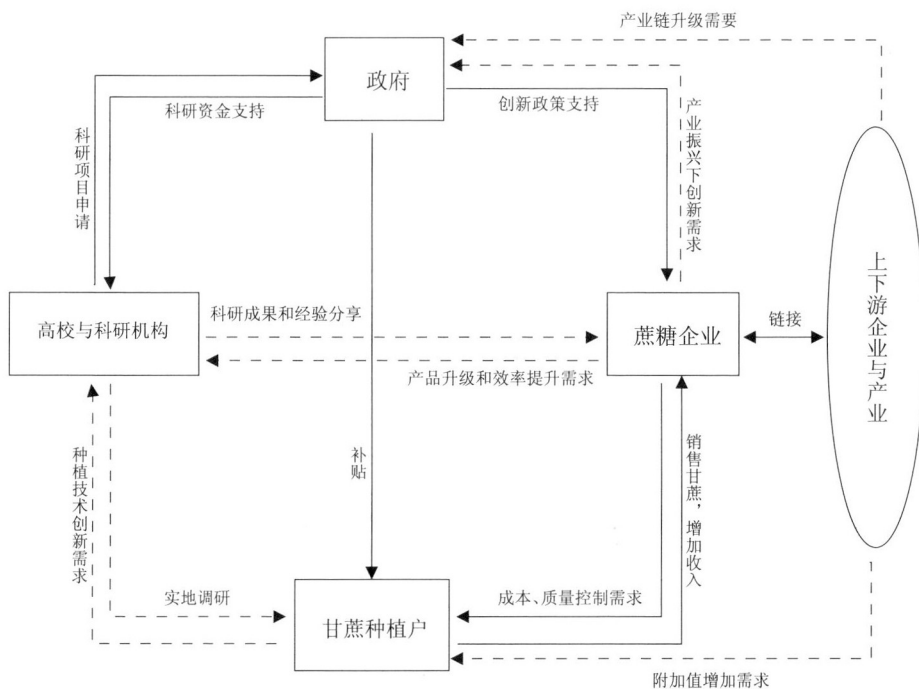

图5 珠江—西江蔗糖产业联盟的作用机制图

主体。

蔗糖产业联盟将各个主体联结起来,根据每个主体的需求相互建立更为紧密的关系,建立联盟内部成员之间的作用机制。坚持以政府为起点,蔗糖企业为中心点,高校与科研机构为技术创新支撑点,甘蔗种植户为落脚点,覆盖上下游企业与产业,提升蔗糖产业整体的核心竞争力,推动蔗糖产业在珠江—西江区域经济带的发展,进而以区域带动全国蔗糖产业兴旺。

数字经济赋能乡村产业振兴的困局及破解之道[1]

杨丽艳[2]

引言

近年来，在新一轮科技革命和产业变革的引领下，数字经济成为新兴技术和先进生产力的代表，数字化转型成为全球农业发展的重要主力。2023年中央一号文件《中共中央 国务院关于做好2023年全面推进乡村振兴重点工作的意见》中指出，要深入实施"数商兴农"和"互联网＋"，推动乡村产业的高质量发展，加快推进乡村的现代化建设。数字经济成为我国乡村振兴、乡村产业振兴的重要推动力，对提升农业生产效率、增加农民收入、实现乡村产业振兴具有重要作用。

一、困局：数字经济赋能乡村产业振兴的艰难道路

数字经济作用乡村产业振兴是一项复杂的系统工程，必须科学规划。从目前来看，我国大部分乡村地区的乡村产业的数字化转型发展还存在着一些问题。

1　收稿时间：2023年11月
2　作者简介：杨丽艳，广西师范大学教师。

乡村数字基础设施资金投入不足，设施建设缓慢。截至目前来看，我国农村地区相对于城市而言还存在落后的现象。根据中国互联网络信息中心发布的第52次《中国互联网络发展状况统计报告》，截至2023年6月，我国城镇地区互联网普及率为85.1%，农村地区互联网普及率为60.5%，低于城镇地区24.6个百分点，城乡之间存在突出的"数字鸿沟"现象，尤其是一些偏远的农村地区，智慧农业基础设施、现代物流仓储和农村信息服务软件的建设更是存在着明显的不足。导致乡村数字化基础设施建设不足的原因之一就是投资不足以及投资渠道过于单一，基本上依靠政府出资建设。

城乡差距导致人才资源向城市倾斜。由于城乡之间在收入水平、生活水平以及服务水平存在明显差距，越来越多的科技人才和企业资本更愿意流入高水平的城市。而且城市的教育资源更加丰富，科技水平更加发达，有更多的学习机会和发展机会，因此大部分科技人才更愿意留在城市。这就导致了乡村地区的发展缺少相应的专业人才，阻碍了乡村产业的进一步发展。

大数据共享应用水平不高，产业数字化转型面临困难。首先，数据资源供给不足。乡村的大数据平台更多的是停留在简单的数据采集、粗加工的层面上，农业资源的获取、分析、应用与共享能力存在不足。数据要素的作用发挥存在较大的限制，作用发挥不到位，数据的"孤岛化"问题成为制约数据资源发挥积极作用的重要技术挑战。其次，由于乡村居民的技术知识和信息的匮乏，乡村居民对数字技术的认识和了解相对较少。数字技术的应用范围和潜力没有被充分地挖掘，加上基础设施和网络覆盖方面存在不足，导致数字技术的普及和应用都受到很大的限制。乡村地区一些传统产业结构相对固化，对于数字化转型的意识和需求不够强烈。

二、破题：为数字经济赋能乡村产业振兴清除阻碍

针对以上问题，采取相应的实践措施，解决数字经济难以作用于乡村产业振兴的问题。

完善数字基础设施建设，拓展其在乡村产业应用的广度和深度。首先，积极推动乡村数字化基础设施与乡村全面发展相融合。数字化基础设施的建设对于促进乡村产业的数字化转型升级以及乡村产业的融合发展具有极强的推动力，增强市场性资金参与乡村数字化基础设施建设的动力，加强数字化技术和数字基础设施在乡村产业的应用。其次，探索"互联网+现代农业"的发展模式，发展乡村产业的新业态，推进乡村产业现代化，将云计算、大数据、物联网等数字技术应用于乡村产业数据资源建设、产业生产数字化、农产品市场数字化检测和农产品质量安全等方面，助推乡村产业的发展过程实现数字化管理。

引进高科技复合型人才，培育本土人才。2023年中央一号文件强调："强化农业科技人才和农村高技能人才培养使用，完善评价激励机制和保障措施。加强高等教育新农科建设，加快培养农林水利类紧缺专业人才。"要坚持培养和引进、引才和引智相结合，拓宽乡村人才来源，聚天下英才而用之。要完善相关的用人制度，改善生活的环境，建立健全相关奖励机制和优惠政策，吸引人才积极参加乡村建设。健全选拔、培养、使用机制，搭建干事创业平台，努力建设一支懂"三农"、懂市场、懂管理的本土人才队伍。

培育数字产业链，开发特色产业，促进乡村产业数字化转型。首先，培育乡村产业集群，拓展数字链。利用数字经济作用于乡村产业，形成以数据为核心，以创新为动力的产业体系，使乡村产业不再局限于上下游、产供销的线性模式，使其在生产各环节的资源配置和价值创造更加开放、共享、协同，使乡村产业能够朝着立体、多维的网络化、生态化方向发展。其次，引领乡村产业与其他高科技、数字化企业进行合作交流。加强与高科技、数字化企业的交流合作可以通过以下几种方式进行：一是建立合作平台，二是实现信息共享，三是寻找合作项目，四是促进交流与合作，五是提供支持和培训，六是跟踪评估合作效果。通过这些方式，乡村产业和高科技、数字化企业之间可以建立合作交流的桥梁，实现资源的共享和优势互补，促进乡村产业的数字化发展和数字化转型升级。最后，鼓励乡村发展特色产业，挖掘乡村产业新价值。从长远来看，乡村产业的发展不能只是追求产品数量，更要注重产品的质量、突出产品的品牌效应。

构建多元化的数字经济治理模式，实现乡村产业现代化。构建"政府+企业+高校+农民"的主体共同参与的乡村产业数字化治理模式。充分发挥政府部门的引导和监督的职能，完善数字化推动乡村产业发展的相关政策支持体系。合作企业要发挥行业协会的联结作用，依托线上平台或者线下合作等为新型的农业生产经营主体和服务主体以及农民提供双向的市场信息。高校和相关的科研机构要充分发挥其知识创造、技术攻关和人才输送的作用，对乡村地区进行结对帮扶，加快数字化知识、信息和人才向乡村地区流动共享，加快乡村产业数字化发展的技术创新和成果转化。农民作为乡村产业振兴的主体，要积极地参与乡村产业的建设，发挥自身的治理职能。

三、总结

当前，数字经济与我国乡村振兴战略紧密相连，成为助推乡村产业振兴的重要手段，也是改善乡村农民生活条件、缩小城乡差距、推进实现全体人民共同富裕的良方。因此，各乡村地区应该因地制宜，从自身实际情况出发，充分挖掘自身的特色，发挥自身独特优势，推动数字经济在乡村产业振兴的应用和发展，促进乡村产业的数字化转型升级，助推乡村产业振兴，最终实现乡村振兴。

数字时代休闲农业高质量发展研究[1]

凌连新[2]

引言

中央关于休闲农业工作的重要论述为新时代休闲农业的发展指明了前进方向，休闲农业应当遵循发展大趋势，把握新时代发展机遇，锚定高质量发展的战略目标。尤其是，处在数字时代的发展背景中，休闲农业如何科学地利用现代数字技术已经成为亟待解决的时代命题。

一、休闲农业发展现状剖析

我国休闲农业发展已达到一定的水平，但还存在一些问题，主要表现在：

（一）**信息管理系统有待完善**。休闲农业整体的信息化程度还是相对落后的，而且许多管理者对信息管理系统的重视程度不足，导致信息管理系统的投入经费不足，阻碍设计研发者的不断完善与创新，因此需要逐步解决系统功能单一、操作复杂、软件升级缓慢等诸多问题。

（二）**发展模式亟待创新**。虽然目前休闲农业发展模式在新时代做出了一定的改革与创新来适应社会信息化的发展，但是休闲农业在信息化过程中仍存在

1　收稿时间：2023 年 11 月
2　作者简介：凌连新，仲恺农业工程学院管理学院教师。

困境，主要体现在"网上休闲农业展会"、员工数字素养以及信息系统三方面的缺失。

（三）**复合型人才稀缺**。新时代下的休闲农业发展离不开复合型人才的力量，当今社会的重大特征是学科交叉、知识融合和技术集成，这些特征就倒逼新时代下的休闲农业要有充足的人才储备，拥有一批懂现代科学技术以及休闲农业的高质量复合型人才。

二、数字时代休闲农业高质量发展紧迫性分析

（一）**休闲农业高质量发展是新发展阶段的根本要求**。"十四五"期间，我国休闲农业进入新发展阶段，中央对休闲农业提出的新要求、新目标给高质量建设提供了新方向和新思路，新发展阶段下的休闲农业应当深刻把握当下的局势与任务，制定新策略，实现高质量发展。

（二）**休闲农业高质量发展是休闲农业现代化发展的内在要求**。休闲农业现代化发展坚持贯彻新发展理念，高质量发展是我国经济社会发展的主旋律，休闲农业突破目前发展困境的有力措施就是加快建设数字休闲农业，抓好"数字化"方向，实现休闲农业高质量发展。

三、数字时代休闲农业高质量发展评价体系构建

（一）**理论基础**。理念是行动的先导。"创新、协调、绿色、开放、共享"的发展理念是相互作用与相互联系的统一整体，为新时代休闲农业推进高质量发展提供了重要的理论基础和发展思路。

（二）**评价体系**。基于以上的理论分析，构建了数字时代休闲农业高质量发展评价体系，共包含创新驱动、协调发展、绿色生态、开放合作、共建共享五个子系统；每个子系统进一步划分成两个准则层，共包含十个准则层。每个准则层又进一步细分成两个具体测度指标，共包含二十个具体测度指标。

四、数字时代休闲农业高质量发展靶向路径选择

（一）**把握时代机遇，建设产业共同体**。把握数字时代带来的发展机遇，增强利用数据要素提高工作效率，构建协同发展平台、完善保障体系等方面推动"数字化＋休闲农业"的模式，从而优化休闲农业改革，建设产业共同体。

（二）**明确建设方向，形成区域特色**。休闲农业应当因地制宜地发展具有特色化的休闲农业组织，形成具有区域特色的休闲农业，可以形成粤港澳大湾区等发达地区都市休闲农业、民族地区休闲农业、边疆地区休闲农业等多元化的休闲农业模式。

（三）**创新发展模式，构建数字平台**。首先，统筹规划，建立休闲农业系统统一的网上数据标准、平台建设标准、服务标准等，实现共建共享。其次，充分运用互联网新技术和新应用，将传统媒体和新媒体的优势融合起来，谋求时代"大福利"。最后，搭建数字交流平台，实现政府、企业、消费者之间的数据资源共享。

（四）**运用现代科学技术，提升数字素养**。首先，提升员工数字素质相结合，分阶段、分批次地开展"数字休闲农业"培训工作。其次，数字素养是人才培养的重要环节，"以赛促学""以赛促建""以赛促改"，系统提升休闲农业队伍数字素养。最后，推进信息系统的开发和实施，提高信息传播的灵活度和准确性，推动信息管理工作制度化和规范化。

数字赋能乡村产业振兴研究[1]

杜金波　　杜文忠[2]

乡村产业是强村之基、富民之要，乡村产业振兴是实现乡村振兴战略目标的关键。

一、乡村产业振兴的战略意义

习近平总书记指出："强国必先强农，农强方能国强。没有农业强国就没有整个现代化强国；没有农业农村现代化，社会主义现代化就是不全面的""产业振兴是乡村振兴的重中之重"。中央已经把农业强国建设纳入我国社会主义现代化强国建设的战略体系。

二、当前乡村产业发展存在的主要问题

当前，乡村产业振兴存在的主要问题：

一是乡村产业发展人才严重缺乏。长期以来，农村大部分青壮年进城务工，实有人口中绝大多数是老人和儿童，他们文化素质较低，缺乏乡村产业发展的

1　收稿时间：2023 年 11 月
2　作者简介：杜金波，广西二轻工业管理学校教师；杜文忠，博士后，桂林市经济学学会副会长。

技术、管理和经营能力。

二是乡村产业发展投入严重缺乏。农民收入来源少，人均可支配收入不高，恩格尔系数平均高达75%，家庭经济困难，根本没有资本积累，严重缺乏投入乡村产业再生产所需要的基本资金。

三是乡村产业发展质量不高。种植业，种子选育不优、土壤生产力不强、施肥浇水不优、病虫害防治不良、过程管控不力，致使农产品质量不优、产量不高、价值偏低、农民收入不多。养殖业，配种选种不优、装备不良、饲料配备不佳、病情防治不好、养殖周期不当、管理粗放，致使养殖品质量不优、规模不大、价值偏低、养殖户收入不高。农产品加工业，配料不佳、流程不优、工序不良、品牌较少、管理粗放，致使加工品质量不优、规模不大、成本较高、附加价偏低、收入不高。

三、数字赋能乡村产业振兴的必要性

一是乡村传统产业升级需要数字赋能。数据是产业高质量发展的关键资源。乡村传统产业成本高、效率低、产销信息不对称、精准化可控化规模化水平低。将乡村产业全过程数字化，运用数字技术，全面采集和系统集成产前、产中、产后的实时数据，形成全产业链大数据系统，推进生产管理精益化和智能化、供求信息对称化，是乡村传统产业升级的必由之路。

二是乡村新兴产业发展需要数字赋能。将数字技术与乡村文旅、农村电商、少数民族中医药、康养等乡村新兴产业相结合，能有效激发乡村新兴产业的活力，是促进乡村新兴产业高质量发展的必然选择。

三是乡村产业发展依赖城乡融合需要数字赋能。乡村产业发展基础条件差，必须依赖于城乡融合。加快城乡融合的数字化，缩短城乡距离，实现数据资源共享，才能有效推进乡村产业的高质量发展。

四、数字赋能乡村产业振兴的主要策略

一是稳固数字赋能乡村产业振兴基础。将数字技术与现代农业技术结合运用，适时加强土壤墒情检测，持续加强土壤改良，提高农田生产力，实现精准化智能化灌溉、施肥和病虫害防治，提高农产品质量和产量，实施质量溯源，确保粮食丰收与安全。

二是形成数字赋能乡村产业振兴动力。将数字技术与现代农业专用种植养殖技术、现代生物技术、农产品加工技术等有机融合，建立健全乡村科技创新体系，形成乡村产业振兴的强大动力。如融合数字技术与现代生物技术，推进育种从分子辅助育种2.0向智能优选育种4.0升级，优化育种模式，提升育种效率和质量。

三是优化数字赋能乡村产业振兴路径。乡村产业振兴，第一是赋能乡村产业发展方位研判；第二是赋能商业模式选择；第三是赋能产业科技创新体系建立；第四是赋能乡村产业振兴人才队伍建立；第五是赋能投融资体系建立，确保乡村产业振兴拥有相对稳定的"资金池"。

四是数字赋能乡村产业升级。乡村传统产业普遍能耗高、成本高、质量差。为确保乡村产业高质量发展，需要对乡村传统产业进行数字化转型升级，包括：构建乡村产业发展的数字孪生系统、数字赋能产品研发、数字赋能资源配置、数字赋能产品生产、数字赋能产品质量检测、数字赋能产品包装与库存管控、数字赋能产品销售与售后服务。

五是数字赋能乡村旅游产业发展。通过数字媒体向旅游者传播适时更新的旅游资讯，引导旅游消费；通过智慧旅游App向旅游者推荐符合个人喜好的衣食住行游购资源；运用数字技术研发旅游服务装备，满足旅游者对美丽乡村的视听感受和精神需求，以提高乡村旅游业的服务质量。

五、数字赋能乡村产业振兴保障体系的建立

一是建立数字赋能乡村产业振兴的基础体系。利用卫星遥感、无人机、物联网等数字技术，构建"天空地"一体化的数据感知网络体系，以精准获取乡村产业及其相关数据，建立乡村产业发展基础数据库和大建模，为乡村产业生产、灾害预警、成本和质量管控、产品溯源、市场预判等提供可靠的数据支撑。

二是建立数字赋能乡村产业振兴的应用体系。建立县域乡村产业数字化平台，为乡村产业生产要素精准供给、生产过程精准管控、产品质量精准溯源、产品价格精准预测等方案的制定提供重要支撑。

三是建立提高乡村产业人员数字素养的培训体系。通过建立提高乡村产业人员数字素养的培训体系，深入实施乡村产业人员的数字素养与技能提升工程，增强数字科技体验，加大数字安全科普。

乡村产业全链条升级助推乡村振兴研究[1]

程　皓[2]

一、引言

乡村振兴战略下，乡村产业全链条升级是关键。产业升级需优化各个环节，实现高效集约化、规模化、标准化、品牌化、绿色化和智能化，提升产业附加值和竞争力。我国乡村产业面临产业结构单一、附加值低、品牌缺失等问题，需深入研究升级路径。本文探讨产业升级的内涵、特征、堵点和困境，分析其对乡村振兴的作用机制，并提出政策建议，为乡村振兴提供参考。

二、乡村产业全链条升级的内涵和特征

（一）乡村产业全链条升级的概念界定

乡村产业全链条升级旨在优化产业结构，提升效率和竞争力，推动产业高质量发展，实现转型升级，核心是提高产业附加值和利润空间，增强乡村发展内生动力。

1　收稿时间：2023 年 11 月
2　作者简介：程皓，南宁师范大学经济与管理学院副教授、高级经济师、硕士生导师，中国社会科学院生态文明研究所博士后。

（二）乡村产业全链条升级的基本模式

根据不同的升级路径和目标，可以划分为以下四种模式：

1. 产品升级模式。提升产品质量、品牌和设计，例如打造特色农产品品牌。

2. 过程升级模式。改进生产、加工、流通等技术、管理和组织，提高效率和效益。

3. 功能升级模式。拓展产业链上下游环节，例如发展农村电商、农旅融合。

4. 链条升级模式。整合乡村产业与其他产业资源，例如打造特色小镇、美丽乡村。

（三）乡村产业全链条升级的主要特征

乡村产业全链条升级注重产业链整体性和连续性，强调创新和技术应用，倡导绿色环保和可持续发展，同时也需要政府、企业和农民共同参与和支持。

三、乡村产业全链条升级助推乡村振兴的堵点和困境

（一）产业结构不合理，低端低效产业占比过高

我国乡村产业以传统农业为主，高附加值产业发展不足，整体竞争力不强，附加值转化率低，农民收益有限，制约了转型升级和质量提升。

（二）产业链条不完善，上下游协同不够

我国乡村产业链断裂或薄弱，加工率低，品牌知名度低，导致资源配置和价值分配不平衡，农民增收受限。

（三）产业发展不平衡，区域差距较大

我国乡村产业发展存在区域差距，东部沿海地区发展水平远高于中西部地区，导致部分地区乡村产业空心化，制约乡村经济社会发展。

（四）产业创新能力不强，技术装备水平较低

我国乡村产业创新能力和技术水平薄弱，产品质量和安全水平不高，难以

满足市场需求。

（五）产业生态效益不突出，环境污染问题突出

我国乡村产业发展忽视生态环境保护，导致土壤污染、水资源浪费、生物多样性丧失等问题，影响农产品质量、人体健康和生态安全。

四、乡村产业全链条升级助推乡村振兴的作用机制

（一）乡村产业全链条升级助推乡村经济发展的作用机制

乡村产业全链条升级通过提升农产品附加值、拓宽就业渠道增加农民收入，促进乡村消费；推动乡村市场形成，吸引投资，改善基础设施和公共服务；打造特色品牌，提升乡村形象和竞争力，吸引更多消费者和投资者，促进乡村文化传承和文化自信。

（二）乡村产业全链条升级助推乡村生态环境保护的作用机制

乡村产业全链条升级推动绿色可持续发展，通过提升资源利用效率、发展生态农业等措施，实现经济效益和生态效益双赢，增强生态系统稳定性，提升和改善居民生态意识和行为，促进乡村生态文明建设。

（三）乡村产业全链条升级助推乡村社会文化建设的作用机制

乡村产业全链条升级激发文化活力，促进文化多样性，增强文化自信和凝聚力，推动文化传承和传播，打造特色产业，形成文化发展新局面。

五、政策建议

（一）加强顶层设计，完善政策体系

设立专项资金和激励机制，同时完善法律法规和标准体系，加强监测评估和信息服务，推动乡村产业全链条升级。

（二）培育新型主体，激发内生动力

培育新型农业经营主体，提高生产效率、质量和竞争力。新型主体可利用

科技和管理手段，提升产业附加值和市场占有率。尊重农民自主选择，激发农民内生动力。此外，加强地方政府支持，推动乡村振兴。

（三）推进科技创新，提高附加值

强化科技支撑，推动产业数字化、智能化、绿色化，提高效率和可持续性。推广新技术、新产品、新模式，提升产品品质和品牌，拓展市场，增加农民收入。培育技术人才，为产业升级提供人才支撑。

（四）构建合作平台，促进利益共享

多方合作推动乡村产业升级，整合资源，拓展市场，提高产品质量和附加值，增加农民收入，建立公平合理的利益分配机制，促进乡村产业持续健康发展。

新时代乡村产业振兴问题研究

——以广西玉林产业发展为例[1]

梁开挺　蒋超杰[2]

习近平总书记强调，要把产业振兴作为乡村振兴的重中之重。产业振兴是增强农业农村内生发展动力的源泉，是乡村全面振兴的核心，更是解决乡村振兴过程中一系列问题的总钥匙。只有产业振兴，才能更好构建城乡融合发展的新格局，促进农民增收致富、走向共同富裕，巩固拓展脱贫攻坚成果、增强农业农村农民内生发展动力，实现乡村全面振兴的高质量发展。

一、新时代乡村产业振兴的现实意义

（一）产业振兴是乡村全面振兴的核心要义。产业振兴是乡村全面振兴最重要、最根本、最关键的核心要素。只有产业振兴，才能为农民收入提供可靠持久的保证，才能不断壮大农村经济实力，激发乡村发展活力，增强乡村振兴内生动力，为推进乡村全面振兴提供强劲动能。

（二）产业振兴是巩固拓展脱贫攻坚成果的主要源泉。习近平总书记强调，发展产业是实现脱贫的根本之策。产业振兴是农民增收、实现脱贫的基础，是

1　收稿时间：2022年11月
2　作者简介：梁开挺，广西玉林市委宣传部副部长；蒋超杰，广西嘉天下文化传媒集团有限公司总经理。

巩固拓展脱贫攻坚成果、实现稳定脱贫和持续增收的长效措施，是提升质量效益夯实乡村全面振兴的源泉。

（三）**产业发展是畅通城乡二元市场、构建城乡协调发展新格局的重要保障**。扩大内需和形成强大国内市场，农村有着巨大潜力和发展空间。发展壮大乡村产业，促进一二三产业融合发展，可以扩大农村就业、增加农民收入，把乡村生产有机融入现代产业体系，加快农村第三产业发展，活跃农村市场，推动农村居民消费升级，更好拉动城乡经济发展。

二、新时代乡村产业振兴在玉林的生动实践

近年来，玉林市锚定建设清朗繁荣文明和谐美丽新玉林"1158"目标任务体系，推进"一区两地一园一通道"建设，促使玉林农业产业化不断推进，被评为"国家农业产业化示范基地""全国首批国家级专家服务基地"，全市产业化龙头组织的辐射带动能力位居广西第一，水产畜牧业继续保持领先地位，百香果荣获"中华名果""中国农产品区域公用品牌""中国国家地理标志产品"的荣誉，电商销售量一直处在全国领跑位置。

（一）**注重特色产品，不断提升"玉"字号品牌影响力**。玉林市坚持农业品牌发展导向，充分发掘地方资源禀赋，走差异化的特色发展道路，依托县域特色产业，在重大节假日和重要农事节庆节点，举办容县"沙田柚节"、博白"客家文化节"、北流"荔枝文化节"、陆川"猪文化节"等特色鲜明、影响力大、公益性强的活动，提升玉粮、玉菜、玉果、玉茶、玉猪、玉牛、玉鸡等"玉"字号系列品牌知名度。

（二）**深挖资源优势，加快培育千亿元特色产业集群**。玉林拥有我国第三大中药材专业市场，是我国最大的香料集散地、交易中心，玉林深挖"中国南方药都""南国香都"资源，深化"药食同源"改革，把中药材香料产业作为重点发展、重点支持的主导产业，积极做大"香"产业，做足"香"文化，做好"香"文章，建设世界香都，以千亿元特色产业集群作为建设目标，持续推进

一二三产融合，实现中药材香料产业高质量发展。

（三）创新经营模式，带动农民增收致富。玉林市大力推进乡村振兴战略，走出了一条乡村发展活力持续增强之路。如采取"公司+合作社+基地+农户"等模式，形成农产品种养殖、深加工和销售等完整的产业链，不断提升农民收入，为乡村振兴注入强劲动力。

三、新时代乡村产业振兴遇到的主要问题

（一）乡村产业发展定位和规划布局不够清晰。目前大部分乡村在结合当地资源走特色发展之路、在竞争中形成品牌竞争力的思路不够，产业经营方式较为粗放，特色化品牌化集约化水平有待提高。

（二）乡村产业发展科技引领作用不强。农业科技创新能力不足、产业融合质量有待提升等问题仍然存在，农业科技创新能力仍需提质，平台载体建设有待加强。

（三）乡村产业发展销售渠道不畅通。农产品流通渠道不畅通，产销关系不密切，以传统渠道为主，流通效率不高，运输成本较高，导致农民议价能力低、农产品难卖现象时有发生。

四、新时代乡村产业振兴的主要对策

（一）加强产业发展的顶层设计，描绘好产业发展新蓝图。产业振兴要立足当地特色资源，实现传统产业与现代产业有机融合，创响一批乡村特色知名品牌，扩大市场影响力。优化产业布局，完善利益联结机制，打造真正的"一村一品"，形成品牌效应；加强农产品深加工与三产的融合，加快构建适应当地现代农业发展定位的乡村产业体系，推动乡村振兴产业发展壮大；发展新型乡村合作化旅居养老产业，解决农村大量房屋闲置和城乡劳动力就业问题，大幅度提升村民收入。

（二）加强产业发展创新驱动，发挥科技领跑农业的新路径。坚持不懈地抓好科技兴农、科技强农，更多依靠科技创新支撑，培育创新创业主体，拓宽创新创业领域。一是注重创新驱动，加强农业创新体系建设，建设农业高新技术产业示范区和农业科技园区，增强乡村振兴产业发展新动能。二是加强海峡两岸新技术引进，加快形成产业链完整、产品附加值高的现代农业科技产业集群。三是强化城市产业辐射，带动乡村产业创新，强化产业集聚带动乡村振兴。

（三）改进产品流通的方法和手段，解决城乡二元市场不畅通问题。一是提升组织化程度，培育新型流通主体。二是增强农产品初加工能力，提高农产品的商品化率，促进从产品到产业的转变。三是建立助农利益联结机制，构建新型产销关系。四是大力发展新型电商，培育农村电商带头人。加快建设城乡乡村振兴直播基地，把全市网红吸引过来，采用"合作社+农民+公司"的模式，形成直播矩阵，达到商品集群化，打造龙头企业；实施"一村一网红"培训工程，加强对具备条件人员的培训，将其培养成具备新思维、运用新技术和新营销的新型农民，为传统农业注入新的基因；积极探索畅通合作农业、远程农业等模式，提升农业效率与产品质量。

以发展特色产业推动乡村全面振兴建设[1]

林昆勇　冯训婉

党的二十大报告指出，要全面推进乡村振兴，发展乡村特色产业。只有产业振兴，乡村才能更好地带动组织、生态、文化、人才和科技等协同发展和全面振兴。

一、充分认识发展乡村特色产业的重大意义

发展乡村特色产业是拓宽农民增收致富渠道的必然选择，是激发乡村全面振兴活力的必然选择，是打造出乡村产业增长极的必然选择。

二、准确把握乡村产业振兴整体布局的任务要求

着力提升特色农产品加工业。聚焦农产品的精深加工，优化农产品加工的产业布局，推进农产品加工技术创新。着力拓展乡村特色产业。构建乡村特色产业的全产业链，形成乡村特色产业的经济圈，推进乡村特色产业的产销对接。着力优化乡村特色休闲旅游业。推进乡村特色产业的区域布局优化工作，强化开发乡村特色产业的特色资源、特色文化和特色产品，打造乡村特色产业发展

1　收稿时间：2023 年 11 月

的精品工程。着力发展乡村新型服务业。提升乡村特色产业的生产性服务业，拓展乡村特色产业发展的生活性服务，发展乡村特色产业的农村电商。着力推进特色农业产业化和农村特色产业融合发展。打造乡村特色产业的农业产业化升级版，推进乡村特色产业融合发展。着力推进特色农村创新产业。解决好乡村特色产业"谁来创""在哪创""如何创"三个问题。

三、以发展特色产业引领和推动乡村的全面振兴

发展特色产业是推动乡村全面振兴的重点。一是寻找发现"小""新""特""奇"乡村特色产品，做成富民兴农的特色产业。二是做好传统与现代"两个结合"工作，推进非遗传承，推动其与旅游产业、健养产业、文创产业等有机融合。三是加快科技创新和转型升级，探索建立乡村特色产业"标准化+互联网+生产基地"的现代发展新模式。

发展特色产业是推动乡村全面振兴的关键。一是解决"同质化"问题，形成具有多种价值和高附加值的名优特产品。二是解决"产品初级化"问题，解决"短链"和"断链"困境。三是解决"营销程式化"问题，切实做到精准营销，有针对性地开展乡村特色产业产品的营销。四是解决"主体单一化"问题，增强新型经营主体带农意识。

发展特色产业是推动乡村全面振兴的抓手。一是深入挖掘地方特色，积极培育地方特色的乡村特色产业，做好乡村特色产业产品的品牌宣传与推广。二是抓好地方特色产品定位，重点在乡村特色产业发展的产业生态化和生态产业化上下功夫。三是抓好特色产业补链强链，着力构建形成一个供应链和利益链有机结合的产业布局。四是抓好产业主赛道，不断加大乡村特色产业的文化要素和产业耦合力度。

做强做优特色产业 全面推进乡村振兴
——以广西为例[1]

刘全闯[2]

党的二十大报告提出："加快建设农业强国，扎实推动乡村产业、人才、文化、生态、组织振兴。"产业振兴是实现乡村振兴的基本要求和必要前提，是加快构建新发展格局、优化城乡要素循环、推进农村三产融合、促进小农户与现代农业衔接的重要支撑。新时代广西在"千万工程"的引领下，八桂大地上呈现出一幅生态优美、宜居宜业、现代产业支撑、城乡互动有活力的现代化乡村新画卷。同时，必须清醒地认识到，广西在发展特色产业方面也面临诸多问题和挑战。

一、广西发展特色产业的优势

习近平总书记视察广西时指出，要发挥广西林果蔬畜糖等特色资源丰富的优势，大力发展现代特色农业产业，让更多"桂字号"农业品牌叫响大江南北。得天独厚的自然资源和生态环境是广西最大的财富、最大的品牌以及最为明显的优势。广西还是多民族聚居的边疆地区，各地的民族风情不同，民俗节日也

---

1 收稿时间：2023 年 11 月
2 作者简介：刘全闯，中共柳州市委党校教学研究室副主任、讲师。

较多,农耕文化与当地的自然景观高度融合,这为广西乡村文旅产业提供了深厚的历史文化资源。

二、广西发展特色产业面临的主要问题

全区各地村级集体经济基础较为薄弱,村集体没有足够的财力投入大量资金进行产业培育和发展,产业发展资金短缺致使农户难以得到充足的启动资金。农村人才匮乏,青年人员流失较为严重。产业相对单一、链条较短、三产融合不够、地域品牌不多。农业生产社会化服务有效供给能力不高,现有的公益性生产服务体系并不能满足农户的生产、生活需要。农业政策性保险新型险种探索不够,农业政策性保险的保障作用未充分有效发挥。城乡融合发展动力不足,城乡之间的要素双向流动体制机制还未形成。

三、关于做优做强特色产业的几点思考

聚焦乡村产业振兴重点,重点培育特色产业。加强政策指导,引领特色产业有序发展;发挥品牌带动效应,扩大特色农产品知名度;在自愿基础上组建联合社,提高生产经营和市场开拓能力,降低品牌运营成本,不断提高农产品影响力和竞争力。强化科技引领产业升级,助力乡村产业驶入"快车道"。鼓励青年在新型农业现代化科技上大展拳脚;推动"新型职业农民"向"高素质农民"迈进,探索和推广绿色证书制度;推广以科研院所为依托、农科教相结合的产业发展模式。制定农业长远发展规划,增强产业内生动力。有序推进乡村土地制度改革,实行乡村耕地经营权流转和适度规模经营,鼓励和扶持企业与合作社建立良种繁育基地,探索建立村级农产品集中交易中心;发挥产业集群成链效应,让农民获得实实在在的经济效益。延伸农产品产业链,提高农产品附加值。引入农产品领域的龙头企业,运用物联网、大数据等现代科技手段,实现农产品生产"一站式""可视化""数字化"紧密衔接,用好乡村特色资源,

将特色产业与现代技术相结合，打造农业新产业、新业态、新模式。城乡双向奔赴，走好融合之路。促进资本要素在城乡之间双向流动，推进社会保障体系公平、城乡生态环境一体化，发挥工业对农业的引领和反哺的重要作用，稳步推进城乡基本公共服务平等化，城乡服务设施一体化。

新结构经济学视角下乡村特色产业升级路径研究

——基于博白县客家美食产业的案例分析[1]

邓　远　王禄平　邓美鸣[2]

一、乡村特色产业升级的问题提出

《全国乡村产业发展规划（2020—2025年）》指出，乡村特色产业是乡村产业的重要组成部分，是地域特征鲜明、乡土气息浓厚的小众类、多样性的乡村产业，涵盖特色种养、特色食品、特色手工业和特色文化等，发展潜力巨大。党的十八大以来，农村创新创业环境不断改善，乡村产业快速发展，促进了农民就业增收和乡村繁荣发展。由于政策驱动力、市场驱动力及技术驱动力不断增强，乡村产业发展面临难得机遇。同时，乡村产业发展面临诸多挑战：资源要素瓶颈依然突出，乡村网络、通信、物流等设施薄弱，发展方式较为粗放，创新能力总体不强，产业链条延伸不充分。乡村产业小而散、小而低、小而弱问题突出，乡村产业转型升级任务艰巨。乡村特色产业如何抓住乡村振兴这一重要战略机遇？乡村特色产业升级的路径何在？这些问题的探讨和研究对破解

1　收稿时间：2023年11月

2　作者简介：邓远，广西乡村振兴产业技术研究院产业规划委员会主任；王禄平，广西乡村振兴产业技术研究院执行院长；邓美鸣，广西一贯咨询有限公司董事长，讲师。

乡村特色产业转型升级难题、贯彻和落实乡村振兴战略具有重要意义。

博白是客家人口大县，博白客家美食种类繁多，是博白县乡村振兴和高质量发展、满足人民美好生活需求的重要特色产业。近年来，博白县实施美食强县战略，积极探索博白县客家美食产业升级路径。在产业升级的过程中，面临着行业集中程度较低、公共品牌缺乏保护、一二三产融合不深、产业科技研发薄弱等诸多挑战。基于此，本文尝试基于新结构经济学理论视角，结合博白县客家美食产业发展案例，分析博白县客家美食产业升级路径，从有效市场和有为政府两个方面剖析要素禀赋变化和产业结构升级的推动力，以期为乡村特色产业升级与高质量发展提供良好的案例素材。

二、新结构经济学理论及其分析框架

（一）新结构经济学理论基础

新结构经济学的主要理论框架是研究经济结构的决定因素是什么，在发展过程中经济结构为什么要不断变动。这一理论分析有一个基本前提：结构是内生的，一个国家的产业结构由其要素禀赋结构决定。在任何一个给定的时间，要素禀赋都是给定的，比如有多少劳动力、资本及自然资源。但这些要素又是可变的，比如劳动力会随人口增减变化，资本可通过积累增加，自然资源相对给定，但随着技术开发，也能有所改变。一个国家的产业结构、经济结构由其要素禀赋结构决定，要素禀赋及要素禀赋结构是结构经济学中最重要的变量。在新结构经济学看来，遵循比较优势是经济快速发展的药方，其制度前提是有效的市场和有为的政府。政府的作用是以有限的资源来帮助具有潜在比较优势的部门的企业消除它们自己难以解决的具有外部性或需要多个企业协调才能成功解决的增长瓶颈限制。当政府发挥有为作用时，产业政策是个有用的工具。新结构经济学倡导使用"产业甄别和因势利导"框架识别具有比较优势的产业。不同产业类别在转型升级中需要政府提供的协调以消除瓶颈限制的内涵可能有所不同，政府需要对每一大类产业做相应的增长甄别和因势利导。企业的自生能力则是新结构经济学的微观基础。具体而言，可以将具有自身能力的企业转型升级概括为：产业价值链上的企业通过提升自身的资源禀赋与能力来完成流程、产品、功能以及链条的升级，扩展其价值链活动范围，增加其活动价值增加程度。

（二）基于新结构经济学的乡村特色产业升级框架

新结构经济学认为，经济发展本质上是一个技术、产业不断创新，结构不断变化的过程，而经济结构内生决定于要素禀赋结构，并在此基础上构建"要素禀赋—比较优势—企业自生能力—比较优势产业发展战略—经济发展"的理论框架。农业产业的发展演变也符合这一规律，要素禀赋结构对中国乡村产业振兴产生深远影响。农村各个地区资源禀赋及其结构不同，实现乡村产业振兴则面临不同路径选择。从新结构经济学视角来看，最适宜的产业结构及相应的市场基础设施都内生于禀赋结构，可以将产业振兴的路径选择看作一个结构问题，即作为经济体的农村如何根据现有自身资源禀赋及其结构，在给定的客观经济社会条件下，发挥其潜在比较优势，利用有效市场资源配置的主导作用和有为政府在软硬基础设施方面的建设和协调作用，将比较优势转变为竞争优势，完成资本积累，进而提升禀赋结构，稳固农民增收、农业发展和农村繁荣的产业基础，最终带动乡村各个方面的振兴。林毅夫倡导增长甄别和因势利导相结合的政府行为，并提出一个指导产业政策制定的双轨六步法的"增长甄别和因势利导框架"（GIFF）。GIFF框架有助于从整体上审视和把握产业发展方向，理清政府在产业发展中的角色和功能，更好地探索有为政府与有效市场相结合的机制和途径。因此，利用GIFF框架构建农业产业增长甄别模型，据此方法来发现农业产业增长瓶颈，有效实现政府因势利导，明确农业产业发展路径。具体分析思路如下：

第一步，分析研究对象的禀赋结构及其变迁情况。在农业产业分析上禀赋结构主要包括区位条件、自然资源、劳动力、物质资本、人力资本、农业生产技术和经验、软硬基础设施和相关产业基础等。第二步，分析各地区产业发展的比较优势。根据地区的要素禀赋发展形成的农业产业，其比较优势可以归纳为生产优势、产业化优势、集聚优势和创新优势。生产优势包括农业生产规模优势、农产品质量优势、农产品价格优势和农业生产成本优势等；产业化优势是通过农业产业链延伸，实现一二三产业融合；集聚优势包括产业集聚、要素集聚、功能集聚；创新优势包括技术创新、体制机制创新、产业经营模式创新、管理手段创新等。第三步，分析产业升级路径。新结构经济学认为最适宜的产业结构内生决定于要素禀赋结构，因此，要素禀赋结构的升级会推动产业结构的升级。第四步，分析经营主体的自生能力。微观视角下的产业升级是指产业价值链中的微观参与个体从价值链低端向高端攀爬以获得更大发展空间和盈利能力的过程。各类经营主体转型升级最关键的是自身的动态核心能力，但动态核心能力又以自生能力为必要条件，即各类主体的资源禀赋结构需要与其价值链结构相匹配。结合案例，分析不同经营主体的转型升级是否符合其自身和所在地区的禀赋结构，识别升级过程中的障碍来源，明确政策诉求。第五步，识别产业升级瓶颈。农业产业升级的瓶颈涉及禀赋升级、产业价值链提升和软硬件基础设施提升等不同维度。第六步，针对农业产业升级中的各类瓶颈，政府发挥因势利导的作用。

三、基于新结构经济学对博白客家美食产业升级案例的诊断调查

（一）禀赋结构分析

博白县位于广西壮族自治区东南部，属于玉林市。博白县版图总面积约3835平方公里，截至2023年末，下辖28个镇，户籍总人口约194万。博白县东接陆川县，东南接广东省廉江市，西南依北海市，西邻钦州市，北靠玉林市。地处东经109°38′—110°17′，北纬21°38′—22°28′。博白县属桂东南丘陵区，地貌类型复杂多样，有平原、谷地、盆地、岗地、丘陵、山地，互相交错；地处北回归线以南的低纬度，属南亚热带向热带过渡的季风气候，光照充足，夏长冬短，夏湿冬干，年平均气温21.9℃，年均降雨量为1756毫米，全年无霜期

一般长达350天以上。博白县交通便利,出省出海通道便捷。境内建有玉林至铁山港、玉林至湛江、南宁至湛江、松旺至铁山港、浦北至北流清湾、博白至高州、贵港经兴业至博白、玉林至浦北、博白至遂溪等9条高速公路,有玉林至铁山港铁路、黎塘至湛江铁路、沙河至铁山港东岸支线铁路,以及玉林至北海、浦北至广东宝圩等镇镇通二级公路。龙潭产业园区进港大道直通铁山港东岸码头。县城区距离玉林机场不到20公里。

(二)比较优势分析

1. 文化历史优势

博白县地处两广交界,融广府文化、客家文化和骆越文化于一体,历史底蕴深厚,客家美食数不胜数。其中"白切"最为闻名,"博白白切""博白风味""博白特色"餐馆在广西各地随处可见,好味、量多、丰富、实在、配制快速,是广西人对白切喜爱的主要原因。博白白切的美食特色鲜明,种类多样,用料讲究,历史感强,记录着博白客家人迁徙、融合和发展的密码,是博白具有代表性的文化遗产和旅游资源,是博白客家美食金字招牌。博白客家人的客家菜系和客家饮食习俗,不论是其烹饪技艺类似古法的继承和演变,还是日常习俗中诸多礼仪礼规,都证明了博白客家人将古代中原文明一代代传承下来,根基源远流长,印证了客家民系历尽沧桑、多次变迁的历史。

2. 产业化优势

博白县是农业大县、粮食生产大县、生猪调出大县、国家级制种大县、全国富硒农业示范基地,正在加快建设现代特色农业强县、推进实现农业农村现代化。丰富的特色农副产品,为博白客家美食产业的发展提供了来源稳定、质量可控的原材料供应。目前,广西含"白切"字号的在营餐企约165家,自营店约5100家;县内白切门店151家,实现营业额约3600万元;食品生产企业127家,其中规上食品加工制造企业7家,实现产值2.96亿元;调味料企业3家,产值约0.1亿元;糕点企业64家,产值1.2亿元;奶业企业1家,产值3亿元。

（三）产业升级路径分析

1. 增链式产业升级路径

增链式产业升级是围绕产业链的重要环节对其进行横向的升级和拓展，增链式升级主要体现在供应环节和加工环节。供应环节中，博白县着重加强农业原辅料基地建设，加快推进农业绿色发展。合理布局博白县地域特色的客家风味美食产业，推动"一县一特""一镇一业"为主导优势的特色产业发展，每个镇（村）选择1—4个优势特色产业，形成特色食品产业原材料基地布局。推进绿色发展，为白切美食提供食材保障，拉动本土特色种养增值和屠宰加工产业提升。加工环节中，博白县加快食品产业基地建设，加快打造现代化中央厨房，构建并完善标准生产加工配送产业生态，加快针对博白客家特色美食半成品生产工艺研发，培育标准化食品生产加工企业，设立一批原辅料加工基地和复合型美食产业基地，发展"生产基地+中央厨房+餐饮门店"模式，实现原辅料集中采购、产品统一生产、统一配送。

2. 延链式产业升级路径

延链式产业升级是在现有产业链基础上，进行纵向升级拓展，延伸产业链环节的关键价值创造活动。博白县客家美食产业案例通过一二三产业融合发展的路径实现产业升级。博白县坚持"强龙头、补链条、聚集群、抓创新、育品牌、拓市场"的产业发展思路，围绕"农工文旅强县""客家特色名县""美食强县"总体目标，以白切产业、即享食品加工业为支柱产业，以畜禽养殖加工产业、粮食果蔬种植加工产业、特色副食品加工业为主导产业，以研学培训、文化旅游、工艺品加工业为潜导产业，做强做大博白客家特色美食产业，重点打造博白白切品牌，培养一批美食龙头企业，推进博白客家美食产业基地建设，加快一二三产融合进程，塑造博白县"中国客家美食名城"形象。

3. 强链式产业升级路径

强链式产业升级是在增链和延链的基础上，改变产业链原有的线性结构，聚合更多资源，提升产业的价值创造能力。博白县客家美食产业强链式升级分别体现在组织形式创新、品牌升级两方面。在组织形式创新方面，博白县重点扶持白切连锁做大做强，战略性推进博白县政企合作品牌，推广布局博白白切直营、加盟门店。实施"百店计划"，按照"食材来自博白县为根本，深耕玉林、主攻南宁、聚焦两广、覆盖全国"的战略布局，精准发力、步步为营，把博白白切品牌做大做强，通过品牌建立，拓宽相关产业发展，带动食材种养和产品加工、包装、仓储、物流等各环节，实现区域内一二三产业的联动融合发展。在品牌升级方面，博白县以城市品牌贯穿各领域。"客家根脉客聚博白"城市品牌蕴含着博白"客家"与"迎客"双重含义，体现了博白城市整体特色和综合优势。以"客家根脉客聚博白"城市品牌贯穿政治、经济、文化、社会和环境等各个领域的建设，实现城市品牌与产业品牌、企业品牌以及各项事业的良性互动、互促共进，对内凝聚人心、主导发展，对外树立形象、扩大影响，提升博白综合竞争力。

（四）升级瓶颈与因势利导

1. 要素禀赋升级

人力资本是推动要素禀赋升级的关键环节。当前，博白客家美食产业各行业高度分散、规模较小是博白客家美食产业主要特征。博白客家美食主要载体为博白白切餐饮门店，门店以个体摊贩、分散单店为主，主要以家族成员为经营主体，工作人员大多为家庭成员或聘请少数小工组成。虽然博白白切门店有着庞大的数量，经营的白切菜品种类也几乎相同，但是因为经营者的不同而呈现不同的状态，人才培养迫在眉睫。为此，博白县深度融合政府、行业、企业、学校四方力量，以博白客家美食全产业链教育培训为驱动引擎，通过"联盟、政策、资本、产业、服务"五种创新力量，为产业振兴、人才振兴、文化振兴、生态振兴、组织振兴赋能。

2. 产业链发展

博白白切遍布区内外，但博白白切门店之间却长期相互分割、各自为政、各自为战，产业化程度低，未能实现延伸经营、连锁配送、烹饪工业化，制约了行业整体发展。因此，博白县以博白白切产业园为抓手，加快产业中心建设，成为博白县乡村振兴的重要载体，推动产业、人才、文化、生态、组织振兴。

博白白切产业园位于博白县国家农村产业融合发展示范园内，充分利用菱角镇辐射交点的优势，紧抓南湛高速开通机遇，将博白白切产业园发展为交通焦点、辐射焦点，带动全县绿色食材基地及相关产业发展，实现技能培训、冷链物流、客家美食、休闲旅游融合发展。

四、结论与讨论

产业兴旺是乡村振兴的关键，乡村特色产业是乡村产业的重要组成部分，发展潜力巨大。但乡村特色产业面临着行业集中程度较低、公共品牌缺乏保护、一二三产融合不深及产业科技研发薄弱等诸多挑战，制约着乡村特色产业升级和高质量发展。为此，本文从新结构经济学理论视角出发，构建包含禀赋结构—比较优势—产业升级路径—自生能力—升级瓶颈—有为政府的"六步法"诊断框架，结合博白县客家美食产业发展案例，揭示乡村特色产业升级模式和可行路径，为精准制定农业产业政策提供依据。政府在乡村特色产业升级中的因势利导应该是系统性的，即需立足当地固有优势资源禀赋，逐步完善"硬"的基础设施和"软"的制度环境，放大比较优势，找准乡村特色产业升级路径，有效识别瓶颈，发挥因势利导作用。

合作社集体化在乡村振兴中的关键作用[1]

徐善生[2]

马克思指出："意识在任何时候都只能是被意识到了的存在，而人们的存在就是他们的现实生活过程。"合作社集体化是被意识到了的存在，是乡村振兴载体，承载着巩固脱贫攻坚成果的政治任务。合作社集体化在农村巩固脱贫攻坚战成果和乡村振兴中起关键作用。

一、合作社集体化是带动农民致富的关键

农村合作社集体化是目前主流的新型农业经营主体之一。因为，农村合作社集体化可以整合农村资源，提高农业生产的规模化、标准化和集约化水平；可以共同投资购买农业机械设备，推广先进的种养技术和管理经验，提高农业生产效率和质量，增加农产品附加值；可以建立市场供应链，将农户与市场连接起来，帮助农户了解市场需求，提高农产品销售量和价格，从而增加农民收入；可以通过电商等方法提高农产品的知名度和美誉度，增加消费者的购买意愿和市场需求，从而帮助农户解决销售难题，增加收入；可以通过提供技术培训、产前产后服务等措施，帮助农户提高生产效率和农产品质量，促进农户创收，帮助乡村农民致富。

---

1 收稿时间：2023 年 11 月
2 作者简介：徐善生，桂林市经济学学会副会长兼秘书长。

二、合作社集体化是巩固脱贫成果的关键

合作社集体化作为新型农村经济实体，已经成为构建新型农业经营体系的中坚力量和引领农民参与市场竞争的基础，成为推进乡村产业发展，带领农民增收致富，实施乡村振兴战略的关键抓手。这就决定了合作社集体化是巩固脱贫攻坚成果，带领贫困农户脱贫摘帽、共同致富的关键。

笔者有幸参加广西壮族自治区脱贫攻坚课题研究，对全区南宁、柳州、河池、百色等10个市26个县（市、区）进行考察调研。从这些市、县（市、区）的考察调研结果看，农村合作社得到了蓬勃发展并取得显著成效。这样的蓬勃发展及显著成效，有力地推动了脱贫攻坚行动。

毛主席指出："懂得了全局性的东西，就更会使用局部的东西。"以笔者考察调研的各市、县（市、区）情况，顺理成章地得到合作社集体化是巩固脱贫成果的关键中若干实证。

（一）合作社集体化激发广西脱贫攻坚精神。合作社集体化实践，使贫困群众提高了脱贫致富的积极性和主动性，"要我脱贫"变"我要脱贫"，广西涌现了以莫文珍、刘入源等为代表的一大批观念新、懂技术、会经营、善管理的合作社集体化带头人，在脱贫攻坚乡村振兴中，形成了齐心协力、血浓于水的党群干群关系，铸就了"坚持精准、不落一人、咬定目标、上下同心、自强不息、开拓创新、尽锐出战、奋勇争先"的广西脱贫攻坚精神。

（二）党建引领合作社集体化脱贫攻坚、实现脱贫摘帽。广西各地大胆探索党建引领合作社集体化脱贫攻坚，依靠合作社集体化推进家庭经营、合作经营、集体经营、企业经营等多种方式协同发展的路子。多方探索解决农产品"入市难"和"流通难"问题，探索建立"农工商一体化、产供销一条龙"的农业产业化新体系。龙胜县委充分发挥合作社党支部的战斗堡垒作用，积极引导贫困户以土地、劳力、托管等方式参与合作经营，形成"龙头企业、农民合作组织、种养大户"为主体的经营模式，提高经济效益，合作社集体化为当地贫困每户获纯利7000元左右。全县在2016年计划15个贫困村脱贫、减贫人口8000人的

基础上，于2018年年底实现贫困县脱贫摘帽。

（三）**百色合作社集体化发展芒果产业树典型。**百色市主动与中国热带农业科学院等科研院所开展科研合作，从制定"产品标准"入手，颁布实施了"百色芒果"生产技术规范，基本实现了产品扫码溯源。芒果产业覆盖了45个乡（镇、街道）490多个行政村，2017年时种植总面积就突破了120万亩，投产面积60万亩，总产量50万吨，总产值35亿元，成为中国最大的芒果生产基地。产区农户人均增加纯收入6420元，6.8万户贫困户、25.23万个贫困人口通过种植芒果告别了贫困，依靠合作社集体化，实现年收入10万元以上的农户达到了1.1万户。成为全市贫困群众的"致富果""金元宝"。

（四）**荔浦市构建农民专业合作社带动农民稳定增收。**荔浦市构建企业、合作社和农民利益联结机制，带动农民持续稳定增收，合作社集体化让农民共享"毓秀马岭田园综合体"成果。这得益于基层党组织引领集体、合作社，推进现代农业和旅游产业转型升级，补齐并延伸农副产品精深加工、仓储流通、农耕体验、风情田园、旅游服务、户外游学等产业链的短板环节，提供山水田园、诗境家园的休闲旅游、生态旅游全程服务。合作社集体化以三产带一产、促二产，实现农业产业链条，着实加强主导产业、生态环境、乡村风貌、人居环境、乡村治理、道德价值、利益联结和体制机制八大重点领域的项目建设，对策建议具有可操作性。

（五）**凌云合作社集体化发展茶叶扶贫产业惠及茶农。**凌云县根据自身的地理自然优势，把数千户分散的茶农组织起来，"村两委+公司+合作社+基地+农户"集体化发展，"资金变股金、土地变股份、农民变股民"，让贫困户参与合作社扶贫产业建设经营管理和收益。全县按照"统一标准"生产、采收、加工，"统一包装"打造品牌，"统一销售"抱团推广。2019年，8个乡（镇）有99家茶叶企业和22个茶叶专业合作社，种植油茶28万多亩，产值4亿多元，惠及茶农25704户82253人（其中贫困户6424户、贫困人口20563人）；种植白毫茶11万多亩，2019年产值5亿多元，惠及茶农贫困户3020户、贫困人口13590人，有效地带动了茶农增收致富。

（六）都安合作社集体化使"自我造血"功能得到有效提升。都安瑶族自治县石山面积占总面积的89%、人均耕地不足0.7亩，"共同筹资，共同出力，共担风险，共同致富"的合作社运作，发展"贷牛（羊）还牛（羊）"扶贫产业，形成了"政府、企业、保险、帮扶干部、农户五位一体"的协同推进帮扶机制，建成了"前端有技术、中端有组织、后端有市场"的全产业链，建成广西嘉豪实业有限公司、桂合泉公司等万头种牛基地3个、乡镇中心牛场19个、万只肉羊基地5个，成立牛羊合作社247家，形成"县有基地、乡有牛场、村有牛社、户有牛羊"的合作社集体化养殖。政府向合作社发放牛犊2.56万头，全县肉牛从9.27万头发展到近16万头，带动受益贫困户2.23万户8.86万人。冷链物流送达全国各地，形成"牛在都安养，肉在全国卖"的合作社集体化产业格局，贫困户的"自我造血"功能得到有效提升。2019年，都安合作社集体化扶贫产业发展，先后得到习近平总书记和时任副总理胡春华的肯定。

三、合作社集体化是促进乡村振兴的"发动机"

党的十九大报告提出，实施乡村振兴战略是当前中国发展的重要战略之一。合作社作为一种新型经济组织形式，是中国乡村振兴中探索的一个方向，可以在乡村振兴中发挥重要作用，成为乡村振兴的"发动机"。

《农业专业合作社法》修订案强调："规范农民专业合作社的组织和行为，鼓励、支持、引导农民专业合作社的发展，保护农民专业合作社及其成员的合法权益，推进农业农村现代化。"合作社集体化已经成为构建新型农业经营体系的中坚力量，合作社集体化中的专业合作社，在实现"农业强、农村美、农民富"乡村振兴中起着"发动机"的作用。

乡村振兴，产业兴旺是基础。中共中央、国务院印发了《关于实施乡村振兴战略的意见》《乡村振兴战略规划（2018—2022年）》《关于促进乡村产业振兴的指导意见》等文件，对发展壮大乡村产业做出系统部署与政策安排。各地区、各有关部门也纷纷通过加大政策扶持、推进农村改革、营造合作社集体化创业氛围，发展壮大乡村产业，为乡村产业振兴发展大局提供重要支撑。

合作社集体化以农民为主体，以农业农村资源为依托，以一二三产业融合发展为路径，利益紧密联结带动乡村就业结构优化。合作社集体化经过多年的发展实践和不断探索，涉及产业基本上涵盖了种养业、特色产业、农产品加工流通业。合作社集体化成为联农带农、衔接产业发展链条的有效载体，在乡村产业发展进程中发挥着独特的作用。

合作社集体化是生长在乡村的实体经济组织，是直接参与产业融合发展的主体之一。乡村振兴战略要求的产业兴旺并非简单的农业内部产销一体化，而是促进产业深度交叉融合，形成"农业+"多业态发展态势。

合作社集体化是联结小农户与现代农业的必要纽带，本质是把分散的小农户组织起来，共同发展、共闯市场。通过合作社的建设和管理，促进乡村社会的和谐发展，增强农民的归属感和幸福感。

合作社集体化的根本遵循是以农民为主体，它最核心的是做集体资产的管理和经营，土地是老百姓的，基于我们社会主义制度下的土地安全和所有制问题，包括保障基层老百姓的权益，完善利益联结机制，最终目的是加快发展农业农村。

合作社集体化是乡村振兴的最有效组织。"大国小农"是我国农业农村发展的现实条件，合作社集体化本身是小农户抱团发展的互助性经济组织，能够更加精准有效地面向小农户提供农产品的销售、加工、运输、贮藏等农业生产经营技术和信息服务。合作社已经成为提高农业组织化、规模化、品牌化发展水平的有效途径，更是乡村振兴的最有效组织。

总之，我国正迎来一场极其深刻的、前所未有的农业大转型，合作社集体化越来越显现出核心作用；农民合作社将逐渐由专业性经营向综合性集体化经营和产业链一体化纵向发展，呈现合作社联合和联盟的趋势。可以预见，因势利导，积极与其他农村组织制度创新对接，合作社集体化将持续快速健康发展。合作社集体化，形成社会扶贫的强大合力，符合社会主义的本质要求，也是社会各界的殷切期望。反映中国特色、体现时代特征的合作社集体化成为我国农业经营制度创新的一大亮点。

乡村振兴背景下广西农民专业合作社发展研究[1]

覃凡丁　奉钦亮[2]

农民专业合作社是在农村家庭承包经营基础上，同类农产品的生产经营者或者同类农业生产经营服务的提供者、利用者，自愿联合、民主管理的互助性经济组织，是实现小农户和现代农业有机衔接的有效载体和组织形式。广西已经进入全面建成小康社会阶段，又是乘势而上开启全面建设社会主义现代化国家新征程的重要时期，农民专业合作社在乡村社会中产生并扮演着重要角色，成为小农户与现代农业发展有机衔接的中坚力量。"十四五"期间是乡村振兴战略的发力期，也是农村全面小康后向全面实施乡村振兴战略转变的关键期。随着广西全面小康和脱贫攻坚目标的实现，"三农"工作的重点将逐步转移到全面实施乡村振兴战略上来。农民专业合作社作为小农户与现代农业发展有机衔接的中坚力量，在广西乡村振兴战略中扮演着重要的纽带角色。

一、充分认识加快建设农民专业合作社的重要性

党的十七届三中全会指出，扶持农民专业合作社加快发展，使之成为引领

1　收稿时间：2022年11月
2　作者简介：覃凡丁，广西财经学院副研究员；奉钦亮，广西财经学院教授。

农民参与国内外市场竞争的现代农业经营组织。2012年中央一号文件明确要求，要充分发挥农民专业合作社组织农民进入市场、应用先进技术、发展现代农业的积极作用，加大支持力度，加强辅导服务，推进示范社建设行动，促进农民专业合作社规范运行。2011年10月，区党委、区政府召开全区农民专业合作社建设工作会议，提出了"规模要扩大、运行要规范、实力要提升、服务要跟上"四个方面的要求。这为广西发展农民专业合作社提出了新要求和新任务，也将成为广西发展农民专业合作社的重要政策支撑。我们一定要认真贯彻、深刻领会有关文件会议精神，充分认识加快专业合作组织建设的重要性，切实增强工作的责任感和使命感，努力把这项工作抓紧、抓好、抓出成效。

（一）发展农民专业合作社是深化农村土地制度改革的必然要求

调查表明，广西农户对农民专业合作社有较强的认识意愿，政府通过加强对农民专业合作社相关知识和政策的宣传力度，提升农户对农民专业合作社的认知和认可程度。广西正在逐步扩大林地等项目下达到农民专业合作社的比重，培育其成为资源和项目承接的载体，广西农村土地改革从集体林权制度改革开始，从2006年开始实践探索，2007年4月开始试点，2009年扩大试点，2010年全面展开，至2011年，广西集体林权制度改革主体任务基本完成。全区4858万亩集体林地已全部明确了产权，其中发放林权证面积3170万亩，74.9万户农民拿到了林权证，另外还有930万亩林地发放了股权证，581万农民获得林地股权证。农民获得了承包经营权，极大地激发了经营林业、发展林业的热情。但是，今后如何把这些几十万、上百万分散经营的农户和林农组织起来，为他们的林业生产搞好服务，是林业部门面临的一项重要任务。农民专业合作社解决了林农在生产、经营等环节中面临的生产难、购销难、信贷难等问题，农民专业合作社的发展壮大成为农户对接市场并促进农场产业化发展的重要桥梁。农民专业合作社有利于政府为农民解决农业生产经营活动的各类难题，成为连接小生产与大市场的纽带，有利于降低农业生产经营风险。因此，加快发展农民专业合作社，是农村土地改革发展到一定阶段后农业发展的必然选择和重要发展趋向。

（二）发展农民专业合作社是推动现代农业发展的重要抓手

2011年，在广西区党委、区政府的正确领导下，全区林业生态体系、林业产业体系和生态文化体系建设上了一个大的台阶，特别是林业产业体系快速发展。全区林业产业产值达1672亿元，木材生产加工、果品贮藏加工、苗木花卉产业成为全国发展最快的省份之一。但是，规模化经营程度低、缺少科技含量、产品档次不高、品牌意识不强等问题仍然存在，成为影响和制约林业产业发展的关键因素。比如，全区有木材加工企业（点）7.5万余家，在工商部门注册的不到一半，规模以上企业仅有1860家，只占加工户的3.2%；全区林果种植户均面积不足1亩，难以形成规模效益。解决这些问题只有通过发展专业合作社，引导农民开展林地、劳动、技术、资本等各个方面的合作，提高林业生产的规模化、标准化、专业化程度，实现林业产业效益的最大化，这是加快我区现代林业发展的现实选择。多年以来，广西农民专业合作社得到迅速发展，起到了"建一个合作社，兴一项产业，活一地经济，富一方群众"的重要作用。如桂林市辖下的荔浦市，全市经济林面积达到70万亩，全部以合作社的形式供应生产资料、统一生产标准、提供技术服务、统一销售，对推动该市林业产业发展起到了极为重要的作用。

（三）发展农民专业合作社是推动农业生产经营方式转变的重要形式

从管理组织结构来看，农业技术推广站是重要的乡镇行政单位，其主要职能是只管技术推广，但不参与或者少量参与农产品销售，几乎不组织领导或参与农民闯市场。而农民专业合作社具有信息、技术、销售等有机结合的服务功能，能够为农民提供有效的生产信息、技术辅导、产品标准等服务，号召和吸引林农加快林业先进技术的推广应用，逐渐成为适应市场经济发展的新的组织管理形式。从生产经营来看，随着林业产业化经营水平的不断提高，"龙头企业+农户"的形式，造成企业和林农之间的关系不很紧密，双方的正当权益都难以得到有效保障。而农民专业合作社具有小农户对接大市场的特点，能够让农民按照上一级企业或公司要求，带动农民发展农产品生产，是农民信得过的龙头企业或公司与农户联结的重要桥梁。因此，发展林业专业合作组织，实现适度规模经营和联合经营，转变原来家庭小规模、分散经营格局，能够有效推进林业标准化、产业化、信息化进程，带动林业产业结构调整，成为加快转变林业发展方式的有效形式。

（四）发展农民专业合作社，是维护农民生产经营利益的必要途径

农民生产经营或维护自身利益的能力小，特别是从撼动激烈的市场竞争中表现出来的能力。弱者只有联合，方能壮大彼此，才能实现蚂蚁撼动大象的目标。农民专业合作社作为农民利益保护与联结的重要推动者，能够较好地把羸弱的农民组织或联结起来，不仅可以在激烈的市场竞争中提高市场话语权，而且避免了在农民内部无序竞争，从而更好地维护农民自身利益；不仅可以让农民在激烈的市场竞争中通过售卖农产品获得直接收益，而且可以让参与农民专业合作社的农民获得合作社总利益再分配收益。目前，通过无偿或低偿采购供应生产资料、按市场价或保护价收购产品、按交易额和股金额返还盈余等途径，广西多数农民专业合作社不仅保护或巩固了农产品市场，维护了农民自身利益，而且为农民家庭创收。

二、广西农业专业合作社发展现状

此前，农民专业合作社是打赢扶贫脱贫攻坚战的重要力量。现在，在巩固拓展脱贫攻坚成果、实施乡村振兴战略重要时期，农民专业合作社又将整装待发。

（一）广西农业专业合作社发展现状

1. 主体数量多。自80年代以来，中国的传统农业已向现代农业转变，经过各级政府的大力支持和政策措施的积极落实，广西各类新型农业经营主体竞相发展，广西农民专业合作社发展速度快、数量多、覆盖面广，截至2020年，广西共有农民专业合作社4.96万家，排名广西首位的为桂林市，有5795家；其次是河池市，约有5280家；贵港市4961家，总量排广西第三。从增长速度看，2020年北海市有农民专业合作社976家，增速排广西首位，梧州市、玉林市、崇左市增速超10%；广西平均每村拥有农民专业合作社3.5家，其中，恭城县、覃塘区、凤山县、兴宾区、江州区、龙州县等6个县（市、区）平均每村拥有农民专业合作社达7家以上。

2. 涉及领域广。广西农民专业合作社涉及种植、养殖、农副产品加工、销售和农业技术服务等较多产业领域，但相对集中于农、林、牧、渔等农业产业。2020年广西共有从事农、林、牧、渔业的农民专业合作社44513家，占全部农民专业合作社比重的89.8%，比2019年提高1.8个百分点，其中涉及林业发展的农民专业合作社494家。其次为从事批发和零售业活动的农民专业合作社，共有2156家，占4.3%。制造类农民专业合作社约为522家，只占比1.1%。随着数字经济和产业融合发展以及新产业新业态的不断涌现，农民专业合作社的产业链将不断延伸，一二三产业融合发展层次更高，服务能力更大，服务领域更多，范围更广，农民专业合作社不仅存在于农业、农村、农民的各个环节，而且会呈现更高层次的一二三产业融合发展，从而不断拓展或延伸农民专业合作社的真正内涵。

3. 造血效果佳。农民专业合作社不仅具有提高贫困群众收入的"输血"功能，还具有产业发展的"造血"功能。不仅是打赢扶贫脱贫攻坚战的重要力量，而且是新时期巩固拓展脱贫攻坚成果同乡村振兴有效衔接的重要参与者，也是带领农民走上共同富裕道路的联结纽带之一。据不完全统计，2020年广西农民专业合作社实现营业收入628.50亿元，比2019年增长18.1%；安置就业人员42.05万人，比2019年增长2.5%。特别是广西近百家农民专业合作社示范社，在带领农民致富、乡村经济振兴中发挥了重要作用。按照"合作社+农户"模式，横州市农民专业合作社覆盖了水稻、玉米、桑蚕、茉莉花、水果、中草药、水产畜牧、经济林等多个产业。截至2020年6月底，横州市共有农民专业合作社682家，注册资本7亿多元，成员数量3万多人，带动了全县5万多户农户增收致富。横州市利农蔬菜种植专业合作社流水线工人有15—25名，其中建档立卡贫困户8名，工资收入都在1800元以上。横州市飘香水稻种植专业合作社现有成员60户125人，社员每户年均收入达到17.8万元。采取"公司+合作社+农户"运作方式，广西平南县利吉种养农民专业合作社发展砂糖橘、水稻、香蕉、肉鸡、肉牛、肉猪等产品，带动农户285户，户均增收6000—12000元。依靠完善的运行机制和分配机制，农民专业合作社有效联结了小农户与大市场的关系，对农民增收、农村增美、农业增效产生重要促进作用，达到了农民专业合作社省钱、省心、省力的团结协助、互助共赢的最佳效果。

（二）努力实现广西农民专业合作社高质量发展的广西经验

为了培育壮大农民专业合作社，广西各级政府在贯彻理念、规范发展、落实政策等三个方面有所作为，总结出广西农民专业合作社持续健康发展的共同规律。

从贯彻理念上看。这些年来，党和国家领导人一直关心农民专业合作社的发展，2016年5月25日，习近平总书记在黑龙江考察时提出：农业合作社是发展方向。2018年4月，习近平总书记在参加十三届全国人大一次会议山东代表团审议时强调：要推动乡村组织振兴……发展农民合作经济组织。2020年7月22日，习近平总书记在吉林省四平市梨树县卢伟农机农民专业合作社调研时指出：合作社的路子怎么走，我们一直在探索。你们走出了一条适合自己的合作社发展道路，提高了农业机械化水平，发挥了得天独厚的土地优势，农业科技水平、农民科技素质和农业生产效益都有了很大提高，很有意义。农民专业合作社是迄今为止服务农民、帮助农民、提高农民、富裕农民，实现小农户与现代农业有机衔接的最佳组织方式，广西各级政府积极贯彻落实党和国家领导人关于可持续发展农民专业合作社的理念，深刻地认识农民专业合作社服务于农民的本质要求，不断提高农业经营效率，让农民专业合作社更具可持续发展的长久生命力，在落实乡村振兴战略的征途上实现习近平总书记"小康路上一个都不能少，脱贫致富一个不能落下"的嘱托。

从规范发展角度看。广西认真执行规范了农民专业合作社规模化、产业化、标准化发展的各项国家法律法理。严格执行并落实已经出台的《农民专业合作社法》等政策文件，不断规范运行广西农民专业合作社，不断增强农民专业合作社经济实力、发展活力和带动能力，显著增强服务能力和带动效应。为了加强对自治区级农民专业合作社示范社的指导，促进农民专业合作社规范提升高质量发展，广西农业农村厅联合多个部门于2021年出台了《广西壮族自治区农民专业合作社示范社评定及监测办法》。目前，已认定横州市闭东海茉莉花种植专业合作社等39家合作社为2019年度自治区级农民专业合作社示范社，认定宾阳县联丰农机服务农民专业合作社等78家合作社为2020年度自治区级农民专业合作社示范社，共有26家广西农民专业合作社入围2020年国家农民专业合作社示范社名单。

从落实政策层面看。一是积极领会和认真落实促进农民专业合作社可持续发展的国家各项政策措施。为了促进农民专业合作社可持续发展，多年来的中央一号文件均有指导农民专业合作社可持续发展的内容。为了落实中央一号文件扶持合作社发展的精神，农业农村部提出许多发展举措。二是广西高度重视农民专业合作社可持续发展能力。广西各级行政管理部门高度重视农民专业合作社发展，不仅及时落实《广西乡村振兴战略规划（2018—2022年）》，而且鼓励和指导申报广西农民专业合作社和科学评比示范社，对获得入围国家级农民专业合作社给予加大金融信贷方面的协调力度、增加财政资金扶持等更多政策支持，增强其自身发展能力，提高贫困户与现代农业发展衔接的力度，提高广西农民专业合作社品牌认识度和影响力以及品牌整体形象。

三、广西农民专业合作社发展面临的问题

在农村贫困治理、巩固拓展扶贫脱贫成果与实施乡村振兴战略进程中，尽管广西农民专业合作社起着积极的推动作用，但农民专业合作社依然出现了很多新难点、痛点，这些问题依然制约着广西农民专业合作社可持续发展。

（一）发展区域不平衡

东部地区和南部地区数量较少，各地区财政扶持力度的大小不一、经济发展资源条件的差异有可能影响农民专业合作社发展的地区性差异。截至2020年底，桂林全市工商注册登记农民专业合作社7167家，其中国家级示范社30家，

自治区级示范社265家，市级示范社183家。而钦州市、北海市以及防城港市分别只有2654家、976家、964家，三市分别有37.03%、13.62%和13.45%。而西部地区的河池市、百色市工商注册登记农民专业合作社分别为5280家、4362家，东部地区的梧州市、贺州市工商注册登记农民专业合作社分别是2799家、1992家，东部地区的梧州市、贺州市工商注册登记农民专业合作社明显少于西部地区。

（二）服务能力较弱

许多农民专业合作社的运行水平低，产业基地规模小。由于广西农民专业合作社的专业化、市场化程度相对较低以及合作的宣传与教育相对滞后，只能够满足统一提供技术指导、统一购买农资产品、统一提供市场信息、统一销售产品等经营性的服务。统一进行产品认证和质量标准化管理、提供资金借贷、信用担保、统一改造基础设施大型设备采购等一些高水平的服务设计较少。另外，更有专业合作社仅有一个牌子和一纸章程，有的只有几个设立人，没有吸纳农民入社，或社员出资不多，专业社与农民无关的现象客观存在，服务范围不大，带动能力不强。

（三）运作不够规范

对于农民专业合作社的成立或注册登记，一些地方的工商管理部门不验资，因此难免会出现一些空壳合作社，合作社还为个人主导，有的挂靠在公司门下，成为公司争取政府财政项目的一个工具。同时，一些地方为发展农民专业合作社，盲目下指标，地方政府为了完成任务，获取政绩，必然以运动的形式追求数量而不在乎农民专业合作社的规范发展。农民专业合作社的发展与规范问题已经成为一个持久的争议话题。先发展后规范，或许也成为农民专业合作社出现"假大空"泡沫局面的原因。

（四）人员素质偏低

总体上看，广西农民专业合作社的人员素质仍然处于偏低水平。其一是大专及以上的人员所占比重较小。其二是农民的农业劳动技能水平偏低，科技知识或能够应用在农业生产实践的技能相对缺乏。其三是广西农民专业合作社缺乏各种管理和科技人才，从而导致传帮带的持续力不足，农民专业合作社的人员能力提升放缓。此外，由于外出务工人员较多，多数留守人员未达"懂技术、善经营、会管理、受尊敬、爱奉献"的素质要求，专业合作社技术骨干缺乏。

（五）组织管理机制不健全

首先是组织加入机制不够完善，如目前入社门槛低，导致一般成员与组织的利益关系松散，不能形成较强的组织凝聚力。其次是推出机制不完善，社员要想拥有相应的权利，则必须有与之相应的资格，社员在推出合作社时通常产生很多纠纷，针对此种现象，应有农民专业合作社相关规章予以约束。最后科学民主管理与监督机制不健全，少数专业社办社宗旨不明，出现凑热闹或用之装点门庭的现象，有的办社动机不纯，目的并不是组织农民生产销售，而是为得到政府提供的项目资金或其他经营好处。此外，管制系统不完善以及利益分配难以协调也是组织管理机制不健全的重要体现。

（六）扶持政策落实能力有待提升

资金短缺难作为，没有活力。大部分专业社由于资金困难，而农产品收购季节，需要大量的周转资金。由于资金短缺，专业社没有活力，在很大的程度上制约自身的发展壮大。管理跟不上，加之信贷支持不够，严重制约了全区专业社的平稳运营，影响了全区农业产业化、规模化、专业化发展进程。虽然有些地方都设置了对农民专业合作社发展的支持资金，然而，各个地区的扶持水平不一样。尽管从中央到地方相继出台了一系列发展专业社的优惠政策，但多数专业社还单一打拼，连一些地方性"软"政策都尚未配套。总体而言，广西农民专业合作社发展的马太效应越来越明显，好的地方借助早发的优势而日益变好，落后地区则由于缺乏资金日渐落后，地区之间存在着很大的差异。

四、广西农民专业合作社持续健康发展的政策建议

根据党和国家领导人的嘱托，广西必须有信心、有能力把农民专业合作社办得更加红火，并在落实乡村振兴战略和推进"小康路上一个都不能少，脱贫

致富一个不能落下"的共同富裕道路上发挥重要的引领作用，在实现共同富裕道路上助力广西乡村振兴发展。为此，需要各级政府及其行政单位重点抓好以下五方面工作：

（一）积极落实帮扶的各项工作，适当扩大农民专业合作社覆盖面

这几年来，在政策的鼓励和引导下，尽管广西各地农民专业合作社发展较快，但数量少、规模小、覆盖窄、农民参与比例不高，也是广西农民专业合作社发展的基本现实。今后，要鼓励各种林农业协会、种植大户、龙头企业、经济能人、村集体组织、农村基层单位带头领办、创办农民专业合作社。鼓励和支持林农群众以亲情、友情和农林地、农作资料（林业生产资料）、资金、技术等生产要素为纽带，加入到农民专业合作社中来，提高农民专业合作社的组织化程度，扩大合作社的农民覆盖面。

（二）不断健全运作机制，进一步落实农民专业合作社建设的规范工作和服务内容

一要规范初始工商登记的管理工作。依据《农民专业合作社登记管理条例》规定的合作社名称、注册资金、经济性质等内容要求，各地要严格规范落实，规范工商登记的各项工作，切实保障他们的正当权益。二要监督农民专业合作社规范落实各项章程和制度。各地要严格落实《广西壮族自治区乡村振兴促进条例》等政策文件，确保合作社各项工作安全有序，各项指标数据公开、公平、公正。三要与时俱进地完善服务内容。服务并提升社员收益能力是农民专业合作社存在的重要使命。制定和落实农产品生产技术规程和产品质量标准，建立健全农产品质量追溯制度体系，加强农产品质量监管；农民专业合作社要树立农产品品牌意识，加强农产品品牌管理，提升售后服务能力，提高农产品市场竞争力，不断开拓农产品市场。

（三）制定并落实帮扶政策体系，增强农民专业合作社内生发展能力

资金是农民专业合作社发展的命脉。为此，在财政、信贷、金融等方面，为农民专业合作社实现持续健康发展提供资金或金融、信贷支持和保障。一是完善财政金融扶持政策体系，使财政补助资金和财政贴息贷款成为农民专业合作社持续健康发展的及时雨。二是积极落实税收等相关优惠政策，让已优惠的税收或反哺税费成为推动农民专业合作社发展的资金动力之源和信心之源。三是优化社会发展环境，让农民专业合作社在优渥的经济环境下快速发展壮大。四是加强正面宣传与引导，营造促进农民专业合作社持续健康发展的良好氛围。

（四）积极鼓励协作联合发展，不断增强农民专业合作社的市场抗险能力

增强抵抗市场风险能力，不仅需要增强农民专业合作社内生发展能力，而且需要加强协作联合，规避单打独斗和恶性竞争，形成一定的规模水平，产生规模效应，只有这样，农民专业合作社才能更好地做大做强，从而增强农民专业合作社的市场话语权。农民专业合作社的协作联合发展方式多样，但是需要根据自身发展特点或者发展目标来决定协作联合的对象。无论是农民专业合作社之间的合作，还是发展专业合作社的联合社，"产地型"向"产业型"合作社或者"专业型"向"联合型"合作社发展，均是农民专业合作社协作联合发展的重要方向。

（五）培育并树立典型，加强农民专业合作社的示范引领与带动作用

农民只有看到利益，得到好处，才会自愿、自主加入农民专业合作社，因此要大力培养树立典型，充分发挥"点亮一盏灯，照亮一大片"的作用，示范带动农民专业合作社健康发展。需要经常组织开展国家省级示范社的评审认定工作，积极发挥示范社的示范带动作用，不断总结和推广示范社的做法、经验和成效，树立规范化发展样板，打造规模化发展龙头，发挥好示范引领作用，以此引领、示范带动广西农民专业合作社持续健康发展。

构建"绿链经济体" 实现广西农业转型升级

——落实绿色发展理念，构建广西绿色产业的新思路[1]

韦刚强[2]

　　我国已经解决了全面小康问题，但"三农"问题仍是困扰我们广西经济腾飞的瓶颈问题。"三农"问题中最核心的是农民问题，而要解决"三农"问题的突破口是农业。农业问题一旦突破，就能够推动农村人口结构调整，促进农民收入，改善农村建设。因此，突破广西"三农"问题就成为实现全面建成小康社会目标后亟须解决的首要问题。

　　当前，农业最基础的问题是：规模小、远离市场、科技含量低、农民缺少扩大再生产的资金。但是并非解决了这几个问题农业问题就能迎刃而解了。百色市是全国有名的蔬菜种植基地，素有"南有田阳，北有寿光"之称，但仍然摆脱不了"多了多了少了少，少了少了多了多"的市场波动的影响。百色的事例说明，农业产业在解决了规模小、远离市场、科技含量低、农民缺乏扩大再生产资金的初级阶段问题后，紧接着还有四个主要问题必须解决，即标准化生产、组织化经营、信息化支撑、品牌化营销。只有解决这些问题，广西农业才能走上现代化绿色发展道路。

1　收稿时间：2022年11月
2　作者简介：韦刚强，广西壮族自治区国资委原副书记，巡视员，广西人才学会会长。

"十四五"期间是全面建成小康社会后振兴乡村的关键阶段，广西作为西部地区重要省区要跟上全国发展步伐，必须从实际出发，走绿色农业发展道路。为此，我们提出了创建"绿链经济体"模式的构想，即以高速公路、高速铁路网络为动脉，以互联网、物联网等现代化的信息平台和技术手段为支撑，通过"企业+人才+农户"组建农业合作社，把50—70公里半径内的农副产品集合并构建成虚拟的网络型规模经济，用信息化手段推进绿色农业现代化，促进绿色农副产品加工集约化，带动小城镇建设，促进一二三产业融合，用绿色物流仓储冷链连接城市配送体系，打通有效供给的最后一公里，实现国际、国内远端城市市场的绿色配送，构成"绿链经济体"闭环。"绿链经济体"有着丰富的内涵，首先，它以绿色为发展目标，追求健康、安全、可持续。其次，它的标志是"链"，依托分布式的、点对点对等式的链接，形成横向的扁平的"链"式发展模型。再次，它的架构是"一体"，四条链相互衔接、相互贯通，形成一体化运作，对传统生产、加工、储运、消费模式全面升级，创新消费模式，形成新的业态。

　　创建"绿链经济体"模式是欠发达地区发展绿色农业的内在要求和必由之路，是促进城乡互联互通、共建共享协调发展的有效途径；对于工业来说有了农业的基础支撑，加工业可以衔接产销两端，保障了二产的稳定；对于小城镇来说，加工业可以聚集人气，人气带来消费，一二三产业融合促进小城镇建设，带动农业人口结构的调整，小城镇也可以对接大市场；对于大城市来说，融入"绿链经济体"使得城市供给有了活水之源，市民能够得到便捷的服务，吃到绿色健康的食品，食品安全得到了保障，其意义和影响将十分深远。

一、"绿链经济体"模式的基本内容及实现路径

　　"绿链经济体"创新并非对现有的生产运行加工销售模式推倒重构，而是按照绿色发展的新要求，对现行生产组织、加工方式、运输方式、销售方式进行集成创新，拉直了生产至销售的链条，让处于产业链低端的农民能够共享信息

化、工业化、城镇化、市场化的成果。我们尝试对"绿链经济体"模式中的四条链条作进一步的描述。

（一）绿色生产链的内容及实现路径

绿色生产链是指在绿色产品生产过程中，对生产规程、生产标准、产地环境质量评估等各个环节进行有效协调管控，确保绿色产品质量。其一，构建"企业+农村人才+农户"农业组织化生产链，形成合作社集群。巧用行政强力和宗法关系凝聚力，构建虚拟的网络型规模经济。其二，构建农业物联网，推行标准化生产。通过在田间地头埋设各类感应器设备，形成无线传感控制网络系统，企业通过该系统实现对农产品生产全过程进行监控，全面控制农副产品的质量。农户可按照统一的生产标准，通过便携式设备，如手机、平板电脑等，链接控制中心来对各类设备进行管控，监测土壤水分、土壤温度、重金属含量、空气温度、空气湿度、光照强度、植物养分含量、农药残留程度、抗生素水平等参数，从而实现标准化生产。其三，构建"银行+合作社+企业+农业保险"金融风险防控链，使投资金融风险链闭合，有效化解农业生产各个环节的风险。其四，组建农村产业服务人才大军。组建农业技术专家远程指导网，把各个专业的专家的信息放到网上，给乡镇农业技术推广中心的专业技术人员以专家团队的支持，平台统一回购销售农副产品，统一支付专家技术指导服务费。

（二）绿色加工链的内容和实现路径

绿色加工链是承上启下的重要环节。其一，要制定好县域经济工业化规划，形成一县一业、一乡一品加工布局。由于各县的农副产品生产实现了信息化管理，构成了较大的区域规模优势，可按照统一、就近、就便、经济的原则，选择农副产品相对集中的小城镇进行一乡一品加工布局，形成星罗棋布的小城镇加工区，打造网络状的加工产业新格局。其二，构建完整的农产品溯源系统，加强农产品质量控制。农产品身上携带的信息存储在云平台上，当产品进入加工环节时，信息流也随之流动，并在产品切分后信息仍然伴随着产品，乃至进入消费链时可以通过手机终端或计算机终端进行溯源查询，人们可以放心消费。其三，构建绿色信息化的旅游卫星小城镇。将绿色、环保、可持续的理念贯穿于各个工业小城镇建设的全过程，同时将小城镇打造成开放的数据化的旅游卫星小城镇。综上所述，工业化聚集人气，信息化提供便利，小城镇拉动旅游，旅游带动消费，卫星城镇带动房地产，全新的多业态格局就能够逐步形成。

（三）绿色物流冷链的内容和实现路径

物流冷链当前还停留在企业自我配套阶段，冷库利用率低，冷链不闭合，各自为政。要创建绿色物流冷链，其一，应根据产能的需要，规划省级物流冷链布局。将现有的冷链仓储情况摸清，沿着高速公路、高速铁路对构建绿链经济体需要建设的物流冷链进行布局，使之形成完整的链条，全面覆盖生鲜活产业。其二，向社会招商，在国家补贴政策支持下，鼓励社会资本投入物流冷链的基础设施建设，在全链条的短板位置填补空白。其三，组建仓储物流冷链企业联盟，把已经建好的分散在各企业手上的仓储冷库串联成冷链，鼓励各市场主体应用物流冷链运输储藏和配送农副产品，打破自己建、自己用、大量存储空间闲置的格局，形成物流冷链服务开放性网络大平台。其四，把冷链延伸到地头田间。生鲜农副产品之所以会在收购、储藏、运输、集散过程中出现霉烂变质等问题，最根本的原因是收摘过程中的地热没有去掉，要通过冷水降温、冷链储存解决地热问题。少量高端的生鲜产品如荔枝、龙眼可将冷冻车开到地头。其五，构建物流冷链中继站，实现物流运输集装网络化。改变一个车拉到底的原始运输方式，实现海路、铁路、公路、水路、航空五位一体的联动运输，全面提高物流运输效能。

（四）绿色配送链的内容和实现路径

创建绿色配送链，其一要根据城市人口规模规划城市冷链仓储布局。政府负责规划、选址，设立东西南北中五个配送中心，构建完整的城市物流冷链，与高速公路、高速铁路的物流冷链相配套，各个配送中心负责净菜的清洗、分割、配料、包装等环节工作，由不同的服务配送企业负责分送，这样既解决大量中年失业人员再就业和进城务工人员就业，又解决最后一公里的配送。其二，构建分布式的冷链配送站（网）点。在大客户建立小型冷库，在小区内预留物流配送功能的冷柜室，在街道建立冷链配送站，全面覆盖城市各社区、各主要街道。其三，鼓励中小企业参与冷链物流配送服务，分别针对不同人群和不同需要，充分利用五大冷链配送中心平台，实现分区域的净菜配送，形成全覆盖的服务网络和服务中介群体。其四，建立城市农副产品净菜配送网络平台。每天晚上九点以前市民客户按照注册用户上网点菜，次日中午服务商就会把净菜送到指定配送点。

综上所述，在"绿链经济体"模式中，绿色生产链是基础，用信息化手段将分散的家庭经营模式串联成全区性的虚拟的网络型规模经济，实现农业现代化；绿色加工链是桥梁，对若干县域经济生产的农副产品进行集约加工，打通了一产和二产的环节，形成集约化加工基地，促进绿色小城镇建设，提速工业化和城镇化；绿色物流冷链是渠道，通过冷链仓储和冷链物流，把农产品纳入供给侧配送产业链中，衔接一二三产业，形成有效供给；绿色配送链是"绿链经济体"模式的动力，是从田间到餐桌、产品向商品惊险一跳的关键终端，是推广成败的瓶颈，通过完善城市绿色农副产品配送中心布局，培育和发展配送中介服务组织，形成全覆盖的配送网络，解决生鲜配送、食品安全等民生大计。

二、推广"绿链经济体"模式将遇到的问题及破解思路

我们之所以称"绿链经济体"为模式，是因为它是一个设计的模型，尚未有人实践过，要推进这样一个新模式，还存在着诸多问题。

（一）如何使"绿链经济体"模式成为广西社会共识

目前，广西最大的问题是工业化中期进程目标没有办法实现，而东部地区产业转移已经完成，产业都已经转移到云贵川和东南亚去了。广西属于少数民族自治区，历史原因造成了欠发达的现状，政府对农业的扶持也仅仅停留在发放补贴阶段，改革开放以来农业生产方式变革所释放出来的能量和动力已经消耗殆尽，农民一家一户小生产方式无法应对大生产的商品市场，传统农业只能满足周边城镇的商品需求，广袤的山区、少数民族地区等仍然重复着昨天的故事——简单的重复再生产。工业化在西部地区大多局限于传统制造业领域，几

乎与农业关系不大，一二三产业关联度不高，发展不平衡、不协调。推进"绿链经济体"模式就是要改变目前三大产业脱节的现状，形成紧密的产业共同体。这是一项综合性的社会系统工程，需要整合各方的力量协同共建共享。而不少地方党委、政府缺乏担当意识，农民缺乏契约意识，企业缺乏创新意识，第一产业缺乏标准化意识，第二产业缺乏反哺意识，第三产业缺乏全链合作意识。这些意识的树立和培养不是一朝一夕就能完成的，需要全社会对该模式有一个全面的正确认识，这无疑将是一个宣贯、接受、磨合、推进、潜移默化的漫长过程。

（二）"绿链经济体"模式是一项综合性的系统工程，谁来牵头组织实施

在中国，我们最大的优势就是在党的统一领导下，能够调动各方的积极性，办大事，成就大事业。其一，各级党委、政府要主动挑起创建"绿链经济体"模式的主要责任。要精心谋划好"绿链经济体"的架构，设计好每条链的细节，构建政府主导、企业主体、农民参与的制度构架，形成产融销结合、信息化对接、网络型规模、三个产业联动、工业化支撑、城镇化聚集、冷链式物流储备调节、直销式城市配送的大格局。然而，推行"绿链经济体"模式是基于物联网思维的新设想，西部欠发达地区目前尚无法承担起这份历史重任。其二，国有龙头企业要担负起实施主体的责任，尤其是像中粮集团、华润集团这样涉及一二三产业的中央企业更应该主动承担责任，积极主动开展专项试点，待条件成熟，再逐步推开。其三，民营企业要担负起共建共享的协同责任。改革开放以来，民营经济在农业领域如雨后春笋蓬勃发展，有力地促进了农业经济的发展，但好景不长，市场波动大，价格变化多，农产品品质难以控制，从业者不遵守合同，许多民营企业进入西部地区农村，力图复制东部地区模式，构建"企业＋农户＋基地"的尝试，绝大多数以失败告终，最后损失一大笔资金后撤出。

（三）如何建立全国农产品生产标准体系，解决农业食品安全问题

目前，广西农业标准化发展和农产品安全控制体系建设滞后，从田间到餐桌的全程监管还十分薄弱，至今没有完整的部颁标准，这是制约农业现代化的

基础性问题。加上农产品质量安全控制体系尚未全面建立，食品安全始终是悬在农业产业头上的达摩克利斯剑。县级领导最担心的就是一次农药残留中毒事件就可能击垮全县的冬菜产业。现代农业生产呼唤标准化，农业产业需要农产品风险评估、风险管理体系，全社会更需要绿色食品的安全保障。

（四）如何构建信息化平台是创建"绿链经济体"模式的关键环节

物联网平台是未来社会的基础设施，而信息化平台建设则是基础中的基础。其一，农业生产中要建立信息物联网感应器集群，分布在各个生产单元之中，把农副产品的信息采集到信息中心，存储在企业云里。其二，构建二维码转换体系。在进入加工环节后，附着在农副产品之上的信息将通过射频方式转换，存储在物流冷链中，随着物流运输进入城市配送中心，在配送的最后一公里，再转换成二维码，直达消费者餐桌。其三，组建仓储物流冷链企业联盟。仓储物流冷链是一项基础设施工程，应该聚集大量企业联合构成协同网络，也需要一个信息平台来发布仓储空间信息和产品储存信息，让更多的企业来使用这些仓储。其四，构建绿色农产品配送公共信息平台。城市配送环节会出现各种客户群体，需要有一个信息平台让消费者了解各配送中心储备情况，并在网络上完成预订和付款结算，这个平台需要在政府主导下打造。

三、创建"绿链经济体"模式的几点建议

"绿链经济体"是以市场为导向，建立农村与城市之间、生产者与消费者之间无障碍的绿色对接，强调全产业链发展方向，以传统产业经济为基础、以经济与环境的和谐绿色可持续发展为目的而设计的农业供给侧改革的新经济模型，是产业经济为适应人类环保与健康需要的一种绿色发展趋势。为加快其探索推进进程，特提出如下对策建议：

（一）加强制度顶层设计。制度创新远比技术创新重要，更具有持久效力。供给侧改革就是要求我们提供新的制度体系来改变供给侧现状。在国家层面上，要着力加快一二三产业融合的步伐，构建现代产业体系，形成城乡一体化的发

展新格局。指定相关部门牵头，农业、商贸、工信、国资、财政、税务、工商、环保、金融等部门共同协作，组织各类专家学者组成科研课题组对"绿链经济体"模式进行深入研究，指定相关地区开展试点，边试边完善。目前待研究的课题：绿色生产链运行机制设计、绿色加工链运行机制设计、绿色物流冷链运行机制设计、绿色城市配送链运行机制设计、金融风险防范控制机制设计、创建绿链经济体政策研究、创建绿链经济体试点工作研究等若干子课题研究。待制度模型设计好，推进步骤谋划好，改革目标和路径设定好，选择一个产业、部分企业在局部地区进行试点。"绿链经济体"模式的发展与推进工作必须实施由点到线再到面的渐进式发展策略，选择条件比较成熟的区域开展试点，再逐步推广到更大的区域，乃至一个省（自治区）、市。

（二）研究制定相关政策。创建"绿链经济体"模式是一项全新的探索过程，需要从国家层面上给予政策支持。如土地流转政策、人才支撑政策、农村人才职业化培训政策、农村人口转移政策、税收优惠政策、财政扶持政策、金融担保政策、市场中介培育扶持政策等。应由中央政策研究部门集中力量，对模式创新集成的各个链条的关键环节进行研究，制定引导政策鼓励市场主体进入链条，靠政策的优惠、政策的扶持、政策的松绑，释放出模式的活力和生命力。

（三）加大农业标准化立法执法力度。尽快制定统一的国家农业食品生产标准，全覆盖所有地域、所有产业、所有产品，与国际标准实现无缝对接。同时培育发展第三方质量监督机构，加强农产品标准执行监督力度，提升食品质量安全水平，提升农产品市场竞争力，推动农产品优质优价，农业增效，农民增收，农村发展，实现增长方式根本转变。

（四）加快物联网等基础设施建设步伐。借助国家推动"互联网+"的力度，加快推进"物联网+"的基础工程建设力度，用互联网技术和物联网技术，尽快将一家一户分散的小农经济组合起来，形成资源、运输方式矩阵。目前，我国"互联网+"由商务部负责组建，供给侧的问题交由消费侧的主管部门来解决，这是资源的错配，建议由供给侧的主管部门工业和信息化部、农业农村部牵头组建农副产品加工、冷藏、运输、销售、分装体系，打造配送信息网络公益平台，进而形成"物联网+"、"互联网+"、大数据、云平台的新格局。

总而言之，创建"绿链经济体"模式是一项全新的尝试，需要政府的高度关注和市场的积极响应，我们相信，只要有党的坚强领导，有各政府部门的通力支持，有各龙头企业的给力合作，有最广大的农民兄弟的强力支撑，"绿链经济体"就一定能够实现。

以产业发展推进乡村全面振兴
——以广西甘蔗产业为例[1]

路敦杰　黄学寰[2]

党的二十大报告指出，"全面推进乡村振兴""全面建设社会主义现代化国家，最艰巨最繁重的任务仍然在农村"。2023年中央一号文件《中共中央 国务院关于做好2023年全面推进乡村振兴重点工作的意见》也明确强调：巩固拓展脱贫攻坚成果，推动乡村产业高质量发展，做大做强农产品加工流通业。2024年中央一号文件《中共中央 国务院关于学习运用"千村示范、万村整治"工程经验有力有效推进乡村全面振兴的意见》公布，将表述从"全面推进乡村振兴"转变为"推进乡村全面振兴"。从脱贫攻坚，到乡村振兴，再到最新提出的乡村全面振兴，这是"三农"工作重心上的转移，战略上的转变意味着要做好过渡期的准备工作。广西地处亚热带地区，气候温暖湿润，土地资源丰富，非常适合甘蔗的种植。甘蔗产业不仅为当地农民提供了重要的经济来源，还带动了相关产业的发展，促进了农村基础设施的改善和生态环境的保护。习近平总书记在广西考察调研时指出，广西是我国蔗糖主产区，要把这一特色优势产业做强做大，为保障国家糖业安全、促进蔗农增收致富发挥更大作用。广西作为全国最大的蔗糖生产基地，广西的甘蔗产量更是常年占据全国甘蔗总产量的

1　收稿时间：2022年11月（本文于出版时作了修订）
2　作者简介：路敦杰，广西师范大学马克思主义学院教师；黄学寰，桂林电子科技大学马克思主义学院教师。

60%以上，其甘蔗产业的可持续发展对于维护国家的食糖安全有着重要意义。"十四五"期间，在完成脱贫攻坚之后，广西维系着2000多万蔗农利益的甘蔗产业该怎样推进乡村振兴成为摆在广西政府、企业和人民面前的一个重要难题。

从国内学者的文献来看，广西甘蔗产业发展与乡村振兴的研究主要集中在以下两个方面：①单独对广西的甘蔗产业的发展进行研究，或是以产业融合的视角对广西甘蔗产业的融合发展进行实证分析，或是从定性分析的角度对广西甘蔗产业的发展状况进行分析思考，并相应地从科技、制度、人才等方面提出建议和对策，或是定性与定量分析相结合，针对甘蔗产业所需要的领域支持进行研究，比如金融、科技特派员等。②以乡村振兴为主要研究对象，产业只是乡村振兴的一个分支，产业发展也只是乡村振兴实现路径中的一条路径。从数字经济影响乡村振兴质量的机理，或是研究数字惠普金融对乡村振兴的影响，或是从文化、产业、社会治理层面探究的绿色发展路径，人力资本与乡村振兴等。因此，本文在前人关于产业发展与乡村振兴的文献研究的基础上，深入了解广西甘蔗产业、乡村振兴的发展情况，结合广西壮族自治区出台的《关于深化农村改革，激发乡村振兴新动能的实施意见》，从国家统计局和广西统计局官网上搜集并整理关于广西甘蔗产业与乡村振兴有关指标的数据信息，分析广西甘蔗产业与乡村振兴两大系统的关联性和协调性关系，明确之后广西甘蔗产业在乡村振兴的主攻方向，同时针对甘蔗产业在乡村振兴中的"短板"提出建议，让甘蔗产业持续协调性地助推乡村振兴。

一、广西甘蔗产业发展现状

广西的甘蔗种植面积和产量常年稳居全国第一。蔗糖产业更是广西的支柱型产业之一，"中国糖都"的称号名副其实。2023/2024年榨季，全区食糖产量约618万吨，连续20个榨季占全国的60%左右。习近平总书记在来宾考察时指出："在来宾，甘蔗就是代表，今天来这里看到甘蔗种植和糖业发展格局，心里更托底了。"来宾市制糖及综合利用产值突破140亿元，其中综合利用产值57

亿元以上。广西的蔗糖产业对于维护国家糖业安全发展具有重要作用,"蔗糖芯""蔗糖技"更是要牢牢地把握在自己手里,才能在产业竞争中保持自身优势和维护广西蔗糖产业在全国中的领军地位。

甘蔗产业的发展离不开政策环境的支持。近年来,国家出台了一系列促进乡村振兴和农业发展的政策,这些政策为甘蔗产业提供了重要的指导和支持,旨在提升农业生产效率、增加农民收入、促进农村经济高质量发展。2022年在财政部颁发《关于发挥财政政策引导作用支持金融助力市场主体纾困发展的通知》中强调要开展糖料蔗完全成本保险和种植收入保险工作,进一步完善保险方案,优化赔付机制,加强承保理赔管理,提高农户种蔗积极性。根据2023年颁布的《关于培育传统优势食品产区和地方特色食品立业的指导意见》,广西作为特色农产品甘蔗的原料基地,应重点提升技术工艺,推进制糖产业链向数字化、信息化和智能化转型。在2024年中央一号文件《中共中央 国务院关于学习运用"千村示范、万村整治"工程经验有力有效推进乡村全面振兴的意见》中也提出,推进中国式现代化,必须夯实农业基础,推进乡村全面振兴,确保国家粮食安全。相关政策的持续推进,将进一步巩固广西作为全国重要甘蔗生产基地的地位,并助力乡村全面振兴目标的实现。

广西甘蔗产业面临的挑战主要体现在两个方面。首先,糖厂和蔗农持续投入乏力。近年来,由于国外低价糖大量进口,国内食糖价格长期低迷,导致全区糖厂持续面临资金流动性不足、经营亏损和融资困难的问题,难以进行技术升级改造和维持糖业体系运转。同时,生产成本上升使得蔗农亩均种蔗收益仅约1000元,租地种植户效益低下,导致糖料蔗种植面积从2014/2015年榨季的1297万亩减少到2019/2020年榨季的1126万亩,降幅达13.2%。种植面积的下滑使糖厂"吃不饱",后续深加工及综合利用面临系统性萎缩,全行业下行压力加大,维护国家食糖安全和全区糖业稳定发展的压力持续增大。其次,国际食糖竞争加剧。党的十八大以来,我国不断推动构建高水平开放发展格局,国际"双边""多边"贸易合作区和国内自由贸易试验区数量快速增加,贸易和投资便利化措施不断出台,使国外低价糖可以更加便捷地进入国内市场。同时,国内农业支持政策与国际贸易规则接轨，"黄箱"政策操作空间日益狭窄，我国包括糖料在内的大宗农产品由于缺乏成本优势，面临境外低价产品的冲击，国际食糖竞争格局较以往更加严峻。

二、广西甘蔗产业与乡村振兴的关联性分析

2011年到2012年，此时"脱贫攻坚"决定尚未提出，农村贫困还处于严重时期，农户大多还是靠自然的人力劳作，机械化和产业化水平都不高，农村人口大多外出就业，农村经济发展的动力不足。自2015年习近平总书记提出"脱贫攻坚"以来，党和国家对农村的帮扶力度加大，通过精准识别贫困户，以产业帮扶、易地搬迁扶贫等因地制宜的扶贫方式，为乡村的农民教育、生态保护、产业建设做出了积极的贡献，同时也加强了对农民的医疗保险和最低生活保障，多样化扎实稳进的扶贫和科学化的考核评价指标让"脱贫攻坚"真正在乡村落地生根，为乡村人民带来了实实在在的收益，生活有保障，日子有盼头。在乡村振兴过程中，要重视对农产品加工业的扶植，以便在提高产品附加值和品质的同时，提升当地就业水平。乡村从业人员表现出平稳的趋势，农村居民人均可支配收入由2011年的5231元到2023年的21691元，实现了居民收入的稳步提升，农业机械总动力及机械化耕作面积都呈现稳步上升趋势，这些反映出了"脱贫攻坚"所取得的显著成效，农民增收致富和农业机械化水平上升，农民的幸福感和获得感更加强烈。

三、广西甘蔗产业和乡村振兴协调性分析

一方面，在脱贫攻坚战中，政府对产业扶贫，有一定的政策支持和资金补贴，同时也对农村的一些基础设施进行了修建，切实保障农民的生活，而受产业扶贫政策的推动，甘蔗产业在助农方面也不断地规划设计，切实以发展产业助力脱贫攻坚。作为广西甘蔗产业的领军企业，南宁糖业是广西最大的蔗糖生

产加工上市企业。它的蔗糖产区囊括了南宁、来宾、河池等地区，带动蔗农致富人数达50多万人。南宁糖业通过蔗糖基地建设、水利农机等基础设施完善，通过实施订单农业、做好糖料蔗购销市场秩序维护、降本增效等工作让利于农民，坚持加快蔗款兑付，助力广大蔗农增收致富，让蔗农旱涝保收。除此之外，还构建了供产销一体化的产业体系，使得甘蔗种植区的民众顺利实现脱贫，广西甘蔗产业与乡村振兴之间的相互影响和相互依赖关系是逐步深入的，脱贫攻坚作为乡村振兴的初始任务，使得政府在扶贫发展工作中，首先选择了对甘蔗产业的扶持，通过制定一系列的政策，甘蔗企业注入大量的人力、物力和经费，配套地修建了相对完善的基础设施，而作为甘蔗产业主力军的制糖企业也配合性地参与到农民种植甘蔗的引导工作和管理工作中来，通过其机械化的优势和先进的种植技术以及现代化的农机服务体系，为种植甘蔗地区的农民带来了翻天覆地的变化，实现了规模化、专业化、机械化的生产，甘蔗区农户的收入与满足感大大提升。

四、对策建议

第一，甘蔗产业应当与乡村振兴战略深度融合，确保其发展成果惠及广大农民。利用产业推动乡村振兴，外化为行动上还是要看企业如何作为。南宁糖业作为国内规模最大的甘蔗制糖上市公司，同时也是广西经济发展的支柱型企业，它所属的甘蔗产区遍及南宁、来宾、河池等地区，利用企业的管理、技术、资金、人才等优势推进糖料蔗基地建设，并完善农机水利灌溉系统和机械化作业，从而实现甘蔗产业的规模化、专业化、高效化发展，有力地带动了蔗区各民族人民稳岗就业和增收致富。

第二，未来甘蔗产业将面临众多优势经济作物和特色水果产业的挑战，所以甘蔗的品质关、用途的多样化开发要放在甘蔗产业发展的首要位置。针对品质关，应该加强甘蔗品种的改良和培育，南宁糖业作为甘蔗产业的龙头，要主动研发甘蔗良种，维护"种芯"安全，制造出技术水平高的下游产品，增强产业链的韧性。在用途的多样化开发方面，可以探索甘蔗的更广泛应用，包括研发甘蔗制品的创新工艺，拓展甘蔗在食品、医药、生物质能源等领域的利用。

第三，建立全面的风险防范机制，推动智能化农业发展。受自然因素和市场条件影响较大的甘蔗产业及发展呈现出不稳定的态势，因此只有在保持甘蔗产业平稳发展的情况下，才能有序推进乡村振兴。一种可行的做法是通过"保险+期货"的模式，以确保农民和企业能够更好地应对市场波动和自然灾害的风险，从而保障其利益。同时，为了提高甘蔗产业的生产效益和适应性，可以深化技术创新并推动农业向智能化方向转变。引入现代化农业技术，如智能传感器、大数据分析和人工智能，能够更精准地监测农田状况和气象变化，提前预警自然灾害风险，并有针对性地采取措施降低损失。

数字经济背景下新型电商促进乡村产业振兴研究[1]

李钊阳[2]

乡村产业振兴是实现乡村振兴最重要的路径之一。随着数字经济迅速发展，乡村产业振兴与数字经济融合发展，产生了新业态和新模式，为乡村振兴带来了新的发展动力。新型电商作为数字经济的一种新模式，在乡村产业振兴过程中起到了关键作用。

一、新型电商促进乡村产业振兴的关键作用

（一）新型电商促使乡村产业与市场需求高效匹配

新型电商是一种虚拟化形态的零售场所。通过对消费者数据的分析与处理，新型电商可以更加精准地了解用户偏好，进而更为精准地推送用户可能需要的农产品。通过新型电商这个平台，可以把消费者原先没有了解到的商品展现出来，激发消费者的购买需求，使乡村产业与市场需求高效率匹配。

（二）新型电商促使乡村产业形成新型生产模式

新型电商内部各个不同组成部分有机结合，在逆向整合生产机制的作用下，

---

1 收稿时间：2022 年 11 月
2 作者简介：李钊阳，中共柳州市委党校教师。

形成了完全不同于传统商业流通的机制。新型电商是由需求主导的，具体表现为先有订单而后有生产的过程，进一步来说，可以解决农副产品因价格信息传导迟缓而滞销这个问题。

（三）新型电商促进乡村产业虚拟集聚

新型电商的本质是以互联网平台为核心的各类市场主体和生产交换过程的虚拟集聚形式，利用新一代信息技术把生产、分配、交换和消费环节数字化。流通环节摆脱时间与空间的限制，交易可以全天候无地理边界限制地进行，大大延长了交易时间和扩展了市场空间，改变了传统农产品市场中迟滞的"先买后卖"交换过程。农业经营主体在互联网平台上虚拟集聚，降低了由于空间相距太远而产生的巨大交易成本，直接与市场对接。

二、新型电商促进乡村产业振兴存在的问题

（一）传统的生产经营方式仍然占据主体位置

我国乡村仍然以小农为主体，形成了大规模零散化的种植面貌，普遍面临着产量低、技术落后和难以有效对接"大市场"的问题。2016年底时，我国尚有2亿多农户的土地经营在50亩以内，为全国总农户数的97%，占了全国耕地总面积的82%，每户平均耕地为5亩，这样就难以为电商销售提供稳定持续的产品供给。

（二）乡村产业发展与城市相比仍存在巨大的数字鸿沟

乡村的数字基础设施还较为薄弱，乡村通信和交通的不便严重影响了乡村产业的产销衔接，增大乡村产业发展风险。支撑乡村振兴必不可少的数字基础设施投入不足。农村地区数字基础设施不足在一定程度上导致要素下沉渠道不畅且流转缓慢，不利于农村产业结构的转型升级和系统性优化。城市与农村的数字鸿沟使得新型数据要素难以向乡村流动，阻碍了农村产业数字化转型。

（三）农产品的非标准化生产难以适应新型电商的模式

特色农产品的生产规模较小，有些甚至产量受环境气候变化而不稳定，产

品的品质难以保证一定的标准。而直播带货要求农产品的供应量要有一定规模，还要保持相对稳定的品质。因此，新型电商的需求和特色农产品生产的特点这对矛盾尚未解决。

三、新型电商促进乡村产业振兴的实现路径

（一）加快形成新型电商促进乡村产业振兴发展的政策体系

一是政府需要不断从政策方面加大对新型电商与乡村产业振兴融合发展的支持。目前，对于新型电商的认识仍然处于初期，忽略了新型电商背后庞大的产业链和新型电商对乡村产业振兴的深远意义。二是政府应加强与新型电商的互动与合作。政府应大力推广新型电商这种数字化流通方式，促进新型电商与乡村产业振兴融合发展，例如扶贫产品推广、特色产品宣传、地方旅游宣传等活动中采用新型电商的形式。

（二）鼓励新型电商整合产业链供应链

一是新型电商企业应不断提升对乡村产业链的整合能力。新型电商应利用整合资源要素的能力，积极向生产端布局，保证农产品的标准化生产和规模化生产。二是推动线上线下一体化发展的新型电商模式形成。应加快发展新型电商线下特色农产品体验店，采取"线下体验+线上购买"的模式，充分利用线下体验店满足客户对产品的"亲身"感受，解决因无法实地感受到产品的质量而产生的消费者感受落差的问题。

（三）鼓励农户以市场主体身份在电商平台进行集聚

利用互联网平台把广大分散的农户集聚起来，鼓励农户以市场主体的身份采取各种合作形式参与到电商平台中去，如个体农户直播带货、地方农业合作组织等形式，克服乡村中个体生产者分散化、原子化的问题，形成虚拟的乡村产业大市场。积极推动新型电商行业协会的建立，新型电商行业协会应有政府相关部门、基层政府、农户、MCN公司、网络相关从业者和相关专家学者组成。

进一步推动广西数字乡村建设与发展思考[1]

刘志雄　廖文清　王瑞宇[2]

2018年中央一号文件《关于实施乡村振兴战略的意见》首次提出数字乡村概念，强调其在乡村振兴战略中的重要性。2019年发布的《数字乡村发展战略纲要》（以下简称《纲要》）进一步明确数字乡村的战略地位，是数字中国建设的关键部分。在《纲要》和《广西乡村振兴战略规划（2018—2022年）》的推进实施下，广西数字乡村建设迅速发展，成为实现乡村振兴的重要途径。

一、广西数字乡村发展现状

（一）数字乡村规划不断落实到位

在国家"十四五"规划纲要指导下，广西出台了《数字广西发展"十四五"规划》和相关实施意见，旨在建设高质量的数字经济、社会和乡村。通过在横州、恭城等地设立国家数字乡村试点，并扩展到其他地区，实现全区覆盖。广西还推进"双千兆"网络、大数据中心、政务信息化等规划，加快5G网络和千兆光网普及，推动智慧广电与电信服务结合，优化数据中心布局，构建工业

1　收稿时间：2023年11月
2　作者简介：刘志雄，广西民族大学经济学院副院长，博士，教授，硕士生导师；廖文清，广西民族大学2021级应用经济学专业硕士研究生；王瑞宇，广西民族大学2021级应用经济学专业硕士研究生。

互联网体系，改造传统基建。

（二）农村信息基础设施建设取得一定成效

广西各级政府和各有关部门协同推进乡村信息基础设施建设。在"十三五"期间，广西不断优化移动通信网络，互联网普及率提前超额完成规划目标。至2021年底，100%的行政村通光纤并完成4G覆盖，5G网络实现了对14个设区市主城区的基本连续覆盖，对县城及乡镇区域的重点覆盖，千兆到户的光网已经覆盖区域内各乡镇，为乡村数字化提供了坚实的基础设施支持。

（三）农业信息化发展亮点频现，农村电商快速发展

广西农业信息化发展迅速，电商服务站覆盖率达九成，远高于全国平均水平。2020年，广西共实施智慧农业、数字农业项目465项，推动农业现代化，提升农业质量和效益。广西水果总产量连续四年全国第一，数字化应用在生产、分配、交换和消费中发挥重要作用。各市围绕智慧农业开展智慧农业物流网、生猪养殖数字化、数字果园、乳制品智能化等项目，因地制宜探索农业现代化道路。

二、广西数字乡村建设存在的问题

（一）规划编制和系统谋划不足

数字乡村建设是一项复杂的系统工程，需要各级政府和相关部门在观念上取得共识，通过实践打破层级间的割裂状态。然而，广西在数字乡村建设中存在工作机制和制度安排缺乏统筹部署与整体考量、资源错配、重复建设与效能低下、部门协同效率较低、基层干部能力不足等问题。

（二）数字乡村建设人才匮乏

农业与农村信息化的稳步推进需要依靠庞大的农村信息化人才队伍予以保证。目前，广西乡村人才结构和人文素质存在问题，高素质、有文化的农村青壮年外流严重，留守农村群众低龄化和老龄化问题凸显，文化程度比较低，技能欠缺，拉低了总体信息化水平。

（三）数字鸿沟问题依然存在

随着工业化4.0、新型城镇化的持续加速，广西乡村较高学历的青壮年大多外出就业，留守乡村的居民平均年龄偏大、学历层次偏低。农村中的大部分老年人对现代科技的接受度较低，造成数字乡村赋能的最终对象是文化层次较低且类型分化明显的农村居民，普遍存在由于数字不适应所引致的"数字鸿沟"问题。

（四）农业现代化发展存在短板

广西坚持农业农村优先发展，推进乡村产业振兴取得长足发展。然而，广西科技创新基础弱、底子薄，农业产业链条短，产品附加值不高。广西农产品以初级产品为主，信息化在农业生产经营领域中的应用仍然不足。

三、原因分析

（一）顶层设计与基层创新结合不足

广西数字乡村建设存在信息化体系不健全和数据整合度低的问题，导致数据采集和应用困难。需要政府和企业合作，将数据意识、资金、技术与乡村实际相结合，推动顶层设计与基层创新有效融合。

（二）资源要素集聚效应尚未形成

从脱贫攻坚到乡村振兴，人力资源是建设数字乡村至关重要的要素。单纯引入人才和培养人才，不一定能解决广西数字乡村人才匮乏问题，其背后必须同时强化其他要素资源的供给，形成集聚效应，才能最大限度地为数字乡村建设提供力量。

（三）数字乡村推广工作需逐步推进

推进数字乡村建设工作并非一步登天，更重要的是提高乡村居民、基层工作者的数字化应用接受程度。"数字鸿沟"除了表现为发达地区与欠发达地区之间的数字化发展差距，还表现为地区内部之间的城乡数字化发展差距。

（四）农业数字化转型能力需提升

推进农业数字化转型是数字乡村建设的核心任务。目前，广西农业数字化转型的能力不强，一是受农业产业投资大、周期长且回报率不高的影响，农业数字化发展较慢；二是农业数字化建设技术研发水平不足；三是大数据和农业融合促进农业发展的能力欠缺。

四、加快广西数字乡村建设发展的建议

（一）加强顶层设计，统筹规划科学布局

一是数字乡村顶层设计中需要充分考虑到广西各地区的资源禀赋、产业特色、群众素质等不同因素，设计出接地气、切实际、有力度的顶层设计。二是针对处于不同发展水平和阶段的农村地区，科学制定针对性方案，总体规划布局，严格落实数字乡村建设的政策和规划，完善数据法律法规体系。三是加强各组织各部门的沟通协作，在完善"区、市、县"三级工作机制的基础上，实现"区、市、县、乡、村"的五级畅通，提升乡村"智治"能力，充分利用数字政务平台，实现资源整合、信息共享，形成强大合力。四是扎实推进试点工作，深化试点示范，宣传分享成功经验与案例，由点到面带动数字乡村建设发展。

（二）加快乡村数字人才培养，完善数字乡村的人才支撑

在乡村振兴过程中，人才是核心因素，尤其是专业化的信息人才对数字乡村建设最为关键。建设乡村数字技术人才队伍，激发农民内生动力，是数字乡村发展的应有之义。一是对农民进行信息化培训和教育，就地挖掘、吸纳信息化本土人才。二是积极引导各类型人才参与广西乡村振兴工作，对外引进专业化信息人才。三是着力培养和引进乡村数字人才。四是推动人才下乡和企业下乡，创新人才聘用形式，把农村数字化领域的专业型和管理型人才以"专兼职结合"的形式请进乡村，吸引大型电商企业进入乡村产业，借助企业资源、技术及管理来培育新的数字乡村企业家。

（三）集多方力量缩小"数字鸿沟"

从基础设施着手，加强农村地区的网络覆盖，确保他们能够便捷地接入互联网。通过社区教育和培训，提升数字技能，使其能够更好地理解和使用数字技术。政府和企业应合作，开发适合农村村民尤其是老年人的数字产品和服务，比如简化操作界面，提供更大的字体和更清晰的指示，以适应他们的需求。政策支持也至关重要，通过税收优惠和资金扶持，激励企业开发和推广这些产品。加强数据安全和隐私保护的教育，增强他们对数字技术的信任，促进村民和老人更积极地参与数字经济，享受数字技术带来的便利。

（四）坚持数字技术创新，推动农业数字化转型

一是发展智慧农业，通过实施特色优势产业数字化升级，建设数字农业和智慧农业应用基地，支持如数字广西集团和广西慧云公司等企业开发农产品种植可视化平台和信息中心平台，促进特色产业升级。二是培育农业新业态，加快涉农电商发展，引入互联网电商企业，带动农业产品销售，形成完整的生产到营销链条，加强农业创新能力。三是发展乡村特色文化，因地制宜，发掘本地资源，探索具有本地特色的农业数字化发展道路，促进农村农业的可持续发展。四是市场机制激励，通过税收减免、费率优惠、补贴增加和贷款利率降低等措施，激发企业参与智慧农业和数字乡村治理项目的热情，借鉴柳城县"5G+数字乡村"模式，实现多方共赢。

数字化乡村建设在乡村产业振兴中的地位及存在的问题[1]

李桂宁[2]

十九届六中全会《决议》指出：新时代我国经济已经由高速增长阶段转向高质量发展阶段，"贯彻新发展理念是关系我国发展全局的一场深刻变革"。习近平总书记反复强调"过不了互联网这一关，就过不了长期执政这一关"。截至2020年底，中国网民规模接近10亿人，互联网普及率超过了70%，数字中国的浪潮势不可当，数字乡村建设迫在眉睫。

一、数字乡村建设的背景

实施数字乡村建设是党和国家在农业农村现代化发展上的一个重要战略部署。党的十九大报告首次明确提出实施乡村振兴战略，2018年中共中央一号文件明确提出实施数字乡村战略。2019年5月，中共中央、国务院出台《数字乡村发展战略纲要》，对数字乡村顶层设计和整体规划做出全面部署。2020年1月，《中共中央国务院关于抓好"三农"领域重点工作确保如期实现全面小康的意见》，提出要加强现代农业设施建设。依托现有资源建设农业农村大数据中心，

1　收稿时间：2022年11月
2　作者简介：李桂宁，广西知青文化研究会柳州联络处副主任，经济师，高级政工师。

加快物联网、大数据、区块链、人工智能、第五代移动通信网络、智慧气象等现代信息技术在农业领域的应用。开展国家数字乡村试点。同时，中央网信办、农业农村部等七部门出台《关于开展国家数字乡村试点工作的通知》。2020年5月，中央网信办、农业农村部等出台《2020年数字乡村发展工作要点》，农村信息基础设施建设加快推进，基本实现行政村光纤网络和4G普遍覆盖，农村互联网普及率明显提升。

在中共中央、国务院出台《数字乡村发展战略纲要》等一系列文件的1—2年内，河北、江苏、云南、广东、河南、江西、湖南、陕西、辽宁、浙江、四川等省（区市）均出台了本省数字乡村发展的政策文件，全国其他十余省（区市）也正在加快制定本省的数字乡村发展政策。2019年10月，广西出台了《广西加快数字乡村发展行动计划（2019—2022）》，同时以点带面，整体推进。2020年，广西数字经济总量达到7267亿元，增速约达10.2%，数字经济占全区经济比重达32.8%，贡献率达73%，数字经济已经成为广西经济增长的关键支撑。2020年，广西数字经济占GDP的比重排名全国第14位，西部第3位。这个排名高于我区在全国GDP增长的排名。2020年广西GDP全国排名第19位，约2.2万多亿元。

二、广西数字乡村建设的现状

据广西壮族自治区大数据发展局统计，截至2021年9月，4G网络覆盖全部行政村和20户以上自然村，5G网络实现14个设区市主城区基本连续覆盖、县城及乡镇区域重点覆盖，全区光缆线路长度达到234万公里，高水平全光网络初步建成。

建设自治区、市、县、乡、村五级农村电子商务公共服务平台，以自治区级电子商务公共服务平台为抓手，实现全区电子商务进农村和电商精准扶贫数字信息交换汇集。建立自治区级电子商务线上服务平台和标准化线下服务站点，为农村商务企业及电子商务从业者提供服务。此外，广西还建成了一批各类应用支撑平台。

在智慧应用方面，广西的成就也相当喜人。截至2020年10月底，累计上线特色农产品近千种，浏览量达1亿多人次。百色芒果、横州茉莉花茶、桂平西山茶等广西地理标志产品列入贸易协定清单内，国际市场影响力进一步提升。

以上现状，概括起来说，就是三个方面：一是硬件设施。广西实现行政村村村通光纤，30户以上自然村通光纤，实现了移动通、人人通，为数字乡村建设打下了坚实的基础。二是软件平台。公共支撑平台和各类应用支撑平台。三是县域经济成为数字乡村建设的主阵地。比如：横州市的数字茉莉、恭城的智慧农村四大抓手、富川的产业电商、平果的城乡数字一体化建设、来宾市兴宾区的1245数字乡村工程、岑溪的农村智能化科技新路径、灵山的数字果园等等，亮点纷呈。

三、存在的问题

近年来，广西在脱贫攻坚、通信基础设施、乡村治理体系建设、农业产业化等方面采取了一系列措施，乡村基础条件得到了极大的改善，为数字乡村建设奠定了基础。但是与数字乡村发展要求和国内外领先地区相比，广西在政策体系完善度、资源整合和人才集聚、数据流通和网络服务质量、成效评估和品牌建设等方面依然存在一定的薄弱环节。

一是规划政策以指导性为主，缺少可落地的针对性规划和市县政策，尚未形成上下联动、高效协同的政策体系。

二是高品质、创新型数字产品与服务供给不足，同质化、基础型数字产品与服务供给过剩。

三是"链主"企业数量较少，无法有效整合产业生态资源，形成合力。

四是高层次数字人才不足，人才转型和数字素养提升难度较大。

五是各平台数据相互独立，数据融合共享水平较低，暂时未形成统一数据标准。

六是数字乡村品牌效应有待进一步扩大，标杆效应还不够突出。

四、结束语

问题永远都存在，解决问题永远在路上。改革开放时期，农村家庭联产承包责任制极大地改变了我国经济社会发展的格局，中国人民富起来了。中国特色社会主义新时代，我们已经实现了第一个百年奋斗目标，在踏上第二个百年奋斗目标的征程上，数字乡村建设恰逢其时，必将为建成富强、民主、文明、和谐、美丽的社会主义现代化强国，实现中华民族伟大复兴的中国梦做出应有的贡献。

农业集聚对乡村数字需求的影响及机理研究[1]

欧阳慧[2]

产业集聚表现为一群企业和相关法人机构在地理上毗邻、在业务上交互的状态或过程，通过规模经济、运输成本、要素流动三者之间的协同形成集聚效应。任何产业的集聚，本质上是一个要素流动的过程，土地、资金、劳动力等要素，以特定的模式在时空中发生运动。然而，从微观上来看，要保证这种存在方式之改变是符合产业发展规律的，则要求经营主体能够解决信息不对称的问题，以排除要素流动的无序性。因此，集聚的过程中不仅需要物质的交换，还需要信息的交换。农业作为特殊的产业，其集聚过程也应如此，经营主体对于土地面积及品质、种植规模及作物类型、农资属性及资金投入金额、雇工来源及工资水平等信息搜索产生了需求。另外，产业在集聚完成后，也会因生产经营能力的扩大，产生新的数字需求。一方面，在生产环节中，所投入的要素种类增多、规模增大，生产决策的科学性对于管理水平有了更好的要求，而有效的信息管理和决策辅助系统对此有极大的帮助；另一方面，在流通环节中，产出的扩大依赖更广的市场范围，电子商务和物流管理系统对于价值实现有重要意义。

1　收稿时间：2022 年 11 月

2　作者简介：欧阳慧，江西师范大学财政金融学院讲师。

一、农业集聚通过创业激励创造乡村数字需求

克鲁格曼（Krugman，1997）认为，产业集聚通常能够对创业者起到正向的促进作用。产业集聚提供了丰富的创业资源和良好的创业环境，其风险投资、社会资本、知识溢出、协同创新等方面功能和效应，构成了创业孵化器和稳定器的体系，降低了创业难度，提升了创业意向。之于农业，该产业的集聚意义更在于，增加了农户的决策空间，继而培育其创造意识。长期以来，农业部门的生活资料生产和流通是一个相对稳定的过程，这种稳定体现在农户常常缺乏创造意识。特别是在小农经济条件下，无论是农业生产还是农产品销售，对于农户来说，其决策空间是十分有限的：在生产环节，农户大多只需遵循祖辈传下来的经验；而在流通环节，销售渠道往往是固定的，通常只需在村落等待农产品经销商前来收购。因此，在价值生产和价值实现的过程中，农户极少参与各类经济活动的决策，决策空间的有限性导致他们缺乏对人力资本进行积累的视野和动力，继而抑制了他们的创造意识。不过，农业集聚是对小农经济的突破，对于创造意识的培育具有深远的影响。一方面，农业集聚本身就是发生在农业部门的一种创业活动；另一方面，农业集聚的过程大大增加了决策空间，针对何物集聚、何时集聚、何以集聚等问题的思考，农户必须给予及时准确的回答。而在决策的选择中，须关注产品市场和要素市场的动态，并从复杂的经济现象中寻找机会，这无形中培育了农户创造意识。而一旦农户的创造意识得以培育起来，他们的创业活动甚至可以跨越农业范畴，到工商业部门去寻找更多的利润，数字需求将实现成倍的增加。

二、农业集聚通过资本吸引创造乡村数字需求

产业集聚效应表现为一种向心力，使得某行业的生产要素和经济活动向一定范围内的地理空间靠近，其中对资本的吸引是十分典型的。产业集聚不仅可以降低企业的生产成本，也会提高企业的生产效率，由于知识和技术的加速传

播，在产业集聚区进行投资的企业会获得集聚租金。资本为了追逐最大利润，经常在不同的部门、环节、领域、项目之间切换，需要从利润率低的地方退出，再到利润率高的地方进入，对于单个的资本运作主体而言，为保证这种切换是有效率的，需要从海量的数据中筛选出信息。但由于信息不对称，而信息搜寻又要耗费成本，投资者只能在特定约束条件下有选择地对信息进行搜索。产业集聚的地理空间因形成足够的规模而具有一定的影响，容易被投资者关注到，降低搜寻成本，甚至FDI的区位选择也会考虑空间集聚效应。另外，对于已经发生产业集聚的地理空间，其本身就在持续地向外界发送积极的信号，存在集聚效应的地理空间，其产业通常是处于发展阶段的甚至是成熟的，也容易被投资者关注到。这种特殊的信息发送和信息甄别机制，使得投资者倾向于将具有产业集聚效应的地理空间纳入其投资意向池，这就为现实的投资提供了具有统计意义的可能性。更为重要的是，还存在一个正反馈机制，对资本吸引会进一步强化产业集聚效应，从而吸引更多的资本。产业集聚效应虽然多发生在工商业部门，但农业集聚对涉农资本的吸引也是符合经济规律的。并且，农业领取在吸引涉农资本的过程中，也创造出数字需求。农业集聚可以吸引到涉农资本的参与意向，但真正使投资成为现实，也需要农业从业者针对投资者发送信号和甄别信号，而数字化使这些过程变得更为便捷。

三、农业集聚通过封闭突破创造乡村数字需求

自给自足的小农经济和保守的农耕文明使得乡村社会具有一定的封闭性，这意味着外界的物质、能量、信息很难进入，乡村空间一度表现出神渐散而形渐变的状态。一方面，农村文化具有固守的习惯及道德准则，对于异乎本身的事物没有表现出太多的包容性；另一方面，即使新鲜事物进入，乡村也缺乏相应的消化力，难以实现吸收、转化和发展。譬如在宗法制特征突出的自然村落，成员同属一个姓氏、祭拜同一个祖先，基于血缘关系的远近来建构利益网络，因此对于外乡人甚至是异姓人的介入是缺乏安全感的。因此，处于自我封闭的

乡村社会，对于工业文明及新一代信息技术，表现得较为麻木。封闭突破也是乡村全面振兴进程中不可忽视的重要一环，广袤的农村地区若得以开放开发，将释放巨大的经济潜能。而农业集聚在乡村社会的封闭突破的进程中，扮演着重要角色。农业集聚，体现在涉农生产要素流向特定的地理空间，并产生宏观层面的聚合现象，其所涉及的地理空间，不仅是本村，还可以是其他村落或是县城，甚至是区域中心城市。此时的农业产业超越了传统小农经济语境下的范畴，持续地与外界发生着物质、能量、信息的交换，封闭性被突破。而乡村社会发生封闭突破后，接受新鲜事物的能力得以提高，将对工业文明及新一代信息技术产生好奇和渴望，以期获得更有效率的生产体系或者更有质量的生活方式，由此催生出极大的需求。

四、农业集聚通过文化自觉创造乡村数字需求

根据费孝通的观点，文化自觉是指生活在一定文化历史圈子的人对其文化有自知之明，并对其发展历程和未来有充分的认识，是文化的自我觉醒、自我反省和自我创建。其概念和语境，主要是用于民系乃至民族的层面。但对于城乡二元结构的现实而言，乡村文化与城市文化的异质性是显著且值得关注的，将文化自觉的观点引入乡村文化的分析框架有其合理性。由于乡村受到市场经济的冲击相对较弱，乡村文化还遗留了一些保守的元素，同时大量年轻人涌向城市，传统乡村文化的生态圈层正遭受毁灭性打击。旧的秩序遭受了破坏，而新的范式尚未建立起来。当前的乡村既不同于城市，又异于传统的乡村，这种现象前所未有，对当下乡村的文化自觉带来巨大的挑战。乡村文化如何面对强势的工业文化和商业文化，如何增强自身文化的转型能力，获得新时代条件下进行文化选择的能力和地位，从而焕发新的活力，农业集聚在其中发挥着十分重要的作用。首先，经济基础决定上层建筑，农业集聚具有现代化农业的特征，突破了小农经济对生产力的制约，提高了农民的经济地位，为文化自觉提供了坚实的物质基础。其次，农业集聚可以吸引城市的资本、技术和管理经验，为

不同文化提供了接触、对话和相处的机会和环境，使乡村文化有了超脱乡村的视野，能够理解工业文化和商业文化，从而增强自身文化转型的能力。最后，农业集聚使得种植业或养殖业规模化，为农业生产标准化和经营职业化提供了丰富的土壤，因运用大型机械解放了生产力，农民也可以更加注重品牌培育、价值链延长、资源最优配置、业态创新等方面，此时对于乡村文化的发展趋势则有了更为清晰的认识。而一旦文化自觉被激活，乡村地区将产生可观的跨文化交流的需求，继而派生到数字需求上。

"南华模式"从"蔗"里出发[1]

鲁 华 刘志刚[2] 阳国亮

2023年12月，习近平总书记在广西视察时指出，广西是我国蔗糖主产区，要把这一特色优势产业做强做大，为保障国家糖业安全、促进蔗农增收致富发挥更大作用。糖料蔗是广西传统优势产业，是带动广大蔗区农民奔富致富的甜蜜产业。近几年，广西洋浦南华糖业集团股份有限公司以现代化规模化糖料蔗种植基地示范带动蔗农转变生产方式，提高糖料蔗种植技术水平和种植收益，探索助力乡村振兴的"南华模式"。

一、从三个方面探索"南华模式"

2018年年初，广西洋浦南华糖业集团股份有限公司成立全资子公司——隆安洋浦农业科技有限公司，开始探索"南华模式"。"南华模式"从技术、管理以及社会化服务等三方面发力。

在技术方面，积极引入5项现代化甘蔗栽培技术。一是使用糖厂滤泥和煤灰还田、碎叶还田来补充有机质和微量元素改良土壤；二是采用"大马力拖拉机＋单铧犁"进行50厘米以上的深翻作业并辅以旋耕；三是使用预切种式双行

1　收稿时间：2023年11月（本文于出版时作了修订）
2　作者简介：鲁华，隆安洋浦农业科技有限公司高级工程师；刘志刚，就职于隆安洋浦农业科技有限公司。

联合种植机进行种植，以北斗定位系统辅助开行；四是针对甘蔗生长期各环节做好管护环节；五是在糖料蔗生产中科学使用水肥药一体化。

在管理方面，严格落实5项现代化管理措施。一是通过高素质人才应用、培养和管理优化人才结构，摒弃人员密集型的传统农业作业模式，实现"千亩农场一人管理"的现代化种植模式；二是构建本地管理人员管理团队，实行严格管理制度与督导反馈相结合的管理架构；三是以工业化方法梳理各生产环节，实现标准化、机械化、灵活化、可控性的管理方式；四是适应糖蔗种植生产过程要求，对各基地负责人充分授权适应农时变化；五是与社会化专业服务机构合作，在耕种管收等环节由专业机械化作业服务公司（合作社）提供社会化作业服务。

在企农关系方面，加大引导蔗区农民规模化种植，积极构建社会化服务体系。一是建立集约化规模化种植基地。目前隆安洋浦农业科技有限公司土地流转16.5万亩土地，建立了规模化现代化的糖料蔗种植生产基地。二是引导蔗农建立、参与专业合作社，为基地提供社会化作业服务。目前，洋浦扶绥基地成立了6个农机专业合作社，共有农机具约60台（套），不仅为基地提供全程机械化服务，加快周边村屯推进糖料蔗种植的机械化进程，还把"南华模式"现代化糖料蔗种植技术推广出去。

二、"南华模式"实现企业蔗农"双赢"

经过6年探索实践，"南华模式"实现企业蔗农"双赢"局面。一方面，提升蔗区农民的种植效率和收入水平，扶持起本地农机合作社等第三方服务组织；另一方面，公司实现可持续发展，既稳住了糖厂的蔗区面积，又拓展了经营管理空间，积极带动糖料蔗产业向现代化转型发展。

传统产业转型升级，促进乡村振兴。在"企业+基地+农机专业合作社+农民"模式带动下，依靠制糖企业的资金实力投入基地生产经营，扶持培育农机专业合作社提供高效优质的机械化作业服务，为农民提供家门口就业机会，释放农村家庭富余劳动力外出就业，有效实现企业糖料蔗种植产量增加、地方专业农机合作社服务能力提升、农民增收三方发展。

铺就就业新路，促进蔗农增收。农民通过土地出租流转，获得稳定收入约900元/亩/年。土地流转后，蔗农既可在甘蔗基地务工，又可以自主创业。以岜楼基地为例，企业流转约1.9万亩土地进行糖料蔗规模化种植，户均地租年收入约4.2万元；基地每年需用人工劳动力约1万人次，人工单价约130元/人次/天，基地务工支出130万元。

延长产业链，综合效益提高。"南华模式"延长了制糖企业的产业链，原材料供应得到了保障。目前，糖料蔗种植经营面积已经达到16万亩。由于原料供应丰盈，东门糖厂、南圩糖厂等企业解除了严重亏损的危机。洋浦农业糖料蔗种植经营基地为糖厂提供的自营原料蔗比重逐步增大，使糖厂的综合效益相应提高，有效保证农户收益提高种植积极性，为糖料蔗种植面积发挥"稳定器"作用。

三、"南华模式"改革发展愿景

实践证明，"南华模式"助推传统产业转型升级，推动产业向高质量发展，与糖业经济发展速度"并肩"，改革探索获得成功。下一步，洋浦农业科技有限公司将继续践行"南华模式"，使规模发展目标达到20万亩以上，闯出一条带动蔗农增收致富、推动蔗区振兴的路子。

切实算好发展账，鼓励蔗农深度参与农业发展。必须立足蔗农实际，为他们算好发展账：按传统种植模式发展，糖料蔗的种植亩均年纯收入仅900—1200元，农民不仅要与土地紧密捆绑，还要面临各种风险。只有为蔗农增加保障，带来实实在在的经济收益，才能鼓励农民走上规模化规范化种植路，让蔗农真心实意愿意融入规模化的大生产模式中。

不断优化生产技术和条件，帮助蔗农转变生产方式。蔗农由小规模种植转向规模化生产需要一个适应过程，现代糖业企业应当予以帮助。一是利用制糖企业的资金实力投入基地生产经营，扶持培育蔗农建立农机专业合作社，提供高效优质的机械化作业服务。二是有计划地安排、提供足够的作业量和相应合理的服务费，使专业合作社能稳定加入基地生产中。三是予以技术支持，提升农机专业合作社的服务质量和能力，使蔗农逐渐转变成适应规模化糖料蔗种植的机械化服务人才，推动合作社向现代化种植服务体系转型。

农村产业融合对县域经济发展的影响机理初探[1]

肖英佳　唐　卞　旷程文[2]

"郡县治，天下安"。我国约有1300多个县，县域经济犹如经济发展的毛细血管，是经济高质量发展不可或缺的一部分。2022年《关于推进以县城为重要载体的城镇化建设的意见》中指出，要提升县域经济发展质量，为推进乡村振兴和实现共同富裕提供有力支撑。党的二十届三中全会指出，要完善城乡融合发展体制机制，促进城乡共同繁荣发展。县域经济作为我国国民经济构成的基础单元，也是促进乡村振兴、实现城乡融合发展的重要途径。

一、农村产业融合影响县域经济发展的机理探析

（一）产业重塑效应

通过农村一二三产业之间的融合发展，使得产业链向上下游方向延伸，促成产业集聚，根据县域经济发展特色有利于形成一定程度的产业发展规模经济，对县域经济的整体谋篇布局产生一定的外部经济效应，为县域经济生产关系和经济体量的进一步发展塑造了空间。

1　收稿时间：2023年11月
2　作者简介：肖英佳，就职于广西宾阳县人力资源和社会保障局；唐卞，桂林航天工业学院管理学院教师；旷程文，湖南长沙县烟草专卖局经济师。

（二）人才回流效应

通过城乡融合、产业融合等方式，带动县域经济的进一步深度发展，使得劳动力资源逐步反哺到农村地区，在城乡和产业间自由合理流动，缓解县域经济在发展过程中人才流失等凸显问题。不仅带来了更多就业机会，而且通过岗位技能培训、专业培训等方式促进了县域劳动力资本的深化，为当地经济的稳定发展打下了基础。

（三）创新激励效应

农村产业融合将通过创新驱动内核及技术溢出效应来加速推动县域经济发展效率的提升和结构的优化调整。技术创新有助于高质量资本嵌入传统产业价值链中，为县域经济的发展带来直接的技术及知识效应的同时，一定程度上产生溢出效应，推动形成县域间的分工、协作、竞争的创新网络。通过数字技术引领农业创新发展，充分利用大数据、信息技术等为农村产业融合发展赋能，强化农业生产力、提高农业生产水平，促进农业现代化进程，实现县域经济的高质量发展。

二、农村产业融合促进县域经济发展的政策建议

农村一二三产业融合发展成为巩固脱贫攻坚成果、接续推进乡村振兴、拓宽农民收入渠道、促进县域经济发展的重要方式与手段，为此：

（一）继续优化资源在产业间、城乡间的配置，加速推动资本下乡等举措，延伸县域经济产业链条强化供应链体系建设，提升县域经济发展的内驱力。

（二）以数字经济发展为契机，借助数字金融等手段加速农村一二三产业间的融合互动，盘活潜在的生产要素资源，加速物质、人力资本的有效结合，充分释放县域经济发展潜力。

（三）整合各类科技教育资源，持续加大对农村的技术推广力度，并通过设立技术交流平台等方式促进知识和创新在产业间的溢出，技术在主体间的扩散，并以此为关键要素激活县域经济发展新动能，进一步优化其经济结构及发展路径。

乡村振兴战略下的特色产业发展研究

——以漠川乡温克葡萄产业为例[1]

张 纯 杨 秦[2]

引言

乡村振兴战略主要是指推动农村地区产业兴旺、生态宜居、乡风文明、治理有效和生活富裕。其中产业兴旺要求提升当前阶段的农村生产力，大幅提高农民经济收入，保障生活质量得到提升。而为落实产业振兴，需对传统农业产业进行转型及革新，构建新型农村产业形态，适应未来社会发展趋势。

乡村要振兴，产业必振兴。产业兴旺是解决农村一切问题的前提。而温克葡萄作为一种效益显著的经济作物，发展其产业能够成为推进乡村振兴的有效途径之一。桂林市兴安县漠川乡拥有昼夜温差大、光合作用强、土壤微量元素多等种植葡萄的自然优势及技术、资金等人文方面优势，现在正在积极打造兴安县湘桂古道温克葡萄示范区，对实现特色优势转换成经济优势，打造农业强、农村美、农民富的乡村振兴新典范有积极作用。

收稿时间：2023 年 11 月
2 作者简介：张纯，杨秦，就职于广西兴安县漠川乡人民政府。

一、漠川乡温克葡萄的发展历程

（一）**农民自发引种的起步阶段**。2005年在部分经济能人的带领下，漠川山区开始按照平原地区栽培葡萄的模式自发引种巨峰、夏黑、温克等多种品种，最后发现温克葡萄非常适合当地种植，全乡开始涌现出了一批靠种温克葡萄发家致富的农民。

（二）**葡萄产业发展的起伏阶段**。2005年至2010年在政府和农科人员的指导下，探索出一套适合山区葡萄栽培模式，掀起了葡萄种植高潮，种植面积达2000余亩，亩产值达1万多元。但2010年以后，由于受病灾侵蚀和技术滞后，葡萄产业迅速跌入低谷。为拯救刚刚起步的葡萄产业，在县乡两级政府的帮助下，县扶贫办积极争取自治区扶贫办"十百千"产业化扶贫项目，开展了新一轮葡萄栽培和管理的技术革命。

（三）**标准化种植温克葡萄、打造精品产业阶段**。为精心打造漠川温克葡萄品牌，组织种植大户参加产业发展高峰论坛、专家授课，了解葡萄产业发展的新动态和新技术，形成与时俱进的现代化种植意识；严格执行系列标准化无公害生产；科学组织规划成立葡萄专业种植合作社，注册了"粒粒鲜""川珠王""同心园"等温克葡萄5个绿色食品商标，漠川温克葡萄产业从此进入了发展的快车道。

（四）**葡萄产业持续健康推进阶段**。为实现钱粮并举的目标，制定了系列优惠扶持政策，鼓励具有开发实力的种植专业户，以示范基地的形式兴建了一大批上规模、上档次、效益高的山地葡萄种植基地。

二、温克葡萄产业发展现状

（一）**当前温克葡萄种植收入情况**

兴安县漠川乡现有"中国温克葡萄第一乡"之称，现种植温克葡萄主要集中在桥头、长洲、榜上等10个村委，葡萄专业合作社8家，种植总面积达1.02

万亩，产量2万吨，其中无公害认证温克葡萄1600亩。截至2023年底，实现产值2亿元，农民种植葡萄人均增收1.2万元，占总人均纯收入的50.4%。

（二）推动温克葡萄发展措施

1. **精准施策抓落实**。一是整合各项政策资源。联合上级有关单位从技术、资金、销售、信息等方面支持经济能人、种植大户种植温克葡萄，整合了高标准农田建设、土地整治、土壤改良、小流域治理等项目，完善了水、电、路等各项种植配套设施，修建农田水渠1.2万余米、防洪堤6000余米、机耕路16公里，为种植户在取水和排水方面提供了坚实保障。二是建立联农带农联结机制。培育和发展新型经营主体30家，指导其聚焦温克葡萄产业优势，不断延伸产业链条，通过务工就业、土地流转、代种代养等多种带动方式，与群众建立紧密的利益联结机制。三是与企业携手共赢发展。积极引进广西果之道现代物流公司，解决了销售物流难题，与本地龙头企业桂林日盛食品有限责任公司合作，对葡萄以初加工和深加工相结合的方式开展销售。

2. **技术服务抓实处**。一是邀请专业技术人才指导培训。加强与国家葡萄体系专家团队、广西农科院、广西特色作物研究院、金禾佳农（北京）生物技术公司等科研机构、重点企业联系合作，推动产业关键技术研发、集成创新与转化应用。二是动态监测温克葡萄销售质量。建立健全了农产品质量安全监管站管理，要求在定点销售处购买农药、化肥，同时安排专门技术员对辖区的葡萄进行农药残留检测，抽检合格率为100%才可进行售卖。三是采取新型种植装备。组织农户在葡萄园内安装振动式杀虫灯、气象测试仪、固定式孢子捕捉仪，建设钢架大棚、滴灌、自动化生产加工等设施，助力葡萄生产提质增效。

3. **金融保险政策促发展**。一是量身定制"葡萄贷"。联合兴安农合行围绕葡萄特色产业，根据农户资金需求、种植面积等为农户量身定制贷款产品，创新推出"葡萄贷"，为农户创收提供金融支持。截至2023年7月末，兴安农合行发放"葡萄贷"252笔、金额1167万元，让葡萄种植结出乡村振兴"金豆豆"。二是推进"金融特派员"下基层。选派13名政治素质高、综合能力强、基层工作经验丰富、金融业务扎实的业务骨干担任金融特派员，将金融服务送到田间地头，并根据乡村的自身条件、发展方向及区域特色，为农户制定切实可行的金融支持方案，为解决"三农"融资难、融资贵问题探索出新路子。三是搭建风险兜底"安全网"。为所有种植葡萄农户购买政策性农业保险，如有葡萄出现开裂、烂果、掉果现象，遭遇虫害等情况，都可以向保险公司寻求理赔，减轻农户种植负担，强化保险助推农业产业高质量发展。

4. **高质量宣传助力高质量发展**。一是擦亮文化品牌。周密规划布局成立了葡萄专业组织，注册了"川珠王""粒粒鲜"等绿色食品商标，通过合作社统一技术、统一包装、统一品控、统一销售，提高品质，打造品牌，让合作社成为技术推广和销售服务的主力军，促进了漠川乡温克葡萄产业化发展。二是注重品牌宣传。漠川温克葡萄先后在广西南宁、湖南长沙、广东深圳等地推介亮相，在央视《走进县城看发展》《记住乡愁》等栏目直播展示，连续两年成功举办了"乡村旅游暨葡萄推介活动"，进一步提升了漠川温克葡萄的知名度和竞争力。

三、产业发展存在的问题

（一）**人才不足是产业发展的瓶颈**。漠川乡人口老龄化严重，种植队伍力量薄弱，缺少自主研发的人才，种植人员文化水平低等都是急需解决的问题。农业生产仍局限于一家一户的小生产模式，产品仍定位于初级的农副产品上，营销仍以原始的贩运式销售为主，这就决定了农民难获市场主动权，收益与辛劳的比率差距较大，农业发展难以摆脱原始的农业生产力释放空间的约束。

（二）**葡萄特性限制产业发展**。温克葡萄具有季节性特征，它们的生产和供应存在明显的季节性波动。在葡萄成熟时，采收葡萄时间比较集中，又要求及时储存在适宜的温度、湿度和保持通风等条件的地方，如果储存条件不符合要求，水果容易腐烂变质，导致库存消耗过多。温克葡萄运输要求冷链运输，实际冷链运输量是"供不应求"的状态，而温克葡萄本身种植储藏运输等相关特性直接造成发展的实际困难，也就间接导致了特色葡萄产业发展迟缓的现状。

（三）**相关基础建设迟缓影响发展**。漠川乡整体的基础设施水平较低，隶属山区，很难开展大规模种植，很难适应现代种植产业发展需求，在短时间内很难得到实质性的改变；加工能力欠缺、产业链短，在市场中的核心竞争力很弱，市场占有率低。

四、建议措施

（一）**引入人才发展特色产业**。充分发挥人才引领作用，引进经验丰富、专业性强的农业专业技术人员，加强农技人才引进，抓好新型农业产业人员技能培训，着力提升农户的自我发展致富能力和经营主体带动能力。实施高素质农民培育行动，加强基层农技推广服务体系建设。投入基层农业生产工作中，满足农民的管理和技术需求，实现助农增收。

（二）**推动转型升级促发展**。一是鼓励、引导企业朝着规模化、标准化方向发展。做好政务服务，吸引国内更多的知名的企业进驻漠川，和漠川共同发展好温克葡萄特色产业，引领温克葡萄特色产业朝着规模化、标准化、现代化的大方向去发展。二是加强种植基础设施改造升级，大力发展特色产业培育基地，按照规范化、产业化的基本要求，重点扶持具有一定规模、生产技术良好，具有良好附加值和竞争能力的温克葡萄生产基地。三是加大产业发展建设力度。加强温克葡萄的配送服务、冷链保鲜设施建设等来促进温克葡萄产业的发展。加大对农业基础设施建设的投入，加强村内道路、沟渠等基础设施建设，提高农业生产的基础设施水平。

（三）**延长温克葡萄发展产业链**。一是扶持引领示范，扶持以葡萄为主的专业合作社和种植大户，提高市场话语权，发挥葡萄种植示范园的纽带作用，形成葡萄标准化种植样板。带动小户果农自愿科学化发展葡萄种植，依靠科技提高产品品质和附加值，加强葡萄品牌建设。二是要积极招商引资，促进本地葡萄深加工产业发展，创造新的市场需求，严格按照绿色有机葡萄的生产要求，控制农药、化肥及生长调节剂等的使用，生产绿色有机葡萄，增强果品竞争力，走品牌化发展道路。

林下经济是乡村集体经济的金山银山[1]

盘福东　陈治新[2]

坚定文化自信是贯彻落实创新驱动发展战略的牢固基础。桂林市临桂区茶洞镇和灵川县灵田镇正义村下辖的金盆村有着高度文化自信，实现生态价值、社会价值、经济价值、文化价值的综合提升。

一、茶洞镇茶产业，创新发展林下茶叶经济

桂林市临桂区茶洞镇自古以来有着非常完善的传统茶产业体系和茶文化传承。茶洞有茶叶、棕皮、罗汉果三宝。清光绪年间（1875—1908年），年产茶叶2万担，销往江汉一带。进入21世纪，茶洞镇弘扬茶文化，振兴茶产业，茶树种植，茶叶加工，达到处于食品行业里的同一级别的金字塔尖的高品质。产品不仅通过了南京国环的有机认证，还在SGS的265项茶叶项目安全检测中，一直做到零检出的优异标准。

位于临桂区西部的茶洞镇，行政总面积219.5平方千米，全镇土地80%以上都是山地，植被丰富，雨水充沛，大部分地区海拔在600—1000米，自然环境适合茶树生长，大山中到处有野生桂青种茶树，家家户户每年采摘茶叶制好挂

1　收稿时间：2023年11月
2　作者简介：盘福东，桂林市经济学学会副会长，研究员；陈治新，桂林市经济学学会副秘书长。

在家中药用，是一种经济价值非常高的经济作物。

广西六堡墨茶业有限责任公司将林下种植的桂青种六堡茶特色茶产业发展作为一项重要任务，在桂林茶洞流转连片的605亩山地，使用自然农耕种植方法，进行桂青品种六堡茶种植，秉承"道法自然"的农耕文化，不施肥、不洒药、不除草、自留种、地连作的种植方法，最大程度地限制或减少人工干预，还原茶树的原生野性、茶性。自然农耕种植出的茶叶品质上乘，产品不仅通过了南京国环的有机认证，还在SGS的265项茶叶项目安全检测中，一直做到零检出的优异标准。六堡墨茶成为高品质茶叶品牌。

严格遵守自然农耕种植不施肥、不洒药、不除草、自留种、地连作五原则：

一不施肥。因为使用肥料不仅会不同程度地对土壤、水体、大气等整个生态产生破坏，而且还对种植出的农产品产生污染。

二不洒药。农药有如化肥一样的各种污染问题，在杀死害虫的同时，也杀伤了害虫的天敌，使自然界天敌群落遭受破坏，害虫与天敌间失去平衡，因而害虫猖獗，破坏生态平衡。

三不除草。茶树的种植过程中，只在生长停止的季节对高过茶树的各种杂草进行一到两次修理，保留根部，让其再次生长。

四自留种。桂林本土的野生品种茶树桂青群体种，抗病，抗虫害，适应环境，是生态环境不可或缺的重要链环。

五地连作。桂青种六堡茶的原料——桂青品种茶树是多年生树种，只需耕种一次，生长环境不被破坏，可以采收几百甚至上千年，而且茶树越老，茶叶的品质越好，经济价值越高。

按上述"五原则"种植的桂青种六堡茶，品质一流，几百项茶叶有害物质检测零检出，生产出品质高于欧盟的有机认证及德国德米特认证、达到最好的自然级别产品，把小茶叶做成了大文章。

二、金盆村的生态灵芝，助力推动乡村振兴

桂林市灵川县灵田镇正义村下辖的金盆村，距今已有600多年历史。2019年6月6日被列入第五批中国传统村落名录。金盆村创建"广西森林村庄"，2013年开始严格遵循德米特种植，在"保护中发展，发展中保护"，充分利用森林资源优势发展林下经济，加快森林资源富集向绿色产业富集转变，形成了集培育、种植、深加工、创意销售及生态旅游综合体等一体化的灵芝生态产业链，系统、循环、可持续发展的林下绿色经济产业初具规模，灵芝生态种植产业经济助推乡村振兴。

金盆村建立标准化基地，由公司提供灵芝菌包及技术服务，农户负责种植，产品再由公司统一收购和销售，农户成本投入和市场风险降低，参与生产的积极性自然提高。途径如下：

一是建设生态旅游综合体，促进生态产品价值显化。点线面结合，统筹谋划，突出重点，基础设施和服务体系完善；统筹森林旅游特色资源，定位精准，打造独具特色的森林村庄旅游品牌。森林资源丰富的金盆村，当好"两个保护"的排头兵，在"保护中发展，发展中保护"，结合招商引资项目和现有优势经营主体的发展意愿，瞄准森林生态旅游、林下种植、生态康养业态方向，林下经济"种植（养殖）基地+龙头企业+产品深加工"一体融合，发展短平快的林药、林菌、林禽等林下种养，注重基地建设及示范引领，利益共享，龙头企业、合作社、农户构建利益联结机制，形成紧密的发展共同体，实现产业良性发展，生态产品供给能力得到提升后，结合灵芝产业优势，培养高技术农民、促进灵芝中药材产业发展。面向"互联网+"现代农业，围绕"公司+基地+农户"等经营模式，开展农民种植栽培技术与管理等多层次教育培训服务。

二是树立绿色品牌标杆，提升产品质量。金盆村提高企业的品牌意识和知识产权保护意识，已连续五年获得中国有机食品认证，正在申请全球顶级安全食品认证体系——德米特认证。

三是保护和提升自然生态环境。金盆村青山环绕，绿水长流，古樟参天，

景色优美，是种植灵芝等药食两用中药材的理想环境，高山林下仿野生灵芝生态总面积100余公顷，自有原始森林基地2000亩，辐射带动25000亩种植。拟建集种植、生产、销售、科研、教育、康养、文化传播为一体的全球最高有机标准——德米特农业标准示范基地。已建设山谷、山腰、山顶三个种植基地，3000平方米的生产加工车间。基地位于海拔600米以上的深山老林，土壤、水源、空气经检测达国家一级自然保护区标准。植物自由生长空间优越，高山种植的有机灵芝吸收日月精华，无污染的人工除虫——搭木屋放白糖引诱、焚烧白蚁，人工捉蜗牛，用生姜、大蒜、辣椒水除灵芝虫等。

四是村民可就业，收入能增加。金盆村农户发展林地种植2000亩，带动周边50户农民年均增收3.5万元。深加工带动40人以上就地务工，人均增收3000元。综合发展可为社会提供数千工作岗位，可为农村剩余劳动力和大学毕业生提供就业机会，有利于缓解就业压力。

五是研发药食药膳合乎"适应原"。药食同源疗法中的食材富含维生素、矿物质、抗氧化剂等多种有益成分，这些成分不仅能够治疗疾病，还能够起到预防保健的作用。金盆村在研发药膳"灵芝宴"的过程中，遵循"首务无伤"，谨守"言之有物，论之有据，简便易行，行之有效"的规范，所使用的任何理、法、方、药、食合乎"适应原"的条件。

三、掌握主导权，带动乡村振兴

自然医学是康养产业发展趋势，核心是自然食材与药材。药食同源，不论好的药材还是好的食材，都离不开干净的空气、水和土地。有良好康养的环境，方可身心愉悦，茶洞的茶产业和大健康产业作为特别功能区，是"绿水青山就是金山银山"两山理论转换的实践区。原以木材作为主要经济收入，而产品产量十分有限，因此不可将林木作为收入来源。

产品的独特性和稀缺性决定了它在市场上的价格。林下经济能够有效利用林下空间，在不影响原有林业经济产出的前提下，为林区农民开辟出新的经济收入渠道，缓解农村剩余劳动力就业问题，提高林区经济效益。构建复合式生产模式，为林区农民带来更多经济收入。金盆村把自然农耕种植茶叶的经验移植到其他的农林产品——中茶药等食用林产品和食用农产品的种植上。

桂林市临桂区茶洞镇和灵川县灵田镇正义村下辖的金盆村，走出了一条利用林下产业发展实现富农增收和林业生态产品价值的成功之路。一场极其深刻的、前所未有的农业大转型已经到来，自然农耕种植只有依托合作社集体化，才能在农业大转型中可持续地凸显优越性而发挥作用。合作社集体化，形成社会扶贫的强大合力符合社会主义的本质要求，也是社会各界的殷切期望。合作社集体化反映中国特色，体现时代特征的合作社集体化的林下经济，成为我国农业经营制度创新的一大亮点。

振兴广西六堡茶的思考：产业引领多管齐下[1]

邓豪明[2]

在巩固脱贫攻坚成果乡村振兴战略中，大力发展和振兴六堡茶产业，已经成为广西各级有关部门的一项重要工作。如何把茶产业做大做强，为广西经济发展注入新的活力，是一个很值得探讨的课题。

一、六堡茶的悠久历史和重振发展

（一）**六堡茶种植制作历史悠久。**明朝以后，苍梧分为11个乡，下设堡、闸、洲和甲，六堡隶属多贤乡管辖。清朝已形成六堡茶产区。清朝康熙年间修编的《苍梧县志》记载："茶产多贤乡六堡，味厚隔宿不变……色香味俱佳。"味厚隔宿不变，说明当时多贤乡使用了类似黑茶的制作方法，这也是关于六堡茶最早的文献记载资料。因为以六堡所产的茶叶最为优质，所以把这个地方所产的茶叶统称为六堡茶，这是六堡茶以地名命名的缘故。

（二）**六堡茶的持续发展。**新中国成立以后，1953年，中国茶业公司广州分公司开始在梧州成立办事处，并把六堡茶作为主要的经营业务。到了1954年，中国茶业公司在梧州成立子公司，对六堡茶实行挂牌收购，新成立了梧州茶业加工厂，这个加工厂不断发展壮大，成为后来的"广西梧州茶厂"。从此，梧州

---

1 收稿时间：2023年11月（本文于出版时作了修订）
2 作者简介：邓豪明，广西知青文化研究会梧州联络处副主任。

六堡茶生产进入一个全新的阶段。

（三）**茶船古道使六堡茶远销海外**。六堡茶有着悠久的历史，也是著名的侨销茶，早在清中后期就已经远销东南亚地区。而使得六堡茶从僻远的深山老林走出大山沿着西江到达珠三角、东南亚，乃至日本、北美地区的，就是这条与茶马古道齐名、充满传奇色彩的茶船古道。

二、广西六堡茶乘势而上方兴未艾

（一）**六堡茶得到政府的高度重视**。习近平主席2017年在中国国际茶叶博览会的贺信中指出，从古代丝绸之路、茶马古道、茶船古道，到今天丝绸之路经济带、21世纪海上丝绸之路，茶穿越历史、跨越国界，深受世界各国人民喜爱。第一次将六堡茶贸易的重要文化名片"茶船古道"提到国际性的高度。

2019年12月，广西壮族自治区人民政府出台《关于促进广西茶产业高质量发展的若干意见》，提出要努力打造"广西六堡茶"，在梧州市、横州市、桂林市等适宜区域重点发展六堡茶。六堡茶的发展打破地域观念，第一次以产业化的提法出现在人们的视野。

2022年10月17日，习近平总书记参加党的二十大广西代表团讨论，在听取六堡镇山坪村党支部书记祝雪兰的汇报后，总书记叮嘱要把六堡茶做大做强。

（二）**六堡茶得到政策的重点扶持**。近年来，广西壮族自治区和梧州市政府相继出台政策，为六堡茶的发展提供强有力的政策支持，助推六堡茶产业蓬勃发展。尤其是2019年12月广西壮族自治区人民政府出台的《关于促进广西茶产业高质量发展的若干意见》，六堡茶再次迎来发展的春天。

（三）**六堡茶在乡村振兴中发挥重要作用**。自治区党委、政府高度重视茶产业发展，在历年政府工作报告中多次部署茶产业发展工作，将加快推进茶产业高质量发展作为巩固脱贫攻坚战成果、实施乡村振兴战略的重要举措。

近几年来，广西六堡茶呈现出产销两旺、量价齐升、高速发展的良好势头。2019年到2023年间，六堡茶的市场价格年均增长20%—30%，六堡茶企业销售额年均增长20%以上。梧州市苍梧县六堡镇是六堡茶发源地，茶产业是梧州的特色产业、生态产业、富民产业。2023年10月15日，作为2023梧州六堡茶文化节——第二十届梧州宝石节重要活动之一，梧州六堡茶秋季开茶仪式在苍梧县六堡镇举行。现场举行了六堡茶龙头企业与合作社购销协议签订仪式，签约总金额3.6亿元，解决4290户茶农茶叶销路问题，实现六堡茶助力乡村振兴。

数据显示：至2024年6月，仅梧州市就有茶园面积38.62万亩，建成规模以上茶园34个、苗圃基地87个，全市共完成苗圃建设面积4370亩。2023年全市六堡茶产量达到3万吨，综合产值达到200亿元，其中，苍梧县现有茶园17.78万亩，苍梧六堡茶直接产值提升到16.8亿元，综合产值达58亿元。获评"中国茶业百强县域""茶业最具投资价值县域"，带动受益群众约6.5万人，每年能为茶农平均增收3000元，成为联农带农富农的乡村振兴支柱产业。

截至2024年初，梧州市已培育SC认证茶企135家，全市共有涉茶产业市场主体5901家。另据《2024中国茶叶区域公用品牌价值专项评估》，"梧州六堡茶"区域公共品牌价值达49.73亿元，排名全国第13位，居广西茶叶第1位，全国黑茶类第3位，实现历史性飞跃。

三、大力发展六堡名茶产业的思路

为振兴广西六堡名茶的发展，进一步促进经济步入良性循环的不断壮大，笔者就这一课题，提出几点思路：

思路一：提高认识，重在行动

有关部门必须认真贯彻好习近平总书记对发展六堡茶产业的重要讲话精神。把进一步发展六堡茶产业的工作，放到一个新的和重要的高度去认识，并分门别类地做好产业的领导和指导，使六堡茶产业得到健康有序的发展。

在做好六堡茶产业的行业标准和茶园改良的基础上，加大对六堡茶的宣传和推介力度，要充分利用主流媒体、新生的自媒体对六堡茶的宣传。建议六堡茶原产地梧州市做一个新城标，通过对六堡茶的"一芽两叶"塑像，寓意广西及梧州市六堡茶产业一片"生机勃勃"，使发展六堡茶产业深入人心，上下达成共识，加大六堡茶产业的影响力。

思路二：整合资源，发挥优势

必须花大力气整合六堡茶产业的发展优势，培育一批龙头企业。目前广西的六堡茶茶企众多，工艺及商标五花八门，很有"百花齐放"的景象。但是，由此又带来了无序的竞争，削弱了六堡名茶多年树立起的良好口碑，没有形成强有力的拳头打出一片市场。因此，很有必要对六堡茶产业做进一步的整合。通过对六堡茶产业的行业标准、制作工艺、茶园规模、市场份额占有率的严格考核，培育出一批有实力的龙头企业和优质品牌，更好地带动广西六堡茶产业步入"快车道"。

思路三：茶企农家，并驾齐驱

一直以来，存在着这样认识："现代工艺六堡茶"（厂茶）因有严格的行业标准和卫生认证，有完善的堆渥、仓储工艺，特显六堡茶"红浓陈醇"，能代表六堡茶的发展方向；"传统工艺六堡茶"（农家茶）则以其制作工艺简单，杀青炒作也以其清香甘甜而深受消费者欢迎，在市场也占有很大的份额。因此，笔者认为，"现代工艺六堡茶"和"传统工艺六堡茶"都不能顾此失彼，要共同取长补短，整合各自优势，形成发展广西六堡茶现代与传统并驾齐驱的合力态势。

思路四：茶园经济，多方互动

广西有着得天独厚的气候，特别适合茶树的种植，茶园风光更是美不胜收。在这方面，我们也可以充分利用。以茶园农家乐的方式，促进茶园经济发展。简单地说，就是让游客通过"吃喝玩乐"，加深对六堡茶的茶文化理解。"吃"，就是通过加入六堡茶，烹调出各种美味佳肴。"喝"，就是在茶山品饮茶艺师或自己亲手制作的六堡茶，置身大自然的环境。"玩"，就是设计一些与茶有关的旅游线路，吸引游客。例如，在六堡镇合水码头，就可以让游客通过乌篷轻舟，体验当年"茶船古道"，使小小六堡茶走出大国门的情景。"乐"，就是开展一系列的茶文化活动，让游客感受到茶文化魅力，大家乐在其中，村民也从茶园农家乐增加收入。

思路五：挖掘开发，一业带多业

毫无疑问，六堡茶产业在广西不少地方已经成为不可忽视的经济支柱产业。但是从茶叶实现其经济价值来看，茶叶一身都是宝的特性还没有得到充分利用，这就要求我们从多维的角度去思考，用高科技手段去挖掘开发茶品系列。如广西六堡茶的美食、保健等产品就很受大众喜欢。因此，要发挥高校和茶企的研发力量，在近期开发一系列高附加值的六堡名茶美食和保健品，使资源优势转化为市场优势。

综上所述，振兴广西六堡名茶，使之成为支柱产业是一个非常好的课题。我们一定要按照习近平总书记对发展六堡茶所强调和要求的，扎扎实实地做好工作，做大做强做活广西六堡名茶的产业。

新时代乡村产业振兴的逻辑地位、现实困境及应对路径[1]

杨　晓[2]

党的二十大报告指出，"全面建设社会主义现代化国家，最艰巨最繁重的任务仍然在农村"。而乡村振兴，产业兴旺是重点。自党的十九大提出乡村振兴战略以来，各地在乡村产业振兴实践中纷纷做出了积极的探索，取得了利民惠民的成果，进一步阐述乡村产业振兴蕴含的重大现实意义以突出其在乡村振兴中的首要地位，并提出乡村产业振兴实践中存在的若干问题，结合相关案例，将系统地提出推进乡村产业振兴的几点建议。

一、新时代乡村产业振兴的逻辑地位

（一）产业振兴是培育农民主体由"传统"向"现代"转型的内生动力

农民主体作为农村现代化建设的唯一能动性因素，既是现代化的逻辑起点亦是价值旨归，农村现代化的实现必然以农民现代化作为关键性的条件，又在这个过程中推进农民由"传统"向"现代"的转型，两者相辅相成。新中国成立以后，城乡二元结构逐渐成为我国社会构成形态，乡村有别于城市，具有其

1　收稿时间：2023 年 11 月
2　作者简介：杨晓，广西师范大学马克思主义学院硕士研究生。

独特的"乡土性"，既表现在就地取材，土地给农民带来生活生产丰富的自然资源，又带来就近原则模式的形成，使得农民被束缚在狭小的地域空间；同外界隔绝、专注于个人及家庭事务、与社会大环境脱节；信赖传统权威，法治观念淡薄等。乡村产业振兴可以打破"乡土性"带来的资源流通局限性，以产业振兴为主、政策援助为辅打造由"输血"变"造血"的发展模式。产业振兴作为一种适应社会发展的具有现代化的工具手段，可以培养农民主体更为强烈的独立意识、自主性及创造能力，带来的利益成果普惠农民，将原有的农民主体进行转型升级，激发其摈弃传统的宿命意识和消极保守观念，积极参与社会竞争，又以发展成果吸引新型农民，解决人口"空心化"问题，壮大乡村振兴的合力。

（二）产业振兴是推进乡村振兴由"单一"向"全面"发展的重大支撑

在乡村振兴的"五个振兴"有效路径中，产业振兴置于首位，更是其他四大振兴的基础，具体表现在：第一，产业振兴对人才具有最直接吸引力。通过产业振兴能够提供数量更多、层次更丰富的就业岗位，既有助于吸引高层次人才进入农村产业从事研发、管理等工作，也有助于吸引人才来到乡村从事教育、卫生等基础公共服务产业，多选择、多路径地提高乡村人力资源水平。第二，兴旺的文化产业发展，既可以增"收"又可以增"智"。例如依托红色文化、非遗文化、民间特色文化等文化资源，通过产业的整合，不仅可以保护、发扬乡村文化，增加农村居民收入，还可以提高居民保护文化意识，有组织、有目的地打造乡村文化品牌，增强乡村群众文化自信，促进文化振兴。第三，绿色生态农业、绿色生态工业以及以自然资源打造的旅游业践行着"绿水青山就是金山银山"的可持续发展理念，更高效、更有组织性地提高居民环保意识，建设和美乡村，促进生态振兴。第四，产业建设能够在乡村基层组织中吸引人才，乡村基层组织的干部职工能够在乡村一线中提高组织能力，积累实践经验。产业振兴单向作用的发挥，促进与人才、文化、生态、组织振兴双向的互动形成，进而实现乡村振兴的由"部分"到"整体"环环相扣的系统发展。

（三）产业振兴是实现共同富裕由"阻滞"到"畅通"加速的物质基础

党的十八大以来，在党中央领导下，扶贫工作取得了决定性成就。截至

2020年底，现行标准下9899万农村贫困人口全部脱贫，832个贫困县全部摘帽，12.8万个贫困村全部出列，区域性整体贫困得到解决。习近平总书记多次强调，要坚持把增加农村收入作为三农工作的中心任务，要千方百计拓宽农民增收致富渠道。关于促进农民增收致富，实际上背后最重要的支撑就是产业振兴，脱贫攻坚是实现共同富裕至关重要的一步，2022年，脱贫地区农民人均可支配收入达到15111元，增长7.5%，比全国农民人均可支配收入增速高1.2个百分点。脱贫人口人均纯收入达到14342元，同比增长14.3%，比全国农民人均可支配收入增速高8个百分点。从脱贫攻坚到乡村振兴，区别于以往直接地、简单地、效果短期化物质扶贫的方式，政府更注重挖掘特色产业对乡村发展的长期作用，提升农村群众的内生动力与活力有助于农村实现持续造血，产业振兴是转变群众思想观念，提升其内生动力的最有效方式，是加快实现共同富裕最有力的举措。

二、新时代乡村产业振兴的现实困境

（一）乡村产业振兴目标设置短视、认识单一，统筹兼顾不足

目前一些地方对于乡村产业振兴的目标设置存在偏差，主要表现在两个方面：一是对乡村产业振兴目标的设置短视，没有统筹长远目标和近期目标。产业发展作为乡村发展内生动力的重要来源，应是长期的、繁荣的，相对于短期的扶贫式的发展应着重于脱贫攻坚的最初阶段，后期如何巩固脱贫攻坚的成果，防止乡村返贫，目前一些地方，把短期目标当作长期规划来实施，急于求成，产业发展受到阻滞，长远来看造成只见投入不见成效的局面，很可能透支乡村产业发展的未来。二是对乡村产业振兴目标认识单一，没有兼顾产业发展目标与相关主体的利益。乡村产业振兴需要植根乡村，以农民为主体，确保农业、农村、农民真正受益，在这个过程中，农民增收、农民生活幸福感增强应作为乡村产业振兴的价值取向，巩固农民主体地位。

（二）农村资源配置效率不高，农村基础设施建设依然薄弱

近几年随着脱贫攻坚、全面建成小康社会的推进，我国农村的基础设施建设正在逐步完善，一些地区乡村产业振兴所需的配套基础设施和功能不健全，或者与产业振兴的需求不相匹配。由于我国城镇化的快速推进，大多数资源偏向大城市，小城镇基础设施相对薄弱，综合承载能力弱，城镇功能配套不完善，城镇布局不合理。而在农村，基础设施建设更是滞后，配套设施也不完善。一些地区的农田水利、农村公路、冷库、宽带等基础设施建设无法满足乡村产业发展提质增效的需求；一些地区的农村物流体系尚未构建起来，从田间地头到消费者之间的物联网络还没有打通。此外，在传统农业向现代化农业转化过程中，农民由传统农耕文化的小农思想向主动创业的积极探索思想转变不强，缺乏自主创业的浓厚氛围，很多时候是政府起主导甚至主要作用。除了农民自身现代性不足，农村产业发展还面临着较大的资金缺口，金融资源与产业扶贫工作未能有效衔接，农业信贷产品开发明显不足，农民融资困难，政府、企业、农民之间的金融通道有待打通。

（三）农业经营体系不健全，新型农业经营主体发展缓慢

人力资源在产业现代化升级过程中起到核心作用，但在乡村地区，人才流失严重，出现农村"空心化"现象。从当前来看，农村老龄化呈不可逆转的趋势，大量的中青年劳动人口选择外出务工，农村劳动力外流，常住人口群体大多为老人及幼儿，劳动力资源缺乏，农民综合素质不高，无法成为推动产业振兴的人力要素。一些地区农村农业经营的主体还是以家庭为基本生产单元的农户，农户中又以老人作为主要的劳动力人口，受土地政策和传统观念的影响，其他经营主体很难进入农村产业经营中，农户大多处于安于现状的状态。龙头企业、合作社和家庭农场作为我国新型农业经营主体的核心组成部分，与乡村产业融合力度不足，还存在资金、技术、政策等方面的壁垒，其规范性欠缺、可持续性差等也限制着乡村产业的高质量发展。高素质农民人才是乡村实现高质量发展的长远之需。必须把坚持农民主体地位作为中国式农业农村现代化的价值指向，要以高素质农民、新型农业经营主体推动乡村产业振兴，实现共同富裕。

三、新时代乡村产业振兴的发展路径

（一）用好"两只手"，正确处理乡村产业振兴中活力与秩序的关系

乡村产业振兴需要处理好政府和市场两者之间的关系，厘清政府与市场的边界，调度好政府逻辑和市场行为之间的张力是产业振兴的重要之举。从农村供给侧结构出发，坚持实事求是，遵循客观发展规律，通过购置扶贫服务引入市场力量。中国式现代化应当而且能够实现活而不乱、活跃有序的动态平衡，农村产业现代化也应是充分发挥市场在资源配置中的决定性作用，更好发挥政府作用，激发农村农业农民的创造活力。在产业扶贫、产业振兴过程中，政府如果一味充当补贴补助发放者的角色，很难达到推动产业发展的效果，而且会助长贫困户与非贫困户的轻视劳动、不劳而获、坐享其成及消极躺平的不良思想，且容易造成农民之间的不公平感，可能激发新的农村矛盾，所以资金补贴这一举措只能当作暂时性的。根本在于，根据市场导向，因地制宜挖掘乡村优势资源，打造特色产业，以产业振兴作为乡村振兴的首要发展战略，以市场需求为导向，优化、升级农业内部产业结构，增强农业供给侧结构性改革力度，完善区域产业布局，通过智慧化的农业种植养殖、农产品加工、农村旅游观光打造和美乡村等，实现农业全领域、全产业、全链条的技术升级，促进农业与二、三产业的深度融合。

（二）强化"三个聚焦"引进人才，增强农村发展的内生动力

关于乡村人力资源、人才振兴的重大问题解决，应聚焦三个问题：一是聚焦"人才从哪里来"，强化人才引进新机制。应将乡村人才振兴纳入基层党委人才工作总体部署，健全完善在外人才常态化联络对接和引领服务制度机制。可通过开展集中座谈，召开人才组织生活会，走进高校、企业等活动，吸引人才投身乡村振兴事业。二是聚焦"回来做什么"，强化干事创业新平台。人才回流乡村后，如何才能稳流，为产业振兴提供源源不断的人才队伍？江西抚州南丰县按照不占村"两委"班子职数、不参与日常事务管理、不领取待遇报酬的"三不"原则，聘请120位返乡人才为"特聘村主任"，带动引进项目30个、投

资2.1亿元，帮助村集体增收383万元。南城县选聘144名返乡人才任"名誉村长"，在宣传推介家乡、提供智力支持、参与村民理事会、搭建致富平台、培育乡村人才等方面发挥作用，协助化解矛盾纠纷213起，促成村企联建项目57个，推广农村实用生产技术18项，辐射带动2000余名农户增收致富。三是聚焦"发展有实效"，强化乡村振兴新担当。坚持党建引领乡村治理，发挥基层党员的先锋模范作用，推动实施乡村振兴人才支持计划，促进"党建＋人才、产业、农村"现代化融合发展，夯实基层党建基础，回引在外人才，下派干部人才，吸收技术人才，充实乡村治理人才短板，发挥返乡人才熟悉乡情、商情优势，培养一批具有乡土情怀的人才，促进乡村经济与文明繁荣发展。

（三）遵循"四化"原则，确保乡村产业长远发展

在乡村振兴背景下，为了保证产业发展行稳致远、顺利推进，应遵循以下原则：一是规模化。产业布局应由分散式转变为规模化，种植业、养殖业及乡村旅游业集约化发展，利于大力推进农业生产的机械化、标准化，提高农业生产效率，推动产业振兴，打造产业链条集群。二是特色化。乡村产业振兴最基本也是最关键的原则，就是产业特色化，即因地制宜、宜农则农、宜渔则渔、宜旅则旅、宜文则文。中国地大物博，乡村各具特点，照搬照抄一些示范乡村的发展，脱离对自身地区的深入分析、统筹规划，非但没有达到预期的效果，很有可能会对当地的生态环境造成破坏。三是技术数字化。产业发展前期，要强化农业科技装备支撑，推进农村产业数字化，以互联网技术、智能化技术、物联网技术等数字技术提升农业装备的自动化和机械化水平，推动农业现代化发展。让农民充分利用现代化成果，引导农民积极参与科技创新活动，以现代化技术的培训、掌握促进农民现代化。四是绿色化。乡村产业振兴要遵循绿色发展的战略取向，经济的发展以牺牲环境为代价不符合"绿水青山就是金山银山"的价值取向，一方面，要严格落实项目环境评价与监测制度，严格执行项目环评标准，确保产业项目不对当地的生态环境产生负面影响，保持乡村产业发展的绿色属性。另一方面，要注重保持地方生态面貌的完整性，避免伤根伤本，走可持续发展的乡村振兴之路。

乡村振兴产业发展思路与对策

——基于广西乡村振兴产业招商的思考[1]

孟祥凤[2]

自我国乡村振兴战略实施以来，乡村产业成为乡村振兴关注度较高的重点。检索知网，2021—2022年两年间有关乡村振兴产业发展的论文多达20000多条，可见产业建设在乡村振兴中有很高的关注度。产业招商引资是乡村振兴产业发展的重点，本文结合近年广西乡村产业招商引资调研情况提出以下讨论。

一、乡村振兴产业招商优势与劣势

（一）乡村产业招商优势

农林业资源丰富是广西乡村产业资源的突出特点，以种植业和养殖业为主的传统产业占据广西乡村产业较大比重。经过"十三五"时期的不断推动，以及2020年脱贫攻坚的全面努力，"十四五"以来，广西乡村产业向好发展趋势明显，主要表现为特色农业产业逐步发展壮大，现代农业产业园区建设步伐加快，高标准农田面积、农业综合机械化率不断提高，形成了区域特色相契合、市场需求相匹配、环境承载相适应的特色农业产业体系，粮油、糖蔗、蔬菜、

1　收稿时间：2023年11月
2　作者简介：孟祥凤，桂林市经济学学会副研究员。

水果、蚕桑、茶叶、中药材、畜牧业、渔业、生态林十大特色产业成效初显，初步构建了蔗糖、粮油、果蔬、现代中药、畜禽产品、水产品等一批特色品牌，全区农产品加工产业带加快形成。

（二）产业招商现状

1. 产业招商引资成为乡村振兴战略的重要抓手

2018年，自治区人民政府印发了《广西产业大招商三年行动计划（2018—2020年）》，全区各县乡通过大开放、大招商，突破发展瓶颈，推动乡村振兴产业发展。乡村振兴产业类招商项目数量逐步增加，主要集中在农业种植、生态养殖、农产品加工、休闲农业旅游、大健康产业、中药材种植及加工、油茶种植加工、林产品加工及板材家具、桑蚕及蚕丝绸、冷链物流十大领域。其中，农产品初级加工类、休闲农业旅游、林产品加工及板材家具、大健康等项目占据农业招商引资较大比重。粮油、果蔬、畜牧、渔业四大产业以及蔗糖、食品加工产业链，桑蚕、茶叶、中药材等多个小精尖产业成为政府招商引资的重要内容。

2. 产业招商的劣势与不足

乡村产业同质化。近年，广西大力推动乡村产业招商引资，全区农业及相关领域重点产业对外驻点招商项目中，休闲观光农业、大健康产业占据近半数之多，不少项目尤其是乡村旅游、大健康产业项目以及种植业、养殖业项目呈现同质化现象。如柑橘产业和林木产业，项目雷同化比比皆是，乡村产业招商引资面临窘境。

现有产业链不健全。传统农业产业拓展型项目不多，产业链对农业产业经济的重要性及影响还未能引起高度重视。不少传统农业产业结构不优，龙头企业带动性不强，产业链不健全问题比较普遍。

创新型产业项目缺乏。有的项目对资源优势的依赖性较大，对项目可持续发展考量不足。引项目、搞流转、创产业、促招商的工作方法，与当下乡村振兴过渡期产业发展的内在规律和产业富民的要求有一定距离。农业一二三产融合发展存在单一性，如乡村田园综合体项目，缺少从产业融合的角度去深度发掘，建成后市场效益欠佳。

3. 村集体经济缺乏创新活力

村集体经济是乡村产业振兴的重要表现，居于乡村产业招商推动的主体地位。一些村集体经济对乡村产业投资的认知度不高，招商引资过度依赖上级政府，缺乏主动探索创新意识，"等、靠、要"思想客观上阻碍了产业的发展。

二、思路与对策

（一）主要思路

首先，重视区域联合，加强研判农业及其相关产业发展趋势。确定区域发展定位，开展招商引资。选择接地气、符合地方实际的产业项目，夯实引资基础。尊重农民意愿，因地制宜，多种形式发展乡村产业，适度规模经营，通过跨区域的联合或竞争合作型的产业发展模式，组织推动区域性产业招商。

其次，重视产业链的招商引资。加强有针对性的招商，寻找能够形成集群效应的产业链条，促进形成产业集群效应。争取技术合作招商，特色资源引资，按照规划和产业布局形成产业集群效应，帮助各地乡村振兴提升区域整体的产业竞争力。

（二）对策建议

1. 加强制度创新，改革乡村振兴产业招商引资模式

加强乡村振兴制度建设。一是加强接地气的顶层设计。根据乡村产业发展实际，注重产前、产中、产后有机衔接的项目招商。二是结合投资要素和产业的比较优势，建立以投资为中心的服务机制，引进、构建公益性服务和经营性服务、专项服务；构建综合服务相协调的多元化、多层次、多形式的新型农业社会化招商服务体系。三是优化招商方式方法，把引资与引智、引技与引商结合起来，发挥节会展会、企业驻外机构和产业集聚区等平台作用，促进市场各类要素合理流动和高效集聚，形成协作联动、高质量发展的区域经济布局，以跨区域合作推动乡村产业优势互补。

加强产业链培育工程。以特色产业为基础，加大力度开展产业链及其链主的培育工程，强化相关产业链的培育；加强区域合作，推进农业生产要素的合理配置与优化组合，形成上下游产业的衔接与匹配，夯实乡村振兴的产业发展基础。重视产业项目的前期培育，确立延伸产业链和价值链的项目建设；运用工业项目建设思维来实施乡村产业项目建设。通过项目库建设、项目选择、项目培育、项目孵化、项目招商、项目落地服务、项目跟踪服务等一系列组合手段，形成一整套的产业项目培育机制。

加强以惠农惠商为核心的项目服务。实行政府招商引资项目服务清单制管理，为投资企业提供项目市场发展前景，提供项目建设的可行性政策保障体系。让投资方投得放心、干得安心，避免项目落地后"放羊式"管理，为投资方打造安全良好的投资环境；寻找联农、兴农、助农的产业项目引商引资，帮助已经形成的扶贫车间向产业合作工厂转型升级。

深入实施科技兴农战略，通过资金投入吸引科技下乡。健全涉农技术创新市场导向机制和产学研用合作机制，推动形成现代农业产业科技创新中心和农业科技创新联盟，建设农业科技园区、农业科技成果转化中心、科技人员创业平台、高新技术产业孵化基地，打造乡村产业创新高地。

2. 制定有利于欠发达地区招商引资的政策

出台乡村振兴招商引资优惠政策。农产品加工用地应统筹规划，园区规划应纳入县域整体规划。对于农产品加工示范区以及具有引领作用的重大项目的建设用地，建立报批绿色通道，实行优先供地和审批政策。通过引进生态的、高科技的技术，推进脱贫地区乡村产业链、价值链的延伸。以技术创新项目的落地推动乡村传统产业向现代乡村产业转变。

加强内引外联。统筹协调，整合优势，优化资源配置，从发展和做强区域特色农产品市场竞争力着眼，注重县乡之间、产业之间两大融合。引进现代综合农业产业发展的项目及中高端人才，使产业项目与人才引进融为一体。激活落后的生产要素和改善产业运营方式，提高乡村产业的生产效率和经济效益，强化农产品在市场中的竞争力。发挥招商引资带来的"溢出效应"和"鲇鱼效应"，有效推动实现乡村生产要素的持续积累与动态升级，为乡村振兴增添动力。

3. 重点建设农业供给侧项目

特色产业项目。突出地方特色产业的比较优势，重点关注各地农业产业结构调整，切实促进各地农业尤其是特色产业提质增效。整合资源，集中优势，推动果业、蔬菜、特色养殖业以及林下经济和中药材的规模化和产业化项目建设，打造并完善桂系重点特色农产品。

产业链建设项目。抓住发展先机，盯住乡村产业的核心竞争力，聚焦产业发展要素，吸引农业科技资源进驻本土优势领域，引领乡村现代农业的发展。

三产融合项目。重点推进现代农业园区建设，探索建立多形式利益联结机制。引导示范区各类经营主体建立"示范区+企业+合作社+农户"的经营体系；因地制宜推行土地股份合作、土地托管、统一经营分户管理等多种经营模式；充分挖掘和拓展农业健康养生、休闲观光、生态保护和文化传承等多种新功能，实现各种业态深度融合。

4. 大力引导村级集体经济招商引资

放宽乡村产业招商引资政策，适度向村集体经济项目倾斜，鼓励村集体经济发挥资源优势和土地优势，实行跨区域、多种类村集体经济产业招商引资，拓宽村集体招商引资项目类别和项目渠道，盘活村集体部分闲置不动产，如办公用房、学校、仓库、礼堂等，推动服务类项目和产业类项目联合招商引资，放大乡村产业项目效应。

加强乡村公路建设　促进乡村产业发展[1]

梁定平[2]

习近平总书记指出，农业农村农民问题是关系国计民生的根本性问题，要把实施乡村振兴战略作为新时代"三农"工作总抓手，促进农业高质高效、乡村宜居宜业、农民富裕富足。由此，民族要复兴、乡村必振兴是党和国家的重大战略部署。本人认为乡村振兴包括各方面工作，其中改善乡村交通设施是一项重点工作。下面浅谈个人看法，供有关部门参考。

一、乡村公路现状

自1978年改革开放以来，我国投入资金修路取得很大成绩，广西基本实现：各市到县城通高速路、县城到乡镇通二级路、乡镇之间通三级路、乡镇到行政村通四级路，行政村到自然村屯的路也逐年增加，最显著的成绩是广西高速公路2024年底通车里程将突破一万公里，排在全国前四名。我们要补短板，重点修行政村到自然村屯的路网，先修断头路、出村路，连接乡镇路，方便群众出行。现村屯路里程不足、密度低、通达不够广，而群众买电单车和三轮车的很多，买小轿车的数量增加也很快，村屯路已不满足需求，加快修路必须提上议事日程。

1　收稿时间：2023年11月（本文于出版时作了修订）
2　作者简介：梁定平，高级工程师，广西知青文化研究会会员。

二、统一思想认识

要想富，先修路。这是政府和群众的共识，路修好了，可以降低农副产品等各种物资运输成本，谁都想把路修到家门口，一条公路致富一方百姓。

三、应对措施

村屯路项目分散，施工困难较多，我们要发扬艰苦奋斗自力更生精神，采取如下几点措施：

（一）**科学制定建设规划**。村屯路是乡、县、省道的基础，要做到改建和新建相结合，合理布局，提高密度，增加通达深度，扩大广度，连接到各乡、县、省道，才能形成四通八达的路网。

（二）**广开资金筹集渠道**。村屯路点多面广，要因地制宜多方面筹资，如政府制定政策法规保证修路有章可循，发挥"民工建勤、民办公助、以工代赈"的作用，根据自然资源环境适当政策倾斜扶持，考虑将税费改革的收入资金、上级扶贫资金、一事一议专项资金、社会各界捐资、公益事业资金等，统筹安排用于修村屯路。

（三）**合理布局乡村路客运上落点，方便群众出行**。

（四）**重视村屯路养护管理**。修好路后不能高枕无忧，平常养护是关键。村屯路投资较少，一流队伍不愿参加建设，一般是专业技能不强的队伍施工，质量难以保证，抗灾能力弱，特别是砂石路雨天不能保持畅通，因此要建立有效的养护制度，做到建养并重。建议从如下几方面筹集资金和养护：①当地政府每年做计划争取扶贫资金支持。②吸收当地群众就近参加养护工作。③结合政府一事一议政策安排养护资金。④号召企业、在外工作人员捐款修家乡路。⑤群众监督养护资金专款专用。

（五）**养护重点是保障抗灾能力**。每年养护资金有限，重点应放在抗灾能力上，如路基压实、桥涵加固、排水沟畅通。每年雨季冲毁路基、中断交通的现象均有存在，所以村屯路应先在砂石路面通车几年，待路基稳定和资金到位后再硬化路面。

特色产业助力乡村振兴[1]

蒋二藕[2]

博白县浪平镇茂龙村贯彻实施党的乡村振兴战略，充分利用特色产业的优势，调动各方面的积极因素，使乡村建设取得了可喜可贺的成果。

一、利用特色产业优势拓展经济规模

浪平镇茂龙村是著名的麻竹之乡，有着绵延3.5万亩的竹林，麻竹种植面积超过1.5万亩。改革开放以来，浪平镇党委、政府积极引进优质麻竹品种，动员全镇村民种植麻竹。每年约2000万公斤的竹笋经过加工，被制作成酸笋、笋干、鲜笋，注册了麻竹笋"绿珠女"品牌，销往柳州、广东和香港等地，还出口到日本等地创汇，带动了村民共同富裕。为了提高品牌效应、拓宽销路，浪平镇还在县城人民公园举办了竹笋节，展示了麻竹系列产品，除了生竹笋、酸竹笋、竹笋干，还有百香果、波罗蜜等其他特色农产品，受到了现场观众的热捧。

浪平镇茂龙村得益于环境优势而盛产红菇。每年收成红菇四到五批，村民可以采摘700到800斤，收入能有1万多元。他们还将养鸡产业作为产业振兴的主抓手，大力打造"竹林鸡"品牌，实现肉鸡年出栏超过200万只，带动了上

1　收稿时间：2023年11月
2　作者简介：蒋二藕，玉柴集团中级会计师。

千人就业。下一步争取把竹林鸡打造成为地标产品，把竹林鸡这一品牌打响，把它做大做优，为乡村振兴提供源源不断的强大动力。

二、调动各方面积极因素提升家乡品牌知名度

茂龙村委会动员返乡学生利用春节假期投入家乡建设，把家乡单调的小巷子描绘成色彩斑斓的画廊，提升了乡村风貌。走进村子，映入眼帘的是各个路口别具一格的村标、富有古典气息的小桥、中国特色的水墨画……目之所及，处处皆是美景，让乡村真正成为生态宜居的美丽家园。

博白知青歌舞团受邀访游茂龙村期间，先是参观了富茗唐生态农业公司等村办企业展出的自种植、自加工的竹笋干、陈皮、红菇、蜂蜜、竹叶酒等无公害土特产。然后为村民群众奉献了一台歌舞演出，把该村的绿色食品融入节目内容中，以文艺演出形式宣传推介特色产品，并将演出视频发布到多个媒体平台，以助力提升当地土特产的知名度，拓宽销售渠道。

三、注重生态保护，创建美丽富饶新乡村

茂龙村以其大山深处、田园风光的独特魅力，营造出农家乐、麻竹园、柑橘园等景点，吸引着大量的游客前来观光度假，带动了当地旅游业的繁荣发展，也为当地村民提供了更多的就业机会。

今后，茂龙村将继续推进乡村全面振兴建设，朝着"产业兴旺、生态宜居、乡风文明、治理有效、生活富裕"的方向阔步前进，力争创建出一个美丽富饶的新乡村。

特色农业乡村的数字农业发展研究
——以桂林市红岩村为例[1]

马骁莉　王思源　王继鑫　杨臣帅　雷豫彤　谢　玲[2]

　　数字赋能农业是推进乡村振兴提质升级的新途径。我国"十四五"期间提出了加快构建引领乡村产业振兴的数字经济体系目标。2022年8月，中央发布了《数字乡村标准体系建设指南》（以下简称《指南》），详细提出了数字乡村标准体系框架，并指出到2025年要初步建成数字乡村体系。数字赋能乡村是乡村振兴的战略方向，数字农业是数字乡村的一部分，《指南》在提出数字乡村标准体系框架的同时为数字农业的标准发展提供了根本方向。数字农业是指以现代信息技术为基础，对农业生产要素、有关农业生产的各部门各行业以及农业生产的全过程进行数字化管理的农业，是现代农业发展的必然方向。本文以发展特色农业的乡村——红岩村为例，研究其数字农业发展的现状，总结和分析其在发展数字农业过程中的问题与原因，并探究其发展数字农业的路径，为广西推动数字农业发展以促进乡村全面振兴提供现实依据和参考。

1　收稿时间：2023年11月
2　作者简介：马骁莉、王思源、王继鑫、杨臣帅、雷豫彤、谢玲，均为广西师范大学环境与资源学院教师。

一、研究区概述

红岩村位于广西桂林市恭城瑶族自治县莲花镇，距桂林市108千米，交通便利，是一个集山水游览、农耕体验、衣食住行为一体的生态旅游新村。该村因地制宜，大力发展特色农业——月柿种植产业，是恭城月柿的主产区，被称为"月柿之乡"。根据国家乡村振兴战略的整体部署，恭城县于2020年10月成为广西首批国家数字乡村试点地区之一，其中红岩村成为试点的主要建设区，并在红岩村范围内建立中国月柿博物馆、"瑶韵柿乡"田园综合体。在中国月柿博物馆中建立了恭城县数字乡村大数据共享平台，并借助安装在"瑶韵柿乡"田园综合体中的土壤检测仪、微型气象仪、水肥一体机等自研智能硬件，获取试点范围内田间多维数据，红岩村农户可登录数字乡村大数据支撑平台查看相关数据信息指导农业生产。

二、调查问卷结果分析

为了解红岩村果农对数字农业的了解情况，本文通过随机抽样方式对红岩村种植户发放相关调查问卷，具体分析如下。

从表1可知，红岩村果农对于数字化技术管理果园"一般了解"的人数与"不太了解"的人数相差不大，一般了解的人数有38人，占调查人数（N）的47.5%，不太了解的人数有33人，占调查人数的41.25%。由表1得知，在月柿种植的过程中，已经开始运用数字信息指导月柿种植的果农有22名，占调查人数的27.5%。再对22名运用了数字化技术的果农进一步调查，得知（见图1）他们运用的数字化技术都是通过微信平台获取农园天气信息，从而对农园进行管理。由此可见，红岩村有一半以上的果农了解过数字农业相关的内容，且有小部分果农已经运用天气预报辅助月柿种植，说明数字化辅助农业逐渐受到农户的关注。

表1　红岩村果农对于数字化技术的了解与运用　N=80

	您对利用数字化技术管理果园有了解吗？				
	非常了解	比较了解	一般了解	不太了解	从未听说
人数／人	0	6	38	33	3
占比／%	0	7.5	47.5	41.25	3.75
	在月柿种植的过程中，您有没有运用数字化的技术？				
	有			没有	
人数／人	22			58	
占比／%	27.5			72.5	

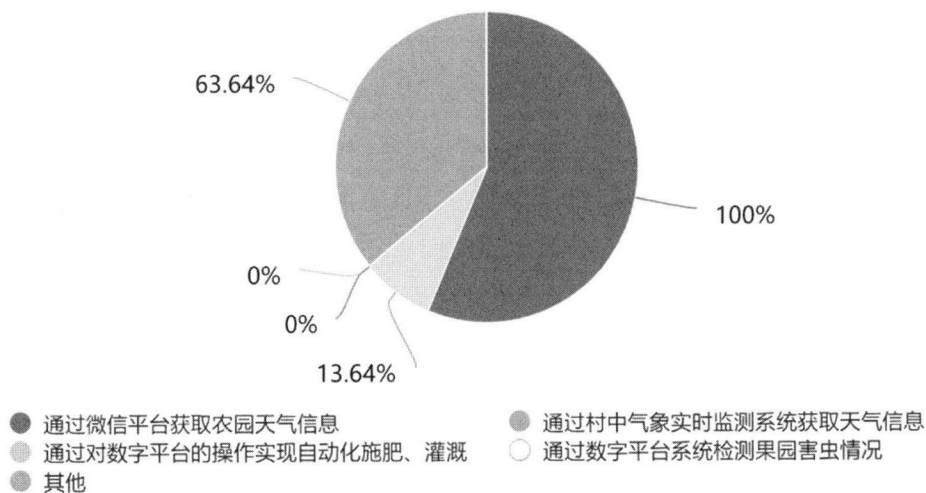

图1　月柿种植过程中使用的数字化技术

三、红岩村数字农业发展现状

农户是数字农业发展的基础力量，红岩村果农的月柿种植培训内容逐渐融入数字化信息。在红岩村，县级农业部门在培训种植户有关月柿种植技术相关知识的同时还会定期开展利用气象数据信息来种植月柿的讲座，使得农户进一步理解气象数字背后所蕴含的农业行动信息。

种植过程逐渐融入数字化。红岩村月柿种植已经形成"农户+协会+龙头企业"和"农户+果品营销商（或企业）"两种月柿产品流通模式，并通过连锁配送和电商等营销方式，不断拓宽农产品的销售市场。在月柿种植的发展过程中逐步融入数字化技术，建立了农业数据共享平台。红岩村是桂林恭城县数字乡村试点的主要建设区，并于此建成中国月柿博物馆。在博物馆中展示了恭城瑶族自治县数字乡村数据仓，它是一个数字乡村大数据共享平台，其中包含莲花镇下辖的所有村落（其中包含红岩村）的人、田、村、政数据。其中，"田"为数字农业大数据平台，在此平台中实时更新莲花镇区域内包括红岩村的环境温度和湿度、土壤温度和水分等，村民们可以下载AI助农APP注册登录并获取相关信息，指导农业生产。

农产品电商销售逐渐兴起。随着农产品收获季节的变化，红岩村拥有了流动的物流点。在月柿成熟的季节，快递公司会入驻红岩村，主要运输向中介商提供的大量新鲜柿子，在此时，农户通过网络途径销售的农产品也可以在村中寄出，这有利于红岩村电商的发展。网络销售方式对于年轻农户来说较为简单，因此，红岩村的部分年轻农户开始采用电商、网络直播等销售方式销售自产农产品。

总的来说，红岩村农户在农业种植和产品销售的过程中已经逐渐融入了数字化技术。在2015年出台有关推进数字乡村建立的政策以来，红岩村数字农业得到不断的发展，但当前的发展仍处于起步阶段，在特色农产品生产经营和管理等各方面融入数字化技术的空间仍很大，如何将数字化技术融入特色农业产业链的各个环节中是当前红岩村在发展数字农业时需要解决的问题。

四、红岩村数字农业发展存在的问题及原因分析

（一）数字农业发展水平较低，且未成体系

当前，红岩村的数字农业发展处于起步的阶段，在农产品的生产、销售等环节并没有完整的数字化发展体系。虽然，在部分果园中安装了微型气象仪器，并在红岩村村委处公布气象环境实时监控系统的数据，但从调研结果得知红岩村的果农对于数字化管理果园知之甚少。又由于红岩村的大多数种植户受教育程度较低，因此他们对于数字农业的理解还存在一定的困难。在农产品销售的环节，只有少部分年轻人使用网络直播销售的方式，但即使使用网络销售方式，销售的月柿品牌没能统一，不利于特色农产品统一品牌的塑造。

（二）相关信息科技人员与数字农业仪器短缺

信息科技人员是数字农业发展的内生动力，即使有完备的仪器设施，若没有信息科技人员的指导，果农们很难理解数字农业相关的地理学、农学、生态学等知识。在当前互联网、人工智能等技术快速发展的时代，大多数信息科技人员比较倾向于在城市发展，鲜少有信息技术人员常驻乡村。此外，数字农业的发展需要依托复杂的遥感技术、地理信息和定位技术、自动化技术等，而这些技术都需要一定的高精尖仪器支撑，这些仪器价格比较昂贵，大多数果农难以承受。

（三）特色农产品电商销售方式比重小

电商销售是数字农业发展的环节之一。目前红岩村月柿销售以外地商人收购为主，其余一部分留在柿子园发挥旅游观光价值，极少部分农户采用电商销售方式。这使得红岩村农产品的销售对外地客商依赖性较强，一旦断链，会有滞销的风险，此种情况对红岩村月柿的销售有极大的威胁。

（四）数字化信息技术推广难

数字农业的发展除了需要新型化设施基础、信息技术人才基础、经济基础等基础外，还需要农户基础。红岩村大部分农户文化水平不高，大多是初中、小学文化程度，而且农业人口老龄化和农村人口空心化的现象在红岩村逐渐出

现，特别是在每年2月到9月的旅游淡季，一些从事农业生产和种植的青壮劳力纷纷进城务工，这对数字化信息技术的传播和普及造成了一定的困难。

五、推动数字农业高质量发展的路径建议

（一）建立"资金支持＋高新技术＋合作社"数字农业发展模式

政府可以积极推动红岩村与农业研究所、高校实验室等科研机构进行数字农业项目的交流和研讨，研究发展出一条符合红岩村数字农业发展的道路。同时，制定乡村发展数字农业激励政策，一方面向积极发展数字农业的乡村提供资金支持，另一方面加大宣传力度，吸引厂商投资。在推行数字农业的起步阶段，红岩村可以依托良好的农业基础和借鉴"瑶韵柿乡"田园综合体的运作模式，以合作社为单位，鼓励村中果园管理较好的农户先行加入，再在政府资助资金的基础上吸引外部企业加入投资，同时，在加入合作社的农户的果园中安装农业生产环节相关的数字仪器，并联合信息技术公司开发数字共享平台与数字管理平台，从而建立"合作社＋"数字农业基地，做到农业种植、经营、管理数字化。

（二）拓宽网络销售渠道，加强网络宣传效应

如今，互联网为农产品电商销售提供了广阔天地，新媒体平台的出现是扩大农产品品牌效应的新途径，因此红岩村农户可利用新媒体平台的流量与关注度提高农产品销量，发挥新媒体平台的宣传优势，从而建立红岩村农产品多元化的宣传和销售渠道，进而广开销路。在各大主流媒体中打造具有本地独特月柿文化的品牌IP，树立红岩村月柿"个头大""口味鲜甜"的良好产品形象，通过高质量的内容输出吸引用户的注意，努力把用户变成客户。同时，可利用短视频平台的视听融合优势，通过"实时直播＋视频展示"的方式向消费者宣传红岩村的农产品，加深消费者对红岩村月柿的印象，进而提高当地农产品的口碑和销量，使农产品的销售收入最大化。

（三）优化信息技术人才体系

在乡村振兴战略背景下，推动数字农业的高质量发展必定离不开高素质的信息化人才队伍的支持。恭城县政府相关部门可以通过完善人才引进制度和人才评估机制，开展多元化、多层次的人才招聘活动，引进一批数字农业高素质专业人才，定期维护和升级数据系统，充分利用5G网络和大数据的优势，使农业大数据平台决策更精准、各传感器和设施之间的联动更加深化。在引进人才的同时要留住人才，采取物质奖励、精神鼓励、政策牵引等方式，建立正向激励机制，使相关人才愿意来、留得住。

（四）提高果农数字化管理普及率

数字农业大数据管理中心以及相关从业人员应定期开展数字农业相关课堂，指导果农学会操作农业大数据平台，并从中获取所需信息以及农作物培养的相关要点等，指导他们利用互联网技术进行产品的销售如直播带货等，营造电商发展的良好氛围。着重培养年轻果农群体，培养出一批新时代的数字农民，充分、有效利用大数据平台，同时还要对数据平台进行适老化，使年长的果农也能轻松使用互联网技术，使新技术真正造福农民。

六、结语

红岩村有着完善的传统特色农业模式，这为推进数字农业奠定了坚实基础。而通过数字技术赋能到特色农业的种植、生产、管理等过程，能让红岩村的特色农产品的质量产生质的飞跃，使红岩村的特色农产品的品牌塑造步入新高，同时，为广西推广数字农业促进乡村全面振兴提供现实案例。当前，红岩村的数字农业发展刚刚起步，发展水平较低，在未来的发展中需利用好国家的政策支持与自身的经济、新基建等机遇与优势，规划好数字农业发展的道路，从而向农业农村现代化更进一步。

"乡村振兴战略"中农村土特产加工销售的研究与策略[1]

"乡村振兴战略"是2017年党的第十九次全国代表大会上首次提出的，旨在推进农业现代化、促进农村经济社会发展、改善农村生态环境，以及提高农民的生活水平。农村土特产的加工销售是优化农业生产力布局，调整农业结构，壮大特色优质产业的重要体现。

一、市场调研：农村土特产加工销售面临的困境及对策

近年来，随着农村经济的变革和城市化的推进，农村土特产的加工销售面临新的机遇和挑战。主要困境包括市场竞争加剧、营销和品牌建设滞后、生产模式传统、资金和技术短缺、质量与安全问题、政策和法规支持不足等。为更好地发展农村土特产的加工销售，需力争政策、法规、资金和技术的支撑，寻找新的市场机会，充分利用社交媒体营销和多元化销售渠道。例如：广西容县沙田柚因其甜美醇正的口感和高营养价值而闻名，通过科学种植、品种改良和现代农业技术，确保其质量和口感。通过包装设计、广告宣传和市场推广，建

────────────────────

1　收稿时间：2023年11月
2　作者简介：麦春芳，玉林师范学院教师，副教授。

立并强化品牌形象，利用电商平台拓宽销售渠道，成功进入全国多个城市的超市和果品店，线上销售也取得了显著成绩。

二、扩展销售：跨境电商与出口市场的开拓

在全球化的今天，跨境电商为乡村农产品提供了广阔的市场空间。广西的农产品以丰富、多样、具有地域特色著称，可以通过真空脱水技术制作果干、果脆，或加工成果脯、果酱等，便于出口市场的开拓。以下是一些建议：

（一）了解目标市场：研究出口目标国家的文化、饮食习惯、宗教等，确保产品与消费者的匹配度。

（二）确保产品质量与标准：确保产品达到目标市场的安全和质量标准，考虑运输过程中的损坏和保存问题，包装要具有保护性和吸引力。

（三）跨境电商平台选择：选择有口碑、流量大的跨境电商平台，如亚马逊、eBay、Ali Express等。

（四）营销与推广：强调乡村农产品的天然、健康、绿色特点，利用社交媒体平台与消费者互动，提高品牌知名度。

（五）物流与配送：选择有经验、可靠的跨境物流公司，确保产品的快速、安全送达，考虑设置海外仓库以减少配送时间，提高消费者满意度。

（六）客服与售后：提供多语种客服服务，解答消费者疑问，处理退货、退款等问题，定期收集消费者反馈，优化产品和服务。

三、多形式多元化营销：农业旅游与体验营销

随着都市人群对自然、原生态、体验式旅游的需求增强，农业旅游成为近年来的热门。农业旅游不仅为农村地区带来了经济效益，还助力了农产品的销售，为乡村振兴注入了新的活力。现状和趋势如下：

（一）乡村旅游热：都市人群对乡村旅游的需求逐渐上升，各种农家乐、田

园乐、度假民宿应运而生。

（二）与农产品结合：农场、果园等提供采摘活动，让游客体验从田间到餐桌的过程，现场购买新鲜农产品。

（三）多元化的农业体验：农业旅游还包括农家民宿、野外露营、农村文化体验、农事课堂等内容。

（四）技术融合：农业与科技结合，如使用无人机、VR、AR 等技术，为游客提供更加丰富和科技化的体验。

（五）健康与养生：农村的纯净环境、有机农产品等将成为农业旅游的一大卖点。

（六）可持续发展：注重生态保护，确保农业旅游的发展不会对当地环境和文化造成破坏。

（七）线上线下结合：利用互联网和社交媒体进行农业旅游的宣传和推广，现场为游客提供线上和线下相结合的体验。

四、结合土特产进行体验营销

农业旅游与土特产的结合形成"体验+购买"营销模式，提高游客满意度，有效推广并销售土特产。建议如下：

（一）实地体验采摘活动：提供农田、果园、茶园等的采摘活动，让游客亲手体验，推广当地加工产品。

（二）特色农产品加工体验：制作果酱、农家饭菜、手工糕点等，让游客了解土特产的来源和制作过程。

（三）举办烹饪课程：教授游客如何利用土特产进行烹饪，使其在旅行回家后继续购买并使用。

（四）农产品文化展示：通过展览、故事等展示土特产背后的文化和历史，提高产品附加值。

（五）文化体验：组织与当地文化相关的活动，如编织、刺绣、烹饪等课程。

（六）创建农家民宿体验：民宿与当地风格契合，提供以土特产为主的餐饮服务，并开设土特产展示区和销售区。

（七）设置特色农产品体验区：提供试吃、试喝等活动，让游客发现喜欢的产品。

（八）利用数字化营销手段：通过VR、AR技术使游客虚拟体验农场或果园，推广相应的土特产。

（九）开设线上商店：为返回城市的游客提供购买土特产的渠道。

（十）组织主题活动：如农产品节、采摘节、美食节等，吸引游客参与。

（十一）构建社区：鼓励游客分享体验和制作成果，形成围绕土特产和农业旅游的社区。

（十二）提供个性化定制服务：根据游客需求提供定制化土特产包装、礼盒等。

五、为乡村振兴注入新活力：与高校和有关企业合作

高校和企业拥有丰富的研究资源、技术积累和人才储备，与乡村农产品产业合作可以为乡村注入新活力。建议如下：

（一）技术研发与传递：根据乡村农产品的需求，进行技术研发，解决种植和加工中的技术难题，并将成熟技术传递给农民。

（二）人才培训与输送：为农民提供技术培训，组织培训课程，传授新技术，提高农民技术水平和管理能力；推荐农业专业毕业生到乡村工作。

（三）渠道拓展：帮助乡村农产品开拓市场，建立线上销售平台，提高产品知名度和销售额。

（四）资源整合与共享：整合高校和企业的技术、人才、资金等资源，共同开发新农业产品、技术或服务。

（五）实践活动：组织学生到乡村实践，提高学生实践能力和社会责任感。

（六）建立长期合作关系：确保合作的稳定性和持续性。

六、结语

农村土特产的加工销售面临巨大机遇和挑战，要在乡村振兴战略框架下有效发展，需要政府政策支持、农业技术研发、品牌宣传推广、跨境电商开拓、农业旅游与体验营销结合，以及与高校和企业合作。只有紧密结合时代发展趋势，不断创新和进取，才能更好地实现乡村振兴和发展。

政府职能和市场机制的融合促进兴业县茶叶产业的发展[1]

吴映红[2]

全面推进国家乡村振兴的战略措施，大力促进农业产业化发展，必须做好政府经济职能与市场经济机制的融合互动，确保整个发展环节健康有序、卓有成效地进行。

一、科学地认识在推动乡村振兴、发展农村经济中，政府职能和市场机制融合的重要性

1. 实现乡村振兴，发展农村经济和农业产业化，不能缺失政府职能与市场机制的融合互动

习近平总书记在《扎实推动共同富裕》中指出：农村共同富裕工作要抓紧；要全面推进乡村振兴，加快农业产业化。这个重要的论述，让我们从一个新的高度认识到，实现乡村振兴是党和国家为广大人民构建一个共同富裕的和谐社会的重要战略措施。所以政府制订和推行乡村振兴、产业发展的政策有明确的目标指向。经济实体在市场机制中的有序运行，也需政府有效的协调和服务，

---

1 收稿时间：2023 年 11 月
2 作者简介：吴映红，广西知青文化研究会玉林联络处副主任。

共同去实现国家的战略措施。

2. 客观地分析影响乡村振兴、农业产业化发展的原因

处理好政府和市场的关系，会直接影响或促进乡村振兴和发展农村经济。乡村振兴涉及面广，部门多，规模大，参与主体结构多层多线交叉，主体利益分配复杂等，使得政府在治理上责任重大，困难不少。而在市场机制下，经济实体需应对方方面面的问题迎难发展，又必须认识到政府和市场主体之间是没有直接的利益基础的。政府要解决问题，只能靠政策导向、政府人员的政治素养和责任感。众多的企业是实现乡村振兴的市场主体，但对市场机制运行的把控、产业发展的定向、利益链上各种关系的处理等等，很难由市场主体完满完成，从而阻碍产业化发展和影响乡村振兴。

3. 正确处理好政府经济职能和市场经济机制的关系

全面推进乡村振兴，促进农业经济发展，政府必须在公共资源的调配，在公益性、社会性的领域发挥主导作用，必须用政府职能来服务社会、服务三农、服务市场、服务产业的综合发展。同时，经济实体需通过市场机制来调配各种资源，进行利益分配，在市场中实现产品的价值，这离不开政府经济职能发挥的作用，而市场机制所实现的价值和产生的作用，又促进了政府工作的开展。

二、兴业县茶叶产业的发展历程

兴业县茶叶产业的发展始于二十世纪七十年代中期。当时政府主导了发展茶叶生产，推行"再造一个山上的玉林"（当时属玉林地区未设县），采用了"政府＋公司＋供销社＋生产队（农户）"的模式发展茶叶生产。即政府在政策、人力、资金等方面全力投入扶持生产，供销社系统建立茶厂和茶研站，并在政府的主导下建立茶叶技术专干队伍。短短的几年时间，完成了茶叶种植、加工、销售的产业链建设。当时发展的2万多亩茶园，干茶的产量已达2万多担，产品是优质的红碎茶，成为广西出口红碎茶的主打拼配料，直达伦敦的茶叶交易市场。

由于当时兴业县采取政府、企业、农户、市场多位一体的运行模式，取得了显著的成效，兴业县茶叶成为广西茶叶界的标杆。八十年代，玉林被商业部定为红碎茶出口生产基地，获专项资金和物资的支持。这加快了兴业县茶叶产业化的进程，并使其进入了黄金发展时期。

随着国家经济体制的改革和市场的变化，全国的红碎茶淡出了外贸市场。政府未能及时引导企业转型转产，企业又未能在市场变化中开辟新的出路，造成了农民毁茶、茶厂荒废，只剩下一些对茶叶有着深厚情怀与不甘的业务骨干，艰难地保留下来一些良种茶园和茶厂，在市场的夹缝中让兴业的茶业生存下来。

兴业茶叶产业，从无到兴到落，充分体现了政府职能与市场机制的融合互动所起的关键作用，也用实践检验了政府和市场融合的重要性。

三、在全面推进乡村振兴的战略措施下，兴业县茶叶产业发展的现状

从二十世纪九十年代初开始，兴业县的茶叶生产一直处于低谷期。直至2015年兴业县开始推行国家扶贫开发和乡村振兴的决策，政府迅速地把茶叶产业化基地的建设作为发展农村经济的重点工作。政府根据基地建设的需求和市场机制的定位，创建了富硒茶产业服务中心、茶文化展示博览园、富硒茶标准化种植区等。这是政府主导对茶叶产业复兴、卓有成效的"一中心两园四区"的建设。政府派出的驻村干部，到村到户开展细致到位的工作来发展生产，并协助茶农成立合作社和进行土地流转，尽快让茶叶生产规模化、上档次。实际上，兴业县在推行扶贫开发、乡村振兴的政策下走了"政府＋企业＋合作社＋农户＋市场"的模式。企业在政府的政策支持和精准服务中，找准了市场运营的靶向，开拓了适应消费市场的优质特色产品，让价值在市场中实现了变现，资金得以回笼。茶农也在实现的经济利益上通过茶鲜叶的价格得到合理的利益分配。产品有市场，茶农有利益，企业有效益，促进兴业茶叶产业化进入发展的快车道。现在兴业县茶叶加工厂已增至8家，种植合作社8家，利用土地流转政

策开垦的良种茶园3000多亩。到2022年，全县茶叶种植面积达2万多亩，年产干茶2000多吨，产值达1.8亿元。随着产业化的推进，茶叶产量和产值必定有快速的增长。

兴业县茶叶产业的发展，是新时期政府经济职能和市场经济机制融合互补的实践。政府服务三农、服务市场、服务发展产业，并在公共资源的调配上侧重于产业基地的建设。作为市场主体的企业在市场有所作为，生产上不断创新，利益分配上做到了益农保农，对合作社的利益的二次分配也逐步实现。这大大促进了茶叶产业的快速发展。

所以，兴业县茶叶产业化的发展，是政府引导企业与茶农成为利益共同体的融合，是政府职能与市场机制融合所走出的一条卓有成效的发展新路子。

四、加快兴业县茶叶产业发展的建议

兴业县政府用强有力的措施，使政府职能与市场机制有效地融合，成功地建设了茶叶产业化基地。现对茶叶产业的可持续全面发展，提出以下建议。

1. 政府要完善茶叶产业化基地建设的领导机构

茶叶产业化基地的建设，是一个政策性很强的综合工程。要进一步完善和加强农工商及科技金融等的领导机构，以便工作上的统一协调及提高适应市场机制运行的办事效率。

2. 政府引导茶叶产业实现社会利益的合理分配

兴业县大力发展茶叶产业，茶农是基础，企业是关键，市场是根本，政府是保障。所以政府要在市场利益分配上做出引导，确保茶农、企业、合作社在利益上的合理分配。各项发展基金和社会公益基金等要有合理的提留，以确保茶叶生产的可持续发展。

3. 打造一支发展茶叶产业的科技队伍

茶叶产业化基地建设中，急需完善一支科技队伍。企业是新技术应用的承担者、受益者，也是科技资金的投入者。政府则是科技队伍建设、政策配套、人才引进、技术培训、外联科研机构等的主导者。这样，政府和企业的合力，让科学技术成为最活跃的生产要素，发挥最大的作用。

4. 建立茶叶产业和文旅产业融合体验区及抓好产业联动

一个区域内的产业综合发展，需要多层面的策略布局。在茶叶产业化基地建设美丽乡村和美丽茶园，是很好的康旅资源布局，而且兴业县境内有4A风景区和多种旅游资源。政府搭台，企业唱戏，乡村联动，打造茶旅融合的综合体验区，走一个产业多样发展的新模式。并且在政府的指导下，通过茶叶产业化搞好一二三产业的联动，进行综合发展。

5. 利用茶文化的多样性来拓展茶叶的消费市场

一个产业的持久发展，必须有一种产业文化来加持。茶文化会赋予茶叶产业富有内涵的生命力。一片鲜绿的茶叶通过制茶工艺上的物理变化和生化反应，变成一杯浓醇鲜爽的清茶，可从科学文化知识进行有趣的体验；又从茶叶转化成对人类健康有益的物质，进而认知康养文化的新概念。所以，需要政府与企业联动，促进产业与文化的融合，把茶叶消费引领到一个新的层面去刺激市场，开拓市场。

五、结束语

在全面推进乡村振兴的战略措施下，兴业县茶叶产业之所以健康快速发展，是因为推行了一个政府经济职能和市场经济机制融合的新模式，即形成了政府和市场按照各自的职能或社会功能，相互作用、合理融合的互动体。所以，兴业县茶叶产业的可持续发展，必须坚定不移地走这条发展之路。

浅谈乡村产业振兴推进过程中存在的主要问题与对策建议[1]

易建民

2021年，中央一号文件《中共中央国务院关于全面推进乡村振兴加快农业农村现代化的意见》指出，产业兴旺是乡村振兴的重点。所以，如何实现乡村产业振兴是摆在各级党委政府面前的重要课题，也是实现乡村振兴亟待解决的主要问题。下面，笔者结合自己多年的工作经历和调查分析，谈一些粗浅看法。

一、目前乡村产业的现状

就我国绝大多数乡村而言，乡村产业的发展总体情况是一产稳、二产低、三产弱，一二三产融合发展开发不足。近几年，全国一产增加值每年稳定在3%到4%之间。农产品加工率在20％至30％，而发达国家大部分在90％以上，由于加工、包装、储运方面的技术与设备落后，农产品及食品质量下降，不仅不适应国内外市场需求，还造成大量浪费。就桂林而言，桂林市的柑橘、月柿种植面积和产量排名全国第一；葡萄、桃、李、梨种植面积和产量排名全区第一。而上述产业基本上以卖鲜果为主，深加工率不足10%。目前，全国从事农业生产的人数还有2亿多，而这部分人员当中从事三产的不足十分之一，农民

1　收稿时间：2023年11月

从三产中获得的收入还比较低。就一二三产融合度而言，很多乡村在发展三产融合过程中，还处于简单的排列组合阶段，种、加、销、游看似齐全，却是各干各的，三产融合成了三张皮。再者，全国一二三产融合度发展不平衡。东部地区的融合度平均在4.5左右，中部地区融合度平均约3.5，而西部地区平均值仅2.5。

二、乡村产业振兴存在的主要问题

制约乡村产业振兴的因素有很多。比如：农村基础设施落后、资金投入不足、产业政策配套不到位、农民整体素质较低、农村人才匮乏、土地产出率不高、新型经营主体带动能力不强、产业规划执行不到位等等。但笔者认为制约乡村产业振兴的问题主要在以下三个方面。

（一）土地集约化程度较低是制约乡村产业振兴的根本原因。土地是乡村产业振兴的基础，也是乡村产业振兴的最大依仗。如果不能尽快解决土地集约化生产的问题，诸如农村集体经济发展艰难、产业规划布局困难、土地撂荒等不解决，乡村产业振兴就很难实现。

1. 村集体经济发展举步维艰。土地是村集体经济发展的最大资源，也是绝大多数农村集体经济发展的最大依仗。以桂林为例，全市1600多个行政村，99%以上的村委把土地和山场分得一干二净，村集体没留一寸土地。目前，全市90%以上的村集体经济来源是上级划拨的财政资金投入，通过入股企业分红和固定资产出租获得收益。这种形式的村集体经济不但收益低，而且风险大，更重要的是它难以带动农村产业发展。据不完全统计，桂林510个脱贫村村委会投入用于发展村集体经济的财政资金平均200多万元，但大部分村的村集体经济年收入不足10万元。而与之作对比的东部发达省份，村集体大都通过土地流转的形式把农民一家一户的土地收归村集体统一经营，村集体收入大幅提升，年收入几百万上千万的比比皆是。

2. 产业规划实施举步维艰。目前，土地的使用权和经营权归农民所有。农民想种什么、想养什么，农民说了算。他们不会跟着规划走，也没有能力跟着市场走，更多的时候是跟着价格走。因此，最终导致粮果矛盾。

3. 土地闲置撂荒问题难以解决。农村土地撂荒主要呈现为插花式撂荒，也就是东一块西一块，难以整合和流转。这种现象在中西部山区省份表现得尤为突出。按照《中华人民共和国土地管理法》有关规定，承包户连续两年闲置土地，村委会有权收回承包权。但有些村委碍于情面，怕得罪人，符合收回条件的闲置土地也没能收回，只能任其闲置在那里，造成了极大浪费。

（二）产业化、组织化程度不高是制约乡村产业振兴的主要原因。一是融合发展层次不高，产业融合链条较短，附加值偏低。农产品附加值主要产生于加工环节，经过深加工转化成终端产品上市的农产品较少，缺乏深入的产业功能挖掘。二是利益联结较为松散，合作方式单一。大部分联结机制以订单合同型和土地股份合作型为主，农民与企业之间权益共享、风险共担、互惠共赢的良性互动关系尚未真正建立。农业多功能挖掘不够，产业融合项目同质性强，缺乏差异化竞争和深度开发。三是产业经营主体带动能力较弱，新型经营主体结构单一、管理粗放，经营能力不强，创新能力不足。多数合作社、家庭农场和种养大户规模较小，参与融合的能力不强。据不完全统计，截至2021年，桂林市有工商注册登记的农民专业合作社有7000多家，其中国家级示范社只有30家，自治区级示范社265家，市级示范社166家，绝大多数专业合作社处于虚转、空转甚至不转状态，致使绝大多数种养户处在单打独斗的境地，很难在竞争日益激烈的市场中实现产业的持续发展和稳定增收。

（三）农村人才匮乏是制约乡村产业振兴的重要原因。人才已成为制约农村产业发展的重要原因。欠发达地区产业化程度低，产业链条较短，农产品加工企业较少，一二三产业融合发展程度不深，缺乏人才干事创业平台，致使人才回流困难。

三、乡村产业振兴的对策建议

（一）加强农村土地整治管理，从根本上解决乡村产业振兴的瓶颈问题。首先，加强土地流转政策制度建设，尽快解决土地集约化耕种中的问题。现行的土地政策是在原来的基础上再延长土地承包期30年。既然土地的使用权性质没办法改变，那就需要中央或地方政府进一步完善有利于土地流转的政策制度，尽快实现土地小块变大块和集约化生产，降低生产成本，提高单位土地的产出。目前，东部发达省份的做法多是将承包权与经营权分离，把农民承包的土地统一流转到村集体，由村集体委托给第三方进行经营，以此来实现土地的集约化生产。农民既能获得土地流转收入，也可以参与农业生产，获得第二份收入，年轻人还可以腾出更多的时间外出务工来获得收入。其次，重新分配土地。如果土地流转问题难以解决，要实现土地集约化生产，最有效的途径就是重新调整土地，也就是在保证每户现有承包土地面积的情况下，根据规划土地的功能，重新划分农户承包土地的位置，并要求农民必须按照土地规划的种植内容实施生产，从根本上解决粮果供需矛盾和产业规划难以实施的问题。最后，加强对撂荒闲置耕地的处置。要加强土地管理立法。要把土地的管理和使用效率与各级党委政府的政绩挂钩。要解决土地撂荒应该由谁负责的问题，否则土地撂荒现象会越来越严重。

（二）加大对新型经营主体的扶持力度，从根本上解决农业产业化的问题。一是扶持壮大农产品加工企业。各级政府要围绕当地的主导产业，通过土地政策、税收优惠政策、金融政策和周到的服务来吸引农产品加工企业在当地落地生根。实际上，农民发展种养产业，最希望的不是价格暴涨，而是产品价格的持续稳定。因此，做强做大农产品加工企业，适度发展订单农业，就可以让农民安心一产、服务二产、发展三产，使农民可以在一二三产中都能获利。二是扶持壮大专业合作社。合作社是连接企业和农户的纽带，也是服务企业和农户的主体。各级党委政府要对辖区内的合作社进行摸排，下功夫整合弱、小、散合作社，取缔空化、虚化的合作社，规范合作社准入门槛。通过政策、资金等扶持壮大有实力、有担当、负责任的专业合作社，把辖区内的合作社数量控制在一个合理的范围之内。三是适度扶持家庭农场和种养大户。要建立农户与家庭农场或种养大户的利益联结机制，保证农户通过土地租赁、在场务工、代种代养、入股等方式获得收益。

（三）加强"三农"人才队伍建设，打造适宜干事创业的平台，从根本上解决农村人才匮乏的问题。一是吸引人才。要为人才提供一个能够让其充分发挥自己才能的工作环境和工作条件，让人才获得与其才能相匹配的个人利益。比如，给予人才一定的资金支持、税收减免、物质奖励，在土地使用、厂房建设、子女上学、家庭安置、后续服务等方面提供最大帮助，让其来后无后顾之忧，全心干事创业。二是留住人才。也就是要让人才看到发展、看到希望、看到预期的未来。人才能不能留得住，主要看能不能在当地发展得越来越好，事业是否能越做越大。要持续地帮助他们解决实际困难，通过周到的服务、热心帮助，不断改进工作方法和改良营商环境，保证人尽其才、才尽其用。三是用好人才。要因岗选人，不能因人设岗。要把适合的人放在适合的工作岗位上。只有这样，才能发挥人才的最好作用，反之，人才就会逐渐流失。四是培养人才。各级党委政府要立足长远，建立一支稳定的本区域内的人才队伍。要注重从农村种养大户、技术能手、复员军人、共产党员、返乡创业人员当中选拔人才，建立后备人才库，通过培训、交流、送学、考察、进企学习等方式，不断提高后备人才的能力和素质，使之成为一支雄厚的乡村产业发展人才队伍。

探索创建乡村产业融合发展长效机制的构想[1]

陈伟林[2]

乡村产业全面振兴，共同富裕是题中之义。探索振兴乡村产业融合发展长效机制两种模式：创建"国企"农业发展公司；一"国企"一县（乡）"结对帮扶"机制。这对全面推进乡村产业振兴高质量发展、加速实现农业现代化具有现实和深远的意义。

一、状况

现行管理体制与农村生产力发展不相适应。生产队集体经济时期，政府"农口线"管理职能纷繁。用时下农村"几级"干部的形象说词是：农村工作从开春到年底，都是"三催三要"，概括了职能部门工作量大、任务繁重的特点。但，农村"责任制"到户的制度已经跨过了45年历程。农村工作的"三催三要"早已不复存在。因此，"农口线"的管理职能向实体经营型转轨势在必行。

二、阻碍农村产业发展的主要矛盾

农村劳动力的常态化流出。农村地区新生代劳动力，大多选择在城市就业，

1　收稿时间：2023 年 11 月
2　作者简介：陈伟林，广西玉林职工中等专业学校教师，农业银行助理经济师。

因此，撂荒耕地越来越多。

扩大乡村产业发展融资难。种植大户利用本地优势发展特色产业，例如：利用"集装箱"环保养猪、坡地连片种植果树（荔枝、龙眼等）。但因缺乏资金，加之流转承包土地缺乏政府部门的协调和大企业的联营合作，单家独户经营，要扩大产业规模资金融通不畅。

三、构想

改革现行"农口线"的管理职能，组建"国企"农业发展总公司（参照铁路总公司的改革模式，以下简称"国企农公司"），向实体经营企业转轨。或者，实行一"国企"一县（乡）"结对帮扶"机制。国企农总公司统筹、规划、协调各地分公司乡村产业振兴大局，同时，制订和完善相关农村产业振兴政策、措施的职能不变。省地县的"国企"农业发展公司，依据当地实际情况，不搞"一刀切"，通过试点，成熟一个发展一个，且把完善耕地流转制度细致化放在前置规划，即实行《耕地经营权证》制度。主要内容是：农村劳动力或全户长期落户在城镇就业，耕地撂荒3年以上的，视为放弃"经营权"。其耕地统一由"国企农公司"接置。以彻底改变"占住耕地又撂荒，或要租金无人耕"的"空壳村"状况。

乡村产业振兴，说到底是为了人，依靠的也是人。要依靠人，就要解除他们的"后顾之忧"，使他们有盼头、见奔头。依据我国国情和党的二十大铺就的"施工蓝图"，"国企农公司"能履行"人财物"资源的有效配置及推进共同富裕的社会职能。"国企农公司"或者一国企一县（乡）"结对帮扶"这两种模式，都实行用工"合同制"制度。农民以流转"承包地"入股并参与经营；城镇待业人员（以一百元为一股，参股若干个人自定）个人自愿报名，凭当地社保部门和"国企农公司"编制的用工计划指标定派用工人员。农户、城镇待业青年、大学应届毕业生与"国企农公司"签订"用工合同"，合同期限1至3年可由个人意愿。合同期内，认购员工"养老，医疗，工伤"等社会保障费的缴交；员工报考国家公职人员、征兵等优先录用。员工报酬：实行常月发基本生活费，年终盈余分红的分配制度。营造留住本土农业劳动力，鼓励城镇待业青年、大学应届毕业生面向农村临时或常态就业的社会环境。

改革融资模式，精准融通产业资金需求。对农户、家庭农场、农业合作社等扩大种养规模所需的资金，金融部门可以采取"联户联保""活体禽畜登记抵押""耕地经营权抵押""多元体企业联股联营担保"；或者第三方（规模涉农企业）的委托种养等灵活多样的融资方式。对"国企农公司"独资或联股的农村产业大项目——连片种养、农产品储藏、加工、销售（运输装备）、"数字化农业"等对资金需求量大的项目，实行"国企农公司"直接向金融部门申办"信用贷款"，免除抵押、担保的手续。实行"国企农公司"对发展乡村产业所需的资金"融通"，金融部门"通融"办的信用制度。

借鉴"恒大事件"论证为：对"国企农公司"实行"信用借贷"制度是金融改革的着力点、全力推进乡村产业振兴的重要保障。

浅谈产业振兴在乡村振兴中的作用[1]

朱发生[2]

一、乡村产业振兴在乡村振兴中的作用

1. 乡村产业振兴是全面推进乡村振兴的关键和重要基础。实施乡村振兴战略的总要求是"产业兴旺、生态宜居、乡风文明、治理有效、生活富裕"。

2. 产业振兴是乡村巩固拓展脱贫攻坚成果的根本之策。发展乡村产业不仅是帮助农民增收、实现乡村脱贫的现实基础，而且是巩固拓展脱贫攻坚成果、实现稳定脱贫和持续增收的长效措施。

3. 产业振兴是畅通城乡经济循环、构建新发展格局的重要内容。提高农业供给体系质量和效率，不仅可以确保我国粮食安全，而且可以实现农业与工业良性循环、互促发展。乡村产业振兴是畅通城乡经济循环的保障。

4. 产业振兴有助于乡村生态环境改善和文明建设。产业振兴极大地发展了乡村物质文明、精神文明的建设，不仅满足了乡村人们基本的物质需求，甚至还满足就业需求和环境需求，人们在各项物质需求都得到满足后就会产生追求精神文明的需要，所以良好的物质生活条件就是基础。

1　收稿时间：2023 年 11 月
2　作者简介：朱发生，桂林市经济学学会副秘书长。

二、产业振兴与其他四大振兴的关系

产业振兴在乡村振兴中处于首位、重中之重的关键地位。它与其他振兴的关系是：

产业振兴是乡村振兴的物质关键基础：推动农村一二三产业融合发展，农村产业兴旺、农民增收有路。

人才振兴是乡村振兴的重点因素：聚集人才，打造一支懂农业、爱农村、爱农民的新农人工作队伍。

文化振兴是乡村振兴的精神与动力：重构农民精神家园，让乡村振兴永葆动力源泉。

生态振兴是乡村振兴的重要支撑：推动农业生产方式向生态化、绿色化转变，建设宜居宜业美丽乡村。

组织振兴是乡村振兴的保障条件：坚持以乡村基层党建为引领，选优配强村组织班子，凝聚群众力量打造善治乡村，推进共建共享。

数字化背景下乡村产业高质量融合发展路径研究

——以东兰县板栗产业为例[1]

赵　耀[2]

一、引言

　　党的二十大报告提出要全面推进乡村振兴战略实现农业发展的中国式现代化。在这个过程中，产业振兴始终是乡村振兴的关键，尤其是围绕地方特色的乡村产业是关系农业强国建设成败的核心要素。2023年4月13日，中央网信办等五部门联合印发了《2023年数字乡村发展工作要点》，提出数字化赋能乡村产业发展、乡村建设和乡村治理，整体带动农业农村现代化发展、促进农村农民共同富裕，推动农业强国建设取得新进展、数字中国建设迈上新台阶。作为广西红色文化摇篮的东兰县有着优良的生态环境和特色的板栗产业基础，面对飞速发展的数字经济、农业科技革命与多元变化的市场消费需求，如何以板栗特色产业为依托，有效整合东兰县各类相关资源，形成推动板栗特色产业升级发展的新格局，从而更好地增强东兰县可持续发展的新动力，这值得进行深入探索。

1　收稿时间：2023年11月
2　作者简介：赵耀，桂林旅游学院教师，桂林市经济学会会员。

二、文献回顾

数字经济的内涵包罗万象，凡是利用数据资源来引导经济生产的活动都可以视为数字经济的表征，比如当前依托互联网、物联网、区块链、元宇宙等各类数字化的新业态。数字技术的广泛应用给产业转型发展带来了深刻的影响，尤其是围绕乡村产业振兴方面，国内外学者均进行了大量有益的探索。国外学者对数字经济发展中的技术研发与演变方式进行了多维度的探讨，国内学者在数字经济服务乡村产业发展方面关注的范围更加广泛，研究成果主要体现在两个方面：一是围绕数字经济理论与内涵的探索，二是针对数字经济赋能农业产业的实证研究。综合来看，国内外研究者都比较认同数字经济给乡村产业发展带来的巨大的影响，也探索了数字经济与乡村产业融合的技术路径，但是较少涉及多元产业融合以及产业链本身的整合研究，因此本文通过对东兰县板栗特色产业数字化发展的实证研究，有助于更好地为乡村产业数字化振兴提供参考与借鉴。

三、东兰县板栗产业与数字化建设现状

（一）**板栗产业概况**。东兰县种植板栗历史悠久，2021年东兰县成为国家乡村振兴重点帮扶县后，板栗特色产业成为东兰县乡村振兴的重要抓手。东兰板栗以其皮薄、色泽光亮、外形美观、肉质细腻、香甜可口而闻名，目前全县有百年以上的"寿星"板栗树1000多棵，先后被国家林草局命名为"中国板栗之乡"和被国家农业农村部授予"农产品地理标志产品"证书。近年来，东兰县通过建立板栗良种基地、板栗低产改造示范园以及板栗高产优质基地等措施，有效提升了板栗经营管理专业化、集约化、规模化、标准化发展水平，通过举办专业技术培训班为栗农提供示范引领和种源、技术、销售等服务，板栗产业成为当地农民增收的主要产业。目前东兰县建成自治区三星级板栗现代特色农业示范区1个，种植面积123321平方米，且以每年10%～20%的速度递增。主

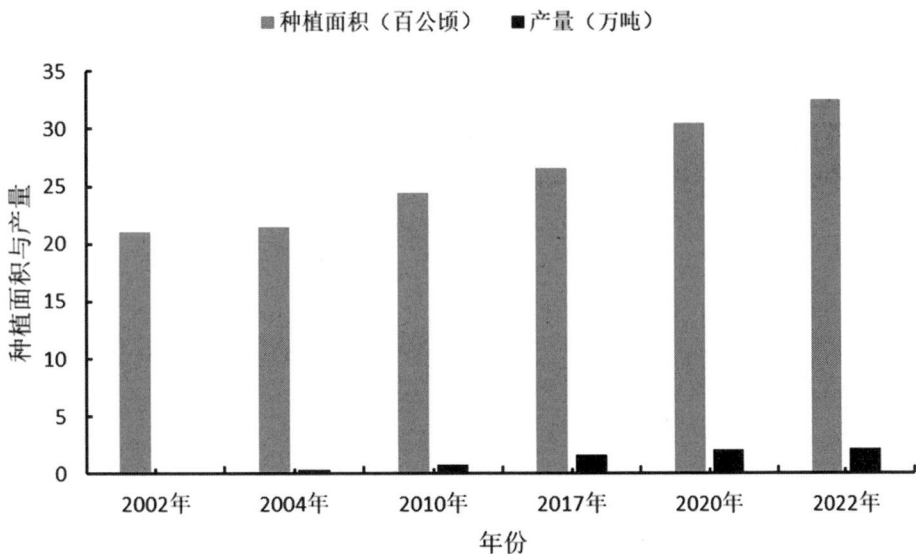

图 1 东兰县板栗特色产业发展情况

要种植地为大同镇、长江乡、长乐镇、隘洞镇，涉及农户3.17万户，板栗鲜果年产量持续增长（见图1），2022年全县板栗产量达2.2万吨，产值达1.2亿元。[1]

（二）**数字化建设情况**。近年来，东兰县党建引领强化数字经济服务乡村产业振兴的动能，激励新媒体从业者干事创业，投资2226万元建成了1个县级电商服务中心、1个农特产品OTO展示中心、13个乡镇电子商务服务站和100个村级电子商务服务点，累计开展新媒体运营培训4次共2858人次，另外全县完成395个20户以上自然屯共2850公里光缆铺设；共建成14个乡镇服务站，11个乡镇级和4个村级机房，4个乡镇级和2个村级无线发射台站；建成1个县级应急广播指挥中心、智慧广电新平台（一县一屏）、150个行政村（社区）"一村一屏"平台、数字网络图书馆、应急广播平台、微游客服务中心、新时代文明实

———

1　注：以上数据来自东兰县农业农村局。

践中心、一键游东兰平台，为服务乡村产业数字化发展奠定了坚实的基础。

四、存在的主要问题

（一）板栗栽培与管护技术的数字化设施有待完善

东兰县板栗产区主要采用半栽培式的生产技术，栗果完成采收后的管理维护措施较少，缺少智慧化的监测和巡护设施，导致部分产区出现栗林不整、缺株严重、整形修剪不到位、土肥水管理松懈、病虫害防治缺失等方面的问题，在一定程度上造成板栗品质参差不齐，整体产量损失。

（二）板栗原果的储藏保鲜与电商物流衔接不够紧密

东兰县板栗企业规模均较小，板栗原果收购标准不统一，板栗的加工链条尚显薄弱，产品系列化、主题化、多元化的机制尚未建立，同时限于电商专业人才的缺乏，利用电商销售与售后服务的各类渠道还有待进一步拓展加强。

（三）数字化设施覆盖有限，规模效益有待进一步提高

东兰县目前已经建立了多个乡村电商直播点和主播培训基地，但规模普遍较小，组织化程度较低，产业社会化服务整体水平不高，缺乏有实力的电商龙头企业和大型专业合作社共同参与。

（四）品牌市场影响力和数字传播力有待增强

虽然东兰县农林部门大力推广板栗新品种和种植新技术，但是部分栗农品牌意识较为薄弱，缺乏有效的宣传与营销，现有的直播点和主播账号粉丝量还在逐步建设中，对消费市场的覆盖依然有限，影响了东兰县板栗品牌的塑造和推广。

五、东兰县板栗产业高质量发展路径

农业强国建设战略的提出要求采用现代化的科学技术，数字经济与农业产业的结合显得尤为必要。

（一）做好数字化顶层设计，构建农文旅融合发展新格局

东兰县"十四五"规划提出奋力开创"红色东兰　绿色崛起"的崭新局面，通过数字化设施的升级加快板栗产业高质量发展是实现东兰县绿色崛起的有效抓手。比如建设全县范围的农业智慧监控系统，完善农业相关数据采集、处理、分析、决策系统，实现面积测算，适宜区规划、生产周期测算、作物长势、产量预估、病虫害防治指导、农业金融等全产业链数据支持和管理服务。

（二）强化板栗产业技术研发与应用，提升板栗产量和质量

优化板栗品种并进行分区定位，与广西区内外高校等科研机构进行合作，建设5G数字乡村系统，持续更新现代化栽培技术，种植高色泽、高品质、高产量的板栗。邀请农业技术专家现场指导，通过板栗高接换冠技术（以成年实生板栗树为本，用果品优良的枝条作为接穗进行嫁接换冠改造），解决缺株、栗林修整问题，害虫防治采用物理防治、生物防治、化学防治等综合防治方法。同时实施"景观营造，栗林间种，林下养殖，智慧共生"数字化发展策略（图2）。

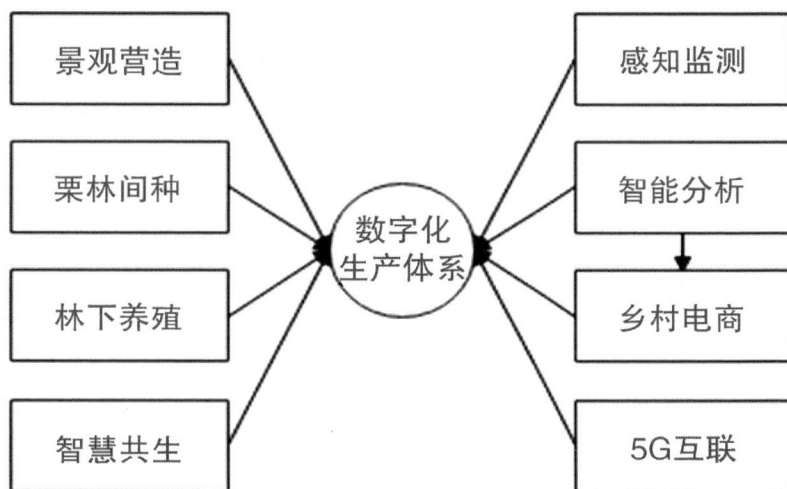

图2　数字化板栗生产体系

（三）加快建设数字化乡村生产体系，加强农业科技信息服务

综合考虑农户、企业、景区、政府等利益相关者的诉求，打造多元一体的数字化板栗产业链和农业科技信息服务链。主要包括了板栗产品的培育、包装、输送和消费四个环节，其中，生产链是板栗产业链的基础，体现了板栗产品包装设计、生态培育和绿化营造等功能。

（四）做好全媒体营销，加强东兰板栗营销力度

借助门户网站、搜索引擎、社交媒体、网红平台，开展全方位、多层级、立体化宣传推广，打造线上线下融合的推广体系。加强与OTA企业合作，借助微信、抖音、今日头条等新媒体渠道，精心策划有较强影响力和吸引力的事件营销活动，着力吸引更多层次的游客群体来东兰体验"板栗打卡"旅游。利用新媒体链式传播的效用，整合有关东兰板栗产业相关的各类视频、图片、文字，在微博、快手、抖音等平台进行推广，不断提升东兰板栗市场知名度和美誉度。

（五）加强政策引导与鼓励，优化数字化电商环境

建立"党建+产业+电商"模式，将互联网企业行业党支部设在电商中心，发挥东兰红色文化旅游优势，建设直播小站，开展初级电商培训，给板栗美食文化"加码"，为旅游"赋能"，使电商"增效"，探索"党建+产业+电商"的乡村振兴发展新路径，构建起百姓广泛参与、优势农产品推广销售、产业高质量发展的新平台。

产业融合视角下农产品特色品牌建设研究：模式、路径及对策[1]

石欣雨　杨　鹏[2]

党的二十大报告指出："全面推进乡村振兴，坚持农业农村优先发展。"产业兴旺是乡村振兴的基础，习近平总书记指出："要深入推进农业供给侧结构性改革，推动品种培优、品质提升、品牌打造和标准化生产。"做大做强农产品特色品牌、提升农产品溢价是实现农业高质量发展的重要途径。品牌强，则产业旺；产业旺，则乡村兴。

一、问题的提出

党中央、国务院对品牌农业助力农村三次产业高质量发展实现乡村振兴非常重视。农业农村部2022年6月印发《农业品牌精品培育计划（2022—2025年）》，2022年9月印发《农业品牌打造实施方案（2022—2025年）》，2023年4月印发《支持脱贫地区打造区域公用品牌实施方案（2023—2025年）》，持续强化做强农业品牌的目标任务和措施要求。

我国农产品特色品牌建设的探索从地理标志农产品制度开始，1999年8月

1　收稿时间：2023年11月
2　作者简介：石欣雨，广西产业与技术经济研究会经济师；杨鹏，广西社会科学院研究员。

17日《原产地域产品保护规定》正式发布，其后《商标法》得到修订，《地理标志产品保护规定》《农产品地理标志管理办法》《农产品地理标志登记程序》和《农产品地理标志使用规范》等相关法律法规陆续发布，我国农产品特色品牌建设的制度保障得以逐步完善。目前，中国农业品牌服务平台已录入特色农产品区域公用品牌2488个。农业农村部每年公布全国名特优新农产品，现产品名录中共有4947项产品，均为区域范围内生产规模较大、质量较优、认知度美誉度较高的农产品。但对标农业品牌精品培育要求，当前农产品特色品牌创建仍存在不足，形象鲜明、特色明显、创新价值高的农产品特色品牌较少，大部分品牌在创建和管理过程中缺乏系统化、长期性规划，距离产品优、信誉好、产业带动作用明显、具有核心竞争力的目标存在较大差距。

农产品特色品牌建设问题引起了学术界的广泛关注和深入研究。一方面，部分学者总结国外经验，从加强产业衔接角度为国内特色品牌建设提供参考。胡胜德等（2019）认为韩国政府出台的品牌扶持相关政策有效连接了农业生产者与市场。韩克勇等（2022）总结了日本大分县一村一品运动的成功模式，提倡因地制宜挖掘标志性特色产品，培育具有比较优势的产业基地，鼓励农业生产向工业、服务业拓展以增加产品及其加工品附加值。另一方面，很多学者通过数据梳理和案例分析，提出国内农产品特色品牌建设的建议，其中部分涉及产业融合。刘蓝予等（2020）认为建立"政府+市场"互动机制，对上下游产业进行拓展升级，是"洛川苹果"品牌建设成功的关键。李双（2022）分析指出特色农业品牌建设已展现出多元化产业融合发展的趋势。薛秀茹等（2022）提出加快产业深度融合是延长特色产业链条、打造特色品牌的关键。

进入新发展阶段，农业支撑工业和服务业的基础作用更加凸显，工业和服务业反过来也助推农业更高质量发展。未来，在乡村振兴背景下，农产品特色品牌建设将呈现三次产业相互融合、高效协同的特点，但从产业融合视角对农产品特色品牌建设模式、路径进行分析的研究依然较少。本研究选取有代表性的农产品特色品牌从产业融合视角进行分析，有利于总结农产品特色品牌建设在农业产业融合背景下摸索出的经验，立足于未来发展趋势为优质品牌培育提供参考，提升农产品特色品牌整体的市场号召力、竞争力和影响力，发挥品牌效应助力乡村振兴。

二、农产品特色品牌的产业融合发展模式

（一）云南咖啡的产业融合模式

云南是全国最大的咖啡生产基地，咖啡总种植面积、总产量占全国比重均达到98%以上。经过多年发展，云南咖啡扭转了低质廉价的市场形象，持续向精品化、品牌化方向发展。

1. 品牌建设历程

云南具备良好的咖啡种植地理条件，种植历史超过120年。云南咖啡早期主要供应国外市场，生产技术水平低下，良种难以存活，主要种植卡蒂姆品种等抗病高产的咖啡豆品种，在国际市场上难以获得较高的议价权。

2008年以后，随着国内咖啡市场不断壮大，咖啡产业链不断成熟，咖啡种植开始由传统农业向现代农业转型，云南本土咖啡企业开始出现并壮大。"十三五"以来，云南省大力发展高原特色现代农业产业，进一步扶持咖啡品牌的打造，推动云南咖啡走精品化路线。

2. 品牌产业融合模式分析

一是培育引进下游企业主导技术改进。云南省政府将咖啡作为重点扶持的现代农业之一，吸引了大量咖啡龙头企业及中小企业入滇布局。例如，星巴克于2012年在云南普洱成立了亚太区首个种植者支持中心，Seesaw品牌于2015年开启"十年云南计划"并将精品级的加工处理技术引进当地，云南冷萃科技有限公司自主开发低温无损真空冷冻干燥技术并实现产品量产。

二是与终端消费企业紧密合作打开市场。云南咖啡通过与头部咖啡品牌合作，建立与城市大众消费者的连接，助力提升云南咖啡的风味和品质认知，刺激高端市场需求。云南咖啡通过与瑞幸合作，推出SOE云南普洱系列咖啡，在全国7000余家门店上市，引来全国咖啡爱好者关注。星巴克每年推出臻选云南

咖啡豆在全国臻选门店上市，并多次呈现在中国国际进口博览会上，有力提升了云南咖啡的知名度，塑造了高品质形象。

三是探索庄园经济多渠道扩大影响力。随着咖啡人才的引进，云南种植管理技术、经营模式得到改良和创新，各地出现了采用多品种种植的咖啡庄园，吸引省外甚至国外咖啡爱好者前来参观体验。例如，保山市新寨村依托"保山小粒咖啡"这一区域公用品牌，建设了可以"一站式"提供咖啡加工体验、文化展示、旅游观光、产品销售等服务的1号咖啡庄园，打造了集房车营地、帐篷酒店、康养度假等功能于一体的3号咖啡庄园，并借助沪滇对口帮扶协作机制推广"咖啡有偿认养"模式，提供全程可追溯的咖啡定制服务。

（二）广西百色芒果的产业融合模式

近年来，随着百色市政府实施一系列举措发展芒果产业，百色芒果产量实现快速增长，多年来稳居全国首位，约占全国芒果总产量的三分之一，有力带动了当地乡村产业的发展壮大，助力脱贫攻坚与乡村振兴有效衔接。

1. 品牌建设历程

依托适合芒果生长的气候特点，20世纪80年代，在百色地委、行署的支持下，百色芒果开始产业化发展。虽然果农基本掌握了芒果种植技术，但产品规模、质量与市场需求存在较大差距，产业一直未能发展壮大。

2010年开始，百色市政府对芒果产业进行了统筹规划，2014年印发通知要求百色范围内生产的芒果产品统一使用"百色芒果"字样作为区域品牌标识，以创新的"百色模式"为统筹，引领百色芒果产业发展步入快车道。

2. 品牌产业融合模式分析

一是创新合作模式，推动品质和利用率提升。政府与企业、农户达成共识，与百色、广西乃至全国的农业高校、科研院所和行业协会等开展合作。建立"农户+企业+合作社"模式，企业与合作社及种植户签订农产品购销协议，保障农产品销售稳定，使次级果也能转为工业果，有效提高了芒果收购价格。建立"农户+基地+合作社"模式，除共同致力芒果研发、生产、销售外，还开发集观光、休闲、娱乐和销售为一体的"芒果体验园"等新型综合产业园。

二是做强精深加工，走向高端市场。近年来，百色市安排了专项经费扶持芒果精深加工产业发展，成功培育引进广西果天下食品科技有限公司、广西田阳壮岭果食品有限公司等6家大型芒果加工企业。精深加工企业通过一系列的加工工艺，将采购回来的芒果转变为标准化产品，生产的冷冻芒果酱和冷冻芒果块等产品作为茶饮重要原材料，通过冷藏运输供应给全国大型茶饮连锁企业，生产的即食芒果干还出口到俄罗斯等国家。

三是加强政企合作，持续开展线上线下宣传推介。2011年以来，百色市政府牵头以"走出去、引进来"的形式举办推介活动超过56场，企业、协会也自发组织了多场芒果推介活动。百色市政府成功打造并上线运营了淘宝百色特色馆、京东商城、一号店、微店百色馆和阿里旅行百色旗舰店"五大平台"，以"农户+专业合作社+平台+消费者"模式开展百色芒果线上宣传销售，并与电商平台联合举办了9届"互联网+百色芒果节"。

（三）山东寿光蔬菜的产业融合模式

寿光是我国最大的蔬菜生产基地，于1995年荣获"中国蔬菜之乡"称号。寿光不断创新蔬菜产业发展模式，提升产业现代化水平，实现蔬菜销售范围辐射全国30个省、区、市，并远销日、韩、美等国际市场，成为享誉国内外的"中国一号菜园子"。

1. 品牌建设历程

寿光蔬菜生产历史已有1500多年，规模化现代化农业发展历史也已有30多年。寿光在全国率先发展设施蔬菜产业，1974年开始建设玻璃温室，80年代末建设冬暖式蔬菜大棚并向全国推广。从蔬菜大棚建成开始，寿光蔬菜产业得到快速发展，到2020年蔬菜产量达到373万吨。

2019年"寿光蔬菜"已成功注册为地理标志集体商标，截至2022年8月底，累计有315个农产品品种获得"三品一标"认证（无公害农产品、绿色食品、有机农产品和农产品地理标志），"乐义蔬菜""七彩庄园"等2个品牌获评中国驰名商标，各类优质品牌认证率达11.7%。

2. 品牌产业融合模式分析

一是培育种业企业，解决种源"卡脖子"问题。 2012年起，寿光市出台一系列种业发展扶持政策，培育一批具备自主研发能力的种业企业，先后与中国农科院、中国农业大学等10多家科研院校建立了深度合作关系，自主研发蔬菜新品种达到167个。培育的种业企业有7家获批省级种业技术研发中心、4家建有种质资源库。

二是建设形成具有全国影响力的标准化体系。 寿光市推动成立了国家蔬菜质量标准化创新联盟，研制了126项国家、行业和地方标准，先后发布了5项全产业链行业标准。寿光市丹河设施蔬菜标准化生产示范园还建立起"龙头企业+蔬菜合作社联合会+蔬菜合作社+农户（家庭农场）"的产业联合体运营模式，统一农资、技术、管理、检测、品牌、销售，推广自动控温、自动喷滴灌、自动放风、自动施肥、自动卷帘技术，全面推行订单生产，推动蔬菜全产业链和价值链提升。

三是发展预制菜产业，推动品牌高值化发展。 2021年以来，寿光把发展预制菜产业作为产业强市的重点，培育引进预制菜骨干企业近30家，产值达到78.8亿元。2022年5月18日，潍坊寿光首届预制菜全产业链博览会（线上）开幕，通过网络直播、专栏报道等形式，对40多家预制菜全产业链骨干企业及其优质产品进行全方位、全矩阵宣传推介。

三、农产品特色品牌建设的路径及对策建议

（一）**聚焦优势资源，形成品牌特色。** 云南咖啡、广西百色芒果、山东寿光蔬菜都充分利用了当地独特的地理资源，将地域特征形成的产品以独特品质打造成为品牌"护城河"，由此将品牌与区域进行深度绑定。因此，打造农产品特色品牌，应从顶层设计入手，充分挖掘自然条件、差异化栽培方式、历史文化和民俗风情等特色资源，对现有各类品牌进行梳理、整合，选择最具有发展前途和地域特色的农产品资源，布局区域主导产业，形成记忆点鲜明、竞争力较

强的区域特色品牌，进行统一的品牌设计和形象塑造，实现与其他区域的同类农产品差异化。

（二）加强创新引领，提升品牌价值。已具有一定市场影响力的农产品特色品牌在发展过程中均十分重视创新对品牌的引领，技术、管理、传播等各方面创新都走在前沿。因此，要鼓励搭建科研实验室、技术研究中心等公共科研平台，积极引导科研和生产深度融合，加强对农产品种源的开发和保护，推动生产加工技术和机械设备升级，提高深加工能力，探索发展新业态、新模式，保证农产品和特色品牌持续贴近消费者对高品质生活的需求。针对高端人才短缺问题，积极对接农业组织、企业、科研院所，形成联盟机制，共同打造"科技促农工程"，推动农业"政产学研用"深度融合。

（三）建立标准体系，维护品牌形象。品牌要形成市场竞争力，质量是关键。参照云南咖啡、广西百色芒果、山东寿光蔬菜的品牌建设历程，各地应逐步建立完善农产品特色品牌的质量标准体系，制定涵盖产业链各方面管理在内的质量监督标准，强化政府与农业组织、企业的合作与交流，加强对产业链全生命周期的质量控制管理，构建品牌诚信评估体系，严格把控品牌质量，营造以产品质量提升为主导的品牌生存环境，保护好区域特色品牌。政府及相关单位还需要完善标准化服务，从科技研发、产业链管理、市场主体培育壮大、品牌宣传等方面入手，形成一套流程清晰、反馈高效的服务机制。

（四）聚合产业资源，扩大品牌影响力。传统农产品产销模式中农业与其他产业融合仅限于初级加工和物流运输，而无论是云南咖啡的品牌建设模式还是"百色模式""寿光模式"，都充分结合了政府和市场各自优势，将产业链上下游力量拧成一股绳。因此，各地应因地制宜实施农业产业集群策略，推进"农户＋企业＋基地＋合作社"等适宜的产业一体化经营发展模式，构建区域农产品特色品牌共同体。围绕农产品特色品牌的全产业链安全和稳定配套政府服务，合理利用现有资源将更多利益留给链上市场主体，激发县域、乡镇主体活力，避免重复建设和低效竞争。

（五）精准市场推广，提高品牌知名度。农产品特色品牌的建设离不开面向需求群体的精准宣传，云南咖啡的走红与城市"咖啡热"相关，百色芒果的需求随着新式茶饮兴起暴涨，寿光蔬菜在各大疫情灾情期间通过保供进一步打响了名号。为了让品牌真正转化为价值，需要充分利用市场的灵活性，通过企业灵敏的嗅觉挖掘乡村品牌与需求的契合点，不断开发蓝海领域，积极配套各项交易服务平台和宣传平台。通过线上与线下结合的广告传播扩大农产品特色品牌的宣传面，探索举办具有区域特色的农业节庆活动，鼓励特色直播经济等新模式发展，将前沿的市场需求观念融入品牌文化内涵中。

应重视丘陵山区现代农业装备产业发展[1]

毛　艳[2]

现代农业装备是农业现代化最核心的物质基础。党的二十大报告提出，全面推进乡村振兴，要强化农业科技和装备支撑。近年来，国家对丘陵山区农业机械化问题高度重视，在国发〔2018年〕42号文件中，对丘陵山区农业机械化发展的目标任务提出了明确要求。为此，广西作为以丘陵山区为主要地理特征的农业大省（区），应当充分重视丘陵山区现代农业装备产业的发展

首先，要充分认识发展丘陵山区现代农业装备产业的重要性。广西是一个以丘陵山区为主要地理特征的农业省区，丘陵山区面积占比在70%以上，优势特色农作物播种面积、总产量，分别占全区主要农作物的50.8%、89%。广西推进农业现代化的瓶颈在于适应丘陵山区的农业机械化水平低且发展缓慢。因此，加快发展适应丘陵山区的农机装备产业是农业现代化发展的重要基础。同时，发展适应丘陵山区现代农业装备产业是提升农业生产效率和释放农村劳动力的重要途径；再次，加快发展适应丘陵山区的现代农业装备还是推动广西制造业高质量发展的新引擎。

其次，要坚持广西加快发展丘陵山区现代农业装备产业的重点方向。鉴于发展适应丘陵山区的农业现代装备产业的重要性，未来一段时期，广西应始终坚持把发展适应丘陵山区特点的现代农业装备产业作为重要的战略目标，明确

1　收稿时间：2022年11月
2　作者简介：毛艳，广西社会科学院区域发展研究所副所长、正高级经济师。

主攻方向和核心突破口，举全区之力高位推动，做优做强现代农业装备产业，有力支撑全区现代农业高质量发展，为实现农业现代化发展目标奠定坚实基础。

最后，要制定有力的发展适应丘陵山区农业现代装备产业的战略措施。为此提出三条建议：

一是增强科技创新支撑能力。编制并发布丘陵山地优势特色产业农机技术及装备需求目录。重点推动建设中国（广西）—东盟现代农业智能装备技术创新中心，面向中南、西南地区引进一批农机研发机构、农机企业、高等院校入桂设立研发中心、院士工作站、博士后工作站或外籍专家工作站，加快实施农机关键核心技术攻关工程，提高农机装备自主研制能力。推动智能化、绿色化、轻便化、多功能丘陵山区农机装备等农业机械和农机化技术研发攻关，支持企业及相关机构申请山地丘陵农机等国家"智能农机装备"重点专项项目。

二是加快推进平台载体建设。加快打造中国—东盟现代农机装备产业园，推动成渝地区及中南、西南地区先进农机装备及农机化技术向广西转移，提升广西甘蔗耕种管收机械、高效复式耕作机械、智能拖拉机、丘陵山区小型多功能田间管理机械等产品竞争优势。积极打造中国—东盟农机交易大市场，着力培育一批专业装备制造、服务龙头企业，鼓励农机制造企业战略重组，支持农机企业组团参加国内外知名农机展、农机论坛，与国内外先进企业开展技术合作，联合建立生产基地，推动先进农机产品、技术"走出去"和"引进来"。

三是加强政策扶持力度。创新丘陵山区农田"宜机化"改造政策举措，开展地块互联互通、优化地块布局等改造，提高农机适应性。推动农机试验鉴定扩容增能，推动建设丘陵山区优势特农产品生产机械化试验试用基地，探索实施社会化试验鉴定和政府采购服务。探索创新丘陵地区农机购置补贴政策支持方式，扩大支持丘陵山区使用机具补贴范围，探索购置补贴、贷款贴息、融资租赁、承租补贴等综合补贴方式。

第三篇　文旅赋能

文化与旅游对乡村产业的启动和发展具有显著作用，以至于出现了"旅游旺、乡村旺，一业兴、百业兴"的说法。这是因为文旅可以直接促进乡村经济发展，带动当地农民增收和就业；可以吸引游客前来体验乡村生活和文化，发展乡村文化产业；可以助力乡村文化传承和保护，引起乡村居民对传统文化的兴趣和热爱，激发优秀传统乡土文化活力、实现乡村文化的创造性转化与创新性发展。怎样使文旅赋能乡村振兴呢？这既需要理论思考，更需要实践探索。

发挥知青历史文化的作用创新文旅载体促进乡村振兴[1]

广西知青文化研究会课题组[2]

知青历史文化旅游作为旅游新业态正在全国各地悄然兴起。这不仅为文化旅游增加了新动力，而且有助于乡村振兴，应当积极发展。

一、知青历史文化旅游现象分析

（一）知青历史文化旅游方兴未艾

最引人注目的是陕西省延安市梁家河知青文化旅游，游客络绎不绝，热情高涨。旅游业的发展带动了村庄的经济发展，梁家河村已经成为一个集旅游、文化、商业于一体的综合性旅游景区。梁家河村老支书石春阳说："我们这儿搞乡村旅游，核心资源就是知青文化，给我们留下了宝贵的精神财富。"江西省井冈山"知青历史文化"导向型红色旅游，在继承井冈山革命精神中，把知青文化作为井冈山红色文化的重要组成部分，丰富了红色旅游的内涵。黑龙江省黑河市锦河农场知青文化旅游，主打怀旧、体验、研学和亲子四大核心概念，组织知青活动，挖掘知青文化，成为最受游客青睐的旅游亮点。福建省南平市建

1　收稿时间：2023 年 11 月
2　课题负责人：阳国亮；主要参加人员：王波、潘海深、潘晓春、李航、黄建年、李午玲。

瓯知青博物馆，是福建省首家知青博物馆，2016年开馆以来，已被授予"中国知青文化旅游胜地""建瓯市党员教育培训基地"等多项称号。江西省婺源"知青历史文化"特色旅游，以绘画形式还原知青时代元素，留住记忆；建立知青纪念馆再现知青生活原貌，唱响知青之歌，吸引了众多游客前来观光打卡，也促进了农家乐，茶叶、蔬菜等生态农业的发展。各地的知青历史文化旅游项目都为助力乡村经济振兴发挥了积极作用，促进了农民增收致富，也让群众在知青文化和乡村旅游融合发展中提升获得感、幸福感。

（二）知青历史文化旅游设施建设勃然兴起

据不完全统计，至今为止，全国31个省市自治区共建有知青历史文化纪念地493处，其中有180座知青纪念馆（博物馆）。各地根据地理条件、历史背景、兴起原因、区位状况、资源特色的不同，采取了不同的纪念模式，引发了人们极大的兴趣。知青历史文化专题博物馆模式，通过图片、实物、雕塑、影视音像资料、文字、现场景观仿造等形式系统形象地介绍知青历史文化，使旅游者产生历史真实感。知青历史文化主题公园模式，以知青的人物故事、历史事件、文化活动等素材为内容，贯以知青文化积极向上的精神，以震撼的场景、轻松的方式展现在游客面前。科普教育农园模式，以陈列农具、展示农作物、再现农业劳动等方式反映当年知青从事农业劳动的情景，促进游客对知青历史文化和我国农业生产的深入了解。知青休闲农场模式，以游客度假、游憩、娱乐的形式，到农场参加农业劳作，体验当年知识青年与农民同甘苦共患难的农村生活。民俗文化村模式，知青文化和民俗文化融合发展，知青活动与多姿多彩的民俗活动有机地结合，对城市游客具有强烈的吸引力。知青历史文化旅游俱乐部模式，选择条件好、综合性强的乡村为中心，跨地跨省联合建立能体验各种知青插队生活的知青历史文化旅游点，轮流主持游客旅游活动。

（三）知青历史文化旅游具有鲜明突出的特征

知青历史文化旅游有其特有的特征，即源于知青历史文化的突出特征。一是知识青年上山下乡是共和国历史中的特殊事件，知青历史文化具有重要的历史特征。通过知青历史文化旅游，游客可以了解20世纪50年代初中期到70年代末的中国社会主义建设历史，这对引导人们正确对待知青历史、领略知青精神具有重要意义。二是知识青年上山下乡的特殊背景、特殊群体、特殊经历形成了特殊文化，具有独特的文化特征。包括物质层面的特征、行为方式层面的特征和精神文化层面的特征。这些以知识青年上山下乡为内容的知青历史文化，是那个时期中国历史文化的缩影，是共和国历史文化的重要组成部分。三是知青历史文化的发源地主要集中在中国农村，具有显著的中国农业农村经济社会的特征。知识青年上山下乡所形成的群体的历史经验，从一个侧面揭示当时中国尤其是中国农村政治、经济、文化和社会生活状况，是了解和研究中国农业农村发展历程最宝贵的第一手材料。

（四）知青历史文化旅游具有广阔的市场前景

知青历史文化旅游作为新型旅游业态具有广阔的市场前景，特别是其客源市场广大。主要有三个方面：一是当年上山下乡的知青群体大多已退休，成为知青历史文化旅游的主力军，多达2000万人。二是知青家庭成员包括现在的知青后代，都是知青历史文化旅游的客户群体甚至最大目标市场。三是有了解知青历史需求的人，知识青年上山下乡运动是共和国历史中特殊的运动，既波澜壮阔又纷繁复杂，值得探究。这些客源市场是知青历史文化旅游赖以发展的最重要的基础。

（五）知青历史文化旅游具有强劲的发展趋势

知青历史文化旅游作为一种新型的文化旅游消费形式，对刺激消费需求扩大消费的作用十分明显。一是知青历史文化旅游适应了文化与旅游融合发展的大趋势，使知青历史文化形态得到传播和弘扬。二是知青历史文化旅游满足了人们寻根怀旧旅游的需要，引发了人们求史、求知、求历史体验的愿望。三是知青历史文化旅游增加了现代思想教育的新形式，对当今青少年的社会主义核心价值观的形成，将起到极大的教育、启迪和激励的作用。四是知青历史文化旅游已成为新时代乡村振兴战略的重要抓手，在促进乡村产业结构调整、增加农民收入方面发挥了积极的作用。五是知青历史文化旅游的发展也是加快形成新发展格局的需要。在扩大历史文化旅游的客源市场、启动乡村旅游市场、刺激消费扩大消费、形成高质量的旅游业发展态势方面，成效十分显著。

二、广西发展知青历史文化旅游现状

广西与全国其他地方一样，知青历史文化旅游已有所发展，取得一些成绩，但仍处于初创阶段。分析广西知青历史文化旅游资源，了解广西知青历史文化旅游发展现状，发展广西知青历史文化旅游，对广西旅游业和乡村振兴都有较大的促进作用。

（一）广西有丰厚的知青历史文化资源

广西的知青历史文化资源主要有以下几个方面：（1）人数众多，时跨较长。据不完全统计，广西上山下乡知识青年43.48万人，加上1968年以前已插队部分，估计超60万人。（2）分布广泛，种类齐全。从地域分布看，广西知青遍布全区各地，其中有40.87万名分布在当时全区83个县市、746个人民公社、4822个大队、30591个生产队；有2.61万名分赴农场、林场、茶场、渔场和广西军区生产师（军垦农场或林场）。前期知青以"三同"插队落户为主，后期以集体插队为主；还有一个特殊种类即邕宁五塘"三大革命运动"实验区和"五塘耕读大学"。（3）文脉丰富，积极向上。广西知识青年上山下乡融汇到各民族中，接触到各民族的文化并与现代文化交融，创造了艰苦奋斗、执着进取、无私奉献的知青文化和知青精神，颇具广西特色。

（二）广西知青历史文化旅游开发情况及案例

广西知青历史文化旅游早在二十世纪九十年代末就已开始，各地相继开展了知识青年上山下乡图片展，举办逢五年、十年的知识青年上山下乡周年纪念活动，还建立了知青历史文化博物馆、知青文化城、知青活动基地、知青研究基地等旅游景区及相应的设施。柳城县洛崖知青城旅游景区是以知青文化为主题的旅游景区，是"新创意"与"旧情结"的融合。景区内有许多特色景观及建筑，如照片墙、宣传画、雕塑、风谷机、知青会所、知青大食堂、知青码头、知青广场等。这些都是当年知青留下的独特的知青文化和建筑，一个保存知青燃情岁月记忆的地方。广西（兴安）知青历史文化博物馆，位于兴安县溟川乡榜上村，总建筑面积1500平方米，陈设了知青历程、知青岁月、知青文化、知青精神等板块。通过史料、文献、照片、实物、绘画等多样化陈列品和现代化展示手法，梳理知青历史脉络，凸显知青历史的地位与价值。兴安县及溟川乡非常重视发挥广西（兴安）知青历史文化博物馆作用，将博物馆与溟川的优势资源结合起来，延伸其文化旅游功能，使其在打造"慢游小镇"的过程中发挥积极作用。广西七坡林场立新森林人家，是建在广西七坡林场内的知青文化旅游景区，是当年知青们曾经奋斗生活过的地方，有着丰富的知青历史。林场以此为平台和契机，推动知青历史文化的传承和推广，带动文旅项目发展，助推经济建设再上新台阶。苏屯知青园，位于广西崇左市大新县恩城乡陆榜村，是中越边境的一个知青点。当地政府规划将苏屯定位为知青文化旅游村进行打造，围绕知青文化主题，开展宜居乡村建设，成为全市宜居乡村示范点。广西国有六万林场"知青文化研究活动基地"，位于玉林市玉州区的六万大山，这里曾是劲燃革命斗争烽火的一方热土，也是当年知识青年上山下乡的接纳点，2018年以来，六万林场党委充分挖掘革命传统教育文化、知青文化、生态环境等资源，打造建立文化旅游设施，促进了六万大山特色文化旅游的开展。

（三）发展广西知青历史文化旅游的建议

广西既有发展知青历史文化旅游的良好资源，又有了知青历史文化旅游的良好开端，发展广西知青历史文化旅游的基础和条件已经具备。从提升广西旅游业发展质量和推进乡村振兴以及刺激消费发展经济的要求出发，广西已经到了大力发展知青历史文化旅游的时候了。为此，提出如下建议：

1. 做好广西知青历史文化旅游发展规划。

2. 将知青历史文化旅游纳入乡村振兴战略一并推进。

3. 制定发展广西知青历史文化旅游鼓励政策。

4. 扶持已有知青历史文化旅游景区提质升级。

5. 培训培养发展知青历史文化旅游的人才。

6. 切实支持新的大型知青历史文化旅游项目上马。

三、大型知青历史文化旅游项目建议：打造"广西知青历史文化体验园"

广西知青文化研究会已创办了以文字图片音像为主体的广西（兴安）知青历史文化博物馆，该馆已建成，坐落在桂林市兴安县漠川乡。与此相呼应，还应在南宁市创办一个以体验活动为主体的"广西知青历史文化体验园"。一南一北，形成广西知青历史文化旅游的基本格局。"广西知青历史文化体验园"策划思路分述如下：

（一）广西知青历史文化体验园初步选址

广西知青历史文化体验园初步选择南宁市青秀区南阳镇草樟水库的花雨湖景区及施厚村的古岳坡作为园址。选择南阳镇作为广西知青历史文化体验园园址是看中其几个优势：一是交通有优势。南阳镇地处南宁市东部，距离市区45公里。镇区往北7公里可直达桂海高速公路伶俐入口处，往北10公里直达伶俐火车站。从南宁到横州的101省道东西向贯穿镇境。此外，南宁伶俐至钦州陆屋二级公路项目即将开工建设，未来将在南阳境内与101省道交汇，将使南阳成为四通八达之地，交通条件更加优越。二是发展有潜力。南阳镇辖7个行政村和1个社区，近年来，南阳镇先后荣获创建全国文明城市工作先进单位、南宁市"清洁乡村"十佳乡镇等多项荣誉。2020年4月，南阳镇被命名为首批广西民营经济示范乡镇。2019年11月，南阳镇上榜广西2019年度拟命名自治区级生态乡镇名单。三是文化有特色。南阳镇有丰富的少数民族习俗，南阳年鼓、芭蕉香火龙、采茶剧等具有本地特色的壮族传统民俗文化得到较好传承。施厚村的古岳坡壮族山歌作为非物质文化遗产，被赞为壮乡歌海中的"歌窝"。南阳镇著名壮族作家古笛先生，是蜚声国内外的彝族歌曲《赶圩归来啊哩哩》词作者，还是《刘三姐》歌剧的主创之一。南阳镇在古笛先生的影响下充满了艺术魅力，是一个人与自然和谐共生的美丽的古镇。四是旅游有基础。南阳镇已建立了一个景区，即花雨湖生态休闲旅游区，是南宁绝佳的自然风光和农业体验的园区，总规模5000亩，景区以"梦幻花雨、时尚庄园"为主题，按"一湖六庄二中心"布置景点，有花雨湖、乡村音乐庄园、浪漫香草庄园、梦幻彩林庄园、奇异仙果庄园、梦幻乡土庄园、创意农业庄园，还有壮瑶文化体验中心、农业科普研学中心，是兼具文化体验、田园康养、休闲娱乐等功能的"度假庄园"。五是业态创新有活力。近年来，南阳镇以打造"百亩百校"中小学劳动教育实践基地为契机，着力构建具有地方特色、受学生欢迎的劳动教育实施体系，深入推动"农文旅"融合发展。截至目前，已与56所中小学校建立研学基地合作关系。

（二）广西知青历史文化旅游体验园架构设想

广西知青历史文化旅游体验园园名可以叫"广西（南宁）知青历史文化旅游体验园"，与广西（兴安）知青历史文化博物馆相对应，在展出形式上有所分工：兴安以"静"为主，以"动"为辅，即以图文为主，以体验操作为辅；南宁以"动"为主，以"静"为辅。各自都有独特的风景山川为背景。广西知青历史文化旅游体验园建园设想如下：

1. 广西知青历史文化旅游体验园分为大小体验园。以花雨湖生态旅游示范区及施厚村的古岳坡文化村为核心，以知青历史文化旅游产业带动南宁市西乡塘区南阳镇的发展，为全区三产带动乡村振兴产业发展做出示范。

2. 第一圈层：花雨湖生态旅游示范区及施厚村的古岳坡文化村。以花雨湖生态旅游示范区内"一湖六庄二中心"的布局结合知青历史文化内容，既有知青历史文化内容，又能进行有趣的体验活动。

3. 第二圈层：生活生产体验圈。在南阳社区与施厚村之间建若干个知青屋或知青小院作为民宿接待游客，根据季节让游客参加不同的劳动，体验农活的艰辛。

4. 第三圈层：农村科学实验体验圈。建设农村科学实验体验区，按照季节安排做农业技术体验项目和一些现代农业机械劳动。

5. 圈中圈层：古岳文化艺术及知青文化生活体验区。以"知青休闲旅游、整合文化艺术"为发展定位，形成"当地文化+知青文化+旅游"特色旅游产业经济。

（三）广西知青历史文化旅游体验园目标

广西知青历史文化旅游体验园的建设目标：一是形成知青历史文化旅游一南一北的总体格局，以推动全区知青历史文化旅游，形成广西旅游的新亮点。二是以广西知青历史文化旅游体验园的项目带动南阳镇的乡村振兴。三是以知青历史文化旅游延伸产业链，拓展更多的乡村就业机会，吸引更多的年轻人回乡。四是使知青精神得到进一步发扬光大，形成思想政治教育的新阵地。五是通过知青生产生活场景再还原、知青文化再还原，吸引老知青们第二次"上山下乡"，为乡村振兴出谋划策。

乡村旅游质效提升驱动乡村振兴机理研究[1]

陈伍香[2]

习近平总书记关于"三农"工作的重要论述是习近平新时代中国特色社会主义思想的重要组成部分，乡村振兴是"三农"工作重要论述的重要内容和具体实践举措，在建设中国特色社会主义的过程中提出乡村振兴战略，意在发展农村经济，从而缩小贫富差距，逐步实现共同富裕的奋斗目标。党的二十大报告提出，全面推进乡村振兴，坚持农业农村优先发展，巩固拓展脱贫攻坚成果，加快建设农业强国，扎实推动乡村产业、人才、文化、生态、组织振兴。《中共中央关于进一步全面深化改革、推进中国式现代化的决定》指出，高质量发展是全面建设社会主义现代化国家的首要任务。乡村旅游质效提升是高质量发展背景下乡村旅游从总量规模扩张向高质量发展转变的路径选择，是在保障乡村旅游稳步发展的同时，注重旅游质量和旅游效益的同频提升。

本文主要通过建构"乡村旅游质效驱动乡村振兴"理论模型，探析乡村旅游质效促进乡村振兴的驱动因素、促进路径与促进传导机制，以此阐明乡村旅游质效驱动乡村振兴机理。对于驱动模型而言，需要相应的驱动力驱使各要素发挥自己的作用，形成驱动机制、传导机制、执行机制、反馈机制和保障机制，进而实现乡村振兴。

---

1 收稿时间：2023 年 11 月
2 作者简介：陈伍香，广西师范大学历史文化与旅游学院教授。

一、驱动机制

乡村旅游质效驱动乡村振兴，首先需要探寻出乡村旅游质效驱动机制，在乡村旅游质效驱动机制推动下，探讨乡村旅游质效驱动乡村振兴的传导、执行、反馈、保障等机制。乡村旅游质效驱动机制主要包括政府驱动力、企业运作驱动力、客源市场驱动力的运行机制。

政府驱动力在乡村旅游质效提升中发挥着主导的作用，政府在旅游目的地利益相关者之间起到协调作用，平衡企业、居民和游客三方的利益关系。

企业运作驱动力的主体是旅游企业，做到保护性开发旅游资源，注重旅游产品的品质品牌打造，使游客延长停留时间，增加他们在乡村旅游目的地的消费，提升旅游收益。

游客作为客源市场驱动力的主体，驱动旅游企业重品质和内涵，游客的乡村旅游消费刺激了当地经济水平的提高，从而推动乡村旅游发展。

二、传导机制

媒体在乡村旅游发展中起到纽带的作用。为供给方提供更多销售旅游产品的营销途径，同时也为旅游者提供更多的产品信息，从而实现供给侧和需求侧的最佳匹配。市场的需求会促使媒体去挖掘更多有价值的旅游信息和旅游目的地，进而宣传旅游产品和线路。

旅游企业的营销活动能创新乡村旅游目的地的旅游产品，开发农村生态旅游、民族村寨旅游、传统村落旅游等具有乡村特色的旅游产品，挖掘和体现乡村旅游资源的文化内涵，进一步提升知名度和宣传力度，引导旅游景区利用OTA平台开展在线宣传、预订和销售，加快乡村旅游发展和旅游资源共享，激发游客的出行意愿。

三、执行机制

政府、旅游企业、社区居民的行为是驱动模型的执行力，在它们共同作用下，确保实现乡村旅游质效驱动乡村振兴。政府监督贯穿于乡村旅游提质增效整个过程，不仅是乡村旅游提质增效、内部机制的有效运行保障，同时也是市场需求导向机制的重要"黏合剂"。它对乡村旅游提质增效机制的运行效果十分重要，并最终影响乡村旅游提质增效目标的实现。

旅游企业通过整合资源、聚集要素、丰富形式、增加产品供应，延伸产业链，结合当地民族特色和旅游文化特色，打造一批能够贴合当地风土人情和民族特色的游居一体化特色旅游项目，形成符合当地民族风情旅游产品的品牌体系。

当地居民行为同样是推进、落实乡村旅游质效驱动乡村振兴的主体执行力。在国家旅游政策的扶持下，居民通过参与到乡村旅游发展中，成为乡村旅游的从业者，为游客提供接待服务，销售当地特色旅游产品，增加经济收入，同时，参与本土文化建设，成为当地文化形象的传播者，宣传当地传统文化，保护和传承宝贵的文化遗产。

四、反馈机制

在乡村旅游质效驱动乡村振兴的过程中，游客、企业、本地居民等利益相关者的反馈是反馈机制的重要内容。游客体验乡村旅游产品和服务，并通过游客满意度调查、游客投诉、非正式交流等渠道反馈体验评价。游客的情绪、满意度等表现和投诉、抱怨等行为，直接反映出乡村旅游发展的有效性和合理性。乡村旅游目的地积极搜集游客的反馈，了解游客的满意度，从而有效地进行服务补救或改进，进而促进乡村旅游质效提升和目的地的可持续发展。

五、保障机制

乡村旅游质效驱动乡村振兴机制离不开保障约束机制，明确乡村旅游质效目标，在金融、环保、土地、交通、林业、文化等有关部门的共同努力下，制定有效促进乡村旅游业一体化发展的政策法规和措施。在乡村旅游资源开发过程中，不仅要注意将资源开发与环境保护相结合，保证最大程度上减少对环境的污染。旅游企业在旅游发展的同时也要注重环境保护，考虑生态环境的承受能力。在充分开发乡村旅游资源时，制定一系列措施来保护生态环境，对资源进行合理开发，促进乡村旅游市场和乡村旅游目的地健康发展，进而助推乡村振兴。

广西北部湾城市群乡村旅游与乡村振兴协同测度与评价[1]

信慧娟　段文军[2]

　　党的十九大报告提出乡村振兴发展战略，是新时期对乡村发展的准确把握。乡村旅游有助于农业多功能价值的实现，是乡村振兴实施的有效途径。加强乡村振兴战略背景下对乡村旅游发展的引导，推动二者良好协同发展显得尤为重要。

　　当下，学术界针对乡村旅游与乡村振兴的研究主要侧重于乡村旅游对乡村区域的影响。国外学者在研究主题上多针对乡村旅游对城镇化的作用和乡村旅游与农业关系等方面，国内学者更多聚焦于乡村旅游对乡村振兴的影响、乡村振兴背景下乡村旅游发展路径等问题。随着党的十九大召开，乡村旅游与乡村振兴关系的研究热度高涨，但基本为单项影响研究，二者间互动关系乃至区域间差异分析鲜少涉及。本文以广西北部湾城市群六市为研究对象，分析乡村旅游发展与乡村振兴耦合关系，以期为广西北部湾城市群乡村旅游与乡村振兴耦合系统向良好、优质协调的方向发展提供理论参考。

1　收稿时间：2022年11月
2　作者简介：信慧娟，桂林理工大学南宁分校专任教师，助教，硕士研究生；段文军，南宁师范大学教授，博士生导师，旅游与文化学院副院长。

一、研究区概况

广西北部湾城市群主要由南宁、北海、钦州、防城港四市和玉林、崇左两市物流中心"4+2"所辖行政区域组成，地处我国沿海西南端。近年来，广西北部湾城市群积极发展乡村旅游，乡村旅游逐渐成为北部湾城市群乡村经济发展的重要产业。截至2019年，广西北部湾城市群3A及以上旅游景点数约达212个，旅游接待人数高达4.08亿人次，旅游收入4517.6亿元。同时，广西北部湾城市群热烈响应国家乡村振兴战略实施，依托城市各自优势，强化科技成果转化基地建设，持续推进农业产业高质量发展。

二、耦合评价体系构建

乡村旅游发展与乡村振兴耦合评价指标体系应该包括乡村旅游发展水平和乡村振兴实施程度两方面内容。乡村旅游方面遴选旅游环境、旅游经济效益、旅游景观质量、旅游设施4个方面9项指标；乡村振兴方面，基于乡村振兴战略的"二十字"方针，选取5个方面12项指标，采用熵值法确定指标权重。本文数据主要来源于2016—2020年《广西统计年鉴》、《广西国民经济和社会发展统计公报》、广西北部湾城市群六市的国民经济和社会发展统计公报以及卫生健康委员会、生态环境局等相关部门的统计报表。评价指标体系见图1。

三、耦合评价分析

根据综合水平指数、耦合度及耦合协调度模型，分别计算北部湾城市群六市的乡村振兴系统和乡村旅游系统综合评价水平、耦合度及耦合协调度数值。测算结果见图2。

（一）综合评价水平分析

2015—2019年，广西北部湾城市群六市的乡村旅游与乡村振兴综合评价水平均呈上升趋势，各市发展呈现差异。P1最高且提升幅度最大的为南宁市，2018—2019年P1值增速最高，究其原因为2018年《广西旅游乡村振兴三年行动计划》的实施有效推动了南宁各县乡村旅游的发展，南宁环城乡村旅游圈逐步成型，乡村旅游进入快速发展时期。截至2019年P1值排名第二、第三的分别为玉林市和崇左市，其旅游资源丰富，3A级及以上旅游景点数分别为36、40。六市P2波动较大，其中南宁、北海、钦州的P2值总体呈稳步上升趋势，5年间P2值提升幅度最大的为北海市，钦州市2019年P2值略有下滑。防城港、玉林的P2值波动较大，分别于2017年和2016年出现峰值。崇左整体发展较平稳，2019年P2值稍有回落。

　　2015至2018年间，北部湾城市群各市P1低于P2，乡村旅游发展相对滞后，2018年后，P1持续增高并逐步赶超P2，其中南宁、钦州、玉林和崇左2019年P1明显高于P2。

系统层	一级指标	二级指标	单位	指标性质	指标权重
乡村旅游	旅游环境X_1	环保投资额X_{11}	万元	正	0.0587
		3.A及以上旅游景点数X_{12}	个	正	0.0315
		旅游管理部门个数X_{13}	个	正	0.0648
	旅游经济效益X_2	乡村旅游经营收入X_{21}	亿元	正	0.0425
		乡村旅游年接待人次X_{22}	万人	正	0.0427
	旅游景观质量X_3	旅游舒适期X_{31}	月	正	0.1637
		乡村旅游景观密度X_{32}	个/万平方公里	正	0.0342
	旅游设施X_4	旅游设施建设资金X_{41}	万元	正	0.0452
		旅游服务设施X_{42}	个	正	0.0448
乡村振兴	产业兴旺Y_1	农业单位面积产量Y_{11}	吨/公顷	正	0.0521
		农业结构水平Y_{12}	%	正	0.0402
		二三产业发展程度Y_{13}	%	正	0.0410
	生态宜居Y_2	绿化覆盖率Y_{21}	%	正	0.0545
		二级以上空气优良天数占比Y_{22}	%	正	0.0373
		医疗卫生机构数量Y_{23}	个	正	0.0452
	乡风文明Y_3	公共图书馆数量Y_{31}	个	正	0.0274
		文教支出比重Y_{32}	%	负	0.0385
	治理有效Y_4	城乡收入差距程度Y_{42}	%	正	0.0265
		城乡生活差距程度Y_{43}	%	正	0.0463
	生活富裕Y_5	农村居民收入水平Y_{51}	元	正	0.0309
		农村居民家庭恩格尔系数Y_{52}	%	负	0.0320

图1　耦合评价指标体系

地区	年份	乡村旅游P1	乡村振兴P2	耦合度C	综合协调指数T	耦合协调度D	协调程度
南宁	2015	0.0474	0.0369	0.9922	0.0422	0.2045	中度失衡
	2016	0.0815	0.1904	0.9163	0.1360	0.3529	轻度失衡
	2017	0.0757	0.1901	0.9026	0.1329	0.3464	轻度失衡
	2018	0.2504	0.2381	0.9997	0.2443	0.4941	濒临失衡
	2019	0.5426	0.3780	0.9839	0.4603	0.6730	初级协调
北海	2015	0.0079	0.0248	0.8561	0.0164	0.1183	严重失衡
	2016	0.0798	0.1324	0.9688	0.1061	0.3206	轻度失衡
	2017	0.1577	0.2594	0.9719	0.2063	0.4478	濒临失衡
	2018	0.2275	0.3012	0.9902	0.2644	0.5116	勉强协调
	2019	0.4111	0.3683	0.9985	0.3897	0.6238	初级协调
防城港	2015	0.0474	0.1041	0.9273	0.0758	0.2650	中度失衡
	2016	0.1368	0.1363	1.0000	0.1366	0.3695	轻度失衡
	2017	0.1924	0.3897	0.9408	0.2911	0.5233	勉强协调
	2018	0.2483	0.2580	0.9998	0.2532	0.5031	勉强协调
	2019	0.4072	0.3525	0.9974	0.3799	0.6155	初级协调
钦州	2015	0.0664	0.0377	0.9612	0.0521	0.2237	中度失衡
	2016	0.0618	0.1920	0.8584	0.1269	0.3300	轻度失衡
	2017	0.1502	0.2625	0.9623	0.2064	0.4456	濒临失衡
	2018	0.2841	0.2913	0.9999	0.2877	0.5364	勉强协调
	2019	0.4208	0.2718	0.9766	0.3463	0.5815	勉强协调
玉林	2015	0.0306	0.0882	0.8746	0.0594	0.2279	中度失衡
	2016	0.0559	0.2961	0.7310	0.1760	0.3587	轻度失衡
	2017	0.2159	0.2398	0.9986	0.2279	0.4770	濒临失衡
	2018	0.2333	0.2701	0.9973	0.2517	0.5010	勉强协调
	2019	0.5130	0.2469	0.9367	0.3800	0.5966	勉强协调
崇左	2015	0.0208	0.2194	0.5625	0.1201	0.2599	中度失衡
	2016	0.0715	0.2344	0.8464	0.1530	0.3598	轻度失衡
	2017	0.1747	0.2494	0.9844	0.2121	0.4569	濒临失衡
	2018	0.2166	0.2530	0.9970	0.2348	0.4838	濒临失衡
	2019	0.4705	0.1962	0.9114	0.3334	0.5512	勉强协调

图2　广西北部湾城市群乡村旅游与乡村振兴耦合发展情况

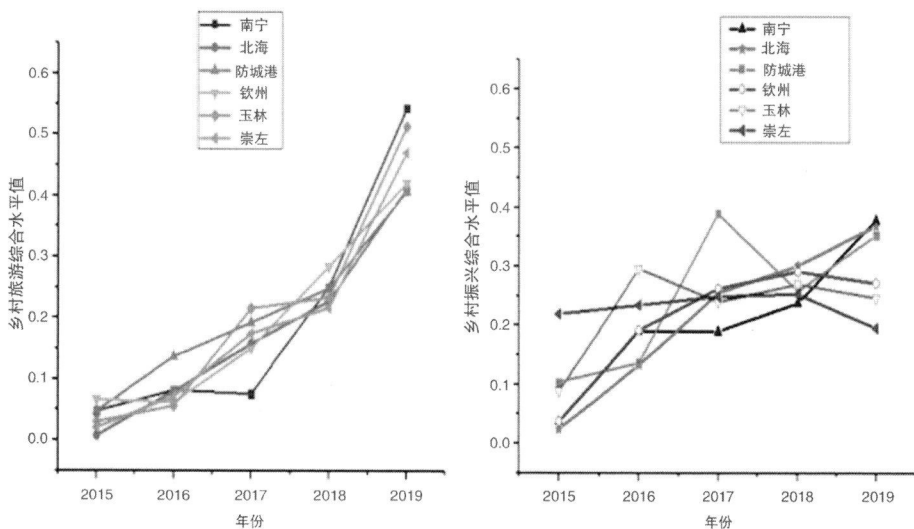

图3　各市2015—2019年乡村旅游与乡村振兴综合评价水平

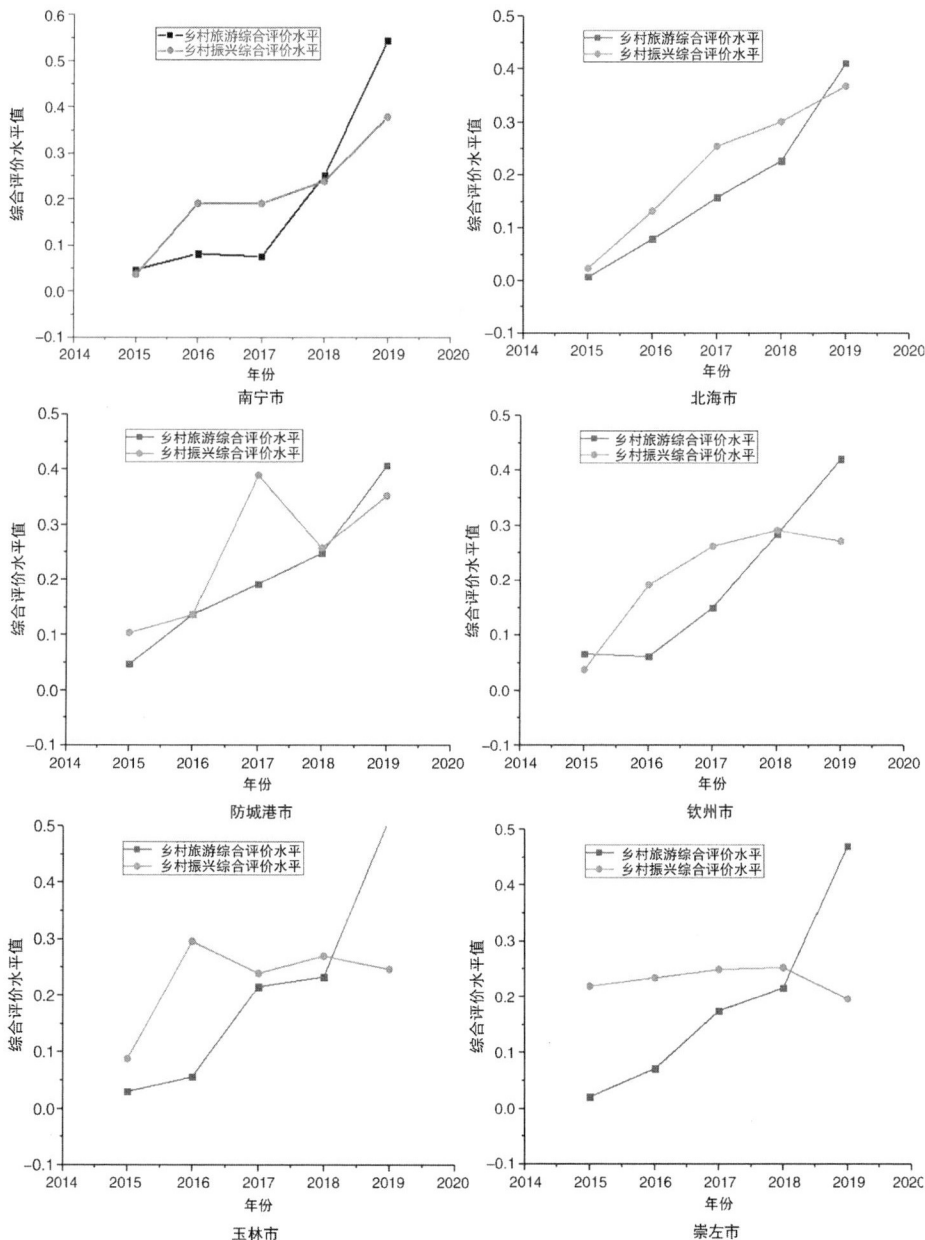

图4 各市2015—2019年乡村旅游与乡村振兴综合评价水平

（二）耦合度分析

2015—2019年乡村旅游系统与乡村振兴系统相关系数较高，存在耦合互动

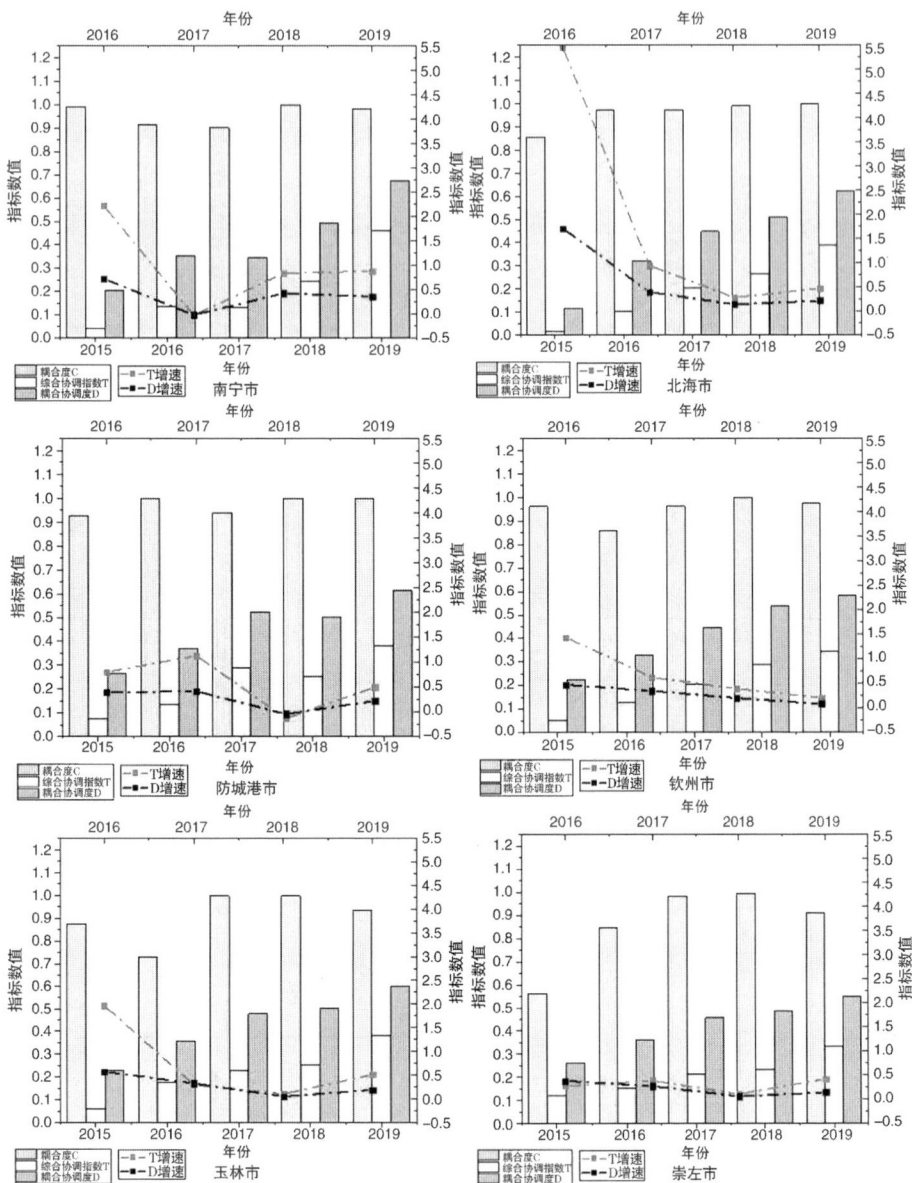

图5　各市2015—2019年乡村旅游与乡村振兴耦合情况及耦合增速

关系，C值均维持高水平发展态势，六市的耦合度差距不大。其中崇左市C值的增幅最大，2015至2016年间出现飞跃式增长，增速达50.4%，2017年后持续保持在高发展水平。总体而言，北部湾城市群的乡村旅游与乡村振兴系统处于高水平耦合阶段，耦合互动明显。

（三）耦合协调度分析

2015—2019年广西北部湾城市群乡村旅游与乡村振兴耦合协调度整体呈稳步上升趋势，增幅较大。D值在北部湾城市群中居首位的是南宁市，表现为乡村旅游滞后与乡村振兴滞后交替发展态势。2016年D值增速达到峰值，2017年出现负增长。结合南宁P1和P2分析，推测2017年D值增速触底受到乡村旅游

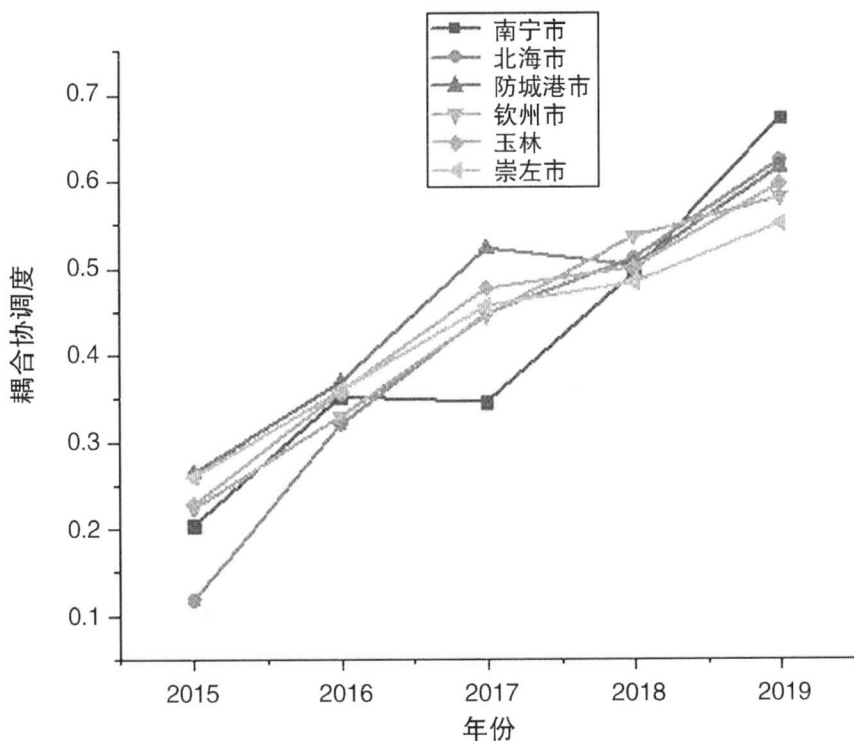

图6　各市乡村旅游与乡村振兴耦合协调发展态势

景观密度下降和旅游服务设施减少的影响。防城港同样表现为乡村旅游滞后与乡村振兴滞后交替型。2018年其D值增速最低，P2显著下降而P1小幅提升，由此推测2018年D值增速受农业单位面积产量、空气质量、城乡收入差距等多重因素制约。

北海、钦州、玉林、崇左均表现为乡村振兴超前型。钦州2016年D值增速达到峰值，而后增速持续下滑。根据2015—2016年P1下降，2017—2019年P2基本持平，由此推测钦州D值增速持续下降主要受农业单位面积产量、农业结构水平等因素影响。2016—2018年，北海D值增速放缓，玉林D值增速显著降低，但两市D值均突破0.5。2016—2017年玉林P2值有所回落，由此推测玉林D值增速下降受农业结构化水平、空气质量、文教支出等因素影响。崇左D值增速呈波动性变化，2018年D值增速最低，2019年急速回升。究其原因，2019年D值增速回升受到了环保投资额增加、乡村旅游接待人次提升等方面的影响。

四、结论与建议

（一）结论

1. 广西北部湾城市群六市的乡村旅游与乡村振兴综合评价水平均呈上升趋势。P1快速稳步提升，其中南宁最高且增幅最大。P2波动较大且不高，南宁、北海、钦州P2值呈稳步增长态势，北海升幅最大，防城港、玉林P2值波动较大，崇左整体发展较平稳。

2. 2015—2019年广西北部湾城市群乡村旅游系统与乡村振兴系统相关系数较高，处于高水平耦合阶段，六市耦合度差距不大。

3. 广西北部湾城市群乡村旅游与乡村振兴耦合协调度整体呈稳步上升趋势，且增幅较大，表明2015年以来北部湾城市群乡村旅游与乡村振兴均向良好协调方向发展。但整体耦合协调水平不高，处于勉强协调和初级协调阶段。其中南宁、北海、防城港处于初级协调阶段，钦州、玉林和崇左处于勉强协调阶段。区域耦合协调发展水平呈现一定聚集性，耦合协调发展仍存在很大提升空间。

（二）建议

对于南宁、防城港等耦合协调关系表现为乡村旅游滞后与乡村振兴滞后交替型的城市，要统筹乡村旅游与乡村振兴的关系，积极发展乡村旅游，以"旅游促振兴"，同时大力推进乡村振兴，以"振兴强旅游"。南宁、防城港具备丰富的自然生态旅游资源，应通过资源整合开发从而提高资源的利用效率，形成具有影响力的区域品牌。同时应合理开发利用农业旅游资源，将农业农村发展与旅游产业的建立及推广相结合。

对于北海、钦州、玉林、崇左等耦合协调关系表现为乡村振兴超前型的城市，乡村旅游发展相对滞后，需要充分发挥农业、文化、生态环境等优势，盘活乡村旅游市场。政府应加大资金、技术等投入力度，积极发展区域农产品公用品牌，引导农业生产规模化与专业化经营。同时积极发展区域休闲农业观光产业，依托优质农业资源建立民族特色农业生产示范基地，实现以农促旅。

基于游客视角的乡村旅游发展问题与对策研究

——以广西龙胜龙脊梯田景区为例[1]

魏英男[2]

2023年2月，中共中央、国务院印发《中共中央 国务院关于做好2023年全面推进乡村振兴重点工作的意见》，指出推动乡村产业高质量发展，加快发展现代乡村服务业，培育乡村新产业新业态。在乡村振兴战略的大力加持下，乡村旅游产业得以快速发展。但因乡村旅游者自身需求的多变性以及产业的日趋完善，乡村旅游业正面临着巨大挑战，如何尽快适应旅游新发展趋势，把握游客真正需求已经成为影响其发展的重要问题。

从现有乡村旅游的研究来看，主要集中在乡村振兴视角的经济振兴、生态旅游可持续发展中的问题、乡村景观规划、民族村寨的旅游发展、乡村旅游质效提升、民宿现状等方面。从研究内容上看，主要集中在影响因素、空间结构、经济模式等内容；从研究对象上看，主要集中在旅游地社区居民、旅游主体旅游者、旅游目的地模式等。从现有的研究来看，关于乡村旅游发展问题与对策，首先从游客视角出发的研究比较少，其次以访谈、问卷调查的方式研究居多，在"互联网+"背景下，游客在游览完旅游地之后对旅游地进行在线点评，这些

---

1 收稿时间：2023年11月

2 作者简介：魏英男，广西师范大学历史文化与旅游学院22级研究生。

网络文本数据为研究者提供了大量真实有效的一手资料，相较于传统问卷更具真实性、广泛性，基于此，本文以龙脊梯田景区为例，以携程、大众点评等旅游网站的评论文本数据为研究材料开展研究，旨在探讨乡村旅游发展过程中的问题与对策，助力解决出现的问题。

一、材料与研究方法

（一）案例地情况

龙胜龙脊梯田景区位于广西壮族自治区龙胜各族自治县龙脊镇，是"世界梯田原乡"龙胜众多梯田中最经典的代表，1992年，龙胜各族自治县做出龙脊梯田的旅游开发的决定，经过前后三十年的发展，景区先后荣获全球重要农业文化遗产、国家级湿地公园、全国农业旅游示范点、国家4A级旅游景区、自治区级风景名胜区等荣誉称号。本研究选取龙脊梯田景区作为研究对象的理由有两点：一是乡村振兴战略背景下，休闲农业与乡村旅游的有机结合建设得到了政府部门的大力支持，巩固拓展了脱贫攻坚与乡村振兴的成果；二是作为知名的游客旅游目的地，龙脊梯田景区有着较丰富的网络文本数据，为文中基于游客视角的乡村旅游发展问题与对策研究提供支撑。

（二）数据来源

网络文本数据来源于大众点评、携程等旅游网站，以"龙脊梯田景区"为检索关键词，使用八爪鱼采集器采集旅游网站的旅游评论作为数据来源。本文旨在研究龙脊梯田存在的问题，所以采集过程遵循以下准则：1. 采集能够表现旅游过程中游客因景区客观件产生不满的中评与差评数据；2. 剔除字数评论过少、语句不通等内容；3. 剔除照片、表情等无法进行数据挖掘的评论；4. 剔除游客的不实评论。经过筛选最后得到591条旅游评论，合计48464字作为本研究的原始数据。

二、网络文本数据分析

（一）高频词语分析

使用ROST CM6.0软件对网络文本进行词频分析，得到高频词。筛选掉不能表明有效信息的高频词语后，选取前45个关于龙脊梯田景区的高频词语。一般来说在文本数据中游客反复提及的词是其对景区形象感知中较为突出的部分，高频词语在一定程度上能够表明游客对于景区的关注点，同时可能也是目前景区存在问题的地方。

名词中高频的"梯田"与龙脊梯田景区的形象宣传一致；"门票""停车费"表明了游客对于景区的收费较为敏感；"老年人""体弱者"表明二者是游客群体中需要重点关注的对象；"缆车""索道"表明是游客常体验的旅游设施；形容词中高频的"不值""不满"表明部分游客较差的旅游体验；"失望""混乱"表明游客消极的状态等。动词中高频的"管理""服务""商业化"说明当前景区在管理服务方面存在不足，在发展过程中如何提升管理服务水平是景区需要解决的关键问题。

（二）情感分析

情感分析也称为观点挖掘，其主要任务是挖掘并分析人们对不同主题、属性等的观点和态度，能够实现从网络评论文本中挖掘出较为直观的积极、中性和消极三种情感分析结果。在对文本数据的情感分析中，游客的积极情绪占比28.93%。通过对评论内容的分析，表明龙脊梯田景区独特的自然风光和人文风光能够得到游客的认同。因此利用好"龙脊梯田"独特的旅游吸引物去引发正面的情绪反馈，满足游客期望是景区今后努力的方向。游客的消极情绪占比66.33%，居最高位。通过对评论内容分析，产生消极情绪的原因可分为四个方面，即景区商业化、景区管理、景区收费和景区服务。

三、龙脊梯田景区乡村旅游发展的建议

（一）完善基础建设，提高硬件水平

乡村旅游基础设施建设质量直接影响着游客对乡村旅游的体验感，高质量的基础设施可以提供更好的旅游环境，增加游客的满意度，并长期促进乡村旅游业的可持续发展。首先，增加班次和运力，提高道路通行能力，加强对道路安全和交通秩序的管理。其次，加强住宿设施的建设和改造，提高住宿的舒适度和安全性。最后，应加强配套设施建设，比如游览、购物、娱乐、游客信息中心等，提升服务质量。

（二）健全管理制度，提升管理能力

健全景区管理制度，可以确保景区的高效运营、游客体验和自然环境的保护，进一步促进乡村旅游的可持续发展。首先，成立景区管理委员会或管理机构，包括地方政府代表、旅游专家、当地居民代表，以协调和监督景区管理事务。其次，制定景区管理规章制度，包括安全规程、管理人员和工作人员的培训等，包括紧急情况处理、游客安全措施等，以确保游客和工作人员的安全。最后，确保资源的有效管理，包括土地、水资源、梯田、自然保护区等，建立资源管理计划，以维护景区的生态平衡。

（三）加强市场监管，完善信息公开

乡村旅游景区乱收费和收费贵的问题是制约其发展的重要问题，不但破坏了旅游目的地的乡村形象，而且严重侵犯了游客的权益，监管部门应加强对旅游景区的收费管理，建立健全的监管机制，设立投诉和建议反馈渠道，加大对乱收费行为的打击力度，确保游客的权益得到保护。景区应主动公开收费项目和标准，提供清晰明了的收费说明，避免信息不对称，让游客能够全面了解旅游成本，让更多的人能够享受到公正合理的旅游服务。

（四）优化人才队伍，提高服务水平

针对乡村旅游服务质量的问题，一方面景区可以通过与旅游专业院校合作培养旅游专业人才。院校提供专业的导游培训，确保导游具备专业知识和服务

技能，能够为游客提供高质量的导览服务。景区提供就业机会或其他激励措施，以吸引更多的旅游专业人才前来学习和工作。另一方面景区定期收集游客反馈，了解真实需求，根据反馈有针对性地去培训学习，提升服务技能，以帮助服务人员提供更高质量的服务。同时景区工作人员可以制定统一的服务规范，使景区的服务质量、服务水平得到提高。

四、讨论

广西龙胜龙脊梯田景区作为一个农文旅融合的成功案例，展现出休闲农业与乡村旅游的结合发展可以为农村地区带来经济机会，提高农民收入，同时促进乡村地区的可持续发展，但是同时也暴露出农村地区旅游业在发展过程中仍存在较多问题：很多乡村旅游地区缺乏配套的基础设施，如道路、停车场、住宿酒店等，无法有效满足发展需求；部分农村地区从事服务行业的人员缺乏统一的规范标准，个人素质参差不齐，大部分不具备对外服务技能和服务理念；缺乏监管机制，经营活动较为混乱；无法保护游客权利，市场秩序有待进一步规范；部分管理不当的措施与旅游开发项目会对当地生态造成破坏，严重阻碍休闲农业与乡村旅游未来的发展，这些问题需要地方政府、企业、从业人员长期的共同努力来解决，从而实现乡村旅游业的可持续发展，为农村地区创造更多的经济机会，进而巩固拓展脱贫攻坚与乡村振兴的成果。

新质生产力发展背景下广西边境文化生态旅游数字产业发展理论与路径[1]

彭雪清[2]

一、新质生产力发展背景下边境文化生态旅游数字产业发展理论

新质生产力驱动下边境地区文化生态旅游数字产业的发展理论逻辑：第一，将内生要素——技术创新、人力资本积累、知识外溢及文化创意作为动力，实现生态经济化转化为经济生态化的增长，且是增长的重要影响因素。第二，边境文化生态旅游数字产业发展的最大动力是科技的创新，其中区块链技术、大数据处理技术、新工业仿真技术（AR/VR/MR）、移动网络5G/6G技术、新一代人工智能技术等是主宰，在互联网+工业的推动下，高素质人力资本投入比重及劳动专业化分工程度决定了技术创新的程度，其将是产业发展的内生动力与源泉，因此，打造数字文化生态旅游产业的全要素链、全产业链、全价值链，实现产业的高质量发展。第三，在新质生产力发展背景下，数字文化生态旅游产业链的打造需要有政府的政策引领和全面保障，因此政府的政策扶持，尤其是在资金投入、人才培养、技术引进、税收优惠等方面的保障具有重要作用。

1　收稿时间：2022年11月
2　作者简介：彭雪清，广西财经学院经济与贸易学院教师。

第四，边境文化生态旅游数字产业的发展还离不开社会多元化的投入、参与和支持。例如数字文化企业可采取众筹方式集资。

综上，新质生产力发展背景下，边境文化生态旅游数字产业新发展理论的内涵是指在全面推进乡村振兴战略背景下，随着数字经济发展，在互联网＋工业、互联网＋制造业的推动下，以技术创新、人力资本的积累及知识的外溢为核心要素，借助系列技术的创新实现产业发展的数字化、网络化、智能化，实现虚实融合，以虚助实的边境文化生态旅游数字产业全要素链、全产业链、全价值链的高质量发展。

二、新质生产力发展背景下广西边境文化生态旅游数字产业发展存在的问题

（一）广西边境文化生态旅游产业与数字经济的融合程度不高

广西各市发展数字化工业、数字化农业的产业融合程度不高、应用范围有限、数字化行业渗透率也不高。根据自治区统计局的调查，我区数字经济企业普遍规模小、抗风险能力不强、发展不稳定。据统计，2022年广西数字经济企业共有1405家，占企业总量的比重仅为12.77%。广西数字化工业、数字化农业与边境地区的文化生态旅游产业融合度、产业链的链接度不高，边境地区的文化生态旅游产业数字化发展尚未成熟。

（二）广西边境文化生态旅游数字产业的专业型与创新应用型人才紧缺

随着广西文化旅游上亿级项目的落地，文化生态旅游产业的专业型人才缺口不断加大。例如文化生态旅游策划人才、文化生态旅游项目的资本运作人才、文化创意人才、文化生态旅游高层次运营管理人才等严重缺失。另外，广西创新应用型人才也较少。据统计，当前广西研发的创新点主要集中于大数据、人工智能等新技术基础领域，而融合与应用领域的创新较少，创新应用型人才相对缺乏，能够支援广西边境地区的创新人才更加稀缺。

（三）广西边境文化生态旅游数字产业开发与监管不到位

广西对边境地区的文化旅游投资虽然逐渐重视，但是对真正投资下来的项目开发监管依旧不到位。民营资金在边境地区文化生态旅游产业上的投资总金额相对文化产业发达地区还不够多，且存在变质的现象。例如以文化旅游产业开发项目的名义进行房地产投资，将文化生态旅游项目资金集中于现代商业文化旅游的投资等变质现象。

三、新质生产力发展背景下广西边境文化生态旅游数字产业发展路径

（一）完善广西边境文化生态旅游的数字经济产业全链条

新质生产力发展背景下，针对发展基础较好区域，谋划打造互联网+广西边境文化生态旅游数字产业基地，积极引进文化生态旅游产业的龙头企业及数字文化龙头企业，以龙头企业带动民营小微企业共同完善文化生态旅游的数字经济产业链条。在科研院校与边境基层党组织的深度合作下，深化布局大数据、人工智能、区块链等信息技术产业与边境文化生态旅游产业的融合链接。基于工业领域的专项行动，一方面推进制造过程的智能化，另一方面推进服务行业的虚拟化与智能化，实现虚实相交互，以虚促实地发展，最终实现边境地区一二三产业的融合发展。

（二）培养引进广西边境文化生态旅游产业专业型与创新应用型人才

聚焦边境地区文化生态旅游产业的数字经济前沿科技和产业领域，加强对不同层次人才的引进保障，给予相应的人才优惠政策，为企业培养创新人才营造一个创新的氛围。鼓励政企、校企、科研机构合作，强强联合，以市场需求为导向，携手拓宽"产学研"一体化的发展道路，建立覆盖边境地区文化生态旅游产业的数字经济创新人才不同发展阶段的培养体系。

（三）建立高质量广西边境文化生态旅游数字产业体系

建立高质量的边境文化生态旅游数字产业体系需要技术、资本、人才等创

新竞争综合优势集群；同时以产业分工专业化为基础实现产业协同、供需协调，实现政府、科研院校与国有企业、民营企业的强互动，文化创作者与人民群众的强关联，通过提升数字基础的互联互通，提升广西边境地区文化生态旅游数字产业市场的交易效率。在新质生产力发展背景下，建立发展数字文化生态旅游产业的全要素产业体系、全产业链体系、全价值链体系。

（四）建立多元化发展模式助力广西边境文化生态旅游数字产业高质量发展

建立政府＋龙头企业＋农户模式。政府规划引导，并做好项目监督；龙头企业参与社会融资；企业以市场需求为主导，研发技术、引进人才，培训带动农户；农户可以以出租土地、投资、打工等形式各尽其能，形成劳动分工化、合作化的命运共同体模式。此外，建立国有企业＋科研院校＋基层党组织＋农户模式。引进龙头文化旅游投资集团、数字文创龙头企业或者其他有实力的国企，在基层党组织的引领配合下，调动村民积极性，让企业、科研院校与农户形成产权独立、分工合作形式，并积极利用好、分配好城乡资源，形成城市与边境乡村地区的一二三产业循环共生体系。

乡村振兴背景下陈宏谋故乡横山村文化遗产保护现状与开发研究[1]

何道湘[2]

一、人才辈出、地位显赫的陈氏家族

横山村隶属于广西桂林市临桂区四塘镇，因背靠横山而得名。横山村人才辈出，文星喷涌，出现了许多政绩卓著、清正廉洁的好官，其中以陈宏谋、陈继昌、陈兰森、陈钟琛最为出名。

（一）清朝重臣，一代大儒陈宏谋

横山村是清代广西唯一的正一品大学士陈宏谋的故乡。陈宏谋（1696—1771），雍正时期进士，官至东阁大学士兼工部尚书。陈宏谋为官四十余载，兢兢业业，革新政、兴教育、疏河筑堤、与水争地。清史对陈宏谋的评价很高，将其列为"最贤者"。陈宏谋注重教育事业，所编写的教育论著达数十种，其中以《五种遗规》最有代表性和影响力，是清代社会教育和蒙童教育教材，体现了古代儒家的教育思想。

（二）三元及第的陈继昌

陈继昌（1791—1849），陈宏谋玄孙。陈继昌是清代第二位，亦是中国科

---

1 收稿时间：2022年11月（本文于出版时作了修订）
2 作者简介：何道湘，广西师范大学历史文化与旅游学院在读硕士研究生。

举史最后一位"三元及第"状元。其为官期间公平正直、廉洁严明。为官所到之处，他皆做了许多兴利除弊、促教兴文的事情；尤以兴修水利，深得民心。尤善书法，有书法大家风范，其作品在桂林博物馆有藏之。著有《如话斋诗存》等。

（三）顶戴花翎的陈兰森

陈兰森（1734—1804），陈宏谋孙。清乾隆丁酉科（1777）进士。历官江西盐法道、湖南督粮道等，加戴花翎。其为官期间，致力国防，为维护地方安定做出了重大贡献。著有《南陔纪咏》《庐就草》《四书考辑要》等。

（四）心系桂林的陈钟琛

陈钟琛（1739—1809）为陈宏谋的侄子，清代乾隆己卯科（1759）举人，官至河南分巡南汝光道。横山村的后山上有三块呈品字形的石刻，其中有一块为乾隆乙未年（1775）的七绝刻诗，是陈钟琛所题，赞扬了家乡的风景，将桂林誉为桃花源。

二、横山村文化遗产资源及其价值

（一）横山村的文化遗产资源

横山村有陈氏宗祠及石刻和榕门礼堂两处文物保护单位。陈氏宗祠建于清代光绪年间（1875—1908），宗祠内有陈宏谋画像以及与陈氏族人有关的各种文物和复制品，如笔洗、著作、书法作品等。宗祠内有一块清乾隆皇帝御笔碑刻，广西目前仅此一件，极其珍贵。榕门礼堂是桂林市保存完好且较具特色的一座民国时期学校礼堂，有鲜明的时代特征和重要的历史、文化、艺术价值，2018年被公布为桂林临桂区文物保护单位。此外，位于横山村前东南方向的陈宏谋故居、清风廉政塘西方向的四方古井、始建于宋乾道三年（1167）的龙华古寺等，都是横山村重要的文化遗产资源。横山村里还保存了一些古民居，主要位于老村中心，约占横山村民居的五分之二，多为砖木混用建筑，建筑年代大多为清代和民国时期。这些古民居承载着横山村的历史记忆。2013年，横山村被列入第一批中国传统村落名录。

横山村盛产豆腐乳。横山豆腐乳起源于南宋，成名于清代，在清代曾作为贡品。其制作工艺独特，色香味俱佳，颇受大众的喜爱。2008年，横山豆腐乳制作技艺被列为广西非物质文化遗产。

（二）横山村文化遗产资源的重要价值

综观横山村，有陈宏谋故居、四方古井等遗产遗址资源，有陈氏宗祠、榕门礼堂等古建筑资源，有名人事迹陈继昌三元及第、特色饮食豆腐乳、陈宏谋祭祀活动等人文民俗资源，有古树名木、山峰流水等生态景观资源，它们具有重要的历史、科学、艺术与生态价值，极具旅游开发的潜力。

横山村的历史文化遗产品位高，知名度大，保存较好，周边自然景色宜人，田园风光秀美，有助于横山村进行乡村旅游开发，而横山村的旅游开发又能够促成横山村的文化遗产的传承和保护。党中央提出的乡村振兴战略，正将中国的农村改革推向纵深。随着中国经济的转型与发展，文化遗产在促进乡村建设中将发挥越来越重要的作用。

三、横山村文化遗产资源保护现状及存在的问题

（一）文物与古村落保护意识不强

横山村拥有丰富的历史文化资源，有名人故居遗址、石刻碑文等，但这些文物与遗址都没有得到很好的保护。经实地考察发现，陈宏谋故居遗址门口一对乾隆时期的大石狮子由于风吹日晒，石体出现了裂痕甚至石片脱落的现象。同时，右边狮子的左足部有用混凝土修补的痕迹，但修补技术较为粗糙，与石狮子整体形象不符。被焚毁的陈宏谋故居留有石基，建设了围栏以达到保护作用，但现场未见设置说明牌来说明此处是什么地方，为什么要圈起保护，没有达到更好的保护和宣传作用。

（二）非物质文化遗产保护与开发力度不足

横山豆腐乳在2008年被列为广西非物质文化遗产。桂林制作豆腐乳的传统

悠久，距今已有八百多年的历史。横山豆腐乳在清代最为盛行。陈宏谋曾将这一美食带到京城，并献给乾隆皇帝品尝，乾隆品尝过后将其纳入朝廷贡品，自此横山豆腐乳名满天下。横山村以往家家户户皆会制作豆腐乳售卖，这对当地的经济发展起到了积极的作用。但由于豆腐乳的制作投入大、周期长、风险高等，横山村制作豆腐乳的规模逐渐缩小，后续保护与发展的力度不足。

（三）基础设施、公共服务设施有待完善

实地调查发现，横山村存在道路质量不高、路灯缺乏、污水排放与停车不便等基础设施方面的问题。横山村的公共服务设施目前有一个便民服务站；一座公共厕所，公厕数量少，且无人维护、卫生质量堪忧；停车配套设施、交通、导览信息标识较为缺乏。村内公共服务设施存在分布不均、配套不全、利用率较低的问题。横山村对外交通较为便捷，交通干道基本硬化，但其在村内道路建设等基础设施方面和道路景观及标识系统等公共服务设施方面还不完备或有待提升。

（四）生态景观环境治理有待提升

良好的生态环境既是提升村民生活幸福感的需要，又是实现乡村振兴的不可忽视因素。横山村的村落景观主要以农田地景、山体地貌、湖塘水系等自然景观为主。片状林地景观资源较少，呈斑块状分布。横山村文化设施、古树名木等景观都比同一村委下的池头村、元田村风貌好，但其仍有很大的改进空间。村道景观古色古香，有厚重历史感，但民居间绿化较少、景观风貌不一、未成体系，有割裂感，同时亦缺少文化设施和景观标识。四方古井缺乏维护，井壁上青苔横生，井底杂石堆积。四方古井旁的清风廉政塘水质较差及周围景观治理有待提升。

（五）文化内涵挖掘与宣传不足

横山村陈氏家族人才济济，在科举这条路上一门就奉献了三进士，十分具有传奇色彩，但是从现状来看，到横山村的游客多为桂林市本地居民，且熟知的仅陈宏谋、陈继昌两人。横山村拥有丰富的文化遗产旅游资源，但是外地游客根本不知道陈宏谋、陈继昌这两位重要的历史名人，也不知道横山村是中国

历史文化名村。对横山村的文化内涵挖掘和宣传力度仍有待加强。

四、横山村保护开发的建议与对策

（一）提升保护意识，加强文物保护技术指导

横山村内文化遗产资源众多，一些文物在自然或人为的作用下遭到了破坏，要提高村民们对文物的保护意识，同时也需要委派专业人员加强对横山村文物保护技术的指导。对于碑刻的保护，可以建造碑亭以防止石碑因日晒雨淋而风化破损，也可以在碑刻周围划出小范围的保护区，并设立标识牌。对于门口石狮子的保护，可以将石狮底座作加高处理，避免地表流水或地面积水的浸泡，同时也更显石狮的威猛庄严。在发现文物遭到破坏时，应及时上报，请求更专业的文物修复人员进行修补，避免非专业人员主观臆测，乱补乱修，破坏文物的原真性。最后，可以适当制作一些碑刻的拓片或开发相关的文创产品来进行宣传教育和售卖，既可以传播文化知识，又可以增加当地村民收入。

（二）抓住文旅发展项目使横山豆腐乳非遗产业化、规模化

2008年，横山豆腐乳制作技艺被列为广西非物质文化遗产，促使横山豆腐乳从民间传统小吃变成产业，给村民带来经济收益。桂林世界级旅游城市的建设和横山状元村文旅项目的实施给横山豆腐乳带来了新的机遇。要抓住这次机遇，首先，积极对横山豆腐乳进行宣传，可以在横山村文化旅游、乡村旅游中增加豆腐乳制作体验项目，让游客体验豆腐乳的制作。其次，村民需增强品牌意识。横山村民刘秋弟打出了"四方井"品牌的横山豆腐乳，并把"光脚"的豆腐乳变成礼品式豆腐乳，提升了横山豆腐乳的形象，增大了豆腐乳的销售量。再次，豆腐乳可以与其他食材结合，开发新的菜品或研发出更多口味以满足不同消费者（游客）的需求，助力当地餐饮业发展，打造具有当地特色的餐饮美食。必须把横山村的豆腐乳做大做强，促进其产业化、规模化发展。横山村的豆腐乳产业的发展，将为振兴乡村经济建设发挥重要作用。

（三）完善基础设施建设

完善基础设施既是村民的迫切需要，又是实现乡村振兴战略中的重要一环。要根据产业发展的需要，加强农村资源路、产业路、旅游路和村内主干道建设，保障汽车以及大型机械的畅通。根据《水美文旅特色状元村项目》计划整治拓宽横山村交通干道，建造生态停车场、公共厕所、综合服务中心、旅游纪念品超市等，加强给水排水、电力通信、乡村环卫、道路标识系统等设施的建设。交通基础设施水平和农业生产条件的不断提高，将进一步增强横山村农产品的生产能力，有利于促进横山村农文旅产业发展，加快推进乡村振兴步伐。

（四）加强生态环境治理，加大资金支持

要实现乡村振兴，加强生态环境治理必不可少。环境治理和景观提升要因地制宜，突出地方特色，不能千村一面。要根据本村的经济发展、地形地貌情况、人文乡土风俗等，打造各具特色的现代版"富春山居图"，彰显乡村的地域特色和优势。横山村要将其古村落特色、状元文化村特色以及自然山水、果蔬稻田的特色融入生态环境和景观提升中，要以全村域的视角实施规划，严格保护横山村山水形态、古村韵味和历史文化内涵。生态环境的治理，道阻且长，久久为功，需要政府的资金扶持。

（五）深入挖掘文化内涵，加强宣传力度

农文旅跨界融合发展，是农村经济提升的重要方向，农文旅产业的强大活力，将为全面推进乡村振兴提供强劲动能。根据对横山村文化资源的挖掘，针对不同的目标群体，横山村可开发状元文化研学游、廉政教育研学游、名人故居历史文化游、特色生态乡村游等不同旅游线路。2022年6月17日，"嗨临桂状元文化节"直播活动在横山村开播。2024年2月2日，横山村举办了热闹非凡的"村晚"活动。这些活动适应群众精神生活，有利于横山村历史文化、田园风光和特色产品的宣传与展示，对乡村的振兴大有裨益。

数字文旅助力漠川乡村振兴的路径[1]

魏英男　陈伍香

技术是产业发展的驱动力，也是经济发展的重要保证，当前云计算、人工智能、5G 等数字技术的突破性进展推动了乡村产业向更深层次和更高水平发展，同时为乡村文旅产业的发展带来了新的方向。2022 年 3 月 21 日，文化和旅游部、国家乡村振兴局等 6 个部门联合印发《关于推动文化产业赋能乡村振兴的意见》，明确指出扎实推进文旅融合、数字文化等 8 个文化产业赋能乡村振兴工作。结合当下的时代背景，贯彻新的发展理念，探究文旅数字化和乡村振兴结合的实践路径，既是推动乡村振兴的时代要求，又是乡村文旅产业数字化发展的现实需要。

一、数字文旅助力乡村振兴的实现维度

（一）乡村旅游文化新体验

相对于吃、住、行、游、购、娱等旅游要素的传统形态，数字化技术建模与还原带来了新的体验模式，目前在政府和互联网企业的助力下，市场上出现了一批数字化文旅产品应用，对景点的数字化呈现和文化内容进行了探索。在现代化城市旅游方面，游上海文旅产品通过 AR 实景扫描功能融合空间定位和

1　收稿时间：2022 年 11 月

空间成像技术，为用户带来线上展览和周边景点信息的导览服务，将景点的即时画面第一时间呈现在用户面前。在传统的风景旅游景区方面，数字技术的运用打破了空间限制，让游客身临其境地感受到各具特色的文化遗产和景区风景，例如成都夜游锦江，根据航行路线，结合两岸的影像与光彩变化让游客进行沉浸式体验；河南安阳红旗渠景区联合中国联通利用5G数字化技术打造VR全景直播、AI旅游服务。数字技术在文旅产业的运用有利于提升游客的参与度，丰富参展体验，未来还需要继续推动乡村数字化，打造乡村的数字文旅产品，不断扩大数字技术在乡村文化旅游中的应用。

（二）乡村产业新业态

数字技术依托于互联网技术的发展，带来了文旅产品形式的多样化，使得文旅产品的呈现方式和消费者体验相结合成为一种现实需求。文旅产业数字化在乡村产业融合发展过程中，依靠互联网、物联网等数字技术应用，各种信息传播媒介，将内容的数字化生产和数字化的应用结合，将传统文旅产业打造出"数字技术+文化+旅游"的新模式，打造数字文创的新消费场景，结合农副产品、文创产品建立线上线下的销售渠道，延伸文旅产业的经济链，形成农民新的创收途径，同时让农民参与到数字化乡村建设当中，真正实现促进基层数字化建设，扩大优质文化产品和服务供给能力，助力实现乡村振兴。

（三）乡村文化生产新方式

从短视频到乡村主播的爆火，数字化的快速发展催生了乡村文化新的生产方式和传播方式，各视频、主播的乡村风格极具地方特色，通过对乡村生活的记录，对乡土风情的描述，记录家乡独特的故事，输出了一批优秀的高质量乡村文化作品，深受人们的欢迎。坚持正确的文化价值观，把握新时代人们的精神需求，对生活细节进行捕捉，通过新兴技术对乡村文化进行新创作并进行传播，这与乡村振兴战略高度契合，有助力于激发优秀传统乡土文化活力，实现乡村文化振兴。

二、漠川乡村旅游数字化建设面临的挑战

漠川乡位于桂林市兴安县东南部，旅游资源十分丰富，文化底蕴深厚，拥有两千多年的典型山区文化。近年来，在国家和政府政策扶持下，乡村农副产业和乡村旅游业快速发展，该乡先后被评为"中国温克葡萄第一乡"、全国"一村一品"示范村镇、中国历史文化名村，旅游人数年年攀升，但相关数字化建设尚处于探索阶段，目前仍面临着挑战。一是通过文字、照片和短视频的方式对漠川乡景点进行宣传介绍的内容单一，缺乏故事性，缺乏地方特色；二是缺少相关的数字文旅产品，出现"有流量，无消费"的现象；三是缺乏专业的人才进行监管与建设，目前大部分创作者是短视频、公众号等自媒体作者，创作水平有高低差异，作品质量出现良莠不齐的现象。

三、数字文旅助力漠川乡村振兴的路径

（一）坚持政策引领，夯实基础保障

近三年，党和国家推出一系列相关政策，实现了数字文旅产业发展的政策引领，从完善数字基础设施、培育新的产业形态、实现沉浸式体验和新型服务等多方面为数字文旅产业发展提供方向和指引。要健全文旅产业管理机制，统筹各类文化旅游资源；夯实各类基础工作，全方位优化"数字化+文旅产业"结构；推动企业实施数字文旅项目、产品开发；探索文旅产业和数字化技术的深度融合，加快创新，从旅游各要素、各环节去推动信息化发展，加快数字化的改造升级。

（二）应用数字技术，打造服务平台

通过"互联网+"的技术，打造属于数字文旅综合性服务平台，为乡村文旅提供一体化服务，从引流、营销、用户反馈评价、部门监管、防疫政策通知等多方面助力乡村文旅产业的发展。一是整合整个乡村景区资源，进行统一的介绍，供游客根据自己的喜好自行选择参观，通过平台向外发布各类旅游信息，

做好宣传引流工作。二是收集游客的相关数据，进行分析，结合服务平台上的农副产品交易功能，为游客提供精准化服务，助力农民增收。三是更加方便地、系统地、有效地进行监管，依托于数字平台的治理机制优化烦琐的管理模式和复杂的流程。四是根据游客的反馈信息，对文旅产品和服务水平进行优化调整，让游客获得更加满意的服务体验。五是利用数字化技术在文化场景的应用，利用网络文学、直播、表演等形式去为游客提供更深层次的体验，优化产品供给。通过数字技术，供给数字农商文旅产品，将传统乡村旅游的吃、住、行、购等和数字技术有效结合在一起，实现乡村文旅产业的新发展。

（三）吸纳专业人才，盘活驱动要素

党的二十大报告指出人才是全面建设社会主义现代化国家的基础性、战略性支撑，强化现代化建设必须坚持人才是第一资源、深入实施人才强国战略，人才同时是乡村振兴第一驱动要素。数字文旅产业是智力密集型新兴产业，产业的发展离不开优秀人才的支撑。要做好人才引进工作，一是健全政策体系，为引进人才解除后顾之忧。二是采用引进和培养相结合的方式，引进和培养数字文旅发展需求的复合型人才，依托各类人才计划和项目，依托各级各类教育资源和研究机构，建立文旅人才的培养机制；强化农村人才培育、选拔、激励等措施，建立长效人才机制。三是加大宣传力度，吸引更多的优秀人才关注。多措并举，有效地吸纳数字文旅专业人才，不断推进人才建设工作，从而开创乡村数字文旅的新局面，实现乡村文旅产业健康快速发展。

（四）强化品牌塑造，助力文化振兴

文化振兴是乡村振兴的精神基础，乡村文化振兴贯穿于乡村振兴的各领域、全过程，为乡村振兴提供持续的精神动力。针对漠川乡村独特的文化景点、文化品牌（比如一千八百年的古樟、宏伟壮观的石拱桥等景点）、农村的风俗习惯和传统文化特点进行创造，突出内容与创意以及地域代表性的古村落文化，同时不断丰富乡村活动，增强农民自身的文化创造力。加强传承与传播，推动乡村文化资源数字化，打造特色IP，拓宽宣传销售渠道和传播方式，借助流行的短视频、直播等新媒体传播方式，讲好文旅故事，提升景区品牌。

（五）守护青山绿水，助力生态振兴

尊重自然、顺应自然、保护自然，是全面建设社会主义现代化国家的内在要求。必须牢固树立和践行"绿水青山就是金山银山"的理念，站在人与自然和谐共生的高度谋划发展。生态振兴是乡村振兴的重要支撑，坚持人与自然和谐相处，走乡村绿色发展道路。在乡村文旅产业和数字化发展的过程中，要时刻协调好发展和生态环境的关系，同时加快自然资源资产产权确权工作，明确产权各主体的权益与义务，完善经营、开发等相关制度，为乡村文旅产业发展与生态保护提供政策基础和依据，在相关政策的大力支持下，为乡村生态保护保驾护航。

浅议非遗文化传承与振兴乡村文化融合[1]

肖锐玲[2]

一、以老带新传授、引导社会青年形成合力传承振兴

鹿儿戏是广西梧州市苍梧县一带的民间剧种，已有300年历史，2010年列入广西第三批自治区级非遗项目名录。鹿儿戏用地方方言演绎，风格独特，无须音乐伴奏，七字四句为一组，唱罢以敲击锣、鼓、镲间隔，鼓点节奏欢快，颇具乡土气息。鹿儿歌、鹿儿戏的存在使乡村文化文明得到传承续延。

随着时代变迁，老一代演员渐淡出舞台，有意愿学的青年却接不上，其原因之一就是传承的渠道不畅。要从根本上解决该剧种的传承发展，以老带新、招生培育接班人很有必要。前提是必须得到上级文化部门协助，市、县级文化馆和乡镇文化站重视。可开办辅导班、普及培训班、中小学鹿儿戏兴趣班等，让老一辈演员有机会示范，新一代有可能学习实践，这样便能新老有交替，后辈可接班。这是推进和加强传承、保护和发展特色非遗文化的措施之一。

二、引导社会团队重视开展互动交流传承

非遗文化连接过去、现在和未来，每个乡村剧团都有成功、成熟的保留节

---

1 收稿时间：2023 年 11 月
2 作者简介：肖锐玲，梧州市戏剧曲艺家协会、民间文艺家协会会员。

目，无论鹿儿戏剧团规模大或小，都可以由区、市群艺馆，县文化馆，镇文化站牵头，在农闲时、节庆日进行互访交流调演，发放必要的演出场次劳务费以示重视。过去，鹿儿戏剧团队常常主动互访，大坡镇河步鹿儿戏剧团在农闲时带着道具、服装步行几十公里到岑溪市广平镇、林水镇等周边演出，受到三乡八峒村民欢迎，连演几个晚上欲罢不能。如今交通便捷，手机互通，反而演出场次减少，这虽然与当下文化交流要走程序审批有关，但很大程度上是上一级文化部门对非遗重视不够，不积极安排鹿儿戏调演。

目前，在非遗保护实践中已建立了国家、省、市、县四级代表性项目名录体系，建议各级文化馆/站把交流附件作为最基础的戏曲传承和发展环节，让非遗文化和群众文化有机结合，不管是现代舞、民族舞、粤曲小戏均可与鹿儿戏同时展演，构成乡村非遗文化共同体，让传统、非遗、现代文化文艺深度融合，同时赋能。

笔者认为，只要重视引导各乡、各民间团队广泛参与，积极交流传承，非遗文化就能更好地愉悦广大农民观众，使振兴乡村文化理念得到进一步巩固。

三、与时俱进、创新发展赋能传承

要使鹿儿戏在传承过程中与现代文化相结合，离不开提质创新，过去演才子佳人，如今演时代新人，非遗文化剧种也要与时俱进，洋溢青春，用新的审美观念唱诵社会主义核心价值观、新人新风，为服务乡村建设注入新活力。

从2017年起，笔者对接苍梧河步乡子村鹿儿戏剧团演出，创作了《十九大开启新征程》《改革开放谱新篇》《喜迎北京开两会》等鹿儿歌让演员们表演。2022年7月，广西音乐学院吴教授到该鹿儿戏剧团进行学术调研，了解该非遗剧种的前世今生，过去与现在的曲目创作、表演形式、感知现状等。剧团成员与笔者、吴教授一起座谈，探讨鹿儿戏作为非遗文化应如何创新发展。可见乡村非遗文化传承也得到了国家和自治区级文化部门的高度重视。2021、2022年，笔者随河步子村鹿儿戏剧团下乡演出20场，所到之处均得到村委重视及村民欢迎。

据悉，中共中央办公厅、国务院办公厅印发了《关于实施中华优秀传统文化传承发展工程的意见》，这让中华优秀传统文化和非遗文化迎来了发展的大好时机。鹿儿戏若能如上所述传承发展，定能根植于中国特色社会主义文化沃土，焕发蓬勃生机。

非遗小舞台，连接大世界，可家可国可天下。

实现少数民族地区乡村文化振兴高质量发展的路径研究

——以龙胜各族自治县瓢里镇为例[1]

胡秋菊[2]

一、瓢里镇乡村文化现状

瓢里镇地处广西龙胜西北腹地，全镇总面积208平方公里，居住着苗、瑶、侗、壮、汉等民族，历史悠久，文化底蕴深厚。境内有客家古城墙、湖南会馆、骑楼街等具有民族特色的建筑。本文重点围绕少数民族地区文化体育活动设施、群众性文化活动、农村文艺创作队伍、乡村文化旅游产业四个方面进行调研。

（一）文化体育活动设施

瓢里镇公共文化传媒服务中心位于瓢里街，文化综合楼建于2010年，总面积350平方米，内设图书室、器材室、功能室等5个室。配有10台电脑和图书6000册，民族演出服装200套，配备聚光灯、音响等一批设备。全镇11个村（居）委会都建有综合性文化服务中心、文体广场、戏台游乐场所等，瓢里街建有一个湖南会馆，用于全镇开展文艺活动表演。

1　收稿时间：2023年11月
2　作者简介：胡秋菊，中共龙胜各族自治县瓢里镇委员会党委书记。

（二）群众主要文化活动

在群众文化活动方面，最受群众喜欢的还是广场舞，其次就是彩调、油茶歌等。全镇11个村（居）委都有广场舞队伍，同时还有以交洲、思陇等村自发兴起的彩调队；以梅洞村自发兴起的"六甲歌"队；以油茶文化兴起的油茶歌队，基本是50岁以上的爱好者，以自娱自乐为主。除群众自发组织的文化活动外，瓢里镇每年都组织开展送文化下乡服务活动，如"重阳践孝廉，敬老话家风""壮寨喜迎六月六，壮家不忘党恩情"等20余次文艺汇演，放映公益电影60余场，这一系列活动极大地活跃了群众的文化生活。

（三）农村文艺创作队伍

瓢里镇注重挖掘和传承民族民间传统文化，全镇有群众文化业余骨干200余人，山歌协会、诗词协会、彩调协会等3个业余文艺团体，农村业余文艺队15支，每年组织全镇11个村（居）委的15支文艺队队员、10个农家书屋负责人进行文化活动培训和辅导。其中，"六甲歌"队1支，"壮绣"非遗传承人1人。

（四）乡村文化旅游产业

瓢里镇特殊的地理位置和各民族聚居的特点，使得全镇在文旅产业发展上有着天然的资源优势。在节日氛围营造方面有"三月三"歌节、农历三月二十三传统会期、十月十日"鱼宴节"等民俗节日；在文艺活动展示方面，有唱桂戏、对山歌、摆长桌宴等民俗活动；在非物质文化遗产打造方面，"北壮唢呐""六甲歌"入选区级非物质文化遗产，"瓢里鱼生""壮绣"入选市级非物质文化遗产，这些都极具瓢里本地民族特色；瓢里骑楼街、湖南会馆历史悠久，古韵悠长；境内有"瓢里—交洲—六漫"黄金水道旅游文化，尤其是六漫傣哩乡村振兴点，2023年荣获"自治区第二批百镇千村生态特色文化旅游示范镇村""第四批广西民族特色村寨""广西四星级乡村旅游区"等荣誉称号，全镇文旅振兴迈上了新台阶。

二、推进少数民族地区乡村文化振兴的实践路径

（一）完善基础设施，打造文化新阵地

公共文化基础设施是各民族欢聚的地方，承载着乡村文化振兴的重要使命。一是建强健全镇文化服务设施。从少数民族地区群众对文化服务的需求着手，以政府出资群众出力的方式，共建共享群众欢迎、实用、符合少数民族特色的文化服务设施和场所，如民族文化广场、风雨桥、议事亭等民族文化设施。二是提高公共文化服务供给品质。利用"引进来和走出去"相结合的方式，一方面通过激励手段鼓励乡镇文艺队伍推陈出新，另一方面邀请优质文化队伍、演出机构开展文化表演和学习交流活动，不断满足群众多样化的文化需求。

（二）着力人才培育，增强"引育用留"新动能

文化人才队伍的建设对于文化振兴至关重要。一是加大文化人才培养力度。研究制定文化传承计划，将本土优秀文化带入学校课堂，"从娃娃抓起"，培养其对优秀本土文化的兴趣爱好。加强与高校合作，为高校师生提供研学素材和基地，带动优秀传统文化"产研学"融合。广泛开展"非遗"传人、民间艺人"传帮带"活动，对有兴趣和掌握一定技艺的传承人进行精准培训。二是不断提升乡村文化人才质量。对宣传文化队伍进行精准化管理，做好人员登记、补充和培训等工作，定期邀请文化专家开展授课指导，培育优秀的文化宣传队伍。

（三）激活内生动力，展示文明新风貌

激发群众内生动力，凝聚起乡村文化振兴的磅礴力量。一是发挥示范带动作用。持续深入开展"五好家庭""美丽庭院"等系列评比活动，为乡村文化振兴树立先进典型，营造一种民风淳朴的社会和谐氛围。二是提升群众文化自信和文化自觉性。增强农民群体的文化认同感与归属感，发动乡贤、寨老、致富能人等有威望的人员，组织开展丰富多彩的民俗文化活动，激发群众对文化传承和文化创造的内生动力。

（四）整合文旅资源，谱写振兴新篇章

加大对文旅资源的整合力度，进一步促进乡村文化全面振兴。

一是深挖人文历史资源，讲好本土故事。对乡镇景区景点进行规划设计、民俗内容开发，打造一批研习村、美食村、节庆村、果蔬村等具有民族特色的精品村寨，推出一系列农文旅体验活动。二是大力开展民俗节庆活动。以龙胜"百节之县"为依托，积极办好瓢里镇"三月三"、农历三月二十三传统会期、"鱼宴节"等大型民俗节庆，形成独具特色的民族文化展演、特色餐饮体验等，持续提升知名度和美誉度。

（五）创建特色品牌，勾勒产业新路径

乡村文化品牌创建需要借助各种力量才能达到资源共建共享。一是政府相关部门要做好招商引资和优化营商环境工作，加强文化相关企业"破土培育""本土培植"和"带土栽培"三者并重，促进文化产业快速发展。二是加快文化产业品牌化建设。深入实施文化产品品牌化战略，充分利用当地文创产品，努力打好瓢里"五大"特色品牌。比如，写好一本书，如《山环水绕　六漫傣哩》；创作一首富有瓢里特色的镇歌；举办一场摄影大赛；创作一批文艺作品；推出一桌瓢里特色菜。走出一条"打特色牌""赚文化金"的文旅之路。

传承茶泡制作技艺助力乡村振兴发展[1]

黄斯琴[2]

玉林茶泡制作技艺是玉林地区的一种传统手工艺，在2008年与2016年先后入选了玉林市非物质文化遗产代表性项目名录与广西非物质文化遗产代表性项目名录。玉林茶泡制作技艺当中凝结着中国传统剪纸、书画艺术的智慧，由茶泡延伸而出的茶泡文化更是贯穿了玉林民众生活的方方面面。然而这一民俗文化在当代社会文化生活中却渐渐隐没光芒，对其的保护与传承工作也坐困愁城。本文立足于玉林地方实际，展开实地调研，围绕玉林茶泡制作技艺的保护与传承工作的现状及面临的现实问题展开论述，并结合乡村振兴、文旅融合等多个方面展开梳理与分析，提出切实可行的对策。

一、玉林茶泡制作技艺概述

（一）历史沿革与文化根基

玉林茶泡是一种随着茶文化在岭南地区的特色发展而产生的佐茶点心，是适应中国南方地区的风土气候、为茶汤添彩的瓜果脯。玉林茶泡文化的缘起可以追溯至宋代，是古代中原汉人南迁带来的中原的艺术及风俗习尚。时至清朝，茶泡文化覆盖了更多的日常生活与社会伦理方面，逐渐成为玉林城乡嫁女的必

1　收稿时间：2023年11月
2　作者简介：黄斯琴，广西师范大学历史文化与旅游学院硕士研究生。

备礼品，唤为"新人茶"。

茶泡文化曾经在玉林民众的社交生活中扮演着重要的角色，是礼节与教化的代表。但如今玉林茶泡作为"礼仪茶"的社会功能正逐渐减弱，茶泡文化也日渐淡出了玉林民众的日常生活。

（二）制作工艺与审美意蕴

通常来说，一枚玉林茶泡的制作需要经过錾刻、熟制和晾晒共三个环节。錾刻是制作玉林茶泡的首要环节。用毛笔在冬瓜片上绘制出构思好的錾刻纹样后，便可以开始錾刻。玉林茶泡的装饰纹样具有较高的艺术价值和学习门槛，需要花费时间钻研錾刻技巧并结合自身审美进行设计。熟制是玉林茶泡制作技艺当中的次要环节，制作人通过烹调赋予玉林茶泡风味与贮藏能力。用石灰水浸泡錾刻好的茶泡后，通过烹煮、浇淋糖浆使得茶泡既具有清甜风味又能长期保存。晾晒是玉林茶泡制作的最终环节，经过晾晒后，茶泡质地变硬、颜色雪白，保质期可以长达半年。

"有形必有意，其意必吉祥"，玉林茶泡的纹样中也蕴含着这样的文化内涵。玉林茶泡的纹样按题材大致可以划分为传统与创新两类。传统类纹样有明显的借鉴剪纸艺术和年画艺术的痕迹。这类纹样对称性强，样式多有变体"喜""寿""福""禄"单字或四字吉语、隐八仙、灯笼、仙草、花卉等，是茶泡中最常见的品类。

创新类的茶泡纹样追求更为灵活的构图，在主题的选择上也更青睐与当代文化生活相接轨的话题。这类茶泡纹样的创作具有较高的自明性和视觉感染力。

二、玉林茶泡制作技艺的保护与传承现状及存在问题

玉林茶泡制作技艺的保护与传承存在传承人紧缺的问题。玉林茶泡制作技艺的代表性传承人为李世俊和李喜燕父女，八十多岁的李世俊老人目前已经不再从事玉林茶泡的制作，现今"李世俊茶泡制作坊"的生产工作基本由女儿李喜燕承担。其他的知名茶泡制作人还有居住在玉林州珮街区的苏第能先生和居

住在玉州区新民小学附近的陈冬红女士。饮食习惯的变迁也是玉林茶泡制作技艺传承困难的原因之一。在玉林茶泡的制作过程中，白砂糖作为重要的防腐原料被大剂量地使用，使传统工艺制出的玉林茶泡并不适配如今的健康饮食要求。加之奶茶、果茶等饮料流行，使得玉林茶泡逐渐成为鲜有人问津的文化标本。

三、开展茶旅融合 助推乡村振兴

茶文化旅游是将茶文化作为旅游资源，以物质性实体文化为载体，包括茶的历史、茶的生产、茶的习俗等，集茶叶生产、旅游观光、休闲娱乐、购物等于一体的旅游行为。玉林茶泡既是玉林地区茶文化的延伸，又是极具地方特色的非遗技艺，它与文旅产业相互融合，能够为乡村经济、文化的振兴提供良好的助力。

（一）赋能乡村茶产业，构建良性互动格局

玉林地处亚热带季风气候区，是广西中部的茶产区之一；冬瓜是玉林地区春夏之交出产的时令瓜果，尤以玉林名山太阳村所产为佳。饮茶习惯和时令瓜果的结合，是玉林茶泡制作技艺出现的基础与前提。玉林茶泡是由瓜果炮制而成的佐茶点心，促进这项非遗技艺的传承为乡村茶产业和瓜果种植业提供了更多文化附加值。因此，将推进玉林茶泡制作技艺的保护工作与乡村茶产业的发展相融合，势必能够形成茶产业与茶文化的良性互动，既为非遗保护工作提供了支撑，又为地方茶产业注入了传统文化内涵，形成地方特色品牌。

（二）差异化设计，打造"沉浸式"乡村旅游体验

在国内旅游市场同质化的当下，非遗技艺在打造乡村名片、丰富历史底蕴、塑造文化形象方面发挥着十分积极的作用。游客"沉浸式"参与互动体验，是茶旅活动中的一大亮点。玉林茶泡制作技艺与茶旅产业的融合开发，应将着力点放在推动玉林城区居民前来乡镇旅游观光和体验上。在具体的操作中，可以根据游客年龄层次和游览需要，差异化设计主题多样的"沉浸式"活动方案，如：亲身体验茶泡錾刻和制作，品尝茶泡产品等。或是为茶泡制作技艺搭建场

景舞台，增设非遗技艺"打卡点"，从游览过程的各个侧面强调非遗文化的服务能力，发展茶旅融合经济。

（三）完善基础设施，营造茶景融合

玉林乡村地区至今仍保留着不少历史建筑与独特的自然景观，为茶旅融合提供了沃土。但是，乡村茶旅融合的长远发展需要完备的基础设施与强大的跨界整合能力。游览观光离不开"吃住行购娱"，非遗与茶旅的结合自然也要在这六方面仔细打磨。在具体的操作中，玉林乡村地区茶旅基础设施的建设可以紧扣非遗技艺这一主题，如游客中心、酒店民宿、公共厕所或是纪念品商店等装修设计要体现玉林茶泡非遗文化元素，并能与乡村风光相交相融。同时，将茶文化、非遗文化纳入村史馆、文化馆的收藏，并适当利用AR、VR等虚拟现实技术，讲好非遗故事、非遗历史，给往来游客留下独特的乡村非遗印象。

结语

在国家强调非物质文化遗产的保护传承和乡村振兴的大背景下，以玉林茶泡制作技艺为代表的地方性非物质文化遗产正在积极地探究着最契合时代的保护与传承路径。

目前，玉林茶泡制作技艺的保护与传承面临着种种问题，而以茶泡为代表的地方性非物质文化遗产又是农业、文化和旅游三者结合的重要环节。茶泡与文旅的结合可以在传承和弘扬非遗文化的同时，创造可观的经济价值。同时，非遗茶泡的传承工作与乡村振兴是相辅相成、相互促进的关系。利用好茶旅融合，促进非遗技艺与乡村振兴的有机结合，方能走出一条既能留住"乡愁"，又能带动乡村经济发展的道路。

关于乡村旅游的若干思考[1]

庞铁坚[2]

一、乡村振兴与乡村旅游

乡村振兴是我国未来相当长一段历史时期的重要发展主题，没有乡村的全面振兴，就不可能全面实现我国第二个百年奋斗目标。

乡村旅游是以乡村文化为空间而形成的旅游形态。乡村文化即农耕文化的物质和非物质表现形式，包括乡村里的自然景观及人文景观，生产形态和生活形态。乡村旅游，应是这种景观、形态的有机结合及理想表达，即各种元素之间的关系是协调的，不是互相排斥的，是能够充分展现出诗意的、寄托乡愁的画面的。

乡村旅游是以具有乡村性的自然和人文客体为旅游吸引物，依托农村区域的优美景观、自然环境、建筑和文化等资源，在传统农村休闲游和农业体验游的基础上，拓展开发会务度假、休闲娱乐等项目的新兴旅游方式。

相对于门票经济、团队旅游的传统旅游业态而言，"乡村旅游"是旅游业的新事物。但在西方旅游发展过程中，乡村旅游一直是欧洲旅游的核心主题之一。这种路径区别，是由不同的历史发展路径所决定的。以英国、法国等为代表的西方国家，具有贵族、领主传统，"乡村"其实是贵族们的灵魂寄托所在。中国

1　收稿时间：2022年11月
2　作者简介：庞铁坚，桂林旅游学会会长，高级经济师。

自古以来，在"普天之下，莫非王土"的制度和观念影响下，虽然也有几千年的"耕读文化"传统，但这种传统更强调的是本分持家、光宗耀祖，而非由此带来的独立意识。中国今天的"乡村情怀"，更多的是这几十年来城市化进程加剧所带来的"乡愁"心理效应。因此，发展中国式的"乡村旅游"，是中国进入后工业化以后的概念，这个概念本身就含有乡愁的味道在内，必须紧扣"乡愁"这个文化主题。

二、怎样的乡村适合发展乡村旅游？

乡村旅游有别于景区旅游，其核心是乡村、空间在乡村，以乡村为核心吸引物。乡村旅游，不以售票为盈利点，而是借助乡村文化和环境吸引游客前来逗留并因此消费。

一些已经被辟成景区的"乡村"，虽然仍以乡村本身为特点，但已经不是单纯的乡村旅游对象而是景区旅游对象，如龙脊梯田、婺源乡村等。我们也可以把这类现象理解为乡村旅游与景区旅游相结合的旅游产品。因为，这类旅游产品，其景区服务和乡村旅游服务还是可以比较清楚地区别开来的。

每个人的实际故乡是不一样的，完全"实际化"的乡村并不适合发展乡村旅游。基层政府在做当地产业发展规划中，对怎样的乡村才适合发展乡村旅游、如何发展乡村旅游，必须要有清醒的认识，才能避免走弯路，达到事半功倍的效果。

我们首先要考虑：当你在选择怎样的乡村发展乡村旅游时，它的市场半径有多大，这个问题决定了对该乡村的投入程度和投入方向。

阳朔遇龙河流域的乡村，依附阳朔这个巨大的旅游IP，成为阳朔这个远程旅游目的地的重要组成部分；龙胜龙脊各村寨，依靠地市合并前桂林行署和龙胜县政府的艰苦开发，并凭借地市合并后的桂林旅游营销优势，同样成为著名的远程旅游目的地；兴安猫儿山，其旅游开发拥有比较久的历史，但长期以来没有形成较好的市场规模，一直到近年，借助私家车普及而带来的自驾游逐步升温以及红色旅游的兴起，终于成为周边地区的旅游目的地之一。更多的乡村旅游，其实只能立足于当地的周末休闲市场来开发。

当地的周末休闲市场具有几个比较重要的特点：第一，距离比较近，一般当天可往返。如果有一定的住宿条件，也可吸引一些过夜游客；第二，乡村的历史或者景观比较突出，往往具有较明显的季节性，如灵川的小平乐、兴安的漠川，秋季风光是其亮点，客流的季节性非常明显；第三，如果能够有一些户外活动的配套条件，如徒步线路、日出日落风光等，则对一些团队游客也具有吸引力；第四，如果周边有较成熟的旅游接待设施，则能够引导游客对村庄有更深入的解读，如全州大碧头；第五，传播主要依靠自媒体，所以景观"上镜"越来越重要；第六，体验性生活成为新亮点，如带孩子割稻子、摘水果等。

根据以上特点，我们可以对自己管辖范围内的村庄进行一个初步筛选，来确定哪些乡村比较适合做乡村旅游。

在景观设计方面，不能满足于展示乡村生活的原生态，因为这种原生态不符合休闲追求。

在运行开发中，不能过度商业化，因为与休闲理念相冲突。在社区管理方面，不宜泛政治化，要让客人真正享受休闲快乐。在产业结构领域，要注意突出主业，以旅游业推动主业，并注意不与"休闲"相矛盾。

三、乡村旅游的建设路径问题

发展乡村旅游的相关资源条件：

1. 具有一定吸引力的旅游资源（人文类、自然类、影响力半径）。

2. 具有发展旅游的初步条件（交通条件、接待基础）。

3. 对发展旅游有所了解或者从事过旅游经营的人才。

4. 上级的重视和支持（这必须是最后一点，而不是第一点）。

乡村旅游发展路径大致如下：

1. 挖掘卖点，扩大影响力（传说故事、历史人物）。

2. 建设停车位、卫生间、导览图等基础设施。

3. 开展农家乐、民宿经营、乡村导游、旅游活动策划等旅游经营。

4. 进一步考虑如何与主导产业结合起来。

四、发展乡村旅游需要注意的几个问题

1. 交通问题：要有可进入性条件。

2. 具有休闲的基本要求。

3. 下大力气整治环境。村容村貌的核心在卫生环境，这也是休闲的客观保证。

4. 与主产业相协调的问题：以旅游为主业有诸多限制条件，要考虑如何实现多业并举。

5. 公共服务问题：应有必要的旅游公共服务设施，如停车场、卫生间。

6. 市场和标准问题：找准市场，确定合适的服务标准规范，但不要被无实际意义的一些"规范""标准"捆绑。

7. 民宿问题：充分利用闲置资源，注意让民宿主人参与接待，这不仅降低经营成本，也是旅游特色的重要组成部分。

开发临桂名人文化资源赋能乡村振兴[1]

廖国一[2]　何道湘

一、临桂名人及其文化资源概况

临桂自古至今诞生了众多名人，是全国有名的"状元之乡"。在科举考试时代，广西总共出过10位状元，其中5位是临桂人。广西第一位状元赵观文出在临桂，最后一名状元刘福姚也出在临桂，临桂人陈继昌还是中国历史上最后一位"三元及第"的状元。临桂是"将军之乡"，民国以来广西被授予上将军衔的12位将军中，有5位是临桂人。中华民国代总统李宗仁和开国上将李天佑都是临桂人。临桂还是"冠军之乡"，近些年临桂运动员在国际体育舞台崭露头角，诞生的几位世界冠军成为临桂的新名人，著名的有雅典奥运会跳水冠军李婷、亚特兰大奥运会举重冠军唐灵生、里约奥运会举重冠军石智勇等等。中国文学史上的"临桂词派"和以临桂人龙启瑞为核心的"岭西五大家"曾经蜚声一时。"清末四大词人"中的况周颐、王运鹏亦是临桂人。清代临桂文学作品颇多，著有诗集的有132人，是当之无愧的"词人之乡"。凡此种种，都说明临桂拥有丰富的名人文化资源和深厚的文化底蕴。

1　收稿时间：2023年11月
2　作者简介：廖国一，广西师范大学历史文化与旅游学院二级教授。

二、临桂名人文化资源的区域特征

1. 文化遗存内容丰富，富有吸引力

临桂名人众多，包括了状元、将军、词人、冠军等不同方面的杰出人才，其中不少人在中国甚至世界都具有重要的影响力。临桂名人文化内涵深厚，状元文化体现了临桂学子们勤而好学、追求卓越的精神，诗词文化体现了临桂名人对故乡、对家国的关心与热爱。文化遗存丰富，名人的故乡、故居、墓地、历史遗物及名人身后的纪念场所和纪念建筑都不缺乏。丰富的名人文化资源是临桂名人文化开发的重要基础，也是吸引国内外游客的重要因素。

2. 具有聚集性与可结合性

临桂的名人在某些时期比较集中的出现，如清代的状元与词人、民国时期的军事家、当代的体育健儿，这些特征在名人文化资源方面体现出来就是名人文化资源的聚集性。优越的地理位置、良好的农业环境、名人文化资源的聚集性，为临桂名人文化与乡村振兴的结合提供了良好的条件。随着时代的发展，临桂名人文化也在不断地积累，不断地发展。临桂名人文化发展中，形成新的文化积淀，为乡村振兴和桂林世界级旅游城市的建设提供了重要的基础。

3. 极具旅游开发潜力

旅游是村民获得经济收入的重要途径，整合村落整体资源开发旅游，有利于拓宽村民经济收入来源。纵观临桂，有李宗仁故居、陈氏宗祠、浮洲塔和百岁坊等名人留下的遗产遗址资源，有陈宏谋祭祀活动、临桂彩调等人文民俗资源，有广西壮族自治区级非物质文化遗产豆腐乳制作工艺，有古树名木、山峰流水等生态景观资源，它们都具有重要的历史、文化与生态价值，极具旅游开发潜力。

三、开发名人文化资源，赋能乡村振兴

（一）以陈氏宗祠和李宗仁故居为切入点，整合开发名人文化资源

可以通过"以点带面"的整合方式，对名人文化资源进行开发利用。2019年，李宗仁故居被评为AAA级景区。2022年，水美文旅特色状元村——横山村综合治理项目启动，从文化遗产保护、生态保护、产业融合三个方面对横山村进行了改造。临桂古今名人文化资源众多，可以先重点开发陈氏宗祠和李宗仁故居。以李宗仁故居与陈氏宗祠为切入点，可设计两条主线：一为"文化研学"线，以横山村陈氏家族为主的奋发图强的状元精神、两江镇浪头村李宗仁为主的将军精神以及拼搏敢闯的奥运冠军精神为点，串联临桂的名人文化资源成一条研学线路。二为"红色文化"线，以李天佑故里以及五通镇茅山村的革命历史陈列馆为点，整合临桂区的红色文化资源。"以点带面"整合临桂名人文化资源，完善基础设施配套，积极推动名人留下的文化资源融入人民群众的生产生活，再通过当地的特色的产业和农业，多产业互促互进，盘活乡村经济，保持乡村生命力。

（二）深入挖掘名人文化资源的丰富内涵，扩大名人文化的影响力

临桂名人文化内涵丰富，如陈继昌等从临桂走出去的状元，其品德与求学精神，仍为当代人所尊崇敬仰；以李宗仁、李天佑为代表的"将军文化"体现了临桂人为国尽忠的赤血丹心；为国争光的奥运健儿顽强拼搏的精神也一直激励人们奋勇向前，名人成功的事迹对年轻的一代也能够起到重要的砥志、激励作用。目前，横山陈氏宗祠及石刻、李宗仁故居已被列为文物保护单位，名人生平事迹在其故居也得到了一定的展示。2022年6月在陈继昌故乡横山村举办了一场状元文化节，有利于丰富村民精神文化生活并展示名人文化。深入挖掘名人文化资源的丰富内涵，扩大名人文化的影响力，培育乡村发展新动能。

（三）把名人文化资源优势转化为乡村旅游产业优势

名人文化资源也是重要的旅游资源，近年来，桂林市按下打造世界级旅游城市的"快进键"，临桂的名人文化资源可以为桂林世界级旅游城市的建设提

供助力。在对临桂名人文化资源进行旅游开发时，要充分发挥其多分布在农村或郊区的地域优势，将农家乐、农产品、农村生活融入临桂的自然景观、文化景观中。2022年6月，横山村用五彩稻构成临桂名人陈宏谋的画像，周边配以当地特产马蹄，吸引了众多游客前往游玩，这是一个把名人文化资源转化成乡村旅游资源的成功举措。横山豆腐乳曾被陈宏谋推荐给乾隆皇帝，可以在旅游中增加豆腐乳制作体验项目，让来到临桂的游客体验豆腐乳的制作，既增强游客的参与感，又加深游客对名人事迹的了解。豆腐乳可以与其他食材结合，开发新的菜品以满足不同消费者（游客）的需求，打造具有当地特色的餐饮美食，如豆腐鸭、豆腐鱼、腐竹红烧肉等，设计制作"相府家宴""三元及第宴"等，为本村的旅游增添新内容，为振兴乡村经济建设发挥出重要作用。

（四）培育本地特色的文化业态，激活乡村振兴的内生动力

在全面推进乡村振兴的新起点上，文化产业正发挥着越来越大的赋能作用。临桂可借助名人文化力量建设乡村、治理乡村、凝聚人心，增强村民参与乡村振兴建设的主动性。结合临桂的名人文化资源特征，培育打造本地特色鲜明的文化业态。五通农民画是奥运会举重冠军唐灵生、石智勇的故乡临桂五通镇的特色产业。随着桂林旅游业的发展，五通农民画逐步走上产业道路，成为农民增收的新兴产业之一。可以把奥运会举重冠军和五通农民画产业发展结合起来，让奥运会举重冠军唐灵生、石智勇代言，把名人文化资源优势转化为乡村产业优势，促使五通农民画走出桂林，走向世界。"举重之乡"五通镇的"桂林之花"特色林业备受瞩目，可以合理运用名人效应，将该镇的名人文化符号融入当地产业，增强附加值，让文化释放出更大的经济效益从而实现文化的变现。利用现有的优良基础条件把桂花产业带动上规模发展，并大力提升核心区域的生态旅游条件，争取带动一二三产融合发展，助力临桂区高质量发展再上新阶。合理运用名人效应，将名人文化符号融入农业产业，挖掘本村农副产品，用名人文化资源为乡村发展赋能，培育一批文旅融合集聚地，进一步激活乡村文化振兴的内生动力，为乡村振兴持续提供强大精神动力。

结语

乡村振兴背景下的旅游发展，不仅要整合村落的自然资源，还要整合、挖掘人文资源。在乡村文化资源的发掘中，名人文化资源的发掘大有可为。临桂人杰地灵，人才辈出，结合名人文化资源特色与乡村实际进行开发，可以推动临桂建成"产业兴旺、生态宜居、乡风文明、治理有效、生活富裕"的新区，成为世界级旅游城市桂林的特色旅游新区。

利用知青文化助力漠川产业发展的几点思考[1]

王　波[2]

　　基于对特定历史时期知青奋斗历程的思考和漠川乡力图打造湘桂古道文化、红色文化、知青文化三张文化品牌，推进乡村振兴发展的理念，我认为漠川完全可以把挖掘传承知青文化作为抓手，建设起独特的广西知青文化基地，以带动和兴起当地的文化旅游业。

一、坚持守正创新的原则，进一步完善知青历史文化博物馆

　　位于漠川乡的广西知青历史文化博物馆，不仅记录保存了知识青年上山下乡的一段历史，更是弘扬提升知青艰苦奋斗、自强不息拼搏精神的一种形式，同时具有新时代培养和厚植年轻人的家国情怀，激励他们努力学习奋斗，成为可堪大用的栋梁之材的功能，它应该成为知青文化基地的核心部分。

　　党的二十大强调必须坚持守正创新的理念，以新的理论指导新的实践。我们要以这一思想为指导，在内容和形式上对广西知青历史文化博物馆进行完善更新，为其持续注入新的活力。在体例上增加后知青时代的内容，讲好知青在国家现代化建设和改革开放中的典型人物和故事，让知青奋斗历程有更加立体、

1　收稿时间：2022 年 11 月
2　作者简介：王波，广西知青文化研究会党支部书记。

更加全面的呈现。在形式上，要善于利用现代化的理念和手段，紧跟时代的步伐，采用互联网、新媒体等更加适合人们特别是年轻人学习传承的具体的、生动的、鲜活的方式来表达知青奋斗历程的本真。目前，元宇宙技术在各种展馆的设计建设方面已经显现出强大的功能，给人们的学习参观带来颠覆性的认知和体验。广西知青历史文化博物馆不妨乘上这趟快速的时代列车，一展峥嵘。

二、依托温克葡萄的产业优势，建立知青产业园和研学基地

漠川乡经过十多年的发展，已成功将温克葡萄打造成一个富民大产业，并顺利通过"中国温克葡萄第一乡"的评审，还被农业农村部评为"全国第四批一村一品示范村镇"。此外漠川的银杏观光业也得到长足发展，每到深秋，漫天飞舞的"银杏黄"以其独特的魅力吸引众多游客来观赏。可以结合知青文化建立现代农业产业体验园及学校的研学基地，实现两个目的：一是加强学生的知青文化教育，让无私奉献、吃苦耐劳、团结互助、自强不息的精神在学生当中潜移默化，为精神的代际传播奠定良好的基础。二是开发研学课程，开展一系列课外培训和科技知识普及，让青少年亲身参与到农业生产活动中去，在轻松愉快的氛围中完成农业知识科普教育。

三、结合古村落特色，营造知青文化氛围

漠川是湘桂古道上的枢纽之乡，在过往千余年的岁月里，沉淀了极具地域代表性的古村落文化、古民居文化、古集市文化和古会馆文化，至今在榜上村还保留着不少完好的石板路，古村小巷狭窄幽深、交叉衔连、互相达通，组成了古村落生生不息的"血脉"。当年不少知青在这些小巷步道上踌躇徘徊、思考人生、寻找出路。沿巷布设一些富有知青元素的文化墙，并且与村中的特色故居和被称为"镇村之宝"的一棵树龄至少1800年的古樟树等景点串联起来，必

然也会成为游览的热点景区。

四、运用综合思维方式，打造知青文化广场

湘桂古道文化广场是当地群众和游客集中休闲的地方，可以命名为知青文化广场，把红色文化和知青文化有机融合起来，让更多的人认识先进文化，感受先进文化所蕴含的精神和信仰的力量，为先进文化精神内涵的传承和大众化传播探索概念呈现的实践方式。八十多年前，红军将士在湘江战役中表现出来的对党忠诚、坚持斗争、团结一致的强大精神力量，是我们建设新时代中国特色社会主义伟大事业所需要的正确价值观。广大知青在建设祖国和改革开放中为国分忧、艰苦奋斗、永不放弃的人生态度也是新时代年轻人走好新的长征路不可或缺的精神养分。可见红色文化和知青文化是一脉相承的，凸显的是坚毅奋进、健康向上的正能量。

五、抓住有利商机，建立知青汽车露营基地

自驾车旅游已经成为中国时尚旅游新的潮流，汽车露营地使自驾游更加贴近大自然，深受年轻人青睐和追捧，这是势不可挡的潮流。据了解，绝大部分以自然风光为主要旅游资源的县乡，本地游客占到80%以上。漠川乡榜上村距离桂林市100多公里，距离兴安县城30多公里，既有古风尚存的经典村落，又有满眼风光的自然景观，非常适合自驾游出行，应抓住这一商机，以知青冠名，建立汽车宿营基地，满足不同游客的需求，为打造能让游客慢下来的生态旅游氛围出把力。

民族圩镇多元文化振兴与景观更新研究
——以红花镇红头瑶圩镇为例[1]

何秋萍　李　敏　张正举[2]

一、民族圩镇的概念及规划困境

（一）研究对象的界定

圩镇为农村地区的交易中心，逢圩日，周边乡民赶圩聚集贸易，商人往来圩镇经商，开设店铺后逐步居住下来，因而圩镇规模不断扩大。"原夫古者，日中为市。大曰镇，小曰市，均所以萃商贾、通货财、易有无也。"圩镇是城乡货物集散的联系纽带，兼有城镇与乡村两者的社会特点。

（二）民族圩镇的研究现状

西江流域圩镇的兴起与清中叶"改土归流"政策在桂西土司地区大规模推行有关，大批广东和桂东南的汉族商人沿江而上，在西江沿岸的各大城镇经商，奠定了广西"无东不成市""无市不趋东"的商业格局。古圩镇是历史文化村镇中较为特色的类型，古圩市北方称为"集市"，南方称为"圩""墟"。20世纪90年代以来，圩镇客商后裔通过挖掘当地的历史文化资源，建构族群身份的认同，实现由"客"到"土"的在地化。近代圩镇形成了良好的商业民居聚落环

1　收稿时间：2022年11月
2　作者简介：何秋萍，广西师范大学副教授；李敏，广西师范大学教师；张正举，桂林海威集团工程师。

境与氛围，将商人的价值取向与传统儒道释文化、地域文化有机融为一体。

（三）当前民族地区圩镇规划困境解析

1. 文化减弱

西南少数民族地区是南方丝绸之路重要地段，明清时期是中原文化向西南少数民族地区传播的重要时期，而商业诚信文化是关帝信仰在西南少数民族地区传播的核心价值。西南瑶、壮、苗等族的地区都供奉关圣帝君，儒家忠义精神的传播，促进了该地区宗教、民俗文化的融合。而随着网购时代的到来，因圩集而诞生的文化也随之减弱。

2. 组群断裂

明清建筑文化是圩镇旅游建设过程中最容易被破坏的元素，需注重对历史建筑文化的传承。重修关帝庙的原因和过程体现了村落社会中复杂的社会文化背景和资源动员行为，与本村的历史文化背景、村民生计方式、村民思维模式等复杂的"整体社会事实"密切相关。外出打工和城镇化的扩张，使圩镇历史建筑组群年久失修且并未再建而处于断裂状态。

3. 功能弱化

民族圩镇的空间结构由地理自然环境和人文历史共同作用形成，制定圩镇发展规划需立足于圩镇的分型思维，符合其形成的自然与人文发展规律。受城市化发展的冲击，传统的地域文化景观正处于孤岛化、破碎化、盆景化和边缘化的局势。民族传统圩镇长期历史积累而成的人居与社会功能面临着快速发展的巨大挑战，因而民族圩镇的保护需进行新视角的创新性开拓。当下文化遗产保护正转向一种面对未来、指向文明综合复兴的系统工程。

4. 圩集衰落

圩集乡镇在城镇化进程中面临着原有商业功能衰退的问题，空心化日益明显。历史建筑年久失修，原有圩集地理格局与整体风貌遭到破坏，居民生活质量与基础设施的不完整都在加速圩集乡镇的衰落。圩集的发展规划需要城乡协同，分别从自然环境保护、产业引入、人居环境提升与科学管理方面出发，谋求圩集乡镇与城市协同发展的振兴之路。

二、文化景观更新理念研究及更新方法

（一）文化景观更新理念解析

城镇化的发展使少数民族文化景观面临着前所未有的现实挑战，如何在当下新型城镇化建设中兼顾文化特色保护与可持续发展是其研究难点。文化景观空间体系为了上承当代遗产保护的主流价值观，下接基层民生的现实需求，需构建遗产再生、人文关怀和经营三位一体的空间发展模式。根据现代社会逻辑和空间认知模式，可将中国古乡村生活分为"世俗生活"和"精神世界"，而乡村中的"神鬼崇敬"有着一系列配套的空间内容与行为准则，与"世俗生活"相互支撑。

（二）民族圩镇多元文化景观更新途径

民族圩镇作为少数民族地区的特色单元，其民族文化价值的多元性由长期历史发展演变而来，并通过四季更替与出生、结婚、去世三阶段等文化活动延续至今。因此，多元文化景观更新理念在民族圩镇规划中表现在对圩镇文化活动的延续与扩展中，圩镇文化对象包含历史人物、神话故事、自然元素等类型，其文化景观包含作为环境背景的自然景观、人为文化展示的景观场景、在场景中发生的文化活动与参与人群，以及因文化活动而产生的民族记忆，通过民族文化、文化场景、参与人群与民族记忆的有机串联，创建多元文化景观更新理念在民族圩集规划中的逻辑框架，即从更新民族文化、塑造文化景观场地、服务圩镇赶圩群体、传承民族文化记忆四个层面探索多元祭祀文化更新理念下的民族圩镇规划方法。

三、民族多元文化景观更新下的贺州红花镇红头瑶圩镇规划探索

（一）红花镇红头瑶圩镇基本情况

红花镇红头瑶圩镇，即红花圩镇，位于广西贺州市钟山县西北部，据镇内

古石碑记载，红花圩镇兴起于光绪年间。红花圩镇外来居民分别来源于广西、广东、湖南三省区往来商户，是贺州红头瑶的聚集地，属于平地瑶。男瑶喜欢头包红巾，女瑶在衣袖和裤脚用红布镶边，这支瑶族的服装当下退化严重。红花圩镇二帝宫现存庙宇建筑为1992年在清代原址上重修的砖木混合结构建筑。

（二）民族多元文化景观更新下的贺州红花圩镇规划策略

1. 清除违建，再现历史文化格局

清除违建，恢复历史文化格局。完整的格局场地是文化景观延续的物质条件，面对被侵占的圩镇土地，采用清理措施：首先，被占用的文化附属用地归还于集体，对侵占河流与跨河乱建者进行清理，还河流以生态尺度的河床与驳岸；古井进行饮水亭护井搭建，淘汰现有混凝土盖面。其次，整理圩镇河流网络，疏通淤积河段，恢复历史河网脉络，严格控制河流两岸构造物修建，优化驳岸与农田的过渡林地功能，形成"镇前农田、镇内河网、镇后林地"的原有生态格局场地。

2. 寻根溯源，更新历史建筑组团

面对已成危房的二帝宫祭祀文化建筑组团，进行原真性延续更新设计。尝试新型材料为骨架，进行建筑功能提升规划，将研学公共空间作为建筑主体，沿用墙绘、吉兽、雕花等装饰元素，对庙宇内部区别对待，分为可续用和不可续用两类。原有文化建筑组团偏重于祭祀功能，现将增加研学旅游、展示空间、农耕活动区等新功能（见下图1）。

3. 转承记忆，民族文化景观整合提升

场地记忆是文化景观的灵魂，包含历史演变、社会需求、日常生活等长期积累而成的场地记忆，进一步升华为民俗节庆在圩镇民众中的人生记忆，如圩镇二月初二年节、五月十三关帝诞辰与八月十三宝帝诞辰等，再如镇民出生时的"红蛋台"祈福（见图2），以及四季歌圩、月头月中日常祈福等记忆活动，可见红头瑶圩集的特殊性。因此，延续圩镇文化记忆，不再是原有文化空间的原搬硬抄，而是整合成"节庆+民俗+研学"的复合型功能场地，梳理四季节庆、民族习俗、祭祀文化和圩集空间的场地逻辑，形成串联化、普及化、公众化的文化景观空间。

图1 二帝宫、土地庙、饮水井建筑设计图

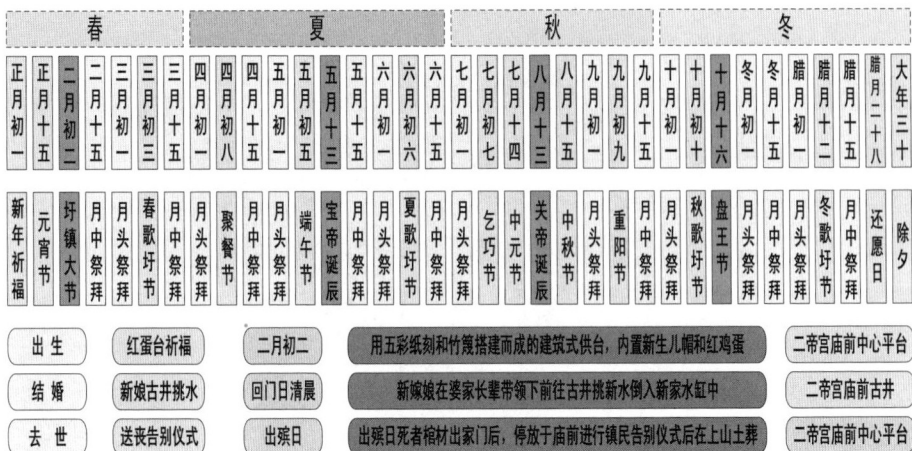

图 2 圩镇全年节庆图

乡村露营赋能产业共富的发展思考[1]

徐大伟[2]

近年来，乡村露营业态几乎已成为众多乡村振兴项目的标配，然而，什么乡村适合做？怎么做？谁来做？都是亟待解决的问题。

一、好营地的四大选择要素

露营产业就像是为乡村而生的，它对乡村很"友好"，优点很多。

一是它对用地指标要求不高；二是投资小、打造周期短、见效快；三是引流能力强，对乡村其他产业有带动性等等。

虽然优点这么多，可是露营产业在很多乡村落地之后，暴露出来的问题也不少。近年来，乡立方做的乡村项目中，有不少项目也都导入了露营业态。结合市场中的乡村露营营地项目和乡立方团队做过的露营营地项目，针对乡村露营所面临的几个核心问题，谈一谈我的看法。

毫不夸张地讲，当下的乡村露营营地80%都算不上好营地。我想说，不是所有的乡村都适合做露营营地的。很多乡村的资源并不适合做露营，但还是做了。结果会发现，根本没人来，最终还是成了一块荒地。还有一种情况也比较普遍，就是很多乡村露营营地并非"专业的人干专业的事"，而是一群不露营的

1　收稿时间：2022年11月
2　作者简介：徐大伟，浙江乡立方集团联合创建人。

人在设计露营营地。从营地的选址、路线到设施和服务，每个环节都问题百出。有水泥地的营地，有防腐木的营地，有砖铺地的营地，还有因为"动静分流"设计，停车后还需扛着行李走上十几分钟才到达的营地……这些所谓规划上的"合理性"让露营"老炮"们直言无语。

好的营地需要具备以下几大要素：

1. 选对了场地就成功了一半

场地是营地的重中之重，说白了，露营"露"的就是环境。小红书对12300个露营爱好者做过一个兴趣调研，数据显示，兴趣偏好选择亲近自然的占到了81.8%。人们对露营的最大需求就是亲近自然，所以选址会直接影响项目的成败。

2. 近水不亲水

看得见山，望得见水，记得住的乡愁。中国的乡村大部分都是依溪沿河而建，以浙江为例，全省87%都是山区沿溪乡村。利用好这一资源特色，沿溪打造露营营地是个不错的选择。春夏秋的"露营＋亲子戏水"，可以很大程度上丰富人们的露营体验。但营地与水域必须保持一定的安全距离，更不能将营地建设在溪滩河滩里，一旦上游暴雨很有可能会暴发山洪，露营者会有生命危险。规划前需要查询过去10年的水文资料，通过科学的评估，选择合适场地。

3. 远山不深山

山地露营也是比较火的一种形式，江西的武功山、浙江的括苍山等都是典型代表。围绕山地资源的露营营地也有讲究，一般情况是选择居高，望远山、看云海、看日出是大多数露营爱好者的需求，而深山老林则不建议选择，看似生态环境不错，实则视野差、阴暗、潮湿、蚊虫多，这些都是露营的克星。

4. 近村不进村

有不少露营营地就建在村子里面，房前、屋后、停车场、马路旁竟然都成了露营营地。这样的营地看着都让人焦虑，因为这样的营地不会有人来体验。不要为了做露营而做露营，要明白，营地的设施配套是基础，环境才是核心竞争力。营地最好是与村子很近，但又需要保持一定距离，一方面是村庄可以为营地提供更多便利的配套服务，另一方面又可以给营地一个清静的露营环境。

二、乡村露营的盈利模式

乡村的露营营地，需要考虑两个方面如何赚钱的问题：

一是企业赚什么钱；二是村集体和村民赚什么钱。

相较于国外，国内的露营营地正处于起步阶段，经营的模式也相对单一，缺乏更多的收费体验业态。因此，大多数的露营营地的投资并不大，少则几十万，多则百来万，比起民宿动辄几百上千万的投资已经算是很少的了，这也让露营的经营压力小了不少。通过与几位业内朋友交流得知，露营营地的回本周期一般都在一年左右。更重要的是，露营与民宿相比，露营的体验性、社交性都更好，对于乡村的带动性更强，消费的频次更高，是一个名副其实的乡村共富型业态。

企业做乡村露营营地的盈利模式主要有三种形式：

1. 营位租赁

这种形式还是目前露营营地最主要的收益来源。安吉有一个网红露营营地，如果是三个家庭一起去，租赁一个较大一点的营位，搭三顶帐篷，自带装备，打折之后的价格是1200元一晚，提供一桶桶装纯净水，卫生间、浴室、无人售货机等公共配套设施都有，但都需要排队使用。当时这样一块地住一晚的价格，已经直逼周边的酒店、民宿的房价了，还没有客房成本，简直就是本少利多的项目。

2. 装备租赁

这种形式通常是"尝鲜派"居多。不用花很大精力去研究装备、升级装备，轻装出行。营地根据营位位置、帐篷装备等级不同来收费。一般情况下，购买一顶帐篷的成本从几百至几千不等，价格较低的帐篷靠一到两次租赁就能回本，价格高的帐篷多则也就五次左右，最长不会超过十次，也能回本。

3. "一价全包"式露营

传统露营主打性价比，所需设备较为简单，如帐篷、便捷桌椅等。而最新潮的露营方式则是"精致露营"（Glamping，由glamorous/富有魅力的与camping/露营两个词组合而成）。营地通过策划不同特色"主题露营"，打造"主题+场景+服务"的精致露营体验，提供所需全部设备，包括主题活动、美食、咖啡机、燃气炉、星星灯、蛋卷桌等。

关于村集体和村民在乡村露营中的盈利模式，总结起来也有三种。

1. 租金的固定收益

露营营地项目可根据需求，租赁盘活乡村集体或个人的闲置房屋、田地、林地、建设用地等。

2. 资产入股分红收益

将资源进行价值评估，资源变股金，共同打造，风险共担，按股份占比享有露营营地的收益分红权益。

3. 资产入股+人力入股收益

不仅仅资源入股，同时参与经营，享有额外的经营的报酬或经营性股权分红收益。

乡村露营营地，只有市场主体+村集体+村民都有机会赚到钱了，才算是乡村共富产业。

三、乡村露营的未来发展

随着露营产业走向成熟化，全国的露营营地会遍地开花，最终也难逃同质化的命运，这是一个必然趋势。这种情况下，先行思考就变得尤为重要，未来的露营营地将如何发展？我们又该如何提前布局？

从实践来看，单一露营营地的市场竞争力在下降，而"露营+"的营地模式在持续走红。由此可见，未来露营比的不是露营本身，而是"露营+"的能力，露营+研学、露营+萌宠、露营+演艺、露营+体育等等。这样的模式将大大提升露营营地的竞争力，不仅丰富营地体验内容，还增强营地的盈利能力，也拓宽市场客群。

相信未来，"露营+"一定会发展出更多新的形式和新的可能。

乡村振兴，产业振兴是核心。从现今乡村市场的发展而言，乡村露营营地产业是振兴乡村不错的选项。但需要先思而后动，只有这样，一顶帐篷才真的可以让乡村成为"诗和远方"！

以知青历史文化注入乡村文旅，催生体验式康养新业态

——以南宁市青秀区南阳镇花雨湖生态休闲区为例[1]

潘晓春[2]

一、康养文化旅游的概念和意义

康养文化旅游是近些年来逐渐在我国兴起兴旺的一种文化旅游形式。它结合旅游和养生的休闲方式，旨在通过旅游活动来促进身体健康、心理健康和精神健康。康养旅游是传统旅游产业的升级版。在健康中国战略大背景下，康养旅游已经成为我国新常态下经济增长的重要引擎之一。

二、花雨湖知青文化康养中心基地建设的 swot 分析

（一）**优势** strength（企业具有超越其竞争对手的内部要素）

通达的交通资源

花雨湖生态休闲旅游区（以下简称"生态休闲区"）处于广西南宁青秀区

1　收稿时间：2023 年 11 月
2　作者简介：潘晓春，中共广西区委党校文史部原主任、教授，广西知青文化研究会副会长。

东部南阳镇。作为康养产业的地域，交通优势非常明显。南宁目前运营的地铁交通线路有五条，也是广西区域唯一有地铁开通的城区。南宁的高铁和飞机出行也比较方便。南阳镇地处南宁东郊，距离绕城公路18公里。镇区往北7公里，可直达桂海高速公路伶俐入口处；往北10公里，可以直达伶俐火车站。此外，村通屯道路硬化率达100%。目前，青秀区正探索建设广西第一个全域旅游绿道示范村。如果能实现，它便开启了青秀区全域交通无缝换乘。因此，花雨湖生态休闲区处于远离喧闹市中心但又可以快速返城，利于康养几代人同去同住，又不影响上班族进城公干的距离。

适宜的自然条件

花雨湖生态休闲农庄地理位置优越。地处亚热带北回归线以南，气候温和，雨量充沛，阳光充足，夏长冬短，有宜养宜居的生态资源。南阳镇地形地貌丰富，大部为浅丘地区，林地面积4.8万亩，森林覆盖率高达37.7%。河流湖泊众多，开发的水域面积达400亩，空气质量优良，植被非常丰富，在享有"绿城南宁"和"国家森林城市一类"称号的大南宁来说，也是一个堪称利于宜游宜居宜养的胜地。

丰厚的历史文化资源

"南阳镇"地名由来是在民国时期。原设有南里、凤阳二乡，后设为南阳乡，各取一字得名。南阳镇以壮族人口为主，具有丰富的少数民族习俗。南阳大鼓、芭蕉香火龙、采茶剧等具有本地特色的壮族传统民俗文化得到了较好的传承。南阳镇施厚村的古岳坡为壮族山歌非物质文化遗产传承地，当地村民"宁可三日无米，不能一日无歌"，因此被赞为壮乡歌海中的"歌窝"。南阳镇还出了一个广西的著名作家古笛先生，是蜚声国内外的彝族歌曲《赶圩归来阿哩哩》的词作者，还是《刘三姐》歌剧的主创人员之一。南阳镇在古笛先生的影响下充满了艺术魅力。

先发的优势

南宁市市郊的南阳镇发展比较早，具有较好的基础、较强的竞争力和较大的知名度。当文化旅游之风吹进青秀区南阳镇，它便及时完成了施厚村全域土地方案编制，实施城乡建设用地的增减挂钩，实现了区域用地空间重构，经营示范基地和休闲农业与乡村旅游。花雨湖休闲生态区所在的施厚村还推行公司主导、村民入股等运营模式，引入了专业文创公司，对乡村旅游进行了统一的开发运营管理，推广引导村民以土地经营权、非遗记忆等多种形式入股花雨湖、市民农庄等一批文化旅游项目，打造南宁市周末经济和休闲旅游目的地。花雨湖也在积极探索精准扶贫"旅游+"的模式，确定了"景镇联合、景村一体、景产联动"的景+村+产的旅游发展模式。引导周边群众参与农家乐经营，鼓励群众参与园区建设，重点吸纳贫困户到园区就业，与周边群众良性互动共同发展。

目前，施厚村的休闲农业产业得到了快速发展。休闲农业经营面积2657亩，经营率达到了48%。初步实现了小城镇、大集聚，小产业、大市场。

（二）**劣势** Weakness（企业缺少的或不如竞争者的内部要素）

第一，产业定位尚不准确。

第二，目标人群定位不明晰。因为定位为观光旅游，因而目标人群以零散而短暂游客居多。

第三，功能区域划分缺乏系统思维。花雨湖综合开发尚在起步阶段，还没有形成完整的产业链条。

第四，历史文化遗产的继承开发还处于表层，还有待提升。

第五，营销手段单一匮乏。没有将康养旅游作为宣传的重点，导致客群单一，无法吸收新流量，难以在大范围打出品牌。

（三）**机会** Opportunity（对企业盈利有帮助的重要外部事件和趋势）

1. 花雨湖农业休闲基地建成知青康养基地的时代大背景

首先，近年来，康养产业之所以成为业界投资、地方政府扶持和各企业云集响应的产业，是因为这是贯彻落实国家宏观战略部署的重要举措。

其次，培育和发展康养产业，符合当前健康与养老等产业的阶段性要求。政府强化顶层设计，出台了一系列加强养老服务和发展健康服务新业态的政策。

广西区党委十二届五次会议暨经济工作会议布置要求，2023年广西聚焦15条重点产业链，深入实施广西重点产业链招商攻坚突破重点行动。

南宁市从2014年就开始制定计划和支持康养产业发展的指导性文件。2022年1月份，南宁市政府发布的《促进养老托育健康产业发展实施方案》中提到，南宁市政府要培育壮大康养产业，打造区域性国际康养胜地。

可见，随着经济全球化的发展，康养产业已经上升为国家战略，中国养老产业的顶层设计和政策架构已初具雏形，中国老龄化社会正在快速到来，这对康养文旅产业的发展将产生巨大影响。

2. 知青康养基地建设的市场需求

知青历史文化旅游是一种新业态，具有鲜明的时代特征和地域特征。我国知青历史文化旅游的客源市场大多是当年的知识青年，现在大多已经退休或即将退休，因此而成为知青历史文化旅游的主力军。早在本世纪初，中国就已经迈向老龄化社会。据全国老龄委一项调查，老年人旅游人数已经占到了全国旅游总人数的20%以上，平均每人每年达4次，超过全国人均水平的1/3，这是一个巨大的市场。我国庞大的老年人群体，同样也孕育着以康养为主的巨大的消费需求。康养产业是大健康产业的重要分支，涵盖养老、养生、医疗、文化、农业、科技、体育、旅游等诸多业态的康养产业开始蓬勃发展，成为备受关注的新兴产业。

3. 中国知青康养基地建设的一些优秀案例

近年来，中国各种知青康养组织雨后春笋般出现，各种各样的康养模式异彩纷呈，出现了一种新的业态。

案例一：2023年4月，由中国知青集团主办、雄安点报数字科技集团承办，陕旅集团延安公司组织了"百万知青回延安"系列活动。首批千人知青团在欢庆的锣鼓声中走进延安，开启了六天五晚的体验康养之旅。

案例二：2022年初，北戴河康养协会分批组织北大荒知青来北戴河进行康养旅游度假。在康养旅居活动中，除了为广大知青准备了精彩纷呈的联欢会、生日会等活动，还将具有北戴河特色的滨海湿地公园等特色优势充分展现和推介。

案例三：云南西双版纳祥诺知青康养有限公司投资1.4亿元，在景洪市嘎洒镇创办西双版纳知青康养基地。把为全国的知青及工薪阶层游客服务作为宗旨，依托西双版纳得天独厚的自然环境与气候条件，以知青文化为主题，建设知青康养基地。

这样的例子很多很多。比如在山东的青州、江苏的镇江、云南的大理、江西的宜春等，这样以康养为特色的各种知青活动基地遍地开花。

此外，关于知青康养基地建设和康养旅游的探讨和评选，已经连续数年在各地展开。可见，知青康养已经成为康养产业创新发展趋势之一，具有广阔的发展前景。

（四）**威胁和挑战 Threat**（对企业的盈利能力和市场地位构成阻碍的外部因素）

其一，突出的资源优势、强大的内在需求与外部开发严重不足的矛盾。

其二，由于三年疫情的影响，花雨湖的运营一度中断，很多项目撤离了现场。游客锐减，景点荒芜，举步维艰。

其三，康养市场需要投入的资金比较大，周期也比较长。

其四，周边同质化项目的竞争影响。

三、花雨湖知青康养基地建设的目标定位和实施路径

总的目标：紧紧抓住康养产业发展的机遇，以创建国家全域旅游示范村、示范区、国家中医药健康旅游示范区为抓手，从景点旅游向泛景区划目的地旅游转变。逐步将花雨湖生态休闲旅游区打造成城旅一体、镇村互动、康养互融、共建共享的全域康养旅游示范区，并注入知青历史文化诸元素，建设独具特色的知青康养项目，打造以知青文化为主题，以休闲娱乐、文化体验为核心功能的全时空、全身心、沉浸式的全国一流的知青文化田园综合体旅游目的地。建设知青文化和精神传承创新基地，树立全国知青文化新标杆，培育旅游新名片。具体实施的路径：

（一）**培育具有知青历史文化特点的个性化康养旅游项目**。必须要有个性化

旅游产品。同质化的旅游产品很难吸引游客，康养旅游产品更是如此。康养旅游一定要强调差异化、个性化。花雨湖生态园区康养基地，可以围绕南宁市的定位主打"东盟文化"和"壮瑶文化"，将东盟及广西壮瑶文化中的康养文化精华集萃，开辟有特色的康养项目。比如，以"治未病"为宗旨的壮瑶民族医药理疗康养。壮医瑶医等中医疗法综合利用如外洗、熏蒸、敷贴、配药、骨刮、脚疗、灸法、针法极具特色。

（二）培育长期的康养旅游的目标群体。不同于观光旅游，康养旅游特别需要市场的"黏性"，应该将知青及其家人培养成康养旅游主力群体。除了关注退休的知青们的经济条件和物质需要，打造不同层次的康养——吃、住、行、玩、购、娱、健服务外，也要考虑知青精神传承的"亲子游""亲孙游"项目打造。农业科普研学中心就应以中国农耕文化与当年的知青生活为范本，根据四季不同时令开展当季的劳作项目，如犁田、插秧、施肥、耕田、割禾、挑谷等。果木蔬菜园也可以从土壤改良、栽培、修剪、收获多个环节入手。此外，萌宠互动等也可以开发。

（三）利用数字化打造知青康养文化旅游产业的全要素链。应在线上线下的推广宣传平台推出系列康养优惠套餐，瞄准客源市场——全国各地知青及其亲属这些潜在游客，开展引流合作。推动数字技术在康养文旅产品的创意生产、传播、消费等环节的应用，打造一批小而精、小而美、小而特的特色项目。用组队、包车、专列等形式来推动知青的旅游，解决客源问题，并产生相对长期的"黏性"。

（四）逐步实现康养基地建设的标准化。大家耳熟能详的星级饭店、星级景区、星级旅游度假区都是通过标准化的方式去推动的。目前，康养旅游领域尚处于起步阶段，也应有一定的行业标准。目前全国休闲标准化技术委员会正在着手制定一些康养方面的国家标准，花雨湖生态休闲区也应尽量实现标准化管理。

（五）做好专业化服务。虽然康养项目是一种多业态融合的项目，但应在各个环节实现专业化的管理。在康养环节，借力广西南宁知名度美誉度高的中医壮医瑶医或非遗项目传承人，借力广西中医药大学、广西民族医院、广西国际壮医医院等机构；当然也可以发挥当年有"赤脚医生"经验的老知青的作用，充当康养旅游基地服务的志愿者。将文化、医疗与度假结合起来，最终形成培训、诊疗、监控、养护、咨询一条龙服务模式。此外，还要疏通好交通环节，建立进景区"快进慢游"的综合交通网络体系，打造一条急病重病及时到南宁市医院就医的便捷通道。

（六）**注入知青历史文化内涵，并使之品牌化、优质化**。一定要注入知青历史文化的内涵，把自然资源与民族文化风情相结合，打造花雨湖知青康养基地的品牌效应；利用施厚村古岳坡的古笛名人效应和"阿哩哩歌台"，开展年度的全国知青民歌大赛歌台，真正把南宁"天下民歌眷恋的地方"这广告效应不断扩大；利用施厚村古岳坡文化产业基地，打造广西乃至全国的知青文化艺术名人创业基地，开展音乐、舞蹈、摄影、服饰、节庆礼仪文化等交流。这样零距离互动，体验式视察，加上沉浸式参与，通过让知青熟悉的纪念碑、雕像群、文化墙、文化历史长廊等设计，来提升广西知青品牌形象设计，并在全国宣传推广，进行口碑营销，使花雨湖从观光旅游地变成康养目的地。

（七）**打造集群式花雨湖休闲农业康养区**。应采取大范围流动、全方位涉猎、多形式体验为主场，以涉足局部观赏、细处为补充的思维方式，全域谋划，全域整治，全域推进，全域提升。围绕康养文旅资源开发，构建"一湖六园二中心"（"一湖"即花雨湖，"六园"即乡村音乐庄园、浪漫香草庄园、梦幻彩林庄园、奇异鲜果庄园、梦幻乡土庄园、创意农业庄园，"二中心"为文化体验中心、农业科普研学中心）的全域旅游产业体系。要科学谋划，注重体验式康养，以点、线、面布局规划；项目实施要优中选优，避免圈地圈资源造成资源闲置浪费。

第四篇　三产融合

习近平总书记强调，要推动乡村产业振兴，紧紧围绕发展现代农业，围绕农村一二三产业融合发展，构建乡村产业体系，实现产业兴旺，把产业发展落到促进农民增收上来。可见，促进农村一二三产业融合发展，是以习近平同志为核心的党中央针对新时期"三农"形势做出的重要决策部署，是推动农业增效、农村繁荣、农民增收的重要抓手，是实施乡村振兴战略、加快推进农业农村现代化、促进城乡融合发展的重要举措，需要开展理论思考研究，从实践上摸索出三产融合的方法和路径。

构建现代农机服务体系　推动广西农业机械化水平提升[1]

何　媛　覃　静[2]

习近平总书记指出，"要把发展农业科技放在更加突出的位置，大力推进农业机械化、智能化，给农业现代化插上科技的翅膀"。党的二十大报告提出"全面推进乡村振兴""加快建设农业强国"。2022年12月，习近平总书记在中央农村工作会议上强调"全面推进乡村振兴、加快建设农业强国"。乡村振兴，关键是产业振兴。乡村产业振兴，农业机械化是必由之路。

提高农业机械化水平是推动广西实现农业强省目标的重要举措。必须推进面向全国、适应区域特色的农业机械研发设计、生产制造、质量检测、销售运维、田间作业、跨区协同等农机服务平台建设，推动农机产业全生命周期数字化、精准化、智能化。

广西农业机械化迈入全程全面高质高效发展阶段，我们要强化农机服务体系建设，在成功组建广西农机服务集团的基础上，将服务范围覆盖全区市、县、乡、村，延伸至区外、国外。提高组织化程度，全面推进乡村振兴、加快农业农村现代化大局，谋划农业机械化发展。本文主要简要阐述广西农业机械化基本情况，分析广西农业机械化存在的问题，并提出构建现代农机服务体系，大

1　收稿时间：2023年11月
2　作者简介：何媛，广西农业机械研究院有限公司经营部经理；覃静，广西农业机械研究院有限公司党委书记、董事长。

力推动广西农业机械化水平提升的实践探索。

一、广西农业机械化基本情况

近年来，广西农业机械化水平得到了显著发展。2022年农业综合机械化率达到68.3%，2023年全区主要农作物耕种收综合机械化率达到69.8%。

（一）农机社会化服务体系不断发展

广西农机装备水平不断提升。2023年，广西农机总动力约3900万千瓦，比2018年提升4.42%。广西已经初步形成了以市、县、乡、村四级的农机站为主体，以专业合作社、农机大户为骨干，以农机作业、维修、供应、中介、租赁等为主要内容的农机化服务体系。农机化产业群产业链不断发展，2022年以来全区农机专业合作社1743个，入社成员2.75万户，拥有机具10万台套，作业服务面积1079万亩，服务农户86.62万户。

（二）农机农艺融合程度不断提升

广西不断重视宜机化改造、种植标准、机具装备研发提升等协同发展，大规模集约化种植生产大幅增长。比如，2015年以来，广西规划建设了500万亩"双高"糖料蔗核心基地，提高糖料蔗种植组织化、规模化、集约化水平。近年来，推动高标准农田建设，为机械化推广奠定一定基础。随着规模化种植不断增加，农艺与农机融合有了更快的发展。

二、广西农业机械化存在的主要问题

（一）丘陵山区显现短板较多，推广农机化基础薄弱，补齐任务重

广西丘陵山地较多，普遍存在山高坡陡、道路崎岖、场地狭窄等情况，复杂的地形条件导致农业机械化在一些地区的推进困难，加上宜机化改造落后，农机连续、连片、高效作业条件欠缺，丘陵山区优特农作物机械化发展缓慢。丘陵山区特色农作物播种面积、总产量，占全区主要农作物的50.8%和89.2%，

但仍主要靠人工生产。比如甘蔗机收率还很低，2022/2023榨季，全区甘蔗联合机收率仅为3.5%。同时，农机装备产业基础薄弱，除部分企业在全国有一些影响外，大部分普遍存在规模小、装备落后、研发能力不足、产品技术含量不高等问题。

（二）农机装备结构不合理

广西的农机企业底子薄，规模大、制造能力强的生产企业少，难以满足和支撑广西农业生产需求。

（三）科技创新能力不足

广西的农机科技创新能力相对较弱，研究基础薄弱，原创性科技成果少。这导致在坡地作业适应性、智能控制等技术方面的突破与应用受到限制。

（四）农机服务能力弱，服务管理体制不健全。

农机化公共服务能力不足，管理信息化水平亟待提高，农机安全监理、农机化推广和质量管理体系亟须完善，监管覆盖面及服务水平亟待提升。

三、构建现代农机服务体系推动广西农业机械化水平提升的实践探索

围绕凝心聚力建设新时代中国特色社会主义壮美广西"1+1+4+3+N"目标任务体系，按照"乡村振兴、农业优先、农机先行"的总体思路，为推动广西农业机械化水平提升，自治区政府出台了《广西农业机械化改革发展实施方案（2022—2025年）》（以下简称《方案》），从组织、平台、政策扶持等方面给予大力支持。本着坚持着力抓重点、补短板、聚集群、重科技、强服务、夯基础的原则，广西农机服务集团（广西农机院公司）为构建现代农机服务体系做出积极实践探索，全面推动农机装备产业转型升级。

（一）广西农机服务集团基本情况

经自治区人民政府批准同意，广西农投集团在广西农业机械研究院有限公司的基础上组建了二级子公司广西农机服务集团，服务广西农业机械化生产活

动，打造集农业机械化装备研发、制造、销售、作业服务等于一体的综合管理运营服务平台。广西农机服务集团与农机院公司实行"一套人马、两块牌子"运作。广西农机服务集团的核心目标是全面提升农业机械化水平，加快构建覆盖全区的农机服务组织体系，为推进全区农业机械化奠定基础。

（二）大力开展科技创新研发及推广应用

为推动广西农业机械化水平提升，广西农机服务集团结合广西实际，利用广西农投集团产业优势，选择从甘蔗生产机械化方面切入，开展了许多探索与尝试，构建从技术研发、装备制造到技术推广应用服务的甘蔗产业全方位、全链条的服务体系，建立以需求为导向的科技成果转化机制。

因地制宜培育和发展新质生产力，持续推进农业机械研发制造和推广应用。构建了2个国家级（甘蔗机械国家重点工业性试验基地、国家糖料产业技术体系甘蔗收获机械化岗位）和5个省级创新平台（省级企业技术中心、广西甘蔗生产装备工程技术研究中心、广西博士后创新实践基地、广西甘蔗生产装备科技成果转化中试研究基地、广西农业机械生产力促进中心）。近年来，广西农机服务集团积极开展甘蔗机械化收获关键技术攻关与发展模式实践应用，主持或参与承担各级科技计划项目16项，通过聚焦农机装备关键核心技术，开展联合攻关和产业应用，打造全程机械化示范基地，探索甘蔗、水稻标准化生产体系，积极打造农机装备产业新引擎。

（三）大力提升农机服务信息化水平

积极推进搭建数字技术创新应用场景项目——广西农机服务智慧云平台，该平台目前与多家糖企实现数据联动，平台汇聚农户超10万户，加入合作社543家、农机具686台、金融机构17家，同时有17家上下游公司参与农机服务体系的运作。与广西数字金服科技有限公司"桂惠农"平台、广西壮族自治区农村信用社联合社"互联网贷款系统"合作，2024—2025年计划实现2亿元的金融服务资金。

（四）加快构建覆盖全区的农机服务体系

不断扩大农机社会化服务体系规模，积极推进设立区、市、县及乡镇农机服务组织，加快甘蔗生产机械化、社会化服务发展。探索通过"自营+加盟"模式构建覆盖全区的农机服务组织体系，推动全区、市、县农机服务组织体系的建设。广西农机服务集团目前已在庆丰、糯峒、柳江、香山、兴宾、崇左、红河等7地建设农机服务点，已有260家合作社、2600台农机服务机具纳入农机服务集团农机服务体系管理，完成耕种管收服务面积约160万亩，不断提升全区农机服务能力，做大农机服务的规模。

数字经济促进乡村一二三产业融合发展的
作用机理和路径[1]

李钊阳

乡村一二三产业融合发展是由2015年中央一号文件提出的。随着数字经济与农业深度融合发展，数字经济从效率提升、产业变革和结构优化等方面赋能乡村产业振兴。数字经济将数据要素纳入农业生产，可以促进农村产业融合发展。数字经济通过提高农业科技创新水平和城乡市场有效对接这两个渠道促进乡村一二三产业融合发展。

一、数字经济促进乡村一二三产业融合发展的作用机理

（一）数字经济通过要素融合促进乡村一二三产业融合发展

数字经济利用数字技术使农业生产过程和农业产业链上下游实现数字化、网络化和智能化转型。利用数字经济向农业产业渗透，逐步加快农业产业数字化进程，利用互联网平台实现农业生产要素的虚拟集聚。

（二）数字经济通过创新业态促进乡村一二三产业融合发展

数字经济与实体经济相互融合，可以创造出新业态和新模式。农户可以较为容易地实现这些新业态和新模式，这样农村地区较为丰富的生态、旅游和文

---

1 收稿时间：2023年11月

化资源就可以与数字经济深度融合，形成新产业。

（三）数字经济通过市场融合促进乡村一二三产业融合发展

数字经济可以利用互联网平台把乡村一二三产业的产品（服务）进行"虚拟集聚"，具体实现形式包括但不限于社区电商、朋友圈、专业旅游APP、图文介绍、直播带货、直播带景等。

二、数字经济促进乡村一二三产业融合发展过程中面临的制约

一是产业发展水平较低。现阶段，现代农业产业园的规模和产值都较小，农产品生产过程中的科技要素投入相对缺乏。乡村二三产业的发展水平仍然较低，数字经济在乡村产业中的作用较为有限，缺少数字化应用场景。

二是数字基础设施水平较低。数字基础设施在城市与农村的建设条件差异很大。农村地区使用数字基础设施的个体在空间中很分散，并且数字基础设施的投资受制于农村地区经济发展水平，无法实现高水平大规模的建设。

三是生产要素难以集聚。乡村一二三产业融合发展面临的首要问题就是人才极度短缺。其次，农村普遍面临发展资金短缺的问题，农业生产的资本积累水平很低，农户几乎没有可以用于抵押的资产。

三、数字经济促进乡村一二三产业融合发展的实现路径

（一）利用数字经济打造乡村一二三产业融合发展新平台

首先，利用数字技术不断提高乡村一二三产业的数字化水平。其次，应通过市场的力量在国家层面或区域层面建设乡村产业发展互联网平台，为乡村产业发展提供数字化的平台载体。最后，鼓励涉农企业充分利用农业互联网平台进行农业生产管理、农产品销售和客户服务等活动。

（二）利用数字经济形成乡村一二三产业融合发展新模式

引导农户利用各种直播平台进行农产品的宣传与销售，逐渐摆脱农产品多级收购的销售模式，使农户利用互联网平台直接对接消费者，开展定制化农业生产，利用互联网技术的放大效应，让消费者能够时刻看到自己定制的特色农产品的生产过程，提高消费者的参与体验感。

（三）利用数字经济形成乡村一二三产业融合发展新机制

引导参与乡村一二三产业融合发展的主体与农户之间进行紧密合作，保证数字经济促进乡村三产融合的过程可持续发展。利用数字经济整合分散的农业生产能力，实现农业生产的规模化；利用数字技术分析和预测市场需求，降低农业生产风险，维持农产品价格稳定。进一步发展订单农业，利用互联网平台集聚消费者，锁定未来需求，减少农产品滞销可能性。

网格尺度"三生"功能协调视角下珠江—西江经济带城乡融合研究[1]

谢 玲 梁 瑜[2]

城市和乡村作为在一定社会经济条件下相互影响、相互制约、相互依存的地域系统，二者之间的良性协调、融合发展有利于城镇化的推进以及生产力可持续发展，是推动社会经济发展的重要力量。城乡融合发展就是城市的资本、产业、技术、信息等和农村的人口、土地、劳动、资源等实现融合，实现城乡共同发展的双向互动的发展过程。珠江—西江经济带（广西的南宁、柳州、贵港、梧州、百色、来宾、崇左7市和广东的广州、佛山、肇庆、云浮4市）是连接我国西部欠发达地区和东部发达地区的纽带，也是国家战略的一部分，与京津冀一体化和长江经济带遥相呼应，形成北、中、南的区域发展格局。珠江—西江经济带发展潜力巨大，但经济发展的同时，普遍存在耕地减少、城镇用地急速增长、城乡发展差距增大的问题。国土空间规划是实现城乡融合的重要举措，协调好生产—生活—生态的关系，对于城乡融合发展具有重要作用。以珠江—西江经济带为研究区域，以1km×1km网格为研究尺度，基于"三生"功能子系统相互耦合协调水平作为城乡耦合发展的评价依据，研究缩小该区域城乡发展差距、促进区域协调发展具有重要意义。

---

1 收稿时间：2023年11月
2 作者简介：梁瑜，广西师范大学环境与资源学院教师。

基于格网数据，利用熵权法、综合评价模型、耦合协调度模型对珠江—西江经济带城乡生产—生活—生态功能协调发展水平评价得到如下结论：

首先，珠江—西江经济带"三生"功能的耦合协调水平整体较低，不同地市城镇地区、乡村地区的生产、生活和生态功能具有明显的区域差异。城镇地区生产和生活高水平的区域主要集中在佛山、广州、南宁和柳州，生态空间高水平区域主要集中在百色和梧州。乡村地区生产和生活空间高水平地区是佛山和广州，生态空间高水平的地区是百色、柳州、梧州、云浮和肇庆。网格尺上，生产和生活功能高水平地区主要分布在广州和佛山市市辖区，生态空间高水平地区分布较为广泛，表现为经济水平欠发达的地区。根据耦合协调度类型的划分，珠江—西江经济带大部分地区"三生"功能或者两两子系统之间的耦合协调度都较不理想。

其次，珠江—西江经济带"三生"功能耦合协调度不论在城镇地区还是乡村地区，各市基本处于同一水平，形成"高耦合、低协调"特征。在网格尺度，珠江—西江经济带"三生"功能耦合协调度有明显的空间差异，2005年呈现"东高西低"的空间格局，2005—2018年期间高耦合协调度区域由市辖区沿交通干线扩展。

"生产—生活"子系统中，广佛肇城镇地区在2005—2018年由中度耦合、低级协调向高度耦合、低级协调转变；广西各市以及云浮市城镇地区整体表现出高度耦合、低级协调特征。广州和佛山市乡村地区在研究期间表现为中度耦合、低级协调特征；其余各市城乡为高耦合、低协调特征。从耦合协调类型来看，广州市和佛山市乡村地区的耦合协调度值较其他地区高。城乡"生产—生活"由2005年中高度耦合、低协调向2018年高耦合、低协调转变。从空间布局来看，2005和2018年生产和生活耦合度较低的地区分布比较零散，而耦合协调度值较高的地方分布比较聚集。

"生产—生态"子系统中，城镇地区有中度耦合、低协调的特征；耦合度在2005—2018年有所上升。2005—2018年间广州市和佛山市乡村地区生产和生态功能相互作用强度增强，整体表现为中度耦合、低协调的特征；其余各市由低耦合、低协调向中度耦合、低协调转变。2005年珠江—西江经济带大部分地区具有低耦合、低协调特征，2018年表现为中度或高度耦合、低级协调。

"生活—生态"子系统中，城镇地区生活和生态功能耦合度和耦合协调度都有一定程度的上升，表现出中度耦合、低级协调特征。广州、佛山、贵港、云浮等市乡村地区有中度耦合、低级协调特征。其余各市乡村地区由低耦合、低协调向中度耦合、低协调转变。珠江—西江经济带城乡生活和生态功能在2005年表现为低耦合、低协调；2018年表现为中度或高度耦合、低级协调。

县域城乡融合发展促进乡村产业振兴思考[1]

陈伟林

推进建立县域城乡现代农业生产基地股份公司，构建与城镇化进程相适应融合发展长效机制。农户自愿以"责任田"参股，城镇待业青年以签约"合同制农民"的方式临时就业，"基地股份公司"同社保关系挂钩。同时，建立学生参加农业生产实践活动基地，为实施劳动教育改革（德智体美劳"五育并举"）创造条件，具备"载体"功能。

一、思考

为贯彻实施党的二十大报告确立的战略方针，着力构建畅通城乡要素流动，优化重大生产力布局，城乡融合发展的长效机制。思路：全力推进建立现代农业生产基地股份公司的建设。依据区域现状，如非机械操作区、边远地区、"空壳村"地区、弃荒耕地多的地区，建立"职能企业公司"，实施城乡融合发展，优化生产力（劳动力）布局战略，着力优先发展农村种植养殖产业。

（一）**基地股份公司的建立**：发起企业，可以是央企、国企或涉农企业；发起企业持股，农户以"责任田"参股的生产基地股份公司。

同时建立学生参加农业生产实践活动基地，为实施劳动教育（"德智体美

1　收稿时间：2022年11月

劳"五育并举）改革创造条件，具备"载体"功能。实行"一个基地两块牌"，一班管理人员的综合模式。

（二）**职能范围**：县域辖区内弃荒耕地的整合流转。

（三）**经营模式**：国家扶持（农产品价格倒挂的补贴或农产品的保底价）、集体经营、统一核算。同时也具备接纳、服务在校学生到基地参加农业生产实践的功能。

（四）**劳动力来源**：以承包耕地的方式入股的农户。城区待业青年和高校毕业生以灵活（临时）就业的形式，按签约"合同制农民"的方式参加基地（公司）的农业生产。其合同年限（一至三年）由本人志愿，同社保关系挂钩，即合同期满一年视同社保缴费一年（或减半缴费）。制定《学生参加农业生产实践活动管理办法》，利用假期轮流组织中学以上的学生到基地（公司）义务参加农业生产实践活动。笔者对一所中学的10名老师和20名学生随机问卷调查，题目：倡议在校生每年到乡下参加5至7天的农业生产实践活动，由轮值老师带队。您是否支持倡议志愿参加？出乎意料的问卷结果：受卷师生百分百支持倡议。

（五）**资金来源**：

（1）财政预算系列的支农资金或贴息贷教；（2）发起企业基地（公司）原企业的税后利润部分返还资金；（3）财政预算教育经费可单列的"劳动教育经费"；（4）可设立乡村振兴爱心慈善基金（直入财政账户），接受社会各界爱心人士，慈善、福彩机构的义捐。

规划财政"专项资金"。专款专用于改造（修缮）农村可用闲置旧居，以完善基地（公司）配置，满足"合同制农民"下乡、学生参加农业生产实践活动的生活基础设施。

"专项资金"可试点"以建代缴"的办法：城市房地产开发商（欠税商）承建上述生活基础设施。项目验收合格后，再由多部门严格审定的预算方案、招投标价格的实际资金相应抵减房地产商所欠缴税款。

基地（公司）成立后，财政的各项涉农补贴款（包括面对千家万户的田亩农资补贴款）统一整合后划归基地（公司）监督管理和发放，以消除各项支农资金分散贴补、监管缺失的弊端，或哪个环节产生支农扶贫资金"到胃"不到"位"的腐败行为。

（六）**城乡联动**：核实市（县）、乡村（屯）弃种丢荒耕地的实际数量，航拍界定，村户核实，并建立档案数据库，做好常年动态管理工作。畅通基地（公司）、农户、院校的微信群，全力支持农忙时节缺乏劳动力的农户赶上季节和全耕种"责任田"，做到耕地不丢荒。

对如何流转"承包"、处置农村弃种耕地，有关部门有个《实施指导意见》。例如：已经落户城市的农户（或将来落户），是事实上放弃了耕地"经营权"，那么，就应当自村委起（有关部门备案）签约分置耕地"经营权"手续，才能办理户口迁入城市户籍。

二、意义

（一）**农业生产存在"地域性、季节性、分散性"等特点，因此，城乡劳动力互动建设更具季节性**。即基地（公司）除自身经营外，对自主经营的农户，农忙时节缺乏劳动力的，基地（公司）也可全力支持其满耕满种责任田，并按国家保底定价收购其农产品。城乡劳动力互流互动建设改革的核心是在日新月异的城镇化进程中，既有农民进城务工，又有"合同制农民"下乡。

（二）**基地（公司）的建设，有利于带领、支持当地农户、脱贫户扩大种养业的发展，做大做强本土农产品的特色产业**。农村地区单家独户经营能力有限，撂荒耕地逐年增加。农户通过自愿有偿或土地入股基地（公司），成为"农民员工"，依托基地（公司）对"人财物"有效配置的优势，可充分发展林（果）、牧、渔、畜等种养产业，使农户、脱贫户在家门口就能致富，达到共同富裕。

（三）**基地（公司）的建设，有利于深化农村耕地改革，以增加市场农产品的有效供给，稳定农产品（食品）的价格，遏制通胀风险**。农产品（食品）是人们基本生活的保障，其价格的稳定与波动是社会经济稳健运行的"寒暑表"，是通胀风险临界点的"风向标"。然而，现在大多的"空壳村"，留守在乡下的老人和儿童最多是种够"自产自吃"。市场农产品供应需求失衡价格历年上涨，凸显了经济发展和改革周期率的"拐点"，供求矛盾失衡，换个说法就是"吃的人多，生产（农产品）的人少"，但随着"基地"的建设，优先扶持种养殖业的发展，增加市场农产品的有效供给，这个"拐点"可以跨越。

（四）基地（公司）建设的核心内容是实施农村耕地"三权"分置。侧重完善、优化经营权，即农户丢荒的耕地。通过相关配套政策，由基地（公司）接置"经营权"，以实行连片、连村规模化经营，并依据市场对各种农产品的需求优势，相应调整品种产业结构，以彻底改变小规模经营成本高、效率低、抗风险能力低的小农经营状况。化解"拐点"风险，有利于构建适应我国城镇化进程的现代农业生产体系，实现农村经济的高质量发展。

乡村一二三产业融合发展途径与方法研究

——基于融安县特色产业融合发展的实践与思考[1]

卢展超[2]

广西柳州市融安县立足地方资源禀赋，重点打造"一果一木一草"特色产业，推动一二三产业融合发展。2021年至2023年广西巩固拓展脱贫攻坚成果后，评估中连续三年获评"好"的等次，对研究探索乡村产业振兴具有重要借鉴意义。

一、立足资源，打造特色产业

融安县根据地形、气候等资源禀赋，经过多年不懈努力，重点打造出"一果一木一草"（即金橘、香杉、青蒿）特色产业。

"**一果**"，即融安金橘。2023年，融安县金橘种植面积22.1万亩，全产业链产值实现65亿元，带动全县超10万农民增收致富；2023年全县"金橘电商"实现网上交易额超过21亿元。融安县通过金橘特色产业，实现了"半亩金橘助脱贫、一亩金橘奔小康、万亩金橘促富裕"的目标，有力助推乡村振兴。

"**一木**"，即融安香杉。杉木因其独特的香味，故又称香杉。融安县林地面

---

1 收稿时间：2023年11月
2 作者简介：卢展超，广西柳州市商务局副局长。

积353万亩，其中杉木总面积139万亩。以融安县为中心的周边地区每年可采伐木材近500万立方米。香杉产业已成为融安工业经济的支柱产业。2023年，融安全县木材加工企业有230多家，年产值近百亿元，是广西最大的香杉实木生态板生产县，占广西产量的45%。

"一草"，即蒿草（又名青蒿），可从中分离出青蒿素应用于疟疾治疗，制成现今所有药物中起效最快的抗恶性疟原虫疟疾药。融安县地处滇桂黔石漠化片区，荒山坡地特别适合青蒿生长。目前，融安县年产青蒿素达90吨。中国每年向世界输送的青蒿素原料占世界总量的90%以上，而融安县的青蒿素原料约占全国总量的1/3、全球总量的1/4。

二、以链促融，推动一二三产业融合发展

融安县立足特色产业，通过延伸产业链、提升价值链、畅通供应链、完善利益链，不断推动一二三产融合发展。

（一）延伸产业链。一是以加工业聚集发展为牵引，带动一二三产融合发展。融安凭借有利的气候、山地资源，广种杉木。在具备一定规模的基础上，建设广西香杉生态工业园，引进一批木材加工企业。龙头加工企业进一步带动农民种植杉木，同时带动多家外贸企业从事相关出口业务。二是以电商为龙头，促进一二三产融合发展。融安金橘以其特有品质获得市场认可，也吸引了一批返乡创业青年回到融安从事金橘电商，实现80%的金橘线上销售，带动分拣、包装、设计、物流等服务行业的发展。三产的发展进一步促进了种植业和金橘深加工行业发展。三是拓展特色产业功能业态，延伸产业链。通过在农事、工业中增加旅游因素，培育新业态，延长产业链，实现产业增效、农民增收。

（二）提升价值链。融安县在延伸农业产业链的基础上，在各产业链环节中不断提升附加值，打造高质价值链。一是打造品牌，以品牌提升价值。通过举办大型品牌推广活动，将融安金橘打造成电商"网红"爆品。"融安金橘"先后获国家地理标志证明商标等"国字号"认证。经估算，2023年"融安金橘"品

牌价值达45.4亿元。二是发展新产业新业态，占领价值链高端。比如，在金橘产业中，引入电商新业态，通过包装设计和品牌塑造，金橘销售价格大幅度提高。三是强化产品质量控制，以品质提升价值。金橘、香杉实木生态板、青蒿素生产技术等标准的制定，有效促进特色产业提质增效和转型升级。

（三）**畅通供应链**。产业链和价值链的形成，有赖于供应链的助力。融安县把畅通供应链作为延伸产业链、提升价值链的一项基础工作来抓。一是打造地方物流体系。借助国家电子商务进农村示范项目，建立并不断完善县乡村三级物流配送体系，实现了农村物流网点全覆盖。通过整合资源，开展市场化合作，实现县域物流快递资费大幅下降。二是搭建供应链信息化平台，满足物流供应链"四化五统一"要求，提高农产品上行运输效率。三是龙头企业以市场需求为导向，介入到供应链的前端，实现产销无缝对接，以保证供应链的稳定。

（四）**完善利益链**。只有形成固定的利益链、产业链、价值链和供应链，各环节之间的连接才能更稳固更持久。融安县鼓励和引导农民参与种植业后续延伸产业的建设和发展，共享产业融合发展利益。一是培育新型农业经营主体，发展联农带农新模式。比如在金橘产业成立一批"产、加、销"的现代农业主体，吸引农民参与其中就业创业，增加农民收入。在香杉产业中通过"龙头企业＋基地＋农户""公司＋合作社＋农户"等模式，把更多农户纳入香杉产业化经营链条，多渠道促进农民增收。二是实施种植业奖补政策，减轻农民种植负担，扶持农民积极参与产业链前端建设和发展，促进青蒿产业、金橘产业的稳定发展和农民增收。

三、启示

（一）**乡村产业融合发展须立足本地规模化的特色资源**。特色意味着稀缺，稀缺会带来高价值，从而吸引资本投资，进而会带来技术、人才、信息等其他生产要素的聚集，促进一二三产业融合发展。一旦形成各生产要素的聚集，则要求当地特色产业资源充足，满足供应链的长期稳定，才能保持产业融合发展的可持续性。因此，各地在推动一二三产业融合发展中，选择哪些产业作为突破口，需要认真考虑产业的特色和资源的规模化潜力。

（二）**乡村产业融合发展必须兼顾农民利益与经济组织利益**。在推进一二三产业融合发展中，各参与主体的利益必须互相兼顾，实现利益共享，否则，必定会产生参与主体之间的相互猜疑和矛盾激化，影响产业链上下游的协调配合。因此，促进农村一二三产业融合发展，必须让农民更多分享二三产业增值收益；要坚持利益共享原则，构建多样化、多元化、多形式的农村一二三产业融合发展利益联结机制，促进小农户和现代农业发展有机衔接。

（三）**乡村产业融合发展必须坚持农村的改革开放**。乡村一二三产业融合发展，是土地、资本、人才、信息等生产要素跨区域跨产业流动整合的过程，因此，必须坚持推进农村的改革开放，破除影响生产要素流动整合的体制机制障碍，促进生产要素集聚和优化配置，在更大范围内挖掘资源、生态、文化等多元价值和多重功能，培育农村发展新产业新业态新模式。

乡村振兴背景下全州县农村三产融合发展的样式选择与落实路径研究[1]

蒋　矞　　陈建伟[2]

一、农村三产融合的基本理论与实践样式

（一）农村三产融合的理念和基本目标

农村三产融合的基本理念为：以第一产业为起点，构建跨产业的利益联结纽带，推进要素渗透、产业联动，在三次产业活动之间搭建链条从而实现农村第一产业与第二、第三产业的有机融合。实现农村三产融合的首项工作重点在于改变广义农业（包括了农、林、牧、渔业）产业链短、窄、薄、贫的现状，形成农村居民增收致富的经济起点，主要涉及三个问题：一是让农村不再只是供给初级农产品的蔬果粮肉生产基地而具有更多样化的经济功能。二是使农产品能够直接在本地参与到其他产业链之中并凝结更多的附加价值。三是始终坚持振兴乡村、造福农民的根本目的，确保农村三产融合释放的经济效能充分留在当地。

（二）农村三产融合的四类样式

农业的复合性特征使其延展出农产品供给之外的多项经济功能，以及参与

1　收稿时间：2023 年 11 月
2　作者简介：蒋矞，陈建伟，中共桂林市委党校教师。

图 1 农业三产融合的四类样式

其他产业环节的可能性。基于农村的自然资源禀赋、周边城镇环境等因素不同，农村三产融合发展的样式也呈现为四大类型如图1所示，各自特征如下。

第一类是传统型，即农业的经济功能基本局限于农产品供给，产业链短且附加值低，农业生产经营主体基本以家庭为单位因而协作化、组织化程度低。除少数土地资源条件极为优越的地方外，大多数传统型农业地区都面临着农民增收致富机会贫乏，农业抗风险能力薄弱的困境。

第二类是田园休闲旅游型，侧重于第一、第三产业的协作互促，既注重农业经济效用利用，又重视农业生态、休闲等多功能性的拓展。通过打造并宣传当地农村景观风貌，挖掘农业田园文化等手段，向城镇居民供给能够展现农村生态本底、人文底蕴的精神文化产品，从而获得新的经济发展机遇。

第三类是农产业链延长赋值型。这一农村产业融合的样式要求当地第一产业具备一定的发展基础，其产业链拉长、赋值潜力的释放，则需要通过培育或引入龙头企业、打造特色优势农产品、建立新型农合社并培养新式的经营型农户等涉及产业、资金、政策多方面的手段来实现。

第四类是三产全面发展型，即农村三次产业全面融合发展，互促共进，农民增收致富来源丰富多样。实现这种农场产业融合样式既需要农场具备一定的传统型农业基础，还需要村里有政治素质高、懂经营、善治理的关键性领导团队来牵头设计和组织发展。

二、全州县实现农村三产融合的支持要素

（一）外部资本驱动

对于资源禀赋先天弱势较为显著的农村而言，外部资本的支持往往会成为当地三产融合发展启航的"初始动力"。对于部分农业基础较好尤其是已经存在优势产品的农村而言，例如金槐种植、禾花鱼养殖等产业发展良好的村落，应侧重于培育龙头企业为目标，采取发展全产业链的思路，通过公司—农户、公司—合作社—农户等模式构建特色产业带，进而形成产业带—产业园—市场的农村产业融合发展格局。

（二）村内人才力量支撑

农村三产融合是"一村一策"的工作，从方向选择到方案细节的拟定，每个环节都非常考验各项规划与决策是否契合当地具体的自然、经济、社会实际情况。因此，推进农村三产融合的带头人、领导者必须是懂当地、善经营、肯坚持的优秀人才（例如村支书），并依托农村集体组织或是其所指挥的团队开展各项工作，根据当地产业发展的需要获取、整合与利用村内社会中的各方面人财物力要素，科学有序地推进农村产业融合发展。

三、全州县推进农村三产融合的落实路径

（一）坚持农民的主体地位

一是始终坚持农民在事业推进、利益分配等方面的主体地位。加强农业职业教育与培训塑造适应农村产业融合发展趋势的新式经营型农牧，提升农民知识与能力素养，使农民变得主观上更积极、客观上更有能力，成为实现农村三

产融合的实践主体。同时还应完善村民自治机制，拓宽利益表达渠道，充分利用理事会、监事会、自管会等内部沟通协商平台，集中听取民智民意。

二是以保障农民更多分享三产融合收益的利益联结机制为核心，明确农户、村集体、企业等主体在产业链、利益链中的份额与环节，推进农户利益链、企业产业链与合作供应链相融合。

（二）筑牢具有现代化特征的第一产业基础

第一产业是农村经济的根基，也是农村三产融合的现实起点。全州各村可根据所处的市场位置，既有的农产品优势等条件，选择强化特色农业产业与农产品生产能力，在强固农业之本的基础上推进农业向农产品加工、农村服务业融合。

（三）推进农村全产业链经济发展

一是深挖优势农产品的产业链价值，形成具有延展性的产业链条。例如全州的金槐种植产业，可以金槐酒、金槐茶等药食生产为产业链核心，深挖金槐花美景、金槐历史文化等文旅资源，打造包括赏花、采摘体验、金槐花糕手工制作等活动在内的节庆旅游项目，构建第一产业为第三产业形成物质基础、第三产业为第一产业拓宽销路增加盈利的良好局面。

二是集中建设若干田园综合体、现代化示范区、休闲农业示范点等作为先导，总结探索经验，形成旗舰引领。例如大碧头村近年在庙头镇的规划引领下，积极实施乡村人居环境改善工程，利用得天独厚的自然和人文资源，引入资金建起了4A级国际旅游度假区和五星级康养田园综合体。未来还将联动附近大约20个自然村，发展特色农业和休闲农业，推动形成湘江大健康养生产业经济带，期望持续提高本地农旅资源的经济效益，同时带动周边居民就业。

三是以地理名称"标记"特色的优势第一、第二产业产品并加大在各平台的宣传推广力度，提升产业区域公用品牌的影响力。全州金槐茶、全州红油米粉、枧塘香瓜、毛竹山葡萄、全州文桥鸭、全州禾花鱼等质量过硬且有一定区域知名度的特色产品，均可作为主推对象。

乡村振兴背景下中西部地区县域城镇化的路径选择[1]

程 皓

乡村振兴战略旨在构建自然、社会、经济协调发展的县域体系，涵盖生产、生活、生态、文化等多方面。县域城镇化是推动乡村振兴的关键，需要实现城乡融合发展，促进共同富裕。

一、县域城镇化的特征与比较

中西部县域城镇化兼具全国普遍特征和自身特点，主要依靠将农业人口转化为城镇人口，集中公共服务资源实现身份城镇化。不同区域发展路径存在差异。

（一）东部地区的县域城镇化特征

东部沿海地区经济发达，形成经济高密度区域，乡村工业化程度高，实质已融入城市体系，为区域二三产业发展提供空间支持。县域城镇化发展迅速，人口城镇化程度高。

（二）中西部地区的县域城镇化特征

中西部地区县域经济以农副业为主，缺乏二三产业尤其是现代制造业发展

---

1 收稿时间：2022 年 11 月

条件，城市经济呈"点""线"发展，难以辐射带动县域经济转型。县域城镇化基础薄弱，县城和乡镇难以吸纳劳动力，导致人口外流，留守人员难以享受公共服务，人的城镇化发展滞后。

（三）东部地区与中西部地区县域城镇化的比较

中西部县域经济发展水平与东部差距明显，百强县数量远少于东部，且集中在省会城市和资源型城市。经济结构差异导致县域城镇化发展形态不同，需针对区域特点制定差异化的乡村振兴策略。

二、县域城镇化与乡村振兴的有效衔接

（一）县域城镇化与乡村振兴衔接的必要性

中西部县域经济与东部差距明显，难以复制东部模式，需制定差异化乡村振兴策略。县域发展应定位清晰，与乡村振兴有效衔接，避免与中心城市竞争，由此实现可持续发展。

（二）县域城镇化的历史路径与存在的问题

1. 县域城镇化的历史路径

中国城镇化进程主要依靠农民进城务工经商和购房定居。农民因难以在务工地购房，选择回县城买房实现进城，推动了县城房地产和经济发展。县政府为吸引农民进城，通过集中优质教育资源等方式引导农民购房，进一步推动县城发展。

2. 县域城镇化存在的问题

农民进城购房推动了县城发展，但中西部县城缺乏高收入就业岗位，导致农民买房后仍需外出务工，市民化进程并未真正结束。县城经济过度依赖房地产，缺乏产业支撑，难以复制东部经验。

（三）乡村振兴的不同阶段与县域城镇化的有效衔接

乡村振兴分两阶段：第一阶段助推中国式现代化，农民进城买房但就业不足，县域经济需提供农业生产保障和公共服务，拓展高收入就业岗位。第二阶段农民市民化完成，县域经济需提供与现代农业相适应的公共服务。中西部县域经济发展应以服务农民进城为主，提供基本公共服务，拓展高收入就业岗位，避免盲目发展产业，让市场自身运转。

三、乡村振兴下中西部县域城镇化的路径选择

（一）县域治理应以有效供给公共服务为主

中西部县域城镇化进程中，县域治理应关注农民进城失败者救助、基本公共品供给和农民自身奋斗。治理重点不是直接致富或过度干预经济，而是维护城乡秩序和提供基本公共服务。基本公共服务应由地方财政和国家转移支付共同保障，确保农民市民化顺利进行。

中西部县域治理应从以经济增长为中心转变为以公共服务有效供给为中心，核心是构建适应农民市民化、乡村振兴和共同富裕的公共服务体系，县城发展重点转向布局公共服务而非GDP竞赛。

农民进城不会放弃农村住房土地，村庄公共服务应首先保障基本生活秩序，其次才是建设美丽村庄。县域需统筹布局公共服务，包括教育、医疗、文化资源，适应人口状况并提高效率。县城、乡镇、村庄分别承担不同职能，提供不同层次的公共服务，保证便利性和效率，这是县域治理重点。

县城是提供公共服务的重要场所，乡镇是连接县城与村庄的纽带，村庄提供基本公共服务。公共服务布局需因地制宜，适应人口状况并提高效率。

（二）资源下乡与县乡村体制相结合

唯GDP论易造成负债，应以公共服务为核心，降低治理不确定性，注重基础建设和补短板。乡村体制以"消极"行政为主，保证基本生产生活秩序。

中西部县域治理应以公共服务为核心，县乡村体制需适应发展空间有限现状。治理资源依靠转移支付，村庄提供基本公共服务，超出部分由农户筹资建设。村级组织应组织农民解决问题，建设美好生活。乡镇可由县政府派出机构，协助提供基层公共服务。

四、结论与建议

中西部地区县域城镇化发展面临困境，过度依赖农业和外出务工收入，缺乏产业支撑。为推动乡村振兴，应转变发展思路，将县域治理目标从经济建设转向公共服务有效供给和经济发展并重，优化县乡村体制，为农民市民化提供保障。

乡村振兴战略下绿色创新推动一二三产业融合的路径研究[1]

江小芳　王兴中[2]

一、乡村振兴战略下绿色创新推动一二三产业融合的主要方面

随着乡村振兴战略的推进，一二三产业融合在促进乡村经济发展和农业现代化的过程中面临着一系列挑战和问题，制约了乡村产业的可持续发展和绿色增长。绿色创新在一二三产业融合中显现出重要的作用和价值，有助于促进乡村产业的可持续发展和转型升级。首先，绿色创新提升农业绿色化水平和生产效率。绿色创新为农业生产提供了先进的种植技术、节水灌溉技术、绿色施肥技术等，有效提高了农产品的产量和质量，降低了资源和能源的消耗，减少了农业对环境的负面影响。其次，绿色创新促进产业结构升级和转型。通过推动绿色制造业和绿色服务业的发展，可以为农村产业融合提供更加全面和高效的支持服务，实现一二三产业之间的深度融合和协同发展。最后，绿色创新可以提升农村经济的整体竞争力和可持续发展能力。通过引入环保技术和绿色理念，可以帮助农村企业提高生产效率和产品质量，增强企业的市场竞争力和可持续

1　收稿时间：2023 年 11 月

2　作者简介：江小芳，桂林理工大学商学院硕士研究生；王兴中，桂林理工大学商学院副院长。

发展能力。

二、乡村振兴战略下绿色创新推动一二三产业融合的路径探索

绿色创新推动一二三产业融合，可以按照农业（第一产业）、制造业（第二产业）和服务业（第三产业）等三类产业中的具体应用探索其实现路径。

一是绿色农业创新推进一二三产业融合。首先，通过引进先进的种植技术和设备，可以提高农作物的产量和质量，并减少对化肥和农药的依赖；其次，采用绿色农产品加工技术可以有效保留农产品的营养成分，提高农产品的附加值，从而满足市场对高品质、安全的农产品需求；最后，利用物联网技术和智能物流系统可以实现农产品的快速配送和精准定位，提高农产品的销售效率和市场覆盖率。

二是绿色制造业创新推进一二三产业融合。首先，通过引进先进的制造技术和设备，可以提高农产品加工的自动化水平和智能化程度，从而实现农产品的精深加工和定制化生产；其次，通过推动制造业的绿色转型和智能升级，可以降低生产过程中的能耗和污染物排放，提高产品的质量和安全标准；最后，通过推动制造业的数字化转型和智能化发展，可以实现农产品生产和加工过程的信息化管理和智能监控，从而提高农产品生产的智能化水平和精准化程度。

三是绿色服务业创新推进一二三产业融合。首先，通过提供绿色物流、绿色营销、绿色金融等绿色服务，可以为农产品的生产、加工、销售等各个环节提供全方位的支持；其次，通过引进先进的服务理念和管理模式，可以提高资源利用效率和能源利用效率，从而降低生产成本和环境污染，提高农产品的质量和安全标准；最后，通过推动服务业的数字化转型和智能化发展，可以为农产品生产和加工提供智能化的管理和服务支持，从而满足消费者对绿色、健康农产品的需求。

三、乡村振兴战略下绿色创新推动一二三产业融合的具体实施

第一，建立完善的支持体系，包括财政、税收、金融等方面政策的支持，为农村产业融合提供充足的资金和资源保障。

第二，加强政府部门间的协调配合，建立跨部门联动机制，促进政策的整合与协同，提高政策的针对性和有效性。

第三，加强对农业科技创新的支持，鼓励农业企业和科研机构之间的合作与交流，加快绿色技术的研发和推广应用。

第四，加强对农村产业融合相关人才的培养和引进，提高农民的专业技能和创新意识，培育一支适应新时代需求的农业人才队伍。

第五，建立健全的监管体系和法律法规，严格执行环保标准和产业规范，确保绿色创新路径的可持续发展和落地实施。第六，加强宣传教育，提高公众对绿色发展的认知和理解，促进绿色意识的普及和形成良好的绿色生态文明理念。

做"壮"崇左口岸经济助推边境乡村振兴[1]

农日东　刘伟林[2]

党的二十大报告指出,"推进高水平对外开放""全面推进乡村振兴"。显然,就崇左来讲,需要把做"壮"口岸经济作为高水平对外开放的重要抓手,以更好地助推边境乡村振兴。

崇左现有11个口岸,其中已经设立和获准设立的国家一类口岸5个,占广西边境一类口岸总数的55.6%。此外,还有会晤口岸4个,边民互市贸易点14个,是中国陆路口岸最多的边境城市。这些年来,崇左市把推进口岸振兴作为重要工作来抓,取得较好成效。这主要体现在:贸易环境进一步改善,外贸进出口总额连续多年位居全区第一;实施"百企入边"行动和"加工贸易+"行动进一步深化,多种贸易方式加快增长;物流支撑保障能力进一步增强,口岸基础设施建设获得新进展;口岸开放进一步扩大,产业合作平台建设扎实推进。以龙州为例,在开展脱贫攻坚战的实践中,该县把发展口岸经济与精准扶贫、精准脱贫等工作结合起来一起抓,聚焦"两不愁三保障",效果显著,并成为广西33个扶贫开发工作重点县中第一个脱贫摘帽的县。

崇左市借助做"壮"口岸经济以助推乡村振兴,不仅拥有较好的基础条件,而且遇到的机遇良好。国家"加快构建以国内大循环为主体、国内国际双循环

1　收稿时间:2022年11月
2　作者简介:农日东,广西民族发展研究会理事,崇左市党史专家库专家;刘伟林,广西知青文化研究会会员,崇左市老年科学技术工作者协会秘书长。

相互促进的新发展格局"，实施"南向通道"建设，以及广西努力在推动边疆民族地区高质量发展上闯出新路子，打造国内国际双循环市场经营便利地，有利于崇左市利用区位优势规划、布局口岸经济项目，有利于争取国家政策支持、扩大对外开放，有利于发展交通物流、产业经济、金融服务、信息通信以及推进乡村振兴等。而且，国家推进"守边固边"工程，为崇左长治久安、发展口岸经济、全面推进边境地区乡村振兴，提供了重要保障。

崇左市做"壮"口岸经济助力边境乡村振兴的基础条件虽然较好，有利因素较多，但面临的挑战也不少，如口岸规划建设"起点"比较低，口岸基础设施建设比较滞后，产业园区公共配套设施不足，交通建设相对滞后，"岸镇"一体化进程比较缓慢。就后者来讲，口岸、边境县（市）城镇、腹地三者之间没有能够形成足够的产业链条，导致口岸对周边乡村的辐射带动效应不明显、不充分，带动力小，"岸镇""镇村"融合发展的程度比较低。

基于上述，为壮大崇左口岸经济，助力全面推进边境乡村振兴，就现阶段来讲，应加强与国家、自治区及其他有关重点领域的对接，切实解决好带有全局性、长期性和重大性的若干问题。

加强规划对接，着力健全口岸功能分工体系建设，衔接全面推进边境乡村振兴。根据国家、自治区现阶段的"顶层设计"和采取的重大政策措施，为做"壮"崇左口岸经济、助力全面推进边境乡村振兴，应把握好规划对接的重点方向，定位好各个口岸的功能，规划布局好各个口岸的重大项目及乡村振兴项目，以实现差异化竞争、错位化发展。综合多方面因素看，应把友谊关口岸和凭祥（铁路）口岸打造成为枢纽型口岸；把水口口岸、爱店口岸和硕龙口岸建设成为重要节点型口岸；进一步推进"硕龙主通道、岩应通道、德天通道"和硕龙口岸公路改道工程；结合崇左中心港区濑湍作业区建设，把濑湍港区建设成为内陆枢纽型的口岸。同时，在加强规划对接健全口岸功能分工体系建设中，衔接好全面推进边境乡村振兴需要落实的重点任务和重大项目等。如通过规划对接，培育乡村发展新动能，打造人与自然和谐共生发展新格局，焕发乡风文明新气象，塑造美丽乡村新风貌等。如此，有利于口岸经济与乡村振兴双促进、共提升、齐发展。

加强设施对接，加快构建口岸交通物流体系，助推边境乡村基础设施提档升级。加强基础设施对接尤其是交通和信息网络的互联互通，实施关键通道、关键节点和重点工程建设，优先打通缺失路段，畅通瓶颈路段，提升道路通达水平，这是崇左市做"壮"口岸经济、助力乡村振兴所需要的。为此，可建立政府引导、企业运作、财政适当补贴的口岸建设多元投入机制，鼓励国内外战略投资者和民间资本投资建设口岸交通基础设施、物流园区和口岸城镇基础设施，提高口岸基础设施对口岸经济发展的保障能力。努力把崇左打造成为广西对接"一带一路"的重要交通枢纽、国际物流集聚区和过境产品生产加工基地，使交通物流业真正成为口岸经济高质量发展的重要产业、支柱产业。在加快构建口岸交通物流体系过程中，致力加强边境乡村基础设施提档升级工作，加快边境乡村公路、供水、供气、环保、电网、物流、信息、广播电视等基础设施建设，推动边境乡村基础设施与口岸交通物流体系形成"无缝连接"。

加强资本对接，加快推进口岸重点产业平台建设，助力夯实边境农业生产能力基础。加强与资本市场对接，加强金融合作，降低融资成本，充分利用国内和境外、国外的资本市场，让有实力的企业投资崇左口岸重点产业平台（园区）和边境地区的农业生产领域，具有重要意义。要把加强资本对接作为重要工作来抓，积极引进国内外资金，加快广西凭祥重点开发开放试验区、中泰崇左产业园和跨境（边境）经济合作区等重点产业平台以及重大农业项目的建设步伐。加快推进凭祥边境经济合作区扩区工作，将凭祥—宁明贸易加工区建设成为中国—东盟进出口加工贸易核心基地、中国沿边开发开放重要先行试验区、产城融合宜业宜居的生态型示范园区。争取把中越水口—驮隆跨境经济合作区、中越爱店—峙马跨境经济合作区、龙州和宁明边境经济合作区作为发展口岸产业的重要平台。尤其应注重夯实边境地区农业生产能力基础，加快亚热带农业发展步伐，大力支持现代农业产业以及农林产品加工业发展。

加强市场对接，着力打造口岸特色优势产业体系，促进农村一二三产业融合发展。扬长避短，对接中国—中南半岛经济走廊市场，聚焦实体产业尤其是口岸特色优势产业，致力横向促进产业集聚、纵向延伸产业链，着力发展国际物流、国际贸易、跨国加工制造和跨境旅游业，促进和推动边境"农业+工业+商贸"共同发展，做大做优富有特色的沿边口岸经济带。大力发展特色资源加工型、劳动密集型、国际产能合作型产业。积极推进以凭祥综合保税区为起点的物流线路建设，完善和延伸保税仓储、配送分拨、中转通关、分拣包装、出口加工、产品展示、国际采购、入区退税等保税和物流增值服务。积极利用越南低廉劳动力资源，主动承接广东、浙江等沿海地区劳动密集型产业转移，建设一批外向型加工生产基地，把发展跨国加工制造业作为打造口岸特色优势产业体系的重点环节。特别是，在加强市场对接打造口岸特色优势产业体系当中，应努力做好延长农业产业链、提升价值链、完善利益链方面的工作。

加强政策对接，着力推动"岸镇融合"，带动边境乡村共同发展。为推动口岸和沿边城镇一体化发展，助推边境农业现代化和乡村建设，需要加强有关政策对接，整合口岸经济要素和沿边城镇以及乡村发展资源，形成合力和发展新动力。要健全"岸镇融合"发展机制和助推边境乡村共同发展机制，提升口岸带动沿边城镇和乡村发展能力。要增强沿边城镇服务口岸发展功能，不断增大人流、物流、资金流、信息流的流动和合理集聚。以凭祥、友谊关镇区、濑湍和相关园区为依托，推动物流枢纽化、产业基地化、开放保税化、旅游无障碍化、电商国际化、街区国际化发展。围绕加快特色口岸小镇建设，可着力打造水口、爱店、硕龙等口岸重镇，把弄尧、浦寨、平而、那花、科甲等边贸互市点建设成为特色集镇。总之，通过推进口岸和城镇一体化发展，加快完善口岸城镇市政基础设施、公共服务设施和文化旅游设施，大力发展边境贸易、边贸加工、商贸物流、边境旅游等产业，带动和促进边境地区人员、货物、资金等高效流动，有助于提高生产要素配置效率，助力边境乡村一体化发展。

第五篇　党建引领与多元共治

实现乡村全面振兴，关键在党。各级党委和党组织必须以党建引领，加强领导，汇聚起全党上下、社会各方的强大力量，推进乡村社会经济的发展和治理。乡村全面振兴的效果取决于基层党组织。基层党组织是党建引领的重要根基。要以农村基层党组织建设为主线，突出政治功能，提升组织力，把农村基层党组织建成宣传党的主张、贯彻党的决定、领导基层治理、团结动员群众、推动改革发展的坚强战斗堡垒。发展农业农村现代化需要农村各种社会力量、社会组织共同参与，形成"多元共治"的乡村发展治理新格局。多元共治的主要特征为治理主体多元化，改变政府为主的单一治理模式。这就需要从政府、市场组织、教育改革、法治建设等方面进行一些调研、思考，以利于党建引领融于其中，落到实处。

坚持和完善党领导乡村振兴问题研究[1]

粟林杰[2]

乡村振兴是党的十九大报告提出的重大国家战略，是当前党委政府的中心工作之一。实施乡村振兴战略，是解决新时代我国社会主要矛盾、实现第二个百年奋斗目标和中华民族伟大复兴中国梦的必然要求，具有重大现实意义和深远历史意义。加快推进乡村振兴要坚定不移塑造乡村"形实魂"，深入贯彻落实乡村振兴促进法，走乡村美、产业旺、农民富、治理优的乡村振兴之路。

中央文件指出要"建立实施乡村振兴战略领导责任制，实行中央统筹省负总责市县抓落实的工作机制。党政一把手是第一责任人，五级书记抓乡村振兴"。因此，实施乡村振兴战略是各级党委政府的主体责任，地方党政领导是落实乡村振兴战略的第一责任人。各地方必须要有适合本地情况的乡村振兴具体措施才能保证乡村战略目标的实现。

一、全面理解党中央实施乡村振兴战略的工作要求

2018年1月，《中共中央 国务院关于实施乡村振兴战略的意见》指出："到2035年，乡村振兴取得决定性进展，农业农村现代化基本实现。""到2050年，乡村全面振兴，农业强、农村美、农民富全面实现。"各地政府要按照党中央的

---

1 收稿时间：2023年11月
2 作者简介：粟林杰，中共桂林市委党校教师。

目标要求，努力实施乡村振兴战略，与全国同步实现国家现代化的目标。

2022年5月，《乡村建设行动实施方案》指出："乡村建设是实施乡村振兴战略的重要任务，也是国家现代化建设的重要内容。"从国家现代化的战略目标看乡村建设的重要性。实施乡村振兴战略是促进乡村建设的重要手段，只有普遍实现了乡村现代化才能实现国家现代化的战略目标。《全国乡村产业发展规划（2020—2025年）》指出："产业兴旺是乡村振兴的重点，是解决农村一切问题的前提。"文件强调了乡村振兴的关键问题，也指明了乡村振兴的必由之路。

2021年，《中华人民共和国乡村振兴促进法》第二条指出："本法所称乡村，是指城市建成区以外具有自然、社会、经济特征和生产、生活、生态、文化等多重功能的地域综合体，包括乡镇和村庄等。"这一法条明确了乡村振兴的地域范围，乡村振兴的地域范围不单指村庄还包括了乡镇。

中央对于乡村建设、乡村振兴战略的指示精神，是我们工作的基本遵循，有利于更好地贯彻党中央的决策，能够准确把握乡村振兴的基本思路、工作原则、行动目标、实施方案、重点任务，在实际工作中遵循党中央的要求实施乡村振兴的目标任务。

二、当前"三农"工作面临的困难与风险

当前，我国已经历史性地解决了农村绝对贫困问题，"三农"工作重心转向了全面推进乡村振兴、加快农业农村现代化。在过去的几年中集中精力解决了人民生活贫困问题，但是距离乡村振兴的目标、农业农村的现代化还存在很大差距，"三农"工作面临的困难也很多。如"三农"发展总体水平仍然偏低。当前的"三农"发展态势总体良好，但不平衡不充分问题依然突出，农业农村发展总体水平仍然偏低。农业方面，大而不强，产业化集约化程度不高、品牌建设滞后、三产融合不够紧密。农村方面，基础设施和公共服务还存在薄弱环节，乡村建设任务还比较艰巨，乡村治理、乡风文明建设等还有待进一步加强。农民方面，脱贫人口基数大，防止返贫任务重；教育、医疗、社保、基础设施等

方面仍然存在短板，关系到现代化建设的成色，也关系到推进共同富裕的成效。

习近平总书记指出，安全是发展的前提，发展是安全的保障。"三农"地位重要，稳住农业基本盘、守好"三农"基础是应变局、开新局的"压舱石"，是服务和融入新发展格局的前提和保证。农村社会方面，还存在一些矛盾纠纷化解不彻底、电信诈骗、邪教及宗教非法活动等不稳定因素，影响社会和谐稳定大局。生态建设方面，既有森林防火、动物疫病害等方面的安全隐患，也有水旱灾害等直接风险，防洪安全、供水安全、水生态安全中的风险隐患仍客观存在。

三、坚持和完善党领导乡村振兴的对策建议

1. 新农村建设的模式选择

根据世界各国的乡村建设模式，主要有三种：一是乡村工业化和城市化模式，二是乡村集镇化模式，三是乡村生活方式城市化模式。中国在新农村建设的模式选择上，虽然不能用统一的模式，但是，可以选择多元化的城市化模式。

2. 新农村建设的动力调整

新农村建设主要是在政府运作层面，群众参与较少，要充分发挥农村基层党组织的作用，发挥党员的先锋模范作用，充分发动群众参与到这场改变新农村面貌的建设中来。韩国的新村运动受到了广大老百姓的广泛支持，这场运动历经整个70年代，延续到了80年代。这场运动充分发挥了农民的积极性和热情，农村迅速达到了现代化的要求。这些因素是他们成功的保障。

在乡村振兴过程中必须发挥农村基层党组织的主体作用。农村基层党组织是党联系农民群众的桥梁和纽带，处于社会主义新农村建设的第一线，同农民群众保持着广泛而又密切的联系。农村基层党组织是落实党的工作任务的战斗堡垒，党的路线方针政策贯彻执行，都需要党的基层组织发挥战斗堡垒作用。党的农村基层组织是实施乡村振兴战略的组织者、倡导者、实施者，乡村振兴战略的实施必须依靠一个有强大战斗力、号召力、执行力、领导力的基层党组

织，因此抓好党的建设，打造强有力的党的基层组织是实施乡村振兴的前提条件和依靠力量。

3. 建设"一村一品"示范村镇

《全国乡村产业发展规划（2020—2025年）》要求：依托资源优势，选择主导产业，建设一批"小而精、特而美"的"一村一品"示范村镇，形成一村带数村、多村连成片的发展格局。用3至5年的时间，培育一批产值超1亿元的特色产业专业村。"一村一品"运动是日本农业产业化的成功模式。所谓"一村一品"，就是指村民充分利用当地优势资源，因地制宜，发展农村经济的活动。开展"一村一品"运动，就是号召每个村都充分发挥自己的优势，开发具有地方特色的"精品"或"拳头产品"，打入国内和国际市场。"一村一品"是搞活农村经济的一种手段，是一个地方的物质象征，它代表着一个地方的社会经济发展水平。

4. 以乡镇振兴助推乡村振兴

全面实施乡村振兴战略，应当坚持中国共产党的领导，贯彻创新、协调、绿色、开放、共享的新发展理念，走中国特色社会主义乡村振兴道路，促进共同富裕。乡镇处于连接城乡、承上启下的枢纽位置，是城乡融合发展的重要桥梁，是解决好"三农"问题的主要载体，是实施乡村振兴战略的有效抓手。要大力推动乡镇高质量发展，不断提升乡镇综合竞争力，使之成为提高乡村公共服务水平的重要平台、承接城市功能和农村转移人口的重要载体、加快农村经济发展的重要引擎，以乡镇振兴带动乡村振兴。大力推进新型城镇建设，贯彻落实户籍制度改革政策，加快推进农业转移人口城镇化，配套落实教育、医疗、社保、就业等公共服务政策，提升城镇化率。发展乡镇文化旅游、农产品加工、休闲旅游、康居养老、特色农业等优势产业，推进特色小镇培育工程。

5. 重点谋划农业产业，全面推进乡村振兴

对标中央和自治区的新部署新要求，扎实抓好乡村振兴各项工作，推动乡村振兴不断取得新进展。习近平总书记在参加全国政协十三届五次会议的农业界、社会福利和社会保障界委员联组会时强调"向设施农业要食物"，2022年

中央一号文件也明确提出"加快发展设施农业"。地方要因地制宜地发展特色农业，加快产业融合发展的步伐。

新时代党建引领广西加快推进乡村振兴的路径研究

——基于广西44个乡村振兴重点帮扶县的数据[1]

党的二十大报告提出"全面推进乡村振兴""建设宜居宜业和美乡村"。2023年中央一号文件制定加快建设农业强国规划，全面推进乡村振兴，强调必须坚持不懈把解决好"三农"问题作为全党工作重中之重。在新时代，党建引领广西加快推进乡村振兴的路径是什么？本文通过研究回答广西如何在新时代发挥党建引领乡村振兴的核心作用。

一、文献综述

部分学者围绕乡村振兴水平测度进行研究。刘惠良等（2023）、时朋飞等（2023）、宋川等（2023）对乡村振兴水平进行了测度。部分学者围绕推进乡村振兴的路径进行研究。当前，我国乡村振兴面临乡村产业边缘化、农民老龄化、农村空心化等诸多现实困境（张琴，肖芒，2023）。加强技能型乡村建设是推

1　收稿时间：2023年11月
2　作者简介：张久玥，广西民族大学2022级应用经济学专业硕士研究生；刘艳荣，广西民族大学2022级应用经济学专业硕士研究生。

动乡村振兴的重要路径（黄凤萍，梁晨，2023）。文化产业以文创赋能、人才集聚、文化传承等方式，助推乡村振兴（张波，丁晓洋，2023）。此外，学者们也关注党建对乡村振兴的影响。中国共产党实施乡村振兴战略，有着自身的历史逻辑、理论逻辑、实践逻辑和价值逻辑（宗成峰，2023）。新时代坚持以加强农村基层党组织建设引领农业农村现代化，是强化基层党组织战斗堡垒作用的时代要求（李建礼，2023）。

综上所述，学者们对新时代广西如何更好发挥党建引领乡村振兴的作用的研究较少。因此，需要深入开展广西乡村振兴研究，尤其需要通过党建引领加快推进乡村振兴的研究。

二、研究设计

本文依照《国家乡村振兴规划》的实现目标构建乡村振兴一级维度体系，基于已有学者证实乡村振兴和共同富裕的内在联系（王思斌，2022），但缺少从此角度构建指数的先例，因而尝试构建新视角下的乡村振兴二级维度体系。本文选择客观赋权法（Zhang Lei et al.，2022）即熵值法[1]确定乡村振兴指数与各级子指标权重。此外，本文采用标准化变换方法处理原始指标数据（郭向阳等，2017）。

三、广西乡村振兴发展的现状分析

（一）整体视角

乡村振兴指数见图1。2011年到2021年乡村振兴发展都呈现明显的上升趋势。总指数从2011年的0.0525增加到2012年的0.0993，增长89.14%，且变化

---

1 熵值法的基本思想：根据各项指标观测值所提供的信息量的大小来确定指标权重系数。信息量越大，不确定性就越小，熵也就越小；反之亦然。

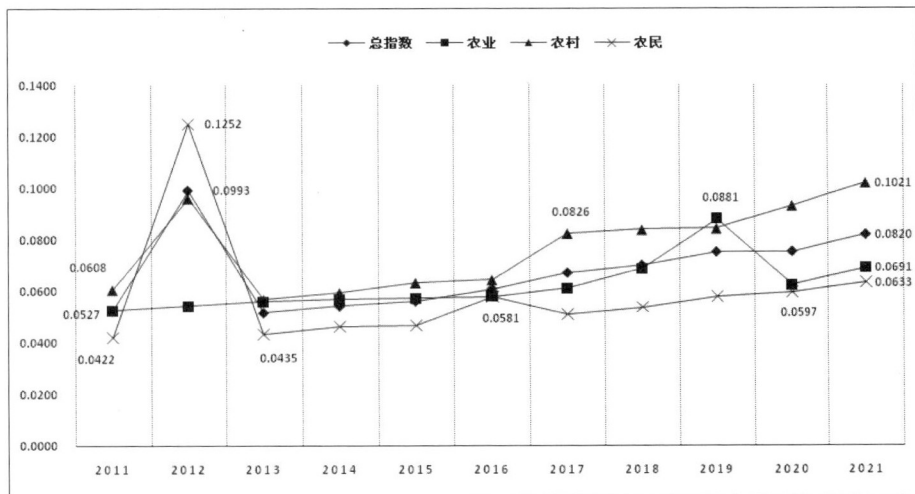

图1　2011—2021年44个重点帮扶县的乡村振兴相关指数变动趋势

幅度与农村指数最为相近。相比之下，农业指数最为稳定，农业指数只有2019年出现了明显波动，但2020年后又重新恢复稳定上升的态势。农民指数最为曲折，2012年出现相较总指数变化更大的幅度，2013年至2016年间保持在低游水平，2016年有向其他指数靠近的趋势。

（二）农业强视角

乡村振兴的农业指数趋势见图2。2011年到2021年农业生产力指数显著高于农业现代化指数，说明十年间农业生产力仍然是带动农业发展的主要动力，农业现代化的适应和引进需要长期坚持。2011年农业现代化指数为0.0156，2019年有一个比较大的提升，2021年达到0.0371。农业生产力指数2011年为0.3143，2021年为0.2951，说明农业现代化没有显著促进农业生产力的提升，这不是农业现代化实质目标，问题值得深思。

（三）农村美视角

乡村振兴的农村指数趋势见图3。2011年至2021年农村指数整体呈现平稳上升的趋势，提高了67.93%，说明乡村振兴效果显著。其中，提高效果最为明

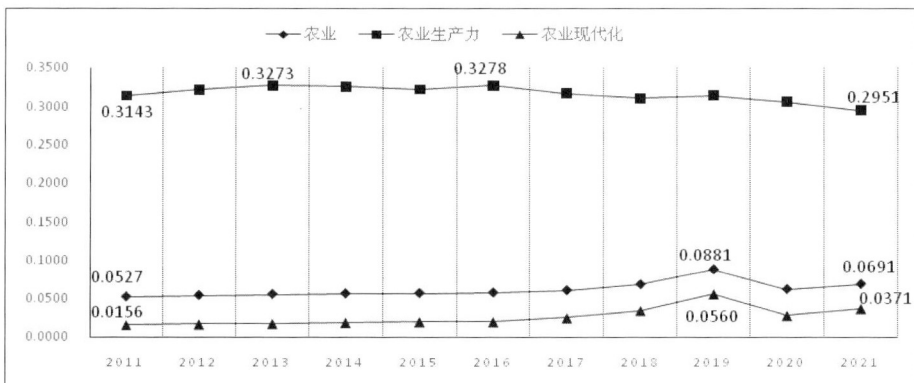

图2　2011—2021年重点帮扶县农业相关指数变动趋势图

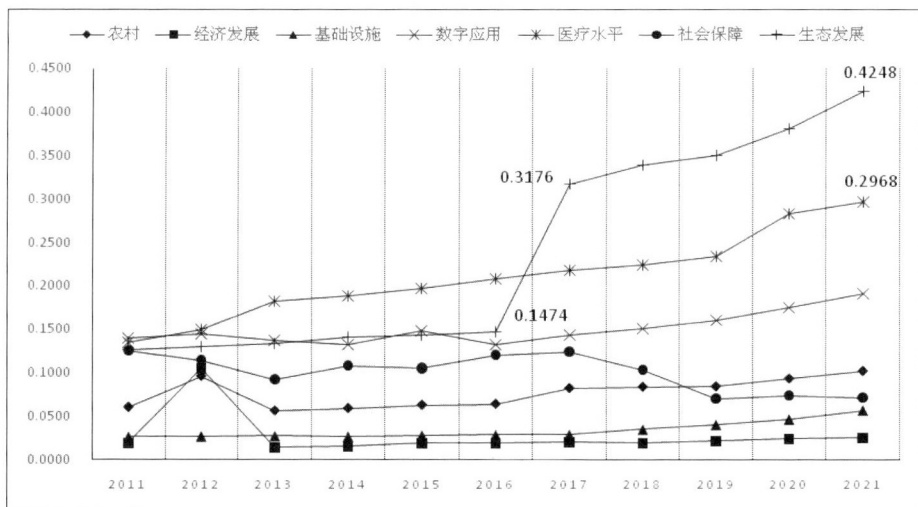

图3　2011—2021年重点帮扶县农村相关指数变动趋势图

显的指数为农村生态发展指数。其次是农村医疗水平指数，呈现出逐年递升的趋势，到2021年仅次于农村生态发展指数。农村数字应用指数在2011年至2016年变化不大，但在2016年以后开始出现上升趋势。相比之下，农村社会保障指数2017年后有下降趋势，且相比于2011年的下降幅度较大。

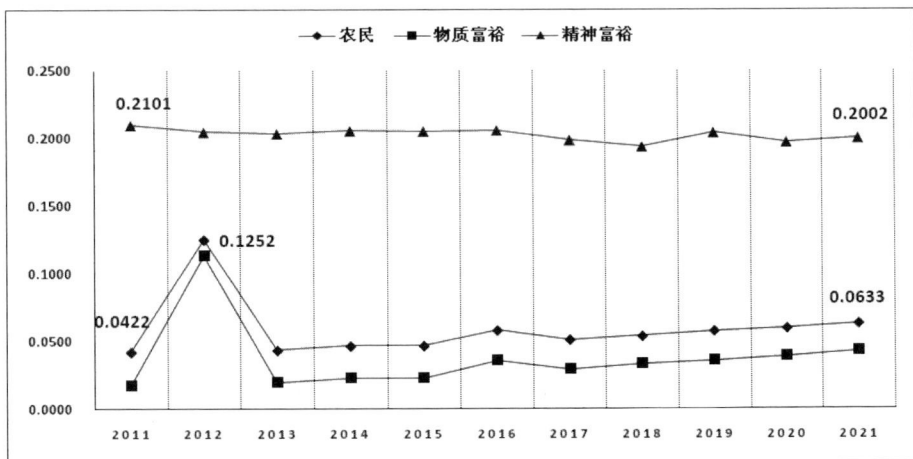

图4　2011—2021年重点帮扶县农民相关指数变动趋势图

（四）农民富视角

乡村振兴的农民指数趋势见图4。2011年到2021年，农民指数除2012年的突然变动外，其他年度整体呈现较为平缓的上升趋势，2021年的农民物质富裕指数相比于2011年提高了近50%，说明改善农民的物质富裕有利于推进乡村振兴。同时可以发现，农民的精神富裕指数明显高于物质富裕指数。

（五）区域差异视角

1. 乡村振兴区域变异系数

本文将重点帮扶县按照地理环境、经济发展等多种因素来划分桂东、桂南、桂西、桂北及桂中五部分区域[1]，通过测算变异系数得到各区域的乡村振兴情况和对整体乡村振兴综合评价的影响。

由图5可见，变异系数在2011年至2021年的数值在0.25—0.45区间波动，

---

1 桂北：包括桂林市及周边市部分地区；桂中：包括柳州市、来宾市大部分地区；桂东：包括梧州市、贺州市、玉林市、贵港市；桂南：包括南宁市、崇左市、北海市、钦州市、防城港市；桂西：包括百色市和河池市全部地区。

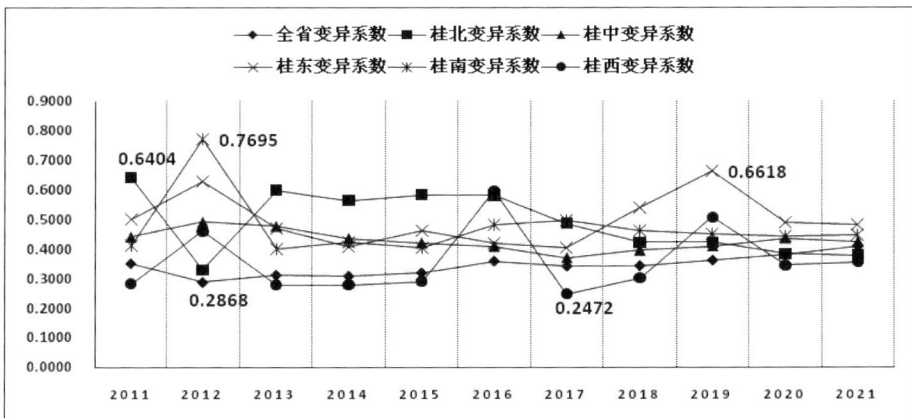

图 5　2011—2021年重点帮扶县区域变异系数趋势图

中间变化幅度不大。2012年各区域变异系数均发生大幅度变化，2013年至2016年期间，桂北的变异系数最高，其次是桂中、桂东和桂南处于中间水平，桂西的变异系数最小。2016年至2021年间，桂东的变异系数后来居上，桂西虽然也出现明显的上涨，但是在2019年后重新回落至最低，桂北地区也重新下降至较低水平，其他地区均处于浮动较小的中间地带。

四、新时代党建引领广西加快推进乡村振兴的路径

（一）通过强化"农业强"引领广西加快推进乡村振兴

首先，完善和提升农业现代化。夯实农业机械设备条件，帮助农村居民学习和使用现代化农业机械设备，强化基层农业科技部门的服务，健全农机推广体系，鼓励社会各界广泛参与到农机普及的推广工作中。完善农业现代化建设，为农业现代化设施及农业机械化创造条件，推进全链条的高效、节能、减损。其次，匹配农机现代化以适应农业生产。对农业生产进行宜机化改造，按需匹配农地、农机与农户。

（二）通过统筹"农村美"引领广西加快推进乡村振兴

一方面，科学制定城乡社保体系。建立城乡统一的社会保险公共服务平台，完善城乡最低生活保障制度和社会救助体系；健全农村分层分类的贫困救助体系，防止大规模返贫、做好兜底保障工作。另一方面，有效建设农村基础设施。整合新旧乡村通信网络设施，为农户建设宽带网络，鼓励农户应用信息网络技术进行电商创业；严格控制耕地保护和监督工作，逐步建设高标准农田和构建水网骨干网络，促进灌溉现代化改造。

（三）通过铸牢"农民富"引领广西加快推进乡村振兴

首先，吸收扩展农民后备队伍。鼓励已外出的农民工回乡创业，对返乡农民工提供多层次、多领域的培训，维护好超龄农民工就业权益，支持农民工继续接受教育；完善驻村干部考核机制，同时对帮扶乡村成果较好的干部给予鼓励，适当提高劳务报酬发放比例（谢治菊，范嘉雯，2022）。其次，调动广大农民积极性。对初次返乡的农民，通过给予资金支持改善生活条件，对有子女的家庭提供优质的教育资源，解决返乡青年的后顾之忧，稳定农民就业问题。

（四）通过缩小"区域差异"引领广西加快推进乡村振兴

首先，因地制宜构建多元产业。桂东地区适宜打造现代农业、乡镇企业和外向型经济；桂南地区可以借助港口地域优势开发海洋产业，加强高新技术产业对外合作；桂中地区可以打造都市生活，完善轻工业产业链；桂北地区打造农业性旅游和桂林山水风光旅游区；桂西地区结合亚热带风光和以边关风情为特色开发旅游业。其次，培育乡村地区主体意识。

政府在乡村产业振兴中的角色定位和作用[1]

李建平　刘乔叶[2]

一、乡村产业振兴需要政府的领导和支持

习近平总书记在2022年中央农村工作会议上指出："全面推进乡村振兴是新时代建设农业强国的重要任务……产业振兴是乡村振兴的重中之重。"全面推进乡村振兴、加快建设农业强国，是党中央着眼全面建成社会主义现代化强国作出的战略部署。正如脱贫致富不仅仅是农民自己的事、农村一地的事一样，乡村振兴，同样不仅是农民的事、农村的事、乡镇企业自己的事，也是政府的事，包括省（自治区）、市、县、乡各级政府，还是全社会各行业的事。

产业振兴是乡村振兴的重中之重。产业经营的模式、规模和机制是市场经济的产物。政府领导乡村产业振兴是十分必要和十分重要的。政府领导乡村产业振兴不是去干预市场、主导市场，也不是放弃管理、推卸责任，任其无序乱生、恶性竞争。政府虽然不能如农民、农村、乡镇企业那样直接参与市场经济效益分配，但可以实现税收增长。最重要的是，政府可以创造社会效益，促进地区的社会主义精神文明建设，建成中国式现代化的区域雏形。这样，政府同样是乡村振兴重大工程中的重要操手和受益者。探讨乡村产业振兴，研究政府

1　收稿时间：2023年11月
2　作者简介：李建平，广西社会科学院研究员、广西知青文化研究会顾问；刘乔叶，广西广播电视台高级编辑。

在乡村产业振兴中的角色定位和作用是题中应有之义。

二、政府在乡村产业振兴中的角色定位

1. 定位一：靠山

乡村产业振兴，靠的是项目落地、企业运作、产业上规模。这些，需要有一个稳定的社会环境、公平正义和谐的社会秩序、适宜经营者生存的营商环境。这个稳定、平安、公正、和谐的社会环境和营商环境，就是老百姓需要的生活靠山、发展靠山，就是政府要做的最主要的事、最重要的角色定位。非此，就会出现工厂停产、资金外流、企业搬迁、运营停滞等等现象，经济衰退，人才外流，哪里还能谈得上产业振兴？因此，政府第一要做乡村产业振兴的靠山、老百姓的靠山。

2. 定位二：家长

在乡村产业振兴这项大事业中，政府与基层（含乡镇、企业、农民），两者的权重是不一样的。政府是政策制定者，是行政权力的掌握者，是统筹协调各界各方力量的协调者，是信息资讯的领跑者，方方面面都显示了其主导方的一面，因而称其为父子关系中的家长，也是适宜的比喻。政府具有的"家长"角色，能够从宏观上引领一个区域的乡村产业振兴的发展方向，制订适宜的发展规划，构造相宜的营商环境，制订相关产业政策，等等，为乡村产业振兴铺路架桥、保驾护航。

3. 定位三：裁判

中国正处于建设社会主义法治社会的进程中，乡村产业振兴离不开健康的法制社会和法制保障。政府应该在乡村产业振兴中充当法官和裁判的角色。扫除乡村产业振兴中的暗礁、污秽和反势力等障碍，为乡村产业振兴发展出力。

三、政府在乡村产业振兴中的作用

正确的角色定位能使政府的服务发挥高效的作用，其作用可分解分析为如下几种：

1. 维护社会稳定的压舱石作用

社会的安宁稳定是人民幸福生活的基本要求，也是社会发展的必要条件。政府的基本职能，就是维护社会的安宁稳定，为人民的生产生活提供外在保障。这种作用，如同大海航行中大船的压舱石，发挥稳定大局、保障安全的作用。

2. 创造优良营商环境的"太阳神"作用

良好的营商环境能促进资本运营的良性运转、高效运作和效益产出，资本赢利如同海潮不停歇地涌来，形成投入—产出—大投入—大产出的盈利模式，令产业经营蒸蒸日上。而良好的营商环境由多方面的要素组成，不是某个独立要素和独立力量所控制的，这方面只有政府的掌控力才能做得到。因此，政府在发挥压舱石作用的基础上，如果能在营造良好营商环境上做出成绩，就会给创业者、经营者们一种久雨见彩虹般的喜悦和温暖，令产业振兴若有神助，焕发神奇。如2023年五一节山东淄博突然爆红的"烧烤"产业，是政府到市场到百姓的多方跨界联动的成果，淄博市政府以"政府搭台、市场唱戏"的举措，改革僵化的管理模式，营造了利民为民的营商环境，使淄博成为一座有着烟火气息的夜经济之城，给各地政府在发展特色产业中如何找准定位提供了样板。

3. 绘图定规的"大力神"作用

绘制发展宏图，制订发展规划与相关政策，如同一场大战役之前的战略部署和发布训令、动员令等，是展开重大工程之前必不可少的。乡村产业振兴，同样需要政府规划蓝图，制定相关规划，出台各项扶持政策。这是乡村产业振兴中不能缺少的软实力，十分重要。正确的规划和政策一出，犹如大力神般能给生产力注入强大的运转活力，焕发出冲天的力量。1970年代末的包产到户政策的实施，使中国农村经济出现翻天覆地的变化，就是最典型的例子。

4. 导航定向的指南针作用

乡村振兴中的产业振兴，不仅仅是产业项目落地开花、产业规模扩大、产业运行机制形成和产出效益的经济指标实现等经济意义上的提升，最重要的目标是强化农村集体经济的实力，提高农民的收入，实现以共同富裕为特征的中国式农业现代化。这就有了一个产业振兴是富了老板还是富了农民的问题。如果做的产业是老板的产业而不是集体经济的产业，那只能是富了少数人，穷的仍然是大多数的普通人。这就需要政府在其间导航定向。政府的导航定向作用，不仅仅是在战略布局、项目引进、技术指导、人才培养等方面，更重要的是引导乡村产业振兴在产业方向、产业目标、产业运营机制等方面不走偏、不走样，要以壮大农村集体经济、公平分配产业利润、提高农民收入、实现共同富裕为目标，带领农民一起做、一起富，这才是实现中国式农业农村现代化的根本途径。

5. 扶危济困排忧解难的人民卫士作用

政府是运筹帷幄的指挥官，也是为人民服务的勤务员。因此，政府还应发挥扶危济困排忧解难的人民卫士作用。乡村产业振兴中，必定会遇到许多困难，如资金不足、决策失误、市场恶性竞争、天灾人祸等等，许多情况是原来预判不到的，是自身力量无法克服的。此时如果没有人帮一把，这些在乡村产业振兴创业中拼搏的创业者，很可能就会伤筋动骨，甚至濒临绝境，再无生机。此时能帮助他们的，当然会有亲戚朋友、社会援助和保险机构，但是，最大最有力量的救助方还是人民政府，最可靠的也是人民政府。像2023年夏天北方多地的洪涝灾害、泥石流灾害等，就是政府发挥人民卫士的作用帮助人民群众扶危济困排忧解难、渡过难关的。

我国乡村教育改革与提升的思考[1]

蒋万庚[2]

乡村教育改革与提升是乡村振兴中人才振兴的主要路径和关键，没有乡村教育的发展，就没有我国教育的现代化。

一、当前乡村教育中存在的突出问题

（一）农村学校学生数量严重不足

城市化发展，带来农村人口数量的减少，农村学生数量不足影响了乡村教育的发展，使得农村义务教育阶段学生就近入学困难。乡村教育发展受阻，产生了一系列连锁问题，加剧了农村人口外流，农村经济发展更为艰难。传统城乡并存的二元化社会结构急剧演变为一元化城市社会结构，传统农村的战略地位将动摇。

（二）乡村教育基础设施和师资力量薄弱

近年来，由于对乡村教育基础设施和师资力量等投入不足，人才培养和引进困难，乡村师资匮乏。乡村经济发展落后，乡村工作和生活条件艰苦，制约了各类人才在乡村就业和发展，加剧了师资短缺。

---

1 收稿时间：2022 年 11 月
2 作者简介：蒋万庚，广西师范大学法学院教师。

（三）城镇集中教学，农民教育负担加重

由于农村人口的下降，叠加乡村中小学撤并问题，致使乡村学校数量急剧减少，农村学生就近入学困难。在离乡村较远的城镇入学，不仅造成了城镇学校班额过大影响了教育质量，同时因照顾子女，较大地增加了家庭教育成本，加重了农民经济负担，也影响了正常农业生产，影响了粮食耕种，出现土地闲置、抛荒等一系列问题。

（四）乡村教育没有因地制宜，没有结合农村实际

当前城乡教育同质化，城乡教育几乎实施没有差别的教育模式和选拔淘汰机制，基于农村教育基础薄弱，师资、硬件设施和软实力无法和城市学校竞争，使得农村学生在现行升学考试体制下难以与城市学生竞争。更重要的是，当前教育没有结合农村实际情况，没有体现农业生产实际需求，如没有结合农业种植、农业耕作、农村传统文化保护与传承等，农村学生所学的课程与内容与城市学生所学的没有任何差别，如过早开设英语课程，数理化课程难度远超乡村教育实际水平。乡村教育没有针对性地开设符合农村经济发展及需要的课程与教学，违背了教育的客观性和差异性，致使乡村教育自始至终处于劣势地位，造成了乡村教育实质上的不公平。

（五）农业生产技能缺失，乡村归属感弱

农村学生较早离开出生地到城镇上学，致使农村学生接触和掌握农业技术和生产技能的基础不存。大量农村学生成年后没有农业生产经验，不懂农业生产技能，甚至难以适应农村生产生活，客观上产生了不少"农村回不去、城市进不了"而游离于城镇与农村之间的"三无人员"。农村学生从小远离农村生产生活，加剧了农村居民传统农耕文明基因的消失，如大量方言消失、非物质文化难以传承、乡村习俗没落、乡土意识弱及乡村归属感不存，致使农村数千年的传统历史文化，逐渐消失于现代社会。

二、乡村教育改革与提升的建议

（一）率先在乡村出台生育支持等政策

农村人口是农村经济社会发展的前提，也是城市化发展的人才源泉。当务之急，需要增加农村的人口，提高农村的生育率，党和政府应加快制定生育支持政策和措施，对农村生育家庭给予必要的支持和保障。乡村振兴，需要更重视农村社会发展定位，需要提振农村人口生育。城市化发展，不能以牺牲农村发展为代价，后城市化阶段，应该是城乡优质均衡协同发展，让农村成为城市化的大后方，保持一定比例和数量的农村人口，坚守城市化发展的底线。建议尽快制定生育支持政策，特别是促进农村居民生育，提高农村生育率，加强对农村生育二孩、三孩及以上的家庭的生育支持和生产生活帮扶力度，对农村学生升学和就业给予特殊照顾政策，确保乡村教育和人口良性发展。

（二）优化乡村教育基础设施建设

加大农村学校的建设投入，改善乡村教育硬件设施，提高乡村教育工作者的居住和办公条件，保障乡村教师的工作、居住等待遇优于城镇，并加大给予水电油气费等补贴，吸引更多的优秀人才前往农村从事教育工作。同时，制定促进乡村从教、从医及从业的激励政策和措施，加大"三支一扶"的政策支持力度，鼓励大中专毕业生去农村就业创业。

（三）确保农村学生就近入学，限制乡村撤校

在中小学阶段，严格实施农村学生就地就近入学原则，根据实际情况，制订相应的标准和条件，使农村学生就地就近入学。如在农村户数50户或者200人以上的中小村寨，要建小学教学点，配备必要的教学人员；在100户或者400人以上的大村寨，要建小学。在户数不足50户或者200人的难以设教学点的村寨，原则上就近入学。禁止盲目撤校，符合条件的应尽早恢复办学，严格限制城镇大班额教学，平衡城乡办学条件。

（四）开设适农课程和开展涉农技能教学

在教学内容和方式上，要尊重和适应城乡差别，体现乡村教育特点，允许

城乡教育存在适度差异性，建立城乡优质教育均衡发展模式和机制，承认城乡教育目的、理念和措施的差异性。乡村教育更要体现其农村性、农业性、传统性及实践性，如农村学生更需要学习农业生产、农作物耕种技术，保护和传承乡村文化，培养乡土意识。因此，新时期乡村教育改革与提升，要明确乡村教育与城市教育不同的培养内容和教学方式，教学过程要体现乡村实际情况。在乡村义务教育阶段，根据学生年龄和实际情况，开设农业生产方面的相应课程，如有关农作物的生产耕种技术、农村传统文化的保护与传承、农业生产劳动体验课等，乡村小学原则上不开设外语课程，凸显乡村教育特色。

（五）建立城乡"双轨制"考试和选拔机制

长期以来，我国城乡发展差异较大，二元化城乡社会结构支撑了我国社会的稳定发展，但在城乡教育模式上却没有体现"二元化"，始终坚守"一元化"发展模式，城乡教育的教材、教学模式、考试升学就业等，基本上都是城乡统一的标准。这对基础薄弱的乡村教育来说极不公平，众多农村学生难以享受优质均衡的基础教育，使得大量的农村优秀学生被实质不均衡的考试标准和条件埋没，影响了农村人才培养，加剧了农村人才匮乏问题。

乡村教育的改革与提升，需要加大向乡村倾斜的力度，考虑乡村教育落后的实际情况；为均衡城乡教育发展，促进我国乡村人才振兴战略目标实现，应尽快研究和探索城乡教育改革模式，试行"城乡教育双轨制"，实行乡村教育有别于城市的教学内容与教学方法，开设符合农村经济社会发展、促进乡村振兴的课程。乡村学校的升学考试标准也应和城市学校的要求及标准有所区别，农村学生的升学主要在农村区域内竞争，升学考试录取人数及比例应向农村学生倾斜。总而言之，乡村教育的改革与提升，需要坚持以保障教育公平为原则、以保持农村社会稳定可持续发展为宗旨。

乡村发展与知青幸福感的调查[1]

钟秀凤[2]

近年来，知青们以团队形式为乡村发展提供力所能及的支持，传承了知青文化和知青精神，为推进乡村振兴起到了积极作用，并因此充满了获得感、幸福感。

广西知青文化研究会梧州知青联络处组织知青到农村和社区各类载体平台宣讲多场党史学习教育报告，参加中共梧州市委老干部局、市离退休干部工委领导下的市委讲师团"学党史、感党恩、跟党走、促和谐"主题宣讲活动。在广西革命老区第一村——梧州市长洲区平浪村，知青刘治珩和谭镇球分别作了题为《人民拥戴和支持的党值得永远跟随》和《长期坚持中国共产党领导的多党合作制度》的宣讲。

知青们还到苍梧县京南初中、旺甫初中、合水初中送教下乡和调研，把自己微薄的退休金拿出来扶贫助学，给留守儿童送去了爱心捐款4330元。当得知苍梧县贫困山区旺甫镇山心小学扶大分校急需修建学生运动场时，梧州联络处王志玲主任带领知青们到该校实地考察，与校领导协商修建的后续工作，并向全市知青发出捐款倡议，共收到535名知青捐款19745元。知青们看到乡村学校逐步实现"教育均衡发展"而深感欣慰。

近几年，乡村旅游已成为知青们晚年幸福生活的方式。知青们经常到富川

---

1 收稿时间：2023年11月
2 作者简介：钟秀凤，广西知青文化研究会梧州联络处副主任。

古明城、状元村、知青坪江文化园，还有藤县、蒙山、阳朔、恭城等地进行乡村生态旅游。广西知青文化研究会梧州知青联络处200多名知青还到苍梧县六堡镇盘古寨参加开茶节活动，以实际行动助力企业，振兴乡村，推动六堡茶乡高质量发展。

想当年，村民们见证了当年的知青们在农村广阔天地锻炼成长，与他们同吃、同住、同劳动，产生了深厚的感情。看如今，当年知青修的电站还在发电，建的水库还在蓄水，筑的干渠还在灌溉，铺的道路还在通车，开垦的荒地已成了粮仓，抢救的病人还在健康地生活，接生的孩子已经长大成人，教过的学生已经走上生产或科研第一线，知青英烈还受到人民的祭奠，他们的事迹还在当地传颂……

乡村振兴存在的问题与解决措施建议[1]

朱发生

乡村振兴战略以习近平总书记关于"三农"工作的重要论述为指导，按照"产业兴旺、生态宜居、乡风文明、治理有效、生活富裕"的总体要求，对实施乡村振兴战略作出阶段性谋划。党的二十大报告强调要"全面推进乡村振兴""坚持农业农村优先发展"。为加快乡村振兴，必须查找目前在乡村振兴中存在的主要问题，采取切实有效的措施，才能实现农业强、农村美、农民富的预期目标任务。

一、乡村振兴存在的主要问题

（一）城乡区域之间发展不平衡

1. 城乡居民之间的收入差距仍然较大；2. 乡村发展相对滞后；3. 基本公共服务均等化不足。

（二）乡村振兴主体内生动力不足

1. 乡村基层党组织发挥领导核心作用不够；2. 农业现代化和乡村产业发展缺乏有能力的带头人；3. 乡村集体经济发展不均衡；4. "等靠要"的思想依然存在。

---

1 收稿时间：2023 年 11 月

（三）乡村产业高质量发展水平不够高

1. 对新产业新业态发展统筹规划不足；2. 农业生产结构不够优；3. 农业社会化服务体系发展不充分。

（四）乡村基层社会治理有待加强

1. 乡村"空心化"加大乡村社会治理难度；2. 农村资源资产整合难，增大乡村社会治理的难度；3. 乡镇一级机构与职能配置有待进一步优化。

（五）农业农村绿色发展任重道远

1. 农业生态功能恢复和建设任务艰巨；2. 乡村生态存在诸多隐患；3. 生态补偿机制尚需完善。

二、加快乡村振兴的措施建议

党的二十大报告强调要"全面推进乡村振兴"和"坚持农业农村优先发展"。产业振兴是乡村振兴的重中之重。采取有效措施解决，才能加快实现乡村振兴战略目标。

（一）以要素下乡为抓手，扎实推进乡村产业振兴

1. 促进人才下乡；2. 推动科技下乡；3. 推进资金下乡。

（二）加快补齐乡村基础设施和公共服务短板

1. 加快补齐乡村基础设施短板；2. 加快补齐乡村公共服务短板。

（三）深化乡村改革，释放和发挥土地资产功能作用

1. 扩大乡村集体经营性建设用地入市；2. 完善乡村宅基地有偿使用和有偿退出制度；3. 推动乡村土地资产化。

（四）注重教育培训，增强乡村内生发展动力

1. 突出农民在乡村振兴中的主体地位；2. 加快构建现代农业职业教育制度。

（五）坚持绿色发展，加强乡村生态文明建设

1. 提升村庄建设规划水平；2. 形成农业绿色发展和农民增收互促的良性机制；3. 加强环境污染治理与生态修复。

乡村振兴战略下民族地区生态振兴创新实践研究[1]

——基于"美丽广西"建设视角

苏相丁[2]　王兴中

"美丽乡村"建设是推进"美丽中国"基层建设的具体实践,助力千村巨变和生态振兴。对广西100余个乡镇进行乡村调研发现,在"美丽广西"建设中,依托生态优势,推动千村巨变,巩固和扩大了生态振兴成果,反映出民族地区生态振兴创新有其独特实践经验和潜在逻辑。

一、"美丽广西"建设主要措施、实践模式与显著成果

(一)"美丽广西"建设采取的主要措施

广西各区县村镇在建设过程中严格按《"美丽广西"乡村建设重要活动规划纲要(2013—2020)》,分阶段推进以清洁家园、清洁水源、清洁田园为代表的"清洁乡村"建设,以村屯绿化、饮水净化、道路硬化为代表的"生态乡村"建设,以产业富民、服务惠民、基础便民为代表的"宜居乡村"建设,以环境秀美、生活甜美、乡村和美为代表的"幸福乡村"建设。活动每两年为一个阶段,

---

1　收稿时间:2022年11月
2　作者单位:苏相丁,桂林市经济学会会员。

分步实施四大措施，加强农业发展，美化乡村环境。

（二）"美丽广西"建设的生态振兴创新实践模式

总模式："民族+生态"模式，以民族为主要着力点，挖掘民族亮点，依托民族地区独有的社会关系网络，在各乡村建设"民族+生态"产业，驱动民族地区乡村生态振兴。

"美丽广西"建设，引导不同类型乡村进行生态振兴创新实践，取得了一系列的成果，其经验模式总结如下：集中推进"民族+生态"的总发展模式，推进民族地区乡村生态振兴创新实践。具体的抓手可分为民族特色村寨驱动型、田园综合体驱动型、非遗文化保护开发型、生态旅游驱动型（如表1所示）。

表1　乡村建设的生态振兴实践模式分类

乡村建设生态模式	行政村名称	模式特点
民族特色村寨驱动型	柳州三江侗族自治县和里村、百色田东县壮乡瑶寨、河池罗城仫佬族自治县四把镇等	紧扣民族元素，以民族特色经济、民族特色文化、民族特色元素为三条主线，挖掘民族特色村寨建设要点，以小见大，驱动乡村发展生态振兴
田园综合体驱动型	桂林龙胜各族自治县龙脊镇、桂林永福县堡里乡、贺州富川瑶族自治县福利镇等	以现代农业产业发展理念为指导，以合作社为载体，以新型农民为主体，建设集循环农业、创意农业、体验农事为一体的乡村田园综合体，注重综合建设，驱动生态振兴道路
非遗文化保护开发型	崇左市江州区板利乡、桂林恭城瑶族自治县、梧州象棋镇等	以非物质文化遗产为依托，融合文化元素，围绕非遗文化进行民族地区乡村特色保护开发建设，促进生态振兴

乡村建设 生态模式	行政村名称	模式特点
生态旅游驱动型	桂林阳朔县白沙镇、南宁马山县古寨瑶族乡、桂林全州县蕉江瑶族乡等	以自然资源和生态资源为吸引物，以旅游基础设施和休闲度假设施为载体，建设功能聚合、业态多样、容纳力强的大型复合型生态旅游综合体，驱动民族地区乡村生态振兴

（三）"美丽广西"建设的显著成果

民族地区生态振兴是一个涵盖三产、涉及多群体的复杂系统，每一个环节都需要不同的行动者。如何协调不同行动者之间的行为活动，关系着民族地区发展能否形成一个良性的内部循环系统。"美丽广西"建设立足民族区域，挖掘民族亮点，走"民族+生态"道路，发展民族特色产业，构建以农民为主体，政府、社会企业、小农户、自组织、新乡贤等为客体的民族交流交往交融新型社会关系网络，由流动性人事物、相关性人事物到稳定性人事物，现实生活中与民族地区乡村发展的相关性不断增强，也促使民族地区内在社会关系网络的相关性程度不断增强。这种多层次多维度的网络将各民族黏性不断加强，统筹发力，逐步形成了一个动态的民族交流交往交融新型社会关系网络，为民族地区乡村振兴"最后一公里"奠定发展基础。

二、"美丽广西"千村巨变的生态振兴创新实践认识

（一）"美丽广西"千村巨变与生态振兴创新实践的前提条件

"绿水青山就是金山银山"是"美丽广西"生态振兴创新实践的外生动力。"美丽广西"八年建设，因地制宜地从三个角度进行生态振兴实践：一是深化生

态环境治理工作，促使环境质量持续保持优良；二是加大生态保护修复力度，推动自然生态系统稳定发展；三是完善基础设施建设，优化环境污染防治措施。究其根源，这是以"绿水青山就是金山银山"为指引，走"生态优势"向"生态资本"转化之路，结合实际落实"民族+生态"发展模式，推进生态振兴创新实践。

各民族贫困群众的致富意愿是"美丽广西"生态振兴创新实践的内生动力。近年来，各民族贫困群众的致富意愿随着经济社会发展越发强烈，加上乡村振兴的总任务，村干部也一直在思考如何实现乡村振兴这一夙愿。"美丽广西"八年建设，民族地区村集体依托独特的生态资源优势来谋振兴求发展，提高居民参与的积极性，甚至一些在外打工的年轻人也选择返乡入乡创业，促使广西生态振兴迅速推进。

（二）"美丽广西"千村巨变与生态振兴创新实践的深层机理

"美丽广西"千村巨变与生态振兴创新实践的延伸关系。"美丽广西"建设的四阶段措施，是对生态乡村深化拓展，逐步将生态环境优势转化为经济发展优势；对宜居乡村内化升级，逐步将乡村风貌建设与精神文明相结合，建设幸福乡村。这是"生态运行"内在机理不断发展的表现，在促进民族地区千村巨变的过程中赋能"美丽广西"生态振兴。

"美丽广西"千村巨变与生态振兴创新实践的互动关系。"美丽广西"建设以独特的"互动"关系推动民族地区政治、经济、社会、公益多维发展。一方面是借力村庄"新乡贤"，发挥能人效应，让村民意识到生态发展是增加居民收入的有效路径，让村民在实在的经济效益面前对个人增收、家庭富裕与生态发展、幸福宜居的新发展模式充满信心，推动千村巨变；另一方面是广泛宣传千村巨变成果，呼吁一大批具有"民族情怀+乡土情怀"的创客，结合第一书记、"三支一扶"、西部计划政策返乡入乡，投身"美丽广西"生态振兴创新实践。

（三）广西生态振兴创新实践与民族交流交往交融的互促作用

民族地区千村巨变主要是从"创新、创业、创造"三个层面、"生产、生活、生态、生机"四个角度来发挥互促作用，加强生产生活中的交流交往交融，逐步构建新型民族社会关系网络，为实现"美丽广西"生态振兴提供"黏合剂"和"联通网"的潜在动力。"美丽广西"建设八年生态振兴实践从创新、创业、创造三个层面来优化生态振兴具体举措，黏合各民族社会关系，走"民族+生态"的创新发展道路，为实现千村巨变提供潜在动力。千村巨变历程，秉承"生态优先"原则，从"生产、生活、生态、生机"四个角度守住生态底线，深化清洁、生态、宜居、幸福乡村的活动内涵，转变经济发展模式，联通各方网络，为实现"美丽广西"生态振兴提供互动保障。

三、民族地区千村巨变的生态振兴创新实践思考与推广

回顾"美丽广西"建设的发展历程，实现了"民族交流交往交融工作—'美丽广西'生态振兴实践—民族新型社会关系网络"的深层构建，紧紧把握乡村振兴前进方向，开创乡村生态发展新时代。这是用民族地区的千村巨变为脱贫攻坚决胜期交上一份生态发展的答卷，使幸福乡村深入人心；同时也提醒，民族地区进行生态振兴实践的过程中，不仅要吸收外来经验，更要结合自身特点，因地制宜地推动内部经济、政治、社会、生态发展，促进人与自然和谐共生。在未来民族地区的生态振兴实践中，将社会关系网络理论和系统动力学理论相结合，能够更好地促进"两山论"的落地生根，也能够有效地促进民族交流交往交融，构建民族新型社会关系网络，巩固完善中华民族共同体意识。

乡村振兴战略新阶段下广西法治乡村建设研究[1]

蒋　矞　陈建伟

一、乡村振兴战略新阶段下建设法治乡村的现实意义

（一）乡村振兴战略新阶段的制度保障

乡村振兴战略的内涵既包括农村物质经济的振兴，也包括农村社会、农民思想呈现出符合中国式现代化设计预期的发展方向。农业现代化发展是乡村经济增长的物质基础，其实现需要一系列有利的上层建筑条件支持，包括符合生产力、生产方式现状的土地经营、流转制度，和谐稳定的乡村社会环境，平等自由的人际关系，依法有序、行为后果可预期的基层治理格局等。而这些内容的实现，最终都指向了法治乡村这一议题。唯有符合中国乡村特征的法治格局，才能为乡村振兴战略的推进落实保驾护航。

（二）推进全面依法治国的重要组成部分

法治的推行在广西乡村地区诚然面临更多困境、更大阻力，包括非市场化的经济模式对法治缺乏迫切需求，传统旧习的反向作用力，基层组织的建成度不足，人财物力资源支持紧缺，等等。必须遵循党的二十大报告所提出的，"坚持发扬斗争精神……全力战胜前进道路上各种困难和挑战，依靠顽强斗争打开事业发展新天地"，以迎难而上的决心对待法治乡村建设事业。

1　收稿时间：2023 年 11 月

（三）解决新时代乡村经济发展矛盾的根本途径

解决乡村地区人民日益增长的美好生活需求和不平衡不充分的发展之间的矛盾的根本手段在于解放、发展农村生产力，关键的实践手段则在于建设法治乡村。农业的现代化发展进程中必然出现土地利用、土地经营的新模式，衍生出新的产权关系；同时一些关于宅基地、集体用地等的历史遗留问题也要得到彻底摸清和解决。农村居民对公正、平等、正义、效率的价值的期盼将会形成对法治格局以及具体法律法规制度的更迫切需求。

二、习近平关于法治乡村的重要论述

（一）聚焦法律法规制度设计

法治社会，制度先行。习近平总书记指出："坚持立改废并举，提高立法科学化、民主化水平，提高法律的针对性、及时性、系统性。"对于农民而言，关系到农业生产收益、各项财产权利的涉农法律、法规是其最为关注同时也是对其生产、生活影响最大的。涉农法律的价值立场、具体规定内容是否符合农民群众的根本利益，直接决定着法治乡村事业的人心向背。在广西农村，法律法规要想成为"良法"，法治结果要想最终呈现为"善治"，就要求立法、司法、执法必须符合农民的根本利益，符合党和国家对"三农"现代化发展所描绘的蓝图。这意味着从顶层的制度设计到最基层的落实都必须深入了解农村社会、农民生活、农业生产，形成一套与中国农村以及乡村振兴战略相适配的法治化乡村治理体系。

（二）探索"三治融合"的实现路径

习近平总书记强调："要完善党组织领导的自治、法治、德治相结合的乡村治理体系，让农村既充满活力又稳定有序。"自治、法治、德治的"三治融合"是中国式现代化法治的智慧独创，也是我国乡村治理最符合传统与现状的"最优解"。"三治融合"要求在坚持村民自治的基础之上，以法治为根本，并有序释放德治的良性效能，进而实现三种治理方式的衔接与互促。

村民自治是共产党人、新中国在革命与建设实践中探索出来的农村治理法宝，不仅能激发村民参与村内事务的积极主动性，在实践中也被证明是一种能以较低治理成本解决村内矛盾纠纷的有效手段。法治能够对农村地区内某些落后的、阻碍"三农"现代化发展的旧因素进行正面迎击和改造，包括人情社会、宗族势力、村霸黑恶问题等。只有以法治为保障，农村的自治和德治才能在规范有序的局面下进行。德治则是多年来在我国国家治理格局中与法治相配合、相补充的一项手段，二者的辩证统一一直都是中国式社会治理的鲜明特色。

三、广西法治乡村建设事业面临的基层难题

（一）欠缺指导规范农村基层治理的地方性法律法规

自治区级别以下的地方性立法对于基层而言是开展工作的重要指引和规范。处理基础问题如果经常性地只能以领导讲话、上级精神为依据，则不利于基层人员依法办事以及村民树立对法治社会建设的信心与动力。目前，广西在若干个基层治理事务领域缺乏必要的地方性立法，对相关基层治理工作的开展极为不利。例如欠缺涉农土地征收利用相关的地方性立法，导致涉农土地经济利益的纠纷多年来都是农村基层矛盾的重要诱因；又如关于乡村地区民间社会组织管理的规范性制度欠缺，导致传销、赌博、邪教等危害乡村地区秩序的现象一度滋生。

（二）农村少数基层组织和干部的法治意识以及工作能力不足

第一，少数农村基层干部仍未树立法纪意识。具体表现包括：忽视农村群众利益甚至与农村群众的利益诉求背道而驰；工作懈怠渎职甚至以言代法、以权压法，制定出一些背离群众的"土村规"；表面上遵纪循规，实则钻制度漏洞枉法谋私。

第二，部分干部缺乏在农村推进落实法治乡村的工作能力。相较于前述主观上就存在严重问题的干部而言，这部分农村基层工作人员面临的则是"有心无力"的困境。一是不知从何下手来引导或说服当地村民树立法治的理念以及

行为方式。二是能想到、设计出一条实践路径，但难以撼动当地根深蒂固的氏族、宗族或村内势力关系，村民根本不认同其治理职权，甚至存在公开对抗情况。

第三，缺乏有机融合"三治"，化解村内矛盾纠纷的能力。广西区内许多农村内缺少专职性的人民调解员，相关职责都压在了兼任的"两委"干部身上。其工作精力、文化程度、法治意识都相对有限，在实际处理基层矛盾的过程中难以准确施策、充分发挥三种治理方式各自的优势。

（三）村民的法治意识有待强化

广西农村地区群众之间遭遇矛盾纠纷时，以邻里调解、"私了"等方式而非寻求公安、司法处置的比率显著高于城镇地区。尤其是家暴、儿童及老人身心权益遭侵犯等事实上很严重甚至涉嫌犯罪的问题，由于村民法治意识淡薄，从最初的事件定性就发生了偏差，这导致受害村民的人身、财产安全长期暴露在被侵害的风险之下。

四、乡村振兴新阶段下广西法治乡村建设的落实路径

（一）立法先行填补法规制度空缺

在乡村振兴战略新阶段，广西地方性法律的供给应主要针对以下现实问题及相关群众的法治需求。一是农村集体土地征收征用情形中，包括补偿价款的商定方式、标准框架以及规范执行的流程等。二是农村集体资产相关权益的归属、分配。三是关于农业经济合同纠纷如何处理的地方性法规细则。四是关于鼓励、支持、引导农业市场化发展，推动农民生产经营活动与市场经济进一步接轨的相关法规。五是针对农村妇女被家暴、赡养老人、村霸黑恶势力等社会秩序问题的法规。

（二）探索形成党委政府协同推进法治乡村建设的机制

党的领导地位是广西法治乡村建设事业的首要坚持，而各级政府尤其是乡镇政府则是推动乡村治理法治化的执行者。二者应在工作重心上都把法治乡村

摆在更重要的位置，协同探索形成一套能强化部门间联动协同的工作机制。

具体而言，一是党委负责农村工作的部门应起到牵头领航的作用，统筹协调各项关键事务和有限的资源，并对法治乡村政策在基层落实的质量开展评价和督导工作。二是指导农村建立健全一套村民广泛参与的代表会议制度，着重明确、规范村民对村务治理的各项应有权利，保障村级"两委"权力在依法合规、为民谋福的轨道中运行。

（三）尽快在乡村形成多元化的矛盾纠纷解决机制

"三治融合"是我国法治乡村得以实现的最佳路径，能够形成一种"小事不出村、大事不出乡"的便民型矛盾纠纷化解机制。在农业、农村经济现代化和市场化发展的问题上，村民自治往往能形成更丰富的集体智慧，对各项经济权益关系良好协调；法治则起到监督和划底线的作用，确保农村集体资产改革、农业生产相关村规民约等事项的合法性。而更为常见的，诸如因赡养老人、夫妻关系、邻里摩擦而滋生的琐事性矛盾纠纷，则可优先考虑用德治的方式教育、调解处理。

（四）优化乡村公共法律服务供给

强化公共法律服务资源对农村的供给并不苛求农村内产生的每一个矛盾都依靠这种资源得以解决。其最深层次的目的在于塑造农村地区的法治化治理氛围，逐渐培养村民遇到事情首先想到法律，找法和用法处理矛盾的习惯。因此向乡村地区强化公共法律服务供给的过程中应注重普惠性和公益性两个方面。普惠性要求法律公共服务的覆盖面足够宽广，不遗漏有潜在法律服务需求的一户一人。公益性则要求政府灵活运用行政权力，采取强化市场引导等方式推动法律公共服务资源主动流向农村，以巡回驻点等形式在较低人力资源成本上尽可能广泛地满足村民们初级性的法律服务需求。

后 记

　　知识青年上山下乡是为了建设社会主义新农村。乡村振兴的目标是实现农业农村现代化，这是以习近平同志为核心的党中央建设社会主义新农村的战略行动。虽然当年的知青已陆续步入老年，但仍然非常关心支持新农村的建设，热心为乡村振兴尽绵薄之力。广西知青文化研究会应广大知青的心愿，2022年发起了漠川乡村振兴研讨会和大碧头乡村振兴圆桌会议并分别在兴安县漠川乡"广西（兴安）知青历史文化博物馆"和全州县庙头镇"大碧头国际旅游度假区"召开。研讨会和圆桌会议得到了知青朋友的热烈响应，纷纷投稿赴会。

　　乡村振兴是全社会都关心支持的课题，广西知青文化研究会联合广西高校的学者及社科学术研究组织共同研讨。参加第一、二届研讨会的主办单位有广西知青文化研究会、北部湾城市群经济发展研究会、桂林经济学学会、桂林马克思主义理论与实践学会、广西师范大学西部乡村振兴研究院、广西乡村振兴产业技术研究院、桂林市乡村振兴局、桂林市乡村振兴促进会等；承办单位有兴安县社会科学联合会、兴安县漠川乡人民政府、大碧头国际旅游度假区、广西（兴安）知青历史文化博物馆。各单位广泛发动，激起各界人士的研究热情。

　　漠川·大碧头乡村振兴研讨会和圆桌会还是一个全国性的会议。会议以广西（兴安）知青博物馆和大碧头国际旅游度假区的网络设施为平台邀请了全国各地的专家学者及乡村振兴的研究者和实践者以线上发言形式参加了研讨会。先后参加2022年、2023年两届研讨会圆桌会的专家学者主要有中南财经政法大学工商管理学院副院长、乡村振兴研究中心副主任吴海涛，四川师范大学旅游发展研究所所长、国家文化公园专家咨询委员会专家李小波，华南农业大学国家农业制度与发展研究院执行院长、博士生导师胡新艳，武汉大学中国主体功能区战略研究院副院长、武汉大学区域经济研究中心主任吴传清，华南农业大学经济管理学院执行院长罗明忠，中国国际经济交流中心助理研究员梁腾坚，江西财经大学循环经济研究所所长、博士生导师肖文海，广西旅游规划设计院副院长周声发等，他们在线上作了精彩的发言。

广西社科联非常关心支持乡村振兴理论研究。在广西社科联的领导和指导下，两次研讨会都开得很成功，会议的一些论文在报刊上得以公开发表。本书出版的是2022年、2023年两届研讨会的论文选辑，以展示作者们的研究成果。

最后，对以上所有参加研讨会和圆桌会的组织和研究人员、工作人员表示衷心感谢。

编　者

2025年4月3日